Revista de Direito Tributário

111

MALHEIROS EDITORES

Revista de Direito Tributário

Publicada sob os auspícios do
Instituto Geraldo Ataliba — IDEPE
— Instituto Internacional de Direito Público e Empresarial
Presidente: Prof. AIRES BARRETO

ISS 0102-7956

REVISTA DE DIREITO TRIBUTÁRIO
publicação trimestral de
MALHEIROS EDITORES LTDA.
Rua Paes de Araújo, 29, 17º andar - conj. 171
CEP: 04531-940 - São Paulo, SP
Tel. (11) 3078-7205
Fax. (11) 3168-5495
Diretor Responsável: Álvaro Malheiros
Diretora: Suzana Fleury Malheiros

Assinaturas e comercialização:
CATAVENTO DISTRIBUIDORA
DE LIVROS S.A.
Rua Conselheiro Ramalho, 928
CEP 01325-000 - São Paulo - SP
Tel. (11) 3289-0811 – Fax. (11) 3251-3756
Supervisão Gráfica: Vânia Lúcia Amato
Composição: *Scripta*
Impressão: Paym Gráfica e Editora Ltda.

SUMÁRIO

XXIII CONGRESSO BRASILEIRO DE DIREITO TRIBUTÁRIO

ABERTURA 9

CONFERÊNCIA: **"PROCESSO ADMINISTRATIVO TRIBUTÁRIO – GARANTIAS DO CONTRIBUINTE E PRERROGATIVAS DO FISCO. AVANÇOS E RETROCESSOS"** 11
PROF. EDUARDO DOMINGOS BOTTALLO

MESA DE DEBATES "A" – **SISTEMA TRIBUTÁRIO** 19
PRESIDENTE DA MESA: PROFA. MALVINA CORUJO AZEVEDO LOPES

Temas

– **Princípios da Moralidade, Razoabilidade, Proporcionalidade e Eficiência: Aspectos Práticos** 19
PROF. ESTEVÃO HORVATH

– **Planejamento Tributário na Jurisprudência Administrativa** 24
PROF. PAULO AYRES BARRETO

– **Condições e Limites para Utilização das Presunções e Ficções Tributárias** 27
PROFA. MARIA RITA FERRAGUT

– **Substituição Tributária nos Impostos e Contribuições. Peculiaridades** 33
PROF. JÚLIO MARIA DE OLIVEIRA

MESA TEMÁTICA I – **TEMAS RELEVANTES DO PROCESSO ADMINISTRATIVO FEDERAL** 38
PRESIDENTE DA MESA: PROF. PAULO CELSO BERGSTROM BONILHA

Temas

– **Processo Administrativo** 38
PROF. EURICO MARCOS DINIZ DE SANTI

– **Reforma do Contencioso Fiscal Federal** 43
PROF. MARCOS VINICIUS NEDER

***MESA DE DEBATES "B"* – PROCESSO JUDICIAL** 49
PRESIDENTE DA MESA: PROF. AMÉRICO LACOMB

Temas

– **Repetição de Indébito em Face da Repercussão do Ônus Financeiro (Art. 166 do CTN): Limitações e Sujeições Ativas para Postulação** 49
PROF. MARCELO FORTES

– **Execução de Sentença Declaratória em Matéria Tributária** 52
PROF. PAULO CÉSAR CONRADO

– **Repercussão Geral e Recurso Extraordinário** 55
PROFA. REGINA HELENA COSTA

– **Modulação de Efeitos das Decisões Judiciais** 60
PROFA. MISABEL DERZI

***MESA DE DEBATES "C"* – OPERAÇÕES MERCANTIS E TRIBUTOS ESTADUAIS** 65
PRESIDENTE DA MESA: PROF. VALDIR DE OLIVEIRA ROCHA

Temas

– **Guerra Fiscal e Medidas Judiciais** 66
PROF. SACHA CALMON NAVARRO COELHO

– **A Tributação nas Operações Mercantis que Envolvem Financiamento** 70
PROF. JOSE EDUARDO SOARES DE MELO

– **A Tributação da Energia Elétrica em suas Diversas Fases – Produção, Comércio, Transição e Transporte** 73
PROF. TÁCIO LACERDA GAMA

***MESA DE DEBATES "D"* – TRIBUTOS MUNICIPAIS** 77
PRESIDENTE DA MESA: PROFA. HELGA KLUG DOIN VIEIRA

Temas

– **Construção Civil. Empreitada Civil e Industrial. *Turn Key*. Limites da Incidência do ISS, ICMF e IPI** 77
PROFA. BETINA TREIGER GRUPENMACHER

– **ITBI: Base de Cálculo e Limites com o ITCMD** 81
PROFA. ANNA EMÍLIA CORDELLI ALVES

– **ISS e Base de Cálculo. Inclusões e Exclusões em Face da Omissão Contemplada na Lei Complementar 116/2003** 85
PROF. FÁBIO SOARES DE MELO

***MESA TEMÁTICA II* – PROCESSO TRIBUTÁRIO ESTADUAL – LEI 13.457/2009 – NOVA SISTEMÁTICA PROCESSUAL** 91
PRESIDENTE DA MESA: PROF. JOSÉ PAULO NEVES

OFICINA: **"PROCESSO JUDICIAL TRIBUTÁRIO"** 112
Coordenador da Mesa: Prof. Eduardo Domingos Bottallo

MESA DE DEBATES "E" **– TRIBUTAÇÃO SETORIAL** 126
Presidente da Mesa: Profa. Ângela Maria da Motta Pacheco

Temas
– **Tributação do Setor Imobiliário** 126
Prof. Ricardo Lacaz Martins
– **Tributação do Setor Financeiro** 131
Prof. Roberto Quiroga Mosquera
– **Tributação do Terceiro Setor. Entidades Filantrópicas, Ongs, OCIPs** 136
Prof. Wagner Balera
– **Tributação Internacional** 140
Prof. Luís Eduardo Schoueri

CONFERÊNCIA: **"ASPECTOS DO PROCESSO ADMINISTRATIVO TRIBUTÁRIO"** 147
Prof. Paulo de Barros Carvalho

MESA DE DEBATES "F" **– TRIBUTOS FEDERAIS** 157
Presidente da Mesa: Prof. Cristiano Carvalho

Temas
– **IPI. Seletividade** 157
Prof. Robson Maia Lins
– **Tributos na Importação e sua Respectiva Incidência no Mercado Interno. Novo Regulamento Aduaneiro** 163
Prof. Miguel Hilú
– **Compensação. Novas Limitações e Efeitos** 170
Profa. Fabiana Del Padre Tomé
– **Regime Tributário de Transição e Segurança Jurídica. Efeitos da Lei 11.638/2007** 175
Prof. Sidney Saraiva Apocalipse

CONFERÊNCIA: **"PROCESSO TRIBUTÁRIO"** 180
Prof. José Souto Maior Borges

ENCERRAMENTO 186
Prof. Aires Barreto

TESES APROVADAS NO XXIII CONGRESSO

SUBSTITUIÇÃO TRIBUTÁRIA NO ICMS. A APLICAÇÃO DO PRINCÍPIO DA ANTERIORIDADE TRIBUTÁRIA À SUBSTITUIÇÃO TRIBUTÁRIA DO ICMS. O PRINCÍPIO DA SEGURANÇA JURÍDICA EM SUA MANIFESTAÇÃO DE PREVISIBILIDADE E ORGANIZAÇÃO DO SUJEITO PASSIVO.......193
Aldo de Paula Jr.

O EFEITO SUSPENSIVO AOS EMBARGOS À EXECUÇÃO FISCAL APÓS O ADVENTO DA LEI 11.382/2006.......206
Olívia Tonello Mendes Ferreira

BASE DE CÁLCULO NA SUBSTITUIÇÃO TRIBUTÁRIA "PARA FRENTE": ESTUDOS SOBRE OS FATORES QUE COMPÕEM A BASE DE CÁLCULO NA SUBSTITUIÇÃO TRIBUTÁRIA "PARA FRENTE" E SUA ADMISSIBILIDADE EM FACE DOS MANDAMENTOS CONSTITUCIONAIS.......222
Florence Haret

XXIV CONGRESSO BRASILEIRO DE DIREITO TRIBUTÁRIO – 20 a 22 de outubro de 2010.......245

INSTITUTO GERALDO ATALIBA – IDEPE

Instituto Internacional de Direito Público e Empresarial

PRESIDENTE: PROF. AIRES BARRETO

XXIII CONGRESSO BRASILEIRO DE DIREITO TRIBUTÁRIO

Tema: Processo Administrativo Tributário – Garantias do Contribuinte e Prerrogativas do Fisco – Avanços e Retrocessos

21, 22 e 23 de outubro de 2009

PRESIDENTE DO CONGRESSO
PROFA. ELIZABETH NAZAR CARRAZZA

PRESIDENTE DA COMISSÃO CIENTÍFICA
PROF. PAULO DE BARROS CARVALHO

PRESIDENTE DA COMISSÃO EXECUTIVA
PROFA. MARIA RITA FERRAGUT

PRESIDENTE DA COMISSÃO DE TRABALHOS
PROFA. FABIANA DEL PADRE TOMÉ

CONFERENCISTAS
PROF. EDUARDO DOMINGOS BOTTALLO
PROF. PAULO DE BARROS CARVALHO
PROF. JOSÉ SOUTO MAIOR BORGES

ABERTURA

PRESIDENTE DO IDEPE (PROF. AIRES BARRETO) – Bom dia a todos! A Mesa está composta pela Desa. Marli Ferreira, digníssima Presidente do TRF-3ª Região; Des. Luiz Stefanini, do TRF; Profa. Elizabeth Nazar Carrazza, que presidirá este evento; Prof. Paulo de Barros Carvalho, Titular de Direito Tributário da USP e da PUC; Prof. Eduardo Bottallo; Des. José Geraldo Barreto Fonseca, do TJSP; Dra. Malvina Azevedo, esposa do nosso companheiro Osíris de Azevedo Lopes Filho; Dr. Oswaldo Carvalho, Coordenador Adjunto da Secretaria da Fazenda do Estado; pelo Mestre e sempre nosso querido participante Prof. Roque Carrazza. Ainda o Prof. Paulo Ayres Barreto, Profa. Maria Rita Ferragut, o Diretor do IDEPE Estevão Horvath, a incansável Maria Leonor Leite Vieira, o Diretor do IDEPE José Eduardo Soares de Melo e nossos colaboradores também do IDEPE, Profa. Fabiana Tomé e o mestre Renato Becho. Maria Rita Ferragut, também incansável colaboradora nossa, ao lado de outras autoridades de expressão que estarão compondo nossos Auditórios.

Convido a todos para que, de pé, possamos ouvir o *Hino Nacional*.

[Hino Nacional] [*Palmas*]

PRESIDENTE DO IDEPE (PROF. AIRES BARRETO) – Eu tenho a grata satisfação, a honra, a alegria e efetivamente o privilégio de passar a palavra à Presidente do nosso Congresso, do nosso *XXIII Congresso Brasileiro de Direito Tributário*, Profa. Dra., *stricto sensu*, Elizabeth Nazar Carrazza. Uma salva de palmas! [*Palmas*]

PRESIDENTE DO CONGRESSO (PROFA. ELIZABETH NAZAR CARRAZZA) – Exmo. Sr. Prof. Aires Fernandino Barreto, digníssimo Presidente do Instituto Geraldo Ataliba-IDEPE; Exmo. Prof. Eduardo Domingos Bottallo, em cuja pessoa peço vênia para saudar a toda a Diretoria do Instituto; Exmo. Sr. Prof. Wagner Balera, em cuja pessoa saúdo a todos os professores e autoridades aqui presentes. Minha especial homenagem a dois queridos amigos que nos deixaram recentemente, Prof. Osíris Lopes Filho e Eugênio Doin Vieira, que estão agora reunidos com o Prof. Geraldo Ataliba, na outra dimensão, participando do nosso Congresso, tomando conta, para que nós nos portemos de maneira adequada.

Colegas congressistas, uma vez mais estamos aqui reunidos, sob os auspícios do Instituto Geraldo Ataliba-IDEPE, para discutirmos relevantes temas de nosso ordenamento tributário. Assumir a presidência deste Congresso constitui-se, para mim, não só uma grande honra, como um motivo de muita emoção e alegria. Este Congresso evoca a lembrança do querido e saudoso Geraldo Ataliba. Fui, dentre outros, juntamente com os Profs. Eduardo Bottallo, Paulo de Barros Carvalho e Roque Carrazza, aqui presentes, e outros que estão ausentes, uma das fundadoras do IDEPE, sob a liderança do nosso querido Mestre.

Geraldo Ataliba foi meu professor, já no Curso de Bacharelado da Faculdade de Direito da PUC. Eu, que à época fazia política universitária, Teatro, Música, não estava segura quanto à minha opção profissional. Foi o professor, com seu brilho, seu idealismo, seu entusiasmo pela Teoria Geral do Direito e pelo direito constitucional, que acabou por me levar a percorrer os caminhos do Direito. A ele devo a opção pelo estudo aprofundado e constante do direito constitucional tributário e a escolha da Docência como área de principal interesse.

Participei da formação da primeira equipe do Prof. Geraldo Ataliba na PUC, juntamente com o Prof. Paulo de Barros Carvalho, Sônia de Almeida Prado, Pedro Luciano Marrey Jr. e o saudoso Pérsio de Oliveira Lima.

A partir daí, o Ataliba implantou os Cursos de Especialização em Direito e Pós-Graduação *stricto sensu*. O Congresso de Direito Tributário foi um dos seus sonhos, que se concretizou no ano de 1981. A partir de então o mundo jurídico passou a contar com um foro privilegiado para discutir e propor soluções sobre esses grandes problemas tributários do País.

Peço vênia para acrescentar que Geraldo Ataliba era um homem admirável, que soube, como poucos, lutar pelas liberdades democráticas e pela consolidação do Estado de Direito. Geraldo Ataliba, de fato, tinha um coração generoso e bom, que o levava a se preocupar com os mais necessitados. Caridoso, ajudava aos doentes, aos idosos, aos desvalidos – enfim, aos feridos deste mundo. Tinha por lema o amor à Humanidade, de modo que é sempre com emoção que me recordo de sua figura exponencial.

Dito isso, quero saudar o Prof. Aires Barreto, Presidente do Instituto Geraldo Ataliba-IDEPE, que, com sua competente dedicação, é o grande responsável pelo bom êxito deste evento científico anual.

Colegas congressistas, estarão presentes neste Auditório os grandes estudiosos da ciência do direito tributário. A reconhecida competência, o notável saber jurídico, a contribuição decisiva para o progresso das instituições determinaram a composição das Mesas e a escolha das Comissões.

Fixada esta premissa, convido a todos a participarem ativamente dos trabalhos que ora se iniciam. Bem-vindos ao *XXIII Congresso Brasileiro de Direito Tributário*! Obrigada!

Posto isso, convido o Prof. Eduardo Bottallo, professor adjunto da Faculdade de Direito da USP. Amigo querido de todos nós, grande advogado, dos melhores que se conhece, além de estudioso do direito tributário, para falar sobre "Processo Tributário – Garantias do Contribuinte e Prerrogativas do Fisco – Avanços e Retrocessos" – o tema, enfim, deste nosso Congresso. Prof. Bottallo...

CONFERÊNCIA

PROCESSO ADMINISTRATIVO TRIBUTÁRIO – GARANTIAS DO CONTRIBUINTE E PRERROGATIVAS DO FISCO. AVANÇOS E RETROCESSOS

PROF. EDUARDO DOMINGOS BOTTALLO

PROF. EDUARDO DOMINGOS BOTTALLO – Querida amiga Profa. Elizabeth Nazar Carrazza, Presidente deste Congresso; querido amigo Prof. Paulo de Barros Carvalho, Presidente Honorário do Instituto Geraldo Ataliba-IDEPE, em nome de quem cumprimento aos integrantes da Mesa e aos colegas Professores que participarão deste Congresso; Sras. e Srs. Congressistas.

"Processo Administrativo Tributário – Garantias do Contribuinte e Prerrogativas do Fisco – Avanços e Retrocessos" – este é o tema geral deste *XXIII Congresso*, nesta brilhante e vitoriosa história do Instituto Geraldo Ataliba.

No entanto, eu entendo que, a rigor, preservado o conteúdo daquilo que acabou de ser dito, o enunciado deveria ser outro: "Processo Tributário, um Grito de Socorro". Porque, na verdade – e pedindo perdão pela irreverência –, o processo administrativo tributário, da forma como se transformou nesses últimos anos, deveria, a exemplo do mico-leão-dourado, ser posto sob a proteção do IBAMA, porque se trata de uma entidade em extinção.

E é lamentável que esta afirmação seja feita neste Auditório e neste momento, sobretudo se nós considerarmos que neste último ano houve uma preocupação dos três níveis da Federação. Do nível federal, do nível estadual, pelo menos aqui no Estado de São Paulo, e, mais recentemente, até na nossa cidade de São Paulo houve uma preocupação de reformular o processo administrativo tributário. E, quando se esperava que desta reformulação pudessem resultar exatamente conseqüências que prestam homenagens a este binômio que acabei de enunciar – "garantias do contribuinte e prerrogativas do Fisco" –, o fato é que se constata exatamente o contrário. As garantias do contribuinte no âmbito do processo administrativo tributário foram dramaticamente reduzidas e as prerrogativas do Fisco dramaticamente infladas.

Esse tema do processo administrativo tributário padece de uma doença que não é recente e que, ao que tudo indica, demorará muito tempo para ser afastada. E essa doença poderia ser traduzida na circunstância de que o legislador ordinário, quando pensa ou quando age na direção da disciplina estrutural do processo administrativo tributário, literalmente desconhece a Constituição do nosso País. Porque, na verdade, ele se sente, de certa forma, liberado, ele se sente verdadeiramente "endeusado" para dispor sobre o processo administrativo tributário, dentro de uma visão superada, dentro de uma visão antiga, que nada mais é que uma interpretação distorcida do princípio constitucional que garante a universalidade da jurisdição.

Em essência, o raciocínio do legislador ordinário quando pensa no processo administrativo tributário é mais ou menos o seguinte: a Constituição garante às pessoas o direito de submeter ao Judiciário lesões ou ameaças aos seus direitos; portanto, a Constituição já dá às pessoas a arena adequada para que elas possam dizer aquilo que entendem ser os seus direitos.

Então, o processo administrativo – e, vejam, não estou me referindo, neste momento, especificamente ao *processo administrativo tributário*, mas ao processo administrativo em geral – não é mais que um favor, não é mais que uma *benesse*, uma gentileza, um carinho, que o Estado faz à sociedade. Especificamente em matéria tributária, o processo administrativo é uma concessão. Se o contribuinte não está satisfeito com aquilo que lhe está sendo exigido, que vá buscar sua satisfação no Judiciário. Mas eu, Estado, generoso, bonzinho, lhe dou uma via alternativa: a via do processo administrativo. E se a via do processo administrativo, que eu generosamente abro aos contribuintes, é um favor, é um carinho, então, posso estabelecer o tamanho desse favor e desse carinho. Posso estabelecer as regras, ao meu talante, que devem ser aplicadas a esse contencioso. E, se o contribuinte não estiver satisfeito, que simplesmente procure outro caminho.

É esse o raciocínio que transcende na leitura dessas normas legislativas que trataram recentemente do processo administrativo nesses três níveis, e que talvez tivessem alguma valia há 50 anos atrás, mas não hoje, não sobretudo depois da Constituição de 1988, uma vez que esse diploma constitucionalizou o processo administrativo. Não só constitucionalizou, mas tornou obrigatória sua criação. E justamente é essa a mensagem que eu me proponho a transmitir aos colegas congressistas na abertura deste nosso conclave.

Falar sobre o processo administrativo não como ele é, mas como deveria ser. Porque, falando como ele deveria ser, minha intenção é oferecer, se não à aceitação, pelo menos à reflexão dos presentes, um parâmetro de comparação para que possam, a partir desse parâmetro, analisar as circunstâncias legislativas que hoje disciplinam este instituto.

Como eu dizia, a Constituição de 1988 trouxe para seu interior o processo administrativo. Na verdade, ela fez mais que isso: ela tratou abrangentemente – e eu diria, até, inteiramente – desse tema, deixando muito pouco espaço a ser ocupado pelo legislador ordinário. Se, evidentemente, dentro das limitações do tempo que a minha manifestação impõe, eu me proponho a demonstrar essa tese a partir da análise de quatro princípios constitucionais, então, eu convido os presentes a imaginarem o processo administrativo tributário como se fosse um banco, um banco apoiado em quatro pernas, sem as quais esse banco não conseguiria manter seu equilíbrio. E essas "pernas" são exatamente os fundamentos do processo administrativo tributário, tal como postos literal e expressamente pela Constituição brasileira: o direito de petição, o controle da juridicidade do ato administrativo do lançamento, o devido processo legal instrumental, com seus desdobramentos do contraditório e da ampla defesa com os meios e recursos das leis, e a proporcionalidade. Na verdade, esses são os quatro e inafastáveis fundamentos constitucionais do processo administrativo tributário, que têm sido literalmente ignorados pela legislação ordinária brasileira, em todos os níveis.

Vejamos o primeiro deles, o *direito de petição*. Como todos nós sabemos, talvez o Brasil seja um dos Países onde subsiste o maior número de sistemas tributários de todo o Universo. Porque, na verdade, se a Constituição deu competência tributária à União, aos Estados e ao Distrito Federal e aos mais de 5.500 Municípios que existem no País, então, chegamos à interessante conclusão de que convivem no Brasil mais de 5.500 sistemas tributários. E, evidentemente, deixando de lado o sistema federal, o sistema estadual e aqueles dos grandes Municípios brasileiros, é de se supor que muitos desses Municípios, embora exerçam sua competência tributária, embora legislem para restituir e arrecadar os tributos de sua competência, não dispõem, digamos assim, de uma estrutura administrativa pronta e acabada, até pelas circunstâncias sociológicas, políticas e econômicas, que são bem conhecidas de todos nós.

Então, vamos imaginar a seguinte situação: o pequeno Município de "Xiririca da Serra", onde o cidadão chamado "João das Couves", no mês de janeiro, recebe o lançamento do IPTU e verifica em um papel que a Prefeitura lhe endereçou que seu imóvel foi avaliado por 30 mil Reais – e ele, evidentemente, se surpreende, ele sabe que seu imóvel não vale mais que 15, e o dobro desse valor é que foi utilizado para o lançamento do IPTU. Ele vai à Prefeitura e diz: "Olha, isso aqui está errado, eu quero que seja revisto o valor do meu imóvel, porque meu imóvel não vale 30 mil Reais, e, conseqüentemente, o imposto que me está sendo cobrado está superestimado". O funcionário responde: "Olha, não tem como reclamar aqui, nós não temos um contencioso tributário, não existe um contencioso tributário onde você pode apresentar sua insatisfação".

Será que essa nossa historinha pararia por aí? Evidentemente que não. Não existe contencioso tributário, tudo bem, mas existe na CF, em seu art. 5º, XXXIV, "a", o comando que garante o *direito de petição aos Poderes Públicos em defesa de direitos e esclarecimento de situações de interesse pessoal*.

Então, esse Sr. "João das Couves", mesmo na ausência de uma legislação municipal que lhe assegure um contencioso administrativo, tem, pela Constituição, o direito de escrever uma carta à autoridade municipal reclamando do lançamento. Isso é o exercício de um direito que lhe é assegurado pela Constituição – e, até prova em contrário, a Constituição vigora em todos os quadrantes do território nacional, com exceção dos prédios onde funcionam as Embaixadas e as legações estrangeiras.

Mais adiante nós vamos ver que existe uma segunda exceção à vigência da Constituição no Brasil, que é o processo administrativo tributário. A legislação tem excepcionado da aplicação da Constituição o processo administrativo tributário – mas isso nós vamos deixar para um pouco mais adiante.

Mas, por enquanto, voltemos ao "João das Couves" e à sua intenção de discutir com a Prefeitura o valor de lançamento do seu IPTU. Ele está impedido de escrever essa carta à Prefeitura pedindo uma revisão de lançamento? É claro que não. Porque, na verdade, o direito de petição que a Constituição lhe assegura não é, evidentemente – e eu estou falando, aqui, a uma platéia de especialistas, e não de leigos –, simplesmente o direito de fazer uma petição, mas um direito muito mais abrangente que isso, porque o direito de petição envolve primeiro o direito de provar aquilo que está sendo solicitado. Se eu afirmo que meu imóvel não vale 30, mas sim 15, estou criando uma dúvida quanto a uma situação de fato, e essa dúvida precisa ser resolvida através de uma avaliação contraditória do imóvel. Portanto, o simples fato de eu questionar, com base no direito de petição, o valor de lançamento perante a Prefeitura já me abre as portas para a produção de provas. E mais que isso, não é apenas a produção de provas: o direito de petição envolve também o direito de receber uma resposta da autoridade questionada. É claro que essa resposta poderá até ser desfavorável à minha pretensão, mas sempre terá de ser uma resposta, e terá de ser uma resposta fundamentada. Ou a Prefeitura revê seu lançamento, ou ela vai ter que me dizer, por escrito e fundamentadamente, por que ela não fez essa revisão.

Mas não cessa aí. Se a primeira resposta vier assinada por um funcionário dessa Prefeitura de "Xiririca da Serra", eu tenho o direito de pedir a reapreciação daquela decisão pela autoridade mais alta do Município, tenho o direito de ir até o próprio prefeito, porque isso também faz parte do direito de petição – o direito de recorrer, de reapreciação. E, se faltar a autoridade pública em qualquer desses cometimentos decorrentes do direito de petição, isso gera responsabilidade desse funcionário ou dessa autoridade. Portanto, tudo isso que acabei de dizer – a petição, a prova, a resposta, a fundamentação, o recurso, a responsabilização – é extraído naturalmente da previsão contida no art. 5º, XXXIV, "a", da CF. A abrangência do direito de petição como uma garantia fundamental que nosso sistema enuncia prova, num primeiro momento, de certa forma – e talvez a expressão não seja a mais correta –, a "futilidade", a "banalidade" da legislação ordinária, porque tudo já está concebido e predeterminado a partir do direito de petição.

Portanto, a legislação ordinária, nesse particular, só tem de implementar estas decorrências do direito de petição. Ela não pode estabelecer cortes, não pode limitar o alcance desse direito, porque não é dado ao legislador ordinário fazer isso.

Então, desse primeiro pé sobre o qual se assenta esse banquinho o que eu extraio é que o direito de petição legitima constitucionalmente o contribuinte ao contencioso administrativo.

Agora, vamos ver a segunda "perna": o *controle da juridicidade*. Qual é o objetivo do processo administrativo em matéria fiscal? O objetivo é verificar se o lançamento fiscal está, ou não, de acordo com o ordenamento jurídico. Por quê? Porque isso também é uma garantia constitucional, a perfeita adequação do lançamento ao ordenamento jurídico. Isso está escrito no art. 5º, II, da CF: "ninguém será obrigado a fazer ou deixar de fazer alguma coisa senão em virtude de lei". E, evidentemente, entre esses "fazeres" e "não-fazeres" está o de pagar tributo.

E está escrito mais especificamente ainda no art. 150, I, da CF, que, ao estabelecer as limitações ao poder de tributar, erige como primeira dessas limitações a legalidade: é vedado à União, Estados, ao Distrito Federal e aos Municípios instituir ou majorar tributos sem lei que o estabeleça.

E vejam: quando eu falo "controle da juridicidade" não estou, intencionalmente, utilizando a expressão "controle da legalidade", porque, "controle da juridicidade" é algo mais que a mera legalidade. Não basta verificar se o lançamento está de acordo com a lei, é preciso um passo além, verificar se a lei está de acordo com a Constituição. E aí, então, se coloca uma outra questão, que é um dos pontos mais discutíveis e uma das áreas mais negras do processo administrativo: pode-se discutir questões constitucionais no âmbito do contencioso administrativo em matéria tributária? Pode o contribuinte se rebelar administrativamente contra o lançamento, utilizando em seu favor preceito da Constituição? A Constituição diz que sim. Pelo menos não está escrito na Constituição, eu não conheço qualquer dispositivo da Constituição que diga o seguinte: "Eu, a Constituição, não me aplico ao processo administrativo tributário". Porque eu creio que somente um dispositivo dessa natureza é que poderia impedir a discussão de matérias constitucionais no âmbito administrativo. Se a Constituição não diz isso – e me parece que não diz –, o legislador não pode dizer que o contribuinte está impedido de discutir matéria constitucional no processo administrativo. E nesse ponto é lamentável ver o retrocesso que ocorreu na legislação sobre o processo administrativo federal, estadual e municipal nesse último ano.

Começo pela legislação federal. Como todo mundo sabe, houve uma alteração normativa na estrutura do antigo e respeitado Conselho de Contribuintes do Ministério da Fazenda, que até mudou de nome, ganhou nova carteira de identidade: agora não é mais Conselho de Contribuinte, é Conselho Administrativo de Recursos Fiscais/CARF – que eu acho até que é uma denominação mais adequada, porque esse Conselho de Contribuintes nunca foi muito dos contribuintes, mas de qualquer forma ele é também da Administração Pública.

Mas vejam que coisa engraçada: essa mesma lei que reestruturou o Conselho de Contribuintes, em alguns aspectos até positivamente, contém um dispositivo que proíbe expressamente o contribuinte de se defender contra lançamentos fiscais com base na Constituição. Agora, não bastasse isso, o Regimento Interno do CARF, editado a partir dessa lei, determina que, se algum conselheiro julgar reiteradamente de acordo com a Constituição, perde o cargo. É hipótese de perda de cargo o conselheiro julgar de acordo com a Constituição! Então, não só o contribuinte está impedido de se defender com base na Constituição, como o conselheiro, sob o risco de perder seu cargo, está proibido de decidir com base na Constituição.

Evidentemente que esse tipo de limitação significa a própria morte do Conselho no contencioso administrativo, porque, como nós sabemos – e essa é uma experiência cuja demonstração não requer qualquer esforço –, no Brasil, e pelas características do nosso sistema tributário, nada há de importante nessa área que não esteja previsto na Constituição. Portanto, impedir que o contribuinte se defenda com base na Constituição é praticamente cercear-lhe 95% do alcance e da extensão dos seus direitos de defesa.

E, mais do que isso, é permitir que, pelo menos nesse contexto administrativo, campeie a inconstitucionalidade. No âmbito estadual o quadro não é diferente, e de certa forma é até mais lamentável. Porque eu lembro – e aqui os presentes testemunharam isso – que, na década de 90, o Tribunal de Impostos e Taxas/TIT de São Paulo, numa atitude pioneira, proclamou expressamente sua competência para apreciar questões tributárias, livremente, com base na Constituição. Naquela ocasião foi uma decisão pioneira, uma decisão que causou grande repercussão, dada a autoridade histórica do TIT/SP, pelo qual passaram grandes juristas brasileiros – como Rubens Gomes de Souza, como Alcides Jorge Costa, como Rui Barbosa Nogueira, grandes tributaristas passaram por aquele Tribunal, como até hoje, e num passado recente, grandes professores de Direito Tributário, entre os quais nosso querido José Eduardo Soares de Melo. Grandes juristas brasileiros proclamaram, com razões indiscutíveis, a competência do TIT para julgar questões constitucionais.

Essa nova legislação, que foi posta em vigor em março deste ano, proíbe também a utilização da Constituição como meio de defesa do contribuinte. Mas não se pode discutir esse tema sob uma perspectiva processual, sob uma perspectiva técnica, se existe ou não existe competência administrativa para apreciar questões judiciais, porque essa competência existe – e, aliás, há um certo cinismo nisso, porque os órgãos administrativos, a Administração Pública, não hesitam em invocar o argumento da inconstitucionalidade quando esse argumento favorece os interesses fazendários. Eu próprio, na minha experiência profissional como advogado, já tive casos em que órgãos administrativos julgaram em desfavor do meu cliente sob alegação de que uma isenção que lhe havia sido concedida era inconstitucional. Ora, quando o argumento da inconstitucionalidade favorece o interesse fazendário ele pode ser usado; agora, quando ele favorece o interesse do contribuinte, não pode. "Ah!, mas a Administração Pública está sujeita à lei" – isso diz o art. 37 da CF, diz claramente que, entre os princípios que devem ser obedecidos no âmbito da Administração Pública, está o princípio da legalidade. "Ah! Portanto, o limite da ação administrativa é a lei." Claro que é a lei. Mas é óbvio que é a lei constitucional não é qualquer lei. Há mais de 50 anos atrás o Prof. Miguel Reale, em parecer famosíssimo, que depois se transformou numa das suas poucas obras no campo do direito constitucional administrativo, demonstrou que a Administração não está obrigada a cumprir normas inconstitucionais – e, se ela não está obrigada, evidentemente, se nós estamos pensando num contencioso administrativo, e em que a matéria constitucional é quase que inafastável, porque se trata de tributação, e a tributação no Brasil, volto a dizer, é toda ela centrada na Constituição, então, não há motivo algum que justifique essa limitação; ela só serve para amesquinhar o âmbito do processo administrativo.

Esse é o segundo "pé". A segunda "perna" sobre a qual se assenta. O terceiro é o *devido processo legal, o contraditório e a ampla defesa*. Nesse ponto a CF foi expressa no inciso LV do art. 5º, colocando a regra da equivalência entre o processo administrativo e o judicial, sob o ponto de vista principiológico. A partir de 1988 – e esta é uma leitura que poucos legisladores fazem – deixaram de existir diferenças entre o processo administrativo e o processo judicial no que diz respeito às garantias do contraditório e ampla defesa. O que significa "contraditório e ampla defesa"? Significa amplitude das discussões que possam ser desenvolvidas no âmbito do processo administrativo. Significa o dever de fundamentação. Significa o dever de apreciação. Significa o dever de justificação das condutas. Significa o direito que o contribuinte tem de se fazer representar por advogado e que o advogado exerça essa representação na plenitude de suas prerrogativas. E aqui, outra vez, é preciso que se abra um parêntesis: nessa reforma que se fez na legislação do processo administrativo tributário em São Paulo, o projeto enviado pelo Executivo à Assembléia Legislativa extinguia o direito do advogado de fazer sustentação oral no julgamento do TIT. Em face da reação que essa extinção determinou, houve um recuo, e a proibição foi afastada do projeto. Mas vem a regulamentação, vem o Regimento Interno, através de uma CAT, a Portaria CAT-141, que aprova o Regimento Interno de funcionamento do TIT, e reconhece o direito do advogado de fazer sustentação, mas de 5 minutos, quando o estatuto do OAB diz 15 minutos. Vejam: esses 10 minutos é a diferença entre ser o TIT eficiente e ser ineficiente. Esses 10 minutos roubados do contribuinte é que farão do TIT um padrão nacional de julgamentos em matéria de celeridade. Cinco minutos, uma bofetada no rosto da nossa classe, que eu espero possa reagir à altura. Sem contar as circunstâncias de que essa legislação cria uma situação totalmente absurda para o contribuinte e para seus representantes. Ela diz, em essência, o seguinte: o contribuinte, notificado do auto de infração, pode oferecer uma impugnação; nessa impugnação ele tem que apresentar todas as provas, ainda que sejam provas impossíveis de serem reduzidas a documentos, mas só com a impugnação ele pode apresentar provas, e, evidentemente, só provas documentadas. Pela literalidade do que está escrito, e mais, se ele for vencido em primeira instância, ele tem direito de recorrer para o TIT, mas o recurso está sujeito a um juízo de admissibilidade da própria autoridade julgadora de primeira instância, e não há recurso contra a negativa de acolhimento do recurso ao TIT. Se esse juízo de admissibilidade for negativo – ou seja, se a autoridade julgadora de primeira instância negar seguimento ao recurso ao TIT –, o contribuinte não tem como se defender dessa negativa.

Isso sem contar os mecanismos das súmulas, que são produzidas só por uma parte do processo, e são súmulas cuja aprovação final não depende de quem tem competência para julgar, mas depende de uma autoridade administrativa que aprova, em última análise, as súmulas. No âmbito federal é o Ministro da Fazenda. No âmbito estadual é o Coordenador de Administração Tributária. Portanto, as súmulas, na verdade, só passarão se elas atenderem ao interesse de uma das partes do processo. E essas súmulas são de aplicação obrigatória, porque, no plano federal, se o conselheiro julgar contra a súmula também perderá o cargo.E aí está a terceira "perna".

E, finalmente, a quarta "perna": o *princípio da proporcionalidade*. Que é aquele que deveria inspirar a conduta do Estado dentro do processo administrativo.

Nós, como advogados, muitas vezes somos até cúmplices desse quadro lamentável. Porque nós recebemos o cliente no nosso escritório, com auto de infração, ele o mostra a nós, e candidamente dizemos: "Olha, nós vamos apresentar uma defesa administrativa para que você possa participar de concorrência, para que você não sofra o ônus de uma execução fiscal. Mas não tenha muita ilusão, porque no processo administrativo quem julga é o fiscal. Portanto, nós só vamos ganhar tempo, eu não vou me esforçar muito, aqui, para fazer uma defesa, eu vou fazer uma defesa nota 5, nota 4,5, e depois no Judiciário a gente vai ver como resolve isso".

Obviamente, essa é uma visão completamente equivocada, uma visão que não deveria existir, nem da parte da Fazenda e muito menos da parte do contribuinte, porque nós sabemos muito bem que o Estado, na função judicante que exerce no processo administrativo, nada tem a ver com a Fazenda, pois ela é parte, e é só parte, representada por um procurador que é um advogado. O julgador é um julgador. Por isso é que eu sempre defendi e sempre defendo a reforma do sistema de indicação dos julgadores de segunda instância. Existe uma qualidade aparente nessa estrutura que hoje funciona. Os órgãos representativos da Fazenda indicam alguns conselheiros, os órgãos representativos dos contribuintes indicam outros conselheiros, e assim está formalmente atribuída a qualidade. Mas isso não é verdade, porque, a rigor, esses conselheiros, por serem nomeados por prazo certo e por não haver outro requisito senão o da própria indicação, estão lá representando os contribuintes, com o papel de defender os interesses do contribuinte, enquanto o conselheiro que está lá representando a Fazenda tem o papel de defender a Fazenda. Quando, na verdade, isso é errado. Os conselheiros estão lá para defender a ordem jurídica. Seja o contribuinte, seja a Fazenda, o beneficiário. Nesse ponto, homenagem seja feita à legislação federal, que, embora mantendo esse sistema de indicação, evoluiu, deu um passo importantíssimo: criaram uma comissão que vai selecionar os conselheiros, uma comissão paritária, e, na verdade, entusiasma ver que os nomes indicados para essa comissão são de homens do mais alto prestígio do Brasil, como o Prof. Paulo de Barros Carvalho – o que é um alívio para os contribuintes. O Prof. Eurico de Santi, jovem e brilhante jurista dessa nova geração, também faz parte dessa comissão – o que mostra o esforço no sentido de melhorar a qualidade dos julgadores, dentro dessas limitações todas que nós acabamos de citar. Mas, a meu ver, o ideal seria acontecer como acontece no Estado de Pernambuco – se tiver algum representante do Estado, não sei se continua assim, mas até algum tempo atrás o órgão administrativo de julgamento no Estado de Pernambuco era integrado por profissionais, por funcionários admitidos por concurso para exercer essa função, e, portanto, capazes de exercê-la com isenção e autonomia, com independência, sem estarem preocupados em agradar "A" ou "B" para saberem se continuam, ou não, no exercício do mandato. Porque, na verdade, a conduta do Estado-julgador no âmbito do processo administrativo tem de ser permeada pela proporcionalidade. O julgador não aplica a lei, ele interpreta a lei. Ele não está preocupado em tutelar os interesses da Fazenda no processo administrativo, ele está preocupado em tutelar os interesses da ordem jurídica. E para isso ele precisa moldar a lei ao caso concreto. Nós todos sabemos que a realidade social é muito mais vasta, diversificada e ampla que a realidade jurídica. São poucas normas para muitos fatos sociais. Um bom julgador é aquele capaz de saber plasmar essas poucas normas, para que elas possam se adaptar com a maior precisão de justiça possível a essa grande quantidade de fatos sociais. E é isso que se esperaria que pudesse resultar do julgamento dos órgãos administrativos – o que, evidentemente, fica muito prejudicado quando se sabe que o conselheiro que invocar a Constituição está correndo o risco de perder seu cargo.

Que conselheiro iria ousar desafiar uma súmula com a qual ele não concorda, sob pena de correr o risco de perder seu cargo?

Essa seria a quarta "perna" desse nosso banquinho. E com isso, então, fechamos a visão constitucional do processo administrativo tributário. O processo administrativo tributário como deveria ser – e não, evidentemente, como ele é.

Essas idéias que foram lançadas serão debatidas direta ou indiretamente, pelos Srs. Congressistas nesses três dias em que estaremos juntos. Espero que elas possam servir de base para reflexão e discussão. Eu sei que muitas das coisas que eu falei aqui são polêmicas, que muitas poderão encontrar – e certamente encontrarão – contestações das mais duras. Mas entendo ser de extrema importância a discussão do tema "Processo Administrativo Tributário". E mais importante que isso é que se reconheça que o processo administrativo, como solução alternativa para as pendências entre a Fazenda Pública e a sociedade, será muito mais democrático e republicano se seu desenho constitucional for respeitado.

Agradeço a atenção de todos e lhes desejo um grande Congresso. Muito obrigado! [*Palmas*]

MESA DE DEBATES "A"

SISTEMA TRIBUTÁRIO

PRESIDENTE DA MESA: PROFA. MALVINA CORUJO AZEVEDO LOPES
MEMBROS DA MESA: PROF. ESTEVÃO HORVATH,
PROF. PAULO AYRES BARRETO, PROFA. MARIA RITA FERRAGUT,
PROF. JÚLIO MARIA DE OLIVEIRA

Princípios da Moralidade, Razoabilidade, Proporcionalidade e Eficiência: Aspectos Práticos

PROF. ESTEVÃO HORVATH – Coube-me falar sobre "Princípios da Moralidade, Razoabilidade, Proporcionalidade e Eficiência: Aspectos Práticos". É a velha questão dos princípios, que cada dia está mais movendo o campo jurídico, não só nacionalmente, mas também internacionalmente, essa discussão acerca dos princípios e da importância dos princípios na elaboração da norma jurídica – para quem entende que ordenamento jurídico, de como o sistema é construído – ou na interpretação do ordenamento jurídico, de como ele é construído.

Seja qual for a idéia que se tenha de um sistema, de um ordenamento jurídico, há alguns modos que são seguidos para estruturar esse ordenamento e para dele extrair o que ele tem, o que é aplicável sobre determinada matéria, sobre determinado assunto.

Eu diria que o que nos vai interessar ressaltar a respeito dos princípios (vou usá-los no sentido de norte de interpretação) é que eles são normas jurídicas – portanto, sendo imperativos cogentes –, e não são meras recomendações.

Como dizia o saudoso Prof. Geraldo Ataliba, com relação à Constituição: a Constituição não é uma Carta de sugestões, não é um cardápio: ela determina, ela manda, ela obriga; ela não sugere, simplesmente, não recomenda. E o que os princípios têm de diferente daquilo que normalmente se contrapõe a eles – as "simples" regras –, que é a sua conflituosidade. Normalmente se diz que quando duas regras estejam em conflito uma delas tem que ser retirada do sistema de alguma maneira. E dos princípios não: quando eles, aparentemente ou de fato, entram em conflito (há realmente alguns princípios que aparentemente apontam um para o norte e outro para o sul), nós temos que procurar sopesar esses princípios e, naquela situação concreta (não vejo como ser diferente, a não ser utilizando cada situação concreta), verificar o que pesa mais naquilo e fazer prestigiar aquele princípio com relação ao outro, sem retirar o outro do sistema.

Começando pela *moralidade* – que é um princípio que, se nós quiséssemos remontar à velha escola exegética dos "princípios gerais do Direito", ele se enquadraria, deveria estar implícito, em todo Direito, de qualquer lugar do mundo. Na nossa Constituição de 1988 veio previsto em primeiro lugar, pela primeira vez no texto, no art. 5º, quando trata da ação popular, que reza, no inciso LXXIII: "qualquer cidadão é parte legítima para propor ação popular que vise a anular ato lesivo ao patrimônio público ou de entidade de que o Estado participe, à *moralidade* administrativa, ao meio ambiente e ao patrimônio histórico e cultural, ficando o autor, salvo comprovada má-fé, isento de custas judiciais e do ônus da sucumbência".

Também é tratado em relação ao crime de responsabilidade do Presidente da República, nos termos do art. 85, que prescreve:

"São crimes de responsabilidade os atos do Presidente da República que atentem contra a Constituição Federal e, especialmente, contra: (...) V – a probidade na administração."

Quer-nos parecer que discorrer sobre a moral seria, além de contraproducente – porque não haveria tempo –, também praticamente inútil, porque jamais chegaríamos a um denominador totalmente comum com relação a todos que estão aqui participando, porque cada um terá seu conceito de *moral*, embora exista uma zona extrema, e que todo mundo vai saber quando se trata de uma atitude moral, quando se trata de uma atitude imoral.

Moralidade significa a exigência de um mínimo ético a pautar a conduta do Estado e dos contribuintes. Isto, diria eu, decorre – aplicado ao direito tributário – do princípio republicano, como falaria – imagino eu – o Prof. Geraldo Ataliba. Quer dizer, se o Estado é uma criação dos cidadãos que o compõem, não há como imaginar que a criatura se volte contra do criador.

Daí, então, o Estado tem que se pautar com regras de ética com relação àquilo que ele próprio cria e com relação aos cidadãos – no caso aos cidadãos-contribuintes, no que se refere ao direito tributário.

E aqui eu trouxe uma definição de *ética tributária* da Profa. Regina Helena Costa que me pareceu bastante interessante, em que ela diz que "é o conjunto de princípios e regras que devem ser observados pelo legislador e pelo administrador tributários, que lhes impõem, mais que a estrita obediência às leis, o prestígio aos valores de probidade, lealdade, boa-fé, decência e justiça, enfim". Ali está outro valor, outro conceito, outro princípio inspirador de todo o ordenamento jurídico, sobre o qual se poderia discutir, aqui, durante horas e não se saber exatamente o que é: a *justiça* – embora cada um tenha seu conceito individual e interno de justiça.

Moralidade, no plano legislativo, significaria a razoabilidade da tributação – com o quê eu concordo plenamente, e creio que esse princípio da razoabilidade é o que paira, na verdade, sobre todo o restante.

No plano administrativo, no que concerne ao direito tributário – arrecadação e fiscalização –, esse princípio da moralidade desembocaria na *impessoalidade*. Porque – vamos um pouco mais para trás – o que é o direito tributário se não, como já dizia o Prof. Geraldo Ataliba (e muitos outros grandes autores), uma parcela do direito administrativo? É a parte do direito administrativo que cuida das receitas públicas do Estado, das receitas tributárias do Estado.

E, dentro disso, ele tem uma parte peculiar, própria, que é o tributo em si. O restante – que é absolutamente fundamental para que o tributo exista, que ele seja criado, que ele seja cobrado, principalmente fiscalizado, arrecadado – é a porção que denominaríamos de "administrativa" do direito tributário, que tem por nome "direito tributário formal", que justamente vai cuidar da fiscalização, da arrecadação, das chamadas "obrigações acessórias", que são instituídas no interesse da fiscalização e da arrecadação, e que têm que levar em consideração a impessoalidade (que me parece claro decorrer da moralidade).

Moralidade administrativa, prevista também no art. 37 da CF, mas que se espraia – se não fosse só por intuição a dedução disso – ao direito tributário desde o momento em que se reconhece que ele é uma parcela do direito administrativo. Em rigor, a moralidade se espraia por todo o ordenamento jurídico.

Passando à *eficiência* – até porque rapidez vale, de acordo com o pouco tempo que nós temos, não cinco minutos, como ressaltou a Profa. Malvina, mas é quase isso, para tratar de um tema tão longo. Os

Srs. percebem que todos esses princípios que me foram sugeridos para aqui falar constituem, além de princípios, conceitos indeterminados.

Assim, falar sobre moralidade, sobre eficiência, sobre razoabilidade, sobre proporcionalidade, é trilhar caminho de areia movediça, na realidade. Vou, então, procurar trazer o que existe de mais concreto ou, pelo menos, de menos abstrato com referência a essas circunstâncias, a esses postulados.

Para falar sobre *eficiência*, já iniciaria invocando o art. 37 da Carta Magna, que a ela se refere expressamente nos seguintes termos:

"A Administração Pública direta e indireta de qualquer dos Poderes da União, dos Estados, do Distrito Federal e dos Municípios obedecerá aos princípios de legalidade, impessoalidade, moralidade, publicidade e *eficiência* (...)."

Nós a encontramos outra vez, de forma expressa, na Constituição na parte em que ela trata dos recursos públicos, do controle dos recursos públicos, quando o Tribunal de Contas pode controlá-los, a partir da economicidade. A eficiência também está mencionada em outros momentos, mas aqui eu me refiro à sua ligação com a *economicidade* – economicidade no seu aspecto mais singelo, que consistiria na relação custo/benefício: com o menor custo possível, atingir-se o melhor que se pode fazer com aqueles recursos.

A Profa. Maria Sylvia Zanella Di Pietro diz que o princípio da eficiência pode ser considerado com referência ao modo de atuação do agente público e com relação ao modo de organizar e estruturar a Administração Pública. Quanto ao modo de atuação do agente público, dele se espera o melhor desempenho possível de suas atribuições, para obter os melhores resultados. E com relação ao modo de organizar, estruturar e disciplinar a Administração Pública, também com o objetivo de alcançar os melhores resultados na prestação do serviço público.

Tragamos isso também para o direito tributário (não no serviço público, naquele sentido do direito administrativo propriamente dito, mas como uma atuação do Estado).

A ação de tributar é uma atuação do Estado, e tem que ser realizada, como todas as demais atuações do Estado, de forma eficiente.

Eu trouxe, a título ilustrativo, um parágrafo da Profa. Regina Helena Costa, do seu livro sobre *Praticabilidade*, que é um livro muito bom e cuja leitura eu recomendo vivamente. Este trecho trata, na realidade, de todo o contexto do Direito Tributário.

Primeiramente, vejamos o que ela denomina de "dever de eficiência". Pode ser, parece ser, uma sutileza terminológica, mas creio que é muito significativo. O princípio da eficiência, na verdade, é um "dever da eficiência".

Constitui exigência do princípio da finalidade pública ou da supremacia do interesse público sobre o particular, segundo o qual a Administração Pública somente está legitimada a perseguir resultados de interesse coletivo. Deste modo, se a eficiência de determinada atuação, em qualquer contexto – portanto, em matéria tributária também –, é mensurável à vista da obtenção do resultado para o qual foi concedida, tratando-se de atividade administrativa, esta somente poderá ser reputada eficiente quando atender ao interesse público, por ela objetivado.

Aqui eu faço um pequeno aparte para lembrar essa expressão, tão usada e malusada: o "interesse público" – que hoje em dia, infelizmente, em muitos momentos está sendo confundido com o simples interesse da Administração Pública. Nem sempre o interesse da Administração Pública coincide com o interesse público. Muitas vezes o interesse da Administração Pública é um interesse da Administração enquanto parte numa relação. Do mesmo jeito, o contribuinte tem seu interesse, a Administração Pública terá o seu interesse, que pode até coincidir com o interesse público, mas não necessariamente coincide (aqui nós estamos falando do interesse público geral, não do interesse da Administração enquanto parte).

Trouxe também um conceito de *eficiência*, já aqui no que concerne ao emprego de recursos públicos para o gasto público. Ele é extraído de um livro muito interessante, chamado *O Mito da Propriedade*, escrito por dois filósofos ingleses, que num determinado momento afirmam, resumidamente aqui, que *eficiência exige que não se empreguem recursos de forma pública se seu uso privado seria melhor, e vice-versa*. Idealmente, a fronteira entre as duas posições deveria ser desenhada de modo que se igualasse o valor marginal, por meio de uma medida apropriada, entre gastos públicos e privados. Aqui, estamos diante não só do princípio da eficiência, como também daquele da razoabilidade, como nós vamos ver em seguida: a tributação como devendo ser razoável, na medida do necessário para fazer frente aos gastos públicos.

Coletei uma frase de Bobbio, que também que pode parecer óbvia – e é óbvia, mas acho importantíssimo ressaltar: *um governo eficiente não é por si só um bom governo*, até porque o juízo sobre a eficiência do governo é claramente um juízo técnico, e não moral.

Em outras palavras, há de haver uma implicação entre eficiência e legitimidade; não pode haver eficiência em contraposição à justiça (que eu creio que também é o que nós estamos, mais ou menos, vendo acontecer por aí). A prevalência da eficiência, a invocação da eficiência para prevalecer sobre direitos fundamentais – fórmula que nem sempre merece ser aplicada dessa maneira.

E, por fim, a *razoabilidade*. Eu vou identificar – alguns autores o fazem, eu também o farei – razoabilidade com proporcionalidade. É um outro conceito indeterminado. Alguns o extraem do devido processo legal, está na nossa CF, no art. 5º, LIV, que significa, num primeiro momento, um controle da discricionariedade legislativa e administrativa, e é um vetor interpretativo que aponta no sentido de que o Estado deve usar (somente) os meios absolutamente necessários para atingir suas finalidades, sempre, em última análise, sem prejudicar os direitos fundamentais do cidadão.

E aqui eu vou resumir o pensamento de toda a doutrina – pelo menos a que eu conheço – a respeito da razoabilidade, que, na verdade, refere-se, geralmente, a esta última como um desmembramento da proporcionalidade *lato sensu*, que é dividida em três partes – ou seja, essas três partes, essa estrutura tríplice da proporcionalidade, seria equivalente à razoabilidade.

Um ato estatal deve ser adequado, deve ser necessário e deve ser proporcional em sentido estrito. *Adequado* no sentido de ser idôneo a alcançar o fim almejado. *Necessário* no sentido de que não deve existir outro meio menos gravoso e igualmente eficaz – ou seja, só se deve usar aquele meio se não houver outro menos gravoso para atingir o mesmo objetivo. E *proporcional, em sentido estrito*, em que devem ser ponderadas as vantagens e desvantagens da medida interventiva efetuada, a fim de apurar se é justificada a mitigação do direito fundamental para atender ao interesse público.

Para ficar no tempo que me cabe, ressalto a Lei 9.784/1999, que cuida do processo administrativo no âmbito federal, e dispõe, no seu art. 2º, que "a Administração Pública obedecerá, dentre outros, aos princípios da legalidade, finalidade, motivação, razoabilidade, proporcionalidade, moralidade, ampla defesa, contraditório, segurança jurídica, interesse público e eficiência". No parágrafo único desse mesmo dispositivo, reza: "Nos processos administrativos serão observados, entre outros, os critérios de: (...) VI – *adequação entre meios e fins, vedada a imposição de obrigações, restrições e sanções em medida superior àquelas estritamente necessárias ao atendimento do interesse público*". Vejam: isso não é doutrina; é uma lei federal, lei que, nesse sentido, se aplica ao processo administrativo em geral.

Lembro que a violação da razoabilidade no direito tributário, no meu modo de ver, pode implicar com o Fisco. Entre outras razões, a conexão pode ocorrer se não houver correspondência entre o fim almejado e o meio utilizado para obtê-lo. Algumas questões – por exemplo, aplicações "práticas" disso – existem em situações de que estamos acostumados a ouvir falar. Viola a moralidade, por exemplo, da forma mais escrachante, o nosso direito positivo ao instituir contribuições sem a devida autorização constitucional, ou invocando uma autorização constitucional falsamente existente, para depois não cumprir a finalidade. Ou seja: não há a finalidade para a qual a Constituição autoriza a cobrança da contribuição e – o que é pior – não se destina o produto da arrecadação para aquela finalidade. O exemplo atual, creio que o mais marcante, é o da CIDE-Combustíveis, que foi comprovado pelo próprio TCU num acórdão em que ele enumera uns oito pontos de constatação de desvio de finalidade dos recursos dessa contribuição. Isso também viola o princípio da moralidade.

Quanto à eficiência, parece-me também que ela protege, implica, a limitação de custos indiretos. Tem que haver um mínimo custo de cumprimento das obrigações tributárias para que os tributos resultem praticáveis. E aqui também vamos à praticabilidade, praticidade, ou para a pragmaticidade – que não vai dar tempo de mencionar, mas que está implicada com essa eficiência; por exemplo, o excesso de custo das obrigações assessórias por parte dos contribuintes. Isso não é eficiência, é contraproducente: pode ser eficiente quanto à arrecadação, mas não atinge, necessariamente, o interesse público, atinge unicamente o interesse da Administração.

A penhora *on line* seria instrumento adequado no sentido de eficiência e de razoabilidade, conjuntamente, para justificar sua existência?

Quanto à razoabilidade, propriamente dita, e à proporcionalidade, tem-se a "duração razoável do processo". Como todos sabem, pela Emenda Constitucional 45 foi inserido o inciso LXXVIII no art. 5º da CF, onde se diz que a todos, no âmbito judicial e administrativo, são assegurados a razoável duração do processo e os meios que garantam a celeridade da sua tramitação. Aqui, eu creio que também tem a ver não só com a razoabilidade, mas também com a eficiência.

Já, quanto à a aplicação de sanções, as multas confiscatórias, tenho alguns acórdãos, aqui – que não teremos tempo de ler –, nos quais o próprio STF já deduziu que quando não há ligação possível entre os valores do principal e da multa punitiva realmente não há razoabilidade, e significa confisco. Parece-me, no entanto, que não é confisco pelo art. 150, IV, da CF, mas que é confisco pela regra geral da proibição do confisco na nossa Constituição, quando protege o direito à propriedade privada.

A retenção de mercadorias como meio coercitivo para pagamento de tributos claramente pode ser uma medida eficiente, mas não é razoável. Também tenho alguns acórdãos, aqui, que falam nisso. A pena de perdimento de veículo: na verdade, não precisaria usar esse instrumento para atingir o objetivo que o Fisco pode pretender.

Depósito em dinheiro ou fiança bancária como requisito para desembaraço aduaneiro de mercadoria importada também não parece ser uma medida razoável. O sigilo bancário, por enquanto, tem ficado sempre na situação de que só pode haver a quebra do sigilo bancário quando não houver outro meio possível de obter as informações necessárias, até em casos particulares. Há acórdãos que falam nesse assunto no que se refere à separação judicial, mas também sobre a abertura de sigilo bancário e fiscal em outras situações – de empresa, por exemplo.

Tudo o que relatei foi para dizer o seguinte: princípios são normas jurídicas, são tão coativos quantos normas jurídicas. Portanto, se for afrontada a razoabilidade, estar-se-á afrontando a Constituição. Refiro-me aqui à tormentosa questão da possibilidade de um órgão julgador administrativo examinar a constitucionalidade de uma lei, ao julgar. Se se entender, como eu entendo – como também o faz o Prof. Bottallo, felizmente –, que dentro do processo administrativo se tem que respeitar a lei, e a Lei Maior é a lei constitucional, então, não tem sentido perceber que a lei é inconstitucional e aplicá-la ao caso concreto. Na esfera administrativa, um julgador administrativo, um órgão colegiado, quando vai apreciar um recurso administrativo, *é um órgão julgador, não é um órgão da Fazenda*. Quando se ingressa nesse órgão, pode ser que haja – como sói acontecer – representação paritária: do contribuinte e da Fazenda. Não obstante, quando formado o órgão julgador, isso deixa de existir, para passar a ser um "tribunal", que tem que aplicar a lei e, evidentemente, a Constituição, que é a Lei Maior da Nação. Se não fosse assim não haveria sentido em discutir matéria tributária administrativamente, pois o julgamento já contaria, de início, com parte da interpretação jurídica, no mínimo, "capenga".

Apreciando a inconstitucionalidade por desrespeito à razoabilidade, por exemplo, poder-se-ia julgar improcedente um ato administrativo e, portanto, anular um lançamento tributário.

Como puderam perceber, são muitos os pontos que eu trouxe para meditação dos Srs. e que, certamente, serão desenvolvidos em todo o perpassar do Congresso.

Agradeço a atenção que me coube. Obrigado! [*Palmas*]

PRESIDENTE DA MESA (PROFA. MALVINA CORUJO AZEVEDO LOPES) – Muito obrigada, Prof. Estevão. E agora passo a palavra ao Prof. Paulo Ayres, que vai falar aqui sobre "Planejamento Tributário na Jurisprudência Administrativa".

Planejamento Tributário na Jurisprudência Administrativa

PROF. PAULO AYRES BARRETO – Bom dia a todos! Cumprimento inicialmente a presidência da Mesa, na pessoa da Profa. Malvina Azevedo Lopes, a Presidente desse Congresso; na pessoa da Profa. Elizabeth Nazar Carrazza, aqui presente; aos Congressistas, demais Professores que honram a todos nós com a presença neste auditório. Gostaria de lembrar que são poucos os eventos jurídicos nesse País que alcançam a 23ª edição. Este fato é prova inequívoca de que a semente plantada pelo Prof. Geraldo Ataliba prosperou, cresceu e produziu uma árvore forte, vigorosa.

O tema "Planejamento Tributário na Jurisprudência Administrativa" pode ser dividido em duas partes. Acredito que em relação à primeira parte minha visão tenha ficado sobremodo facilitada pela brilhante conferência do Prof. Eduardo Bottallo.

Dividirei a exposição em alguns comentários sobre o que há de novo no direito positivo em torno desse tema, o que surgiu de novo em termos doutrinários aqui no Brasil nessa matéria, algumas referências ao Direito Comparado, e finalizarei enfrentando e apontando quais seriam os efetivos limites normativos ao planejamento tributário.

O tema sob a denominação "planejamento tributário" está desgastado. Percebe-se por vezes que, em sustentações orais perante o Conselho de Contribuintes, o advogado do contribuinte evita falar em planejamento tributário, como se isso, por si só, fosse um problema, como se o Fisco não planejasse suas ações ou não determinasse, por exemplo, que vai fiscalizar apenas os maiores contribuintes. Será que o Fisco pode planejar assim suas ações? Ou ele terá que fiscalizar todos os CNPJs para poder voltar ao primeiro? O Fisco pode planejar suas ações, ou não pode planejá-las? E o contribuinte?

O que há de novo no direito positivo? Há uma regra antiga, o art. 149 do CTN, que coíbe a simulação. Talvez esta regra não estivesse produzindo os efeitos necessários. Assim, o legislador entendeu necessário um novo regramento para o tema. Surge, nesse contexto, o parágrafo único do art. 116 do CTN, que faz menção à dissimulação de negócios jurídicos.

Há quem diga que o tema sofreu uma reviravolta por força não especificamente da referência à dissimulação no parágrafo único do art. 116 do CTN, mas da referência às figuras do abuso de formas jurídicas e do abuso de direito. Ocorre que tais referências constam apenas da "Exposição de Motivos" da Lei Complementar 104/2001, que alterou o CTN. Há quem diga, ainda, que toda essa mudança decorre da vigência do Código Civil de 2002, que passou a tratar o abuso do direito como um ilícito. Além disso, o Código Civil de 2002 prestigiaria os chamados princípios da eticidade, da sociabilidade e da boa-fé.

Neste contexto de alterações do direito positivo surgem manifestações doutrinárias procurando defender que, de certa forma, o apego à legalidade, a tipicidade e o excesso de formalismo seriam posturas retrógradas e que havia surgido uma doutrina moderna que refutaria tudo isso e passaria a trabalhar com outros princípios ou com outros critérios para auferir os limites do "planejamento tributário".

O discurso que fala em doutrinas ultrapassadas, datadas do século passado, em desuso, tende a, no primeiro momento, convencer os mais apressados.

Entendo que este tipo de posicionamento não merece guarida. Basicamente, essas alterações legislativas acabaram por produzir uma dualidade doutrinária muito forte: dois extremos. Seria possível colocar em um extremo o Prof. Alberto Xavier, representando os formalistas, e no outro extremo os Profs. Ricardo Lobo Torres e Marco Aurélio Greco, representando a nova tendência, a corrente "moderna" em torno do tema "planejamento tributário".

Entendemos necessário fazer alguns comentários aos argumentos que sustentam uma profunda mudança no tema. Registre-se inicialmente que o Código Civil em matéria tributária é importante quando (i) para a matéria examinada não existe previsão constitucional, tendo em vista que sempre prevalecerá a Constituição Federal, como mostrou o Prof. Bottallo; (ii) quando não se tratar de matéria reservada à lei complementar; ou, ainda, quando a matéria não for tratada por lei especial – caso em que prevalecerão sobre o Código Civil a lei complementar e a lei especial, respectivamente. Portanto, neste sentido é intuitivo notar que a influência do Código Civil depende da ausência de tratamento constitucional, de tratamento de lei complementar e tratamento de lei especial em matéria tributária sobre o tema "elisão tributária" ou "planejamento tributário".

Quero registrar também que Pontes de Miranda há muitos anos já dizia que abuso de direito, no Código Civil anterior, era um ilícito; portanto, não há novidade alguma com relação a esta matéria.

No que diz respeito ao parágrafo único do art. 116 do CTN, introduzido pela Lei Complementar 104/2001, trata-se de norma geral antielisiva. Além disso, caberia propugnar pela eficácia positiva do princípio da capacidade contributiva. Em outras palavras, o aplicador do Direito, a autoridade administrativa, ao analisar o fato, por extensão interpretativa, poderia aplicar a um fato não tipificado, mas com conteúdo econômico semelhante de outro fato tipificado, regra que não alcança aquele fato. Assim, quem tem o condão de decidir, dentro da eficácia positiva, da capacidade contributiva, é a autoridade administrativa.

Por fim, o contribuinte não estaria mais autorizado a fazer planejamento tributário com o único objetivo de economizar tributos. Seria necessário existir um propósito negocial na estruturação do seu negócio. Se não houver propósito negocial outro que não a economia de tributo, o planejamento não será acatado.

Este é o entendimento da doutrina moderna – o qual, em nosso entendimento, não encontra respaldo no ordenamento jurídico brasileiro.

Toda vez que se pretendeu ampliar de forma mais importante a possibilidade de a autoridade administrativa atuar na linha da eficácia positiva do princípio da capacidade contributiva, ou com mais liberdade para requalificar os fatos praticados pelo contribuinte, o legislador posicionou-se de forma negativa. Isso começou no projeto de lei que deu origem ao próprio Código Tributário Nacional. No art. 74 do aludido projeto de lei tínhamos: "A interpretação da legislação tributária visará à sua aplicação não só aos atos ou situações jurídicas nela nominalmente referidos, como também àqueles que produzam ou sejam suscetíveis de produzir resultados equivalentes". Esse dispositivo não foi inserido na codificação original. Quando surgiu o parágrafo único do art. 116 do CTN, que citava a dissimulação, o Executivo, por intermédio de uma medida provisória que não foi convertida em lei, tentou ampliar essas noções de dissimulação, para fazer menção à falta de propósito negocial, abuso de forma jurídica e uma série de outros conceitos que não estão positivados no âmbito da legislação tributária. O legislador ordinário federal novamente disse: "Não!".

Eu disse que faria uma breve referência ao Direito Comparado, e trouxe aqui o exemplo da Espanha, basicamente para dizer o seguinte: primeiro, o tema é sensível mundo afora. Todos os Fiscos querem encontrar mecanismos de conter as estruturações do contribuinte que não sejam legítimas ou que tenham problemas na sua conformação. E a identificação dos limites desta atividade apresenta-se delicada em todos os ordenamentos jurídicos. Toda vez que se trabalha no sentido de ampliar fortemente o poder de atuação do Fisco, percebemos que os problemas não são pequenos. Em Portugal tentaram proceder desta forma e positivaram o dever de pagar tributos de uma forma objetiva. Inseriu-se uma regra muito forte no sistema. Porém, tal regra foi rapidamente retirada do ordenamento jurídico português e substituída por outra que representa um passo atrás nos poderes do Fisco.

O texto constitucional brasileiro assegura uma série de direitos e garantias, tais como as *cláusulas pétreas*, previstas no art. 60, § 4º, para o cidadão de uma forma geral e para o contribuinte de uma forma específica.

Há uma rígida demarcação de competência tributária, que visa a impedir que o Fisco valore os fatos e os tribute de qualquer maneira. A legalidade isônomica deve ser buscada na lei, tendo em vista que cabe ao legislador valorar os fatos isonomicamente e tributá-los adequadamente. A aplicação de regras confere segurança ao ordenamento jurídico.

Nesse sentido, se uma regra soluciona 999 casos e causa injustiça em 1 caso, ela ainda assim será uma boa regra, pois solucionou bem a grande maioria dos casos, e, ainda, impedirá a desconsideração da solução dos 999 casos com o intuito de resolver apenas aquele de que ela não trata adequadamente.

A criação do parágrafo único do art. 116 do CTN se deu por diversas razões. Primeira, por uma questão de eficácia social. Talvez o art. 149 do CTN não estivesse tendo a eficácia social que dele se esperava. Havia efetivamente um excesso de formalismo nas decisões dos Conselhos e da jurisprudência de uma forma geral.

Em obra recente, Paulo de Barros Carvalho (*Direito Tributário, Linguagem e Método*) escreve que, por vezes, diante da aplicação de uma mesma norma jurídica para o evento 1, para o evento 2, para o evento 3, chego a fatos jurídicos 1, 2 e 3. Mas, no mais das vezes, em planejamento tributário nós temos situação inversa: temos um mesmo evento, o mesmo fato social, relatado em linguagem de duas formas diferentes. O contribuinte estrutura aquele fato olhando para o direito positivo, da forma que lhe convém, com vistas a economizar tributos. O Fisco, por sua vez, olha para a conduta do contribuinte e encontra uma dissimulação. O fato efetivamente ocorrido, o evento social, é outro, e o Fisco apresenta suas provas tentando infirmar aquele fato relatado pelo contribuinte. Ao final, terá razão aquele que produzir o melhor conjunto probatório.

Por esta razão é que foi editado o parágrafo único do art. 116 do CTN. A "zona cinzenta" do planejamento tributário é muito grande, com as situações-limites muito evidentes. O legislador tributa, por exemplo, no imposto sobre a renda, a remuneração do trabalho assalariado a 27,5%. O ganho de aplicação financeira, de 22% a 15%, de forma decrescente em função do tempo de aplicação. O ganho na venda de bem imóvel a 15% fixo. Não é tudo "renda"? Por que tratar as três de uma forma diferente? Quem escolhe o tratamento tributário é o legislador. A autoridade administrativa não pode decidir por tributar tudo a 27,5%.

O art. 116 do CTN trata da dissimulação. Na dissimulação há dois fatos vertidos em linguagem: um deles construído por aqueles que intentaram o ato ou negócio jurídico e o fato que se pretendeu ocultar, a ser construído por aquele que deseja comprovar a dissimulação. A diferença semântica entre *simulação* e *dissimulação* é que justifica a inserção do art. 116 do CTN.

Os significados específicos de "dissimular" e de "simular" não autorizam o entendimento segundo o qual onde houver abuso de direito, abuso de forma, haverá simulação. É preciso provar a dissimulação. Abuso de direito, abuso de forma, eventualmente são meros indícios de dissimulação, mas ela precisa estar provada pelos meios de provas admitidos em Direito.

Não há no direito tributário qualquer dispositivo que proíba direta ou indiretamente a estruturação por meios lícitos de operação tributária com o único propósito de reduzir ou, mesmo, não pagar tributos. O ordenamento jurídico brasileiro não positivou a regra do propósito negocial ou *business purpose*. Enquanto a lei ordinária não disciplinar a desconsideração dos negócios jurídicos realizados com finalidade de dissimular a ocorrência de fato gerador é inaceitável a aplicação do parágrafo único do art. 116 do CTN, por haver certa ineficácia técnica de natureza sintática em relação a esse dispositivo.

Em síntese, se a lei tem problemas, altere-se a lei. Se as brechas estão no planejamento, sejam elas eliminadas mediante alteração legislativa. O que nós não podemos é outorgar à autoridade administrativa o poder de decidir se vai aplicar a regra "A", "B", "C" ou "D" positivada, ou a capacidade contributiva ao seu bel-prazer, dentro de uma feição positiva, como quer parcela da doutrina.

Proclamemos a ilegitimidade das leis tributárias que sejam más, exaltemos as boas. Enquanto nenhuma alteração vier a lume, cumpramos ambas. Muito obrigado! [*Palmas*]

PRESIDENTE DA MESA (PROFA. MALVINA CORUJO AZEVEDO LOPES) – Muito obrigada, Prof. Paulo, excelente exposição! E agora passaremos a palavra à Profa. Maria Rita Ferragut, que vai nos brindar com o tema "Condições e Limites para Utilização das Presunções e Ficções Tributárias".

Condições e Limites para Utilização das Presunções e Ficções Tributárias

PROFA. MARIA RITA FERRAGUT – Sras. e Srs., bom dia! Eu gostaria, inicialmente, de cumprimentar a Presidente da Mesa, Dra. Malvina, os meus colegas Profs. Estevão, Paulo Ayres e Júlio. Gostaria também de saudar a presidente de nosso Congresso, Profa. Elizabeth Nazar Carrazza, e cumprimentar o Prof. Bottallo, em nome de todos os professores e estudiosos de Direito aqui presentes.

Meu tema trata das presunções em direito tributário. Esse tema é extremamente importante para todo aquele que se propõe a estudar o Direito e aplicá-lo. Até por isso, vem sendo um tema de abordagem reiterada nos Congressos do IDEPE. Minha proposta, hoje, é apresentar a vocês casos práticos na esfera federal, estadual e municipal que, no meu entender, representam a utilização das presunções de forma muito significativa. Eu indico algumas considerações gerais para depois passar realmente à análise desses casos concretos e, dentro deles, poder traçar limites á aplicação das presunções.

O que é importante que se considere, inicialmente? As presunções são constitucionais para a criação de obrigações tributárias. Elas consistem em eficiente meio probatório em situações em que o sujeito pratica o lícito, de forma a impedir que provas diretas sejam produzidas. O que se deseja dentro do nosso ordenamento é a prova do fato jurídico-tributário, mediante provas diretas. Sempre que isso não for possível e que forem obedecidos os princípios constitucionais mencionados pelo Prof. Estevão, as presunções devem, sim, ser aplicadas pela autoridade administrativa e ser objeto de contestação por parte do contribuinte.

Por que minha linha de defesa-mestra, defendendo tão veementemente a utilização das presunções dentro do Direito? Porque entendo que elas nada presumem, do ponto de vista jurídico. Elas apenas determinam e provam o objeto de um fato. A Profa. Fabiana Tomé construiu muito bem essa equação. Primeiro tem-se o fato alegado – fato, esse, que é contraposto a diversos enunciados probatórios (enunciado 1, enunciado 2, enunciado 3), que tendem a confirmar ou infirmar a alegação inicial. Depois de avaliado o juízo de probabilidade, essa contraposição e eventual refutação, tem-se ou não um fato jurídico tributável. Então, primeiro ela alega um fato judiciário, apresento provas da existência desse fato, levo todos esses elementos à presença do contribuinte, para que ele os refute ou apresente outros fatos que diminuam a convicção acerca da ocorrência daquele evento típico, e o resultado disso tudo será a existência ou inexistência do fato jurídico-tributário.

Do ponto de vista jurídico, portanto, a presunção deve ser tida como válida. Do ponto de vista fenomênico – que é um argumento que muitos tendem a defender, no sentido de rejeitá-la –, essas presunções, por não se tratar de provas diretas, gerariam uma insegurança muito grande, violariam a tipicidade e não propiciariam o cumprimento da legalidade dentro do nosso Direito. Entendo que esses argumentos não procedem. Do ponto de vista fático, tanto as provas diretas quanto as indiretas são presunções, o Direito é uma grande presunção.

Quando emito uma nota fiscal, consignando que determinado serviço foi prestado, aquilo pode ou não corresponder à realidade física. É linguagem. A linguagem é utilizada da maneira que se quer. O limite à linguagem é a produção probatória. Escrevo na nota fiscal o que eu quiser; ou seja, pode ou não ter ocorrido. Uma mercadoria pode não ter saído de uma empresa. O fiscal não está em frente de uma indústria para saber quantos caminhões saem, o que consta dentro daqueles caminhões etc. O que ele verifica? Apenas linguagem, a nota fiscal. Então, o evento, tanto presumido na prova direta quanto na prova indireta. Esse, no meu entender, é o limite ao conhecimento humano. É desejável? Não é, mas não há como agir de uma forma diferente, não há como tratar o Direito de uma forma diversa. Nós não podemos participar de todos os eventos juridicamente relevantes, só a linguagem nos traz para dentro do Direito. E essa linguagem revela, num evento presumido, a prova direta e a prova indireta. Não há diferença, em meu entendimento.

Espécies de presunções, vocês conhecem, são essas três. A absoluta não é admitida, porque ela não é meio indireto de prova, é qualificação material do fato jurídico. Então, ela não deve ser aplicada pelo direito tributário. A relativa, sim. E a *hominis*, em meu entender, também.

Quais são os requisitos indispensáveis para manutenção da presunção no Judiciário? Primeiro, uma linguagem clara e objetiva que a relate. Não é aconselhável que o termo de fiscalização fiscal traga enunciados muito vagos. É preciso que o auditor realmente escreva quais são os indícios, qual foi o conjunto probatório coletado para que ele chegasse à convicção da ocorrência do fato jurídico e para que o contribuinte possa efetivamente se defender do que foi constituído. Então, a linguagem precisa ser clara, direta e objetiva.

É necessário que o auditor prove a ocorrência dos indícios. A inversão do ônus da prova não existe. Quem alega, prova. Aleguei o indício, devo provar o indício. Ao contribuinte cabe o quê? Refutá-lo. E, por fim, contraditório. Não é possível que eu alegue e não abra o contraditório. Se fosse assim, a presunção não seria meio indireto de prova.

Trago para vocês dois exemplos de presunção da esfera federal. O primeiro deles é saldo credor de caixa, e o segundo depósitos bancários não-contabilizados. Primeiro, saldo credor, também denominado por alguns de "suprimento de caixa". É uma forma de criação de receita fictícia. A pessoa jurídica, com a finalidade de justificar um eventual "Caixa 2", cria origem para o dinheiro. A sociedade não tem dinheiro suficiente para arcar com todas as suas despesas. Faticamente, tem mais saídas de caixa que dinheiro. E, se ela não criar essa receita fictícia, seria muito evidente a existência de "Caixa 2", porque, se não há dinheiro, como ela haveria de ter conseguido pagar todas as suas contas? Então, esse dinheiro tem que ter tido alguma origem. E de que forma as pessoas, quando praticam essa omissão de receitas, agem? Criando uma receita fictícia. A presunção é constitucional, nesta situação? Sem dúvida alguma. O contribuinte só poderá afastá-la se provar que recebeu efetivamente esses recursos, que não era uma receita fictícia, e, sim, que ocorreu entrada de caixa. Este recebimento, segundo o Judiciário, não pode ter sito mediante numerário, que é o que muitas vezes se alega, ou cheques endossados. É necessário que o contribuinte prove entrada na conta corrente mediante depósito, TED.

E o segundo elemento que a jurisprudência considera como sendo relevante para afastar a presunção é que o contribuinte demonstre a origem da receita. Então, no primeiro momento entrou o dinheiro, e no segundo momento, qual foi a origem da receita? Um serviço prestado? Uma mercadoria adquirida ou eventualmente uma receita que, por equívoco, deixou de ser escriturada? É necessário que se prove essa origem, e da maneira mais criativa e extensiva possível. É insuficiente a apresentação de um contrato de prestação de serviço, por exemplo. É aconselhável que, além desse contrato de prestação, se junte a petição que foi feita pelo advogado, o parecer, o serviço contratado de uma empresa de consultoria, de uma empresa de construção civil, a mercadoria que foi adquirida, todos os elementos para se formar uma convicção, porque nós não estamos, aqui, dentro de um campo investigatório. Tudo que for a meu favor preciso aproveitar. É necessário que se saia da zona cinzenta da questão da inversão do ônus da prova, e posso, inclusive, se não tiver todas essas provas, se julgar relevante agregar argumentos, mostrar o Livro Diário, se ele apresentar esses saldos credores, isolados, mas que no final do mês eles foram ajustados. O contador pode ter errado. A contabilidade, como vocês sabem, é muito complexa, ela implica inúmeros lançamentos, a falha humana é possível, não é? Pode ter havido esse erro. Se no final houve esse ajuste, a despesa poderia ter sido adiantada, ou foi equívoco do contador. Diferente será se essa prática tiver sido reiterada. Então, eu tenho um contador desavisado que inúmeras vezes por mês erra, ou todos os meses erra, com relação àquele mesmo prestador de serviço, aquele mesmo vendedor. Essa situação implica a necessidade de uma fiscalização mais rigorosa, porque foge do mero erro para o erro reiterado. Então – aí, sim –, a fiscalização deve procurar um procedimento, uma forma mais rigorosa, e, dependendo do resultado, aplicar ou não a presunção.

Há uma tendência judicial no sentido de decidir que se os rendimentos sofreram retenção na fonte afasta-se a presunção. No meu entendimento, a retenção é uma prova a favor do contribuinte, mas insuficiente. A retenção pode ter existido, mas o saldo entre o valor contratado e a retenção pode não ter sido depositado, eu posso acordar com um fornecedor que vou criar uma receita fictícia – você, por favor, retenha –, porque eu sei que esse é o entendimento jurisprudencial, e o dinheiro não está efetivamente em caixa. Então, não podemos nos limitar, no meu entender, ao comodismo da jurisprudência que hoje vigora no sentido de que a retenção é suficiente; a prova precisa ser mais ampla.

O segundo ponto é depósito bancário não contabilizado. O art. 287 do RIR considera como omissão de receita os valores creditados em instituição financeira em relação aos quais o titular não consiga comprovar a origem dos recursos. Essa forma de presunção vem sendo muito aplicada nos últimos anos, em especial por conta da CPMF, que forneceu ao Fisco um instrumento muito valioso de descobrimento dessas omissões. Em que pese ao cunho arrecadatório da CPMF, é indiscutível a finalidade fiscalizatória, e o que nós temos num caso concreto é isso, a fiscalização verifica que o contribuinte tem diversos lançamentos não justificados. Ela pode presumir omissão de receita para aquela pessoa jurídica? Muitos entendem que não, que o fato de essa não-justificativa existir é insuficiente, e que o Fisco precisaria apresentar indícios adicionais. Em que pese à Súmula 182 do antigo TFR, que é no sentido de ser ilegítimo o lançamento do IR arbitrado com base apenas nos extratos bancários, eu entendo que toda vez que identificada essa situação há necessidade de uma prévia fiscalização, com a participação do contribuinte. Então, se o Fisco detectou que o sujeito pagou mais CPMF que o rendimento declarado, ele tem por obrigação intimar essa pessoa jurídica, para que ela se justifique. Tal justificativa é extremamente relevante e evita um auto de infração que, num segundo momento, pode ser constituído. Porque a receita já pode ter sido tributada, pode ser uma receita não-passível de tributação, pode ser um dinheiro que circulou na conta corrente do contribuinte mas que não lhe pertence, como no caso de escritórios de Advocacia, que fazem levantamentos judiciais. As agências de publicidade tiveram inúmeros problemas durante o período em que a Receita começou a fiscalizar esse tipo de omissão de receita.

Ora, eu tenho receita, entrada, mas, quando não justificada, por que seria violação ao sigilo e a direitos individuais do contribuinte? A Receita Federal, pelo que tenho conhecimento, não intima o contribuinte para justificar onde ele gastou determinada quantia, ela o intima para o seguinte: "Sr. Contribuinte, verifiquei pelo seu extrato que o Sr. tem entradas não justificadas, V. Sa. poderia, por gentileza, justificá-las, uma vez que renda é fato gerador do IR, então preciso saber se elas se enquadram, ou não, dentro de uma regra-matriz de incidência?".

O fato, por si só, não revela o ilícito, o contribuinte pode ou não apresentar a origem. Se ele não o fizer, é lícito que a Administração Tributária entenda que foi receita omitida e, conseqüentemente, aplique a presunção e tribute.

Já, na esfera estadual temos as pautas fiscais de valores, a substituição tributária para frente e a declaração de inidoneidade e glosa de créditos de ICMS.

A primeira delas é tranqüila. Pautas fiscais de valores são as listas correspondentes a preços mínimos normalmente praticados, implicam a adoção dessa base de cálculo e são constitucionais desde que admitam prova em contrário. A pauta fiscal, em meu entender, viabiliza a praticabilidade da arrecadação. Imaginem vocês, seja no caso do IPVA, seja para o IPTU e ITBI, que também se utilizam de pautas fiscais, se a Administração tivesse que verificar o valor venal de cada veículo, o valor venal de cada residência, a venda num determinado Município, para poder identificar a base de cálculo do IPVA e do IPTU. Seria muito mais cara a apuração que a própria arrecadação. Então, por conta da praticabilidade, cria-se pauta, uma pauta de cada valor; se o contribuinte não concordar com ela, e entender que o valor lá consignado é maior que o real, ele tem os meios de impugnar o valor, e a Administração, desde que efetivamente provado, deve aceitar esse novo montante.

Substituição tributária para frente. É tanto do fato gerador quanto da base de cálculo. Fato gerador eu não vou, aqui, analisar, já que é ponto decidido pelo STF, a favor da constitucionalidade. Meu ponto para vocês é a base de cálculo, que é presumida. Se o fato gerador não ocorreu, base de cálculo presumida haverá de ser, porque não tenho como saber qual foi a manifestação de riqueza do evento, uma vez que ele ainda não se deu, é futuro.

É necessário, por isso, que se use uma base presumida, que é o preço final que o consumidor utiliza. Como exemplo, dentro do Estado de São Paulo, temos medicamentos, 38%, 24%, 33%, 41%, dependendo da apuração do PIS/COFINS. Bebidas alcoólicas, 44% ou 102%. Essas são as pautas para a base de cálculo presumida.

A polêmica que se coloca é se o preço final for inferior à pauta. Terei direito de me restituir da diferença? O art. 150 da CF, § 7º, prescreve que há devolução caso não se realize o fato gerador presumido. Por conta da interpretação do enunciado "não realize o fato gerador presumido", o STF tem uma decisão de 2002 no sentido de que não assiste direito à devolução se o problema for com a base de cálculo. Se o fato gerador não tiver ocorrido, o contribuinte poderá se ressarcir; mas, se o problema for de base de cálculo, ele não poderá. Atualmente há duas ações diretas de inconstitucionalidade no Supremo, uma é de Pernambuco e outra de São Paulo, e em ambas a votação está empatada em cinco a cinco. Apenas o Min. Carlos Britto não votou, e decidirá o pleito.

A presunção não pode ser utilizada nesse caso concreto? Para mim, sim. A devolução deve ocorrer também se ela for utilizada de uma forma maior, pois neste segundo momento tenho como identificar a materialidade do fato. Quando ocorreu o fato gerador presumido eu tinha que utilizar uma base presumida, mas nesse segundo momento isso não é mais necessário. Então, a devolução deve ocorrer.

Por fim, nós temos a glosa de crédito do ICMS, que é uma questão muito controvertida, e que no meu entendimento não se trata de presunção, propriamente dita. Trouxe-a para vocês porque a maioria das decisões e da doutrina considera como sendo presunção do contribuinte com o adquirente, o contribuinte adquirente com o vendedor. Então, por haver essa presunção de colaboração entre ambos, a glosa, ela deve existir.

O STJ tem duas decisões. Esses recursos especiais que aqui menciono são no sentido de que a glosa pressupõe má-fé do adquirente. Se isso não for provado pela Administração a glosa não pode ocorrer, por violação ao princípio da não-cumulatividade. Imaginemos duas situações. Contribuinte "A" e contribuinte "B". O contribuinte "A" prova um depósito na conta corrente do fornecedor, depósito bancário, TED, é feita essa prova. Ele prova ingresso das mercadorias em seu estabelecimento, e o Fisco não prova sua participação no ilícito. Temos uma segunda situação, do contribuinte "B", que não faz prova do depósito, ele alega que o pagamento foi feito com numerário, não prova ingresso das mercadorias em seu estabelecimento. Para "B" a presunção deve ocorrer. O ponto controvertido, e que tanto nos provoca, é a situação do contribuinte "A". Em meu entendimento, essa glosa é inconstitucional. Se essas mercadorias estiverem acompanhadas de documento fiscal emitido pelo contribuinte, que à época da emissão do documento se encontrava regular perante a Secretaria da Fazenda, é um ponto favorável. Além disso, se a sociedade adquirente provar que tomou todas as providências cabíveis no sentido de atestar a existência daquele fornecedor, se ela possuir CND, SINTEGRA, cópia do contrato social, a prova será robusta. Algumas pessoas defendem: "Ah! O adquirente tem que ir lá, tirar uma fotografia" – eu não sei se chega a tanto, mas, dependendo do montante envolvido e do posicionamento do Fisco do Estado de São Paulo, talvez fosse o caso, inclusive, de ficar na frente daquela empresa com o jornal do dia, para demonstrar quando a foto foi tirada, e tirar tal foto do estabelecimento. E, por fim, deve-se provar que a mercadoria foi recebida e paga. Se ele fizer todo esse conjunto probatório, é inconstitucional a glosa. O princípio da não-cumulatividade existe. Se o fornecedor é uma empresa-fantasma, se a nota fiscal é inidônea e o Fisco teve um prejuízo por conta disso, é uma pena; o Fisco deve tomar todas as medidas possíveis para acionar aquela pessoa jurídica, mas não punir o adquirente que agiu de forma lícita. Para mim, esse é um exemplo de grande violação que nós temos ao direito do contribuinte paulista.

Por fim, Srs., dois rápidos exemplos de presunção na esfera municipal. Primeiro a Lista de Serviços e segundo a Lei 14.042/2005. A Lista, todos nós sabemos, é taxativa. Ocorre que há situações em que o contribuinte prestador de serviço emprega para aquela atividade uma denominação diversa da prevista no rol de serviços tributáveis. E, quando fiscalizado, o auditor municipal entende que, em que pese ao fato de o nome ser diferente, materialmente o serviço é o mesmo; portanto, subsome-se ao ISS. Eu entendo que a prova é fundamental nesse caso; se no sentido de que a natureza do serviço é a mesma, sim, deve-se presumir a ocorrência daquele serviço e tributar. Se o Fisco não fizer essa prova, e o contribuinte apresentar elementos demonstrando que são de naturezas distintas, a presunção não tem cabimento. Esse é um caso clássico das instituições financeiras, lembro que cada banco tem uma nomenclatura específica para seus serviços, e você tem uma Lista taxativa, e hoje a discussão muito grande no TJSP é no sentido de que a prova é que decide. Quem provar a materialidade do serviço a seu favor, ganha a discussão.

E, finalmente, a Lei 14.042/2005, que trata da "guerra fiscal" e da retenção na fonte. Eu entendo que essa lei é fantástica do ponto de vista de diminuir a "guerra fiscal". Sofreu e sofre inúmeras críticas, com as quais não compartilho. A lei determina que toda empresa estabelecida no Município de São Paulo que contratar serviços de empresas estabelecidas em outros Municípios deverá reter ISS na fonte se a empresa prestadora não estiver cadastrada do Município de São Paulo. O que é esse cadastro? É uma solicitação feita *on-line* em que se demonstra que eu, pessoa jurídica, estabelecida em Santana do Parnaíba, estou efetivamente lá. Então, não basta juntar contrato social, preciso juntar contrato de locação, ou a prova da propriedade, conta de energia elétrica, condomínio, gás, GFIPS, para demonstrar o número de empregados vinculados àquele estabelecimento. Tudo isso para quê? Para que o Município de São Paulo saiba se o estabelecimento é real; se for, São Paulo não cobrará o ISS, porque o estabelecimento prestador é efetivamente localizado em outro Município, mas, em contrapartida, se você não tiver essa prova, em que pese à sua sede ser lá, São Paulo não pode fechar os olhos para a "guerra fiscal" e para o fato sabido de que muitas empresas estão em São Paulo mas têm suas matrizes em "paraísos fiscais" municipais. Por isso, esta lei trouxe, de forma muito positiva, e sem violar o direito do contribuinte que efetivamente está em outro Município, a possibilidade de assegurar a arrecadação do Município de São Paulo quando sabidamente o serviço for prestado aqui.

São estas as minhas considerações. Eu agradeço a atenção de vocês, e desejo a todos nós um excelente Congresso. Muito obrigada! [*Palmas*]

PRESIDENTE DA MESA (PROFA. MALVINA CORUJO AZEVEDO LOPES) – Agradecemos a exposição da Profa. Maria Rita Ferragut e convidamos o Prof. Júlio Maria de Oliveira para nos falar sobre "Substituição Tributária nos Impostos e Contribuições. Peculiaridades".

Substituição Tributária nos Impostos e Contribuições. Peculiaridades

PROF. JÚLIO MARIA DE OLIVEIRA – Inicialmente eu gostaria de cumprimentar a Mesa, na pessoa da Presidente, Malvina Corujo Azevedo Lopes, e os componentes da Mesa, os Profs. Estevão Horvath e Paulo Ayres Barreto.

Pois bem, o Direito na maioria das vezes não consegue tocar a realidade, pois tem uma realidade própria. Vejam o exemplo que o Prof. Paulo utilizou em uma de suas aulas memoráveis a respeito dos dinossauros: ainda que viesse uma lei e dissesse que os dinossauros seriam regenerados, recriados, essa lei não teria eficácia alguma, pois estaria fora do plano da possibilidade. Hoje as ficções e as presunções ousam chegar a esse plano, como veremos.

Atualmente há uma frugalidade na utilização das presunções e das ficções – na minha avaliação –, pois é muito custoso construir e constituir o fato jurídico-tributário. E essa dificuldade de constituição de provas, bem como de se estabelecer um ritual muito mais demorado, muitas vezes estimula principalmente a Administração Pública a entender que pode presumir em todos os graus. Nós trabalhamos, muitas vezes, com presunções de presunções – e isso, a meu ver, traz um custo muito grande à segurança jurídica.

Perdoem-me por ser um pouco dissonante ou fazer parte daquele coro dos desafinados, arriscando aí uma bossa-nova contrária à ida do Brasil às Olimpíadas, à Copa do Mundo, à participação do País no Conselho de Segurança da ONU, ao Brasil ser um dos BRICs. O fato é que, em termos jurídicos, na minha modesta avaliação, nós estamos regredindo em matéria tributária, não só no processo administrativo, mas em diversos pontos. Nós, profissionais do Direito, estamos com muita dificuldade de tomar posições com um mínimo de segurança jurídica.

Há conceitos que estão em franco desuso. "Jurisprudência" é um deles. Quem de nós arrisca dizer que há jurisprudência "A", "B", "C" ou "D" para determinada questão?

Muitas vezes somos chamados a responder a questionários de auditores que nos perguntam sobre as chances de êxito de determinados processos: se são remotas, possíveis ou prováveis. As avaliações mais atuais exigem uma posição mais objetiva: perda provável ou remota, temos que ficar entre ou ganha ou perde. Então, temos que recorrer à "bola de cristal", pois, como saberemos qual a jurisprudência da semana do STJ? Se o ministro ficar resfriado, a decisão pode ser divergente; se houver uma mudança qualquer, se houver muito embargo auricular de diversas pessoas, com pressões muitas vezes indevidas entre os poderes, as decisões podem mudar.

O que falo aqui pode parecer um discurso político e metajurídico, mas o fato é que isso tem influenciado decisivamente a condução do Direito Brasileiro.

Nós temos visto uma politização judicial, todas as questões relevantes que são colocadas, a quantidade de suspensões de segurança, de suspensões de sentença, todas baseadas em presunções, que geram o efeito multiplicador, sob o argumento dos milhões. Quantas vezes já ouvimos os argumentos dos milhões? Poderia citar inúmeros casos, como o crédito-prêmio do IPI, da alíquota zero do IPI, do conceito de "renda"... Mas não vou ser repetitivo e dizer aquilo que todos nós já conhecemos.

Parto desse cenário para dizer que houve um tempo – e aí eu tomo de empréstimo as palavras do Prof. Bottallo – de um mundo ideal, como, do meu ponto de vista, deveria ser. Houve um tempo em que existiam legalidade, anterioridade, tipicidade, não-cumulatividade, motivação dos atos administrativos, capacidade contributiva objetiva. Houve um tempo em que existiam critério temporal, critério material, critério espacial do tributo. Essas lições continuam sendo lidas e ditas na Academia.

Entretanto, hoje temos dificuldade de fazê-las ressoar na prática, no dia-a-dia. Portanto, são tempos idos.

Atualmente se tributa por presunção e se discute se essa presunção é *iuris et de iure* ou *iuris tantum*. Por exemplo, no STF discute-se a presunção da substituição tributária em relação a fato gerador e a base de cálculo, se ela é absoluta ou se ela é relativa. Essa discussão encontra-se empatada (5 x 5).

Nesse ponto concordo com a Profa. Maria Rita: se ela for absoluta, ela sequer é jurídica. Dessa forma, como aceitar uma presunção absoluta dentro de um processo? E a ampla defesa, o contraditório e a capacidade das partes de elaborarem as provas?

Uma presunção absoluta inibe absolutamente a produção do direito, pois provas não são aceitas. Então, essa discussão que se põe, hoje, quanto à incidência, ou não, do ICMS na hipótese de adoção de base de cálculo presumida superior ao valor real da operação é uma discussão praticamente inútil do ponto de vista da teoria.

O que está sendo visto aqui é o seguinte: a presunção da base de cálculo presumida é absoluta, ou não? Esse é o ponto. Na hipótese de se chegar à conclusão de que a presunção é absoluta, para o ICMS pouco interessará o fato econômico.

Esse imposto, que é o imposto sobre operações relativas à circulação de mercadorias e sobre prestações de serviços de transporte interestadual e intermunicipal e de comunicação, vai passar a ser um imposto sobre aquilo que bem entender a autoridade pública.

Ora, o que é a *base de cálculo do imposto*? Aí recorro, de novo, à lição do Prof. Paulo: a base de cálculo infirma, afirma ou confirma o quê? A hipótese de incidência.

Sendo assim, se a base de cálculo é totalmente abstrata e predeterminada com base em presunções de margem de valor agregado/MVA de mercado, sendo essa uma prova absoluta, não há mais que se levar em consideração o preço, que é o elemento de dimensão do critério material e, portanto, da hipótese de incidência do ICMS. Se vamos abandonar isto, a base de cálculo do ICMS será aquilo que bem entender a autoridade pública, determinando seu valor por decreto, por portaria, por atos não publicados.

O ICMS, hoje, é um imposto ilegal.

Vejamos o CONFAZ, por exemplo. O que é o CONFAZ? O Conselho Nacional de Política Fazendária/CONFAZ é formado pelas 27 Assembléias Legislativas dos Estados, legislando sem mandato – o que não é nenhuma novidade.

Hoje o papel dos convênios está limitado à definição de isenções, incentivos fiscais, obrigações assessórias? Todos nós sabemos que não.

No CONFAZ definem-se vários outros critérios do tributo, como a sua própria base de cálculo ou a sua redução, a hipótese de sua incidência, além de se conceder remissão, dentre outros – critérios, esses, que deveriam estar legitimamente previstos em lei ordinária dos Estados, em consonância com a Lei Complementar 87/1996 e suas alterações, que é a lei nacional que garante caráter federativo ao ICMS.

Na verdade, creio que algumas perguntas ainda são relevantes, apesar de muitas delas não mais serem oportunas, em razão de o STF ter de fato definido que a substituição tributária é constitucional. De novo fico no coro dos desafinados, para dizer que ainda entendo que ela é inconstitucional do ponto de vista teórico.

Bem, sei que quem fecha o sistema é o STF, e não adianta se revoltar contra isso. Todo sistema tem que ter um fecho, tem que ter um mecanismo que dá a palavra final.

Contudo, isso não inibe a discussão nas academias e nos congressos, para que mantenhamos uma posição contrária a esse instituto da forma como ele foi instituído.

Na verdade, se concordarmos com tudo aquilo que simplesmente as decisões dos tribunais emanarem, o papel da discussão científica deixa também de existir.

Ressalte-se que a substituição tributária do ICMS para frente tem uma série de problemas, pois se aplica ao imposto, neste caso, plurifásico, que é caracterizado pela não-cumulatividade.

Todos nós sabemos que aos produtos que estão sujeitos a substituição tributária não se aplica o princípio da não-cumulatividade, pois não é um regime de débito e crédito. Além disso, esquece-se – ou pouco interessa – da capacidade contributiva objetiva de cada contribuinte.

A presunção é de que a mercadoria será vendida por um preço "X" ou "Y", dependendo da cadeia de circulação dessa mercadoria, e que descontos, sazonalidades e crises devem ser desconsiderados. Essa é a presunção da substituição tributária.

Assim, o contribuinte substituto substitui todos os demais contribuintes substituídos baseado numa hipótese que poderá ocorrer e em valores que também se abstraem e se colocam como presunção. E se presunção absoluta, portanto, o fato econômico deixa de ter qualquer tipo de relevância.

E quais são os limites da presunção com relação ao ICMS? O que é mais peculiar na substituição tributária dos impostos e contribuições? A resposta é bastante certeira: ela não é mais excepcional.

Outra característica bem peculiar é que não interessam mais os fatos econômicos. Aliás, tudo aquilo que se coloca em contraposição aos valores presumidos, às margens de valor agregado, aos índices quaisquer, é considerado obstáculo à realização do interesse comum – e aí eu aproveito a apresentação do Prof. Estevão para dizer que interesse comum passou a ser interesse público ou, melhor, passou a ser interesse do Estado.

Aquele que é dissonante é colocado como defensor de sonegador, considerado advogado "chato", que não acompanha a jurisprudência e suas tendências. Este mesmo raciocínio aplica-se às hipóteses de planejamento tributário, como bem ponderou o Prof. Paulo. Contudo, não devemos nos intimidar.

Frise-se que este discurso que procuro fazer aqui nada tem de político; ele é uma constatação de fatos em relação a esse caráter peculiar que se apresenta ao regime de substituição tributária.

Para que serve, então, a substituição tributária? Para garantir arrecadação, para diminuir a sonegação – e não sou ingênuo para dizer que isso não é verdadeiro.

Realmente, há muita sonegação. Agora, leis más devem ser consideradas? Acho que ganhei 10 minutos, porque vieram dois bilhetes com 5 minutos em cada um, não é verdade? Pois um bilhete substituirá o outro. [*Risos na platéia*]

De fato, sob alguns aspectos a substituição tributária pode combater a sonegação que possa acontecer, mas em muitos setores ela tem se mostrado estimuladora da sonegação. Isto porque a fiscalização fica muito concentrada a determinados setores, como o de combustíveis.

Então, creio que a substituição tributária não é essa panacéia toda que resolverá todos os problemas. Tudo que é muito simplista, que quer abandonar o fato, que quer abandonar o ritual ou o processo, tende a achar que as coisas são imediatamente fáceis, mas a médio e longo prazos a tendência é que se sacrifiquem diversos direitos e garantias individuais a troco de nada. Essa é uma constatação importante.

Agora, como coadunar o sistema tributário do ICMS, do ISS, das contribuições ao PIS e a COFINS, da CSL, com o instituto da substituição tributária?

Vamos adotar como premissa que tudo que dissemos a respeito da substituição tributária não adiantará neste momento, pois, de fato, há uma tendência a que a substituição tributária seja constitucional, e ponto.

Partimos, então, para a discussão quanto à base de cálculo ser definitiva, ou não. Se for definitiva, de fato, temos muito pouco a fazer em termos práticos, pragmáticos, mas temos muito a fazer em termos de crítica e de discussão para que, quem sabe, possamos mudar isso algum dia.

Pontos relevantes que precisam ser enfrentados em relação à substituição tributária: primeiro, os produtos têm que ser previstos para o ICMS em lei estadual.

Há muitos casos em que isso não é feito, e há muitos casos em que a lei delega ao Poder Executivo tal tarefa, buscando as facilidades de sempre. As autoridades públicas dirão que atribuir à lei o papel de definir os produtos é muito complicado, pois é um processo muito longo.

Contudo, isso é um processo legal, democrático, de discussão difícil, sim, mas é assim que tem de ser. Colocar um produto no regime de substituição tributária pode significar, muitas vezes, exterminar parte do setor, criar meio artificial de arrecadação. Então, esse ponto é fundamental. Há que existir lei estadual ou leis estaduais que prevejam todos os produtos.

Além disso, a definição do critério quantitativo tem que ser alicerçada nos critérios da Lei Complementar 87/1996. Não deve ser qualquer tipo de levantamento econômico, feito à revelia do contribuinte, que pode definir essa margem de valor agregado/MVA.

Esses estudos, pelas disposições da Lei Complementar 87/1996, têm que ser feitos entre contribuintes e Fisco. É uma definição de base de cálculo, querendo ou não, negocial. Não sou eu que estou dizendo isso, mas sim a lei. Provavelmente cause calafrios quando digo isso – uma base de cálculo negocial –, mas é isso que está na lei complementar.

Os critérios são, assim, baseados em pesquisas; sentam-se os contribuintes de um lado, os representantes da Fazenda de outro, e se chega a um consenso de qual base de cálculo deve ser adotada.

E se essa base de cálculo for determinada exclusivamente pelo Estado estará em desacordo com aquilo que determina a Lei Complementar 87/1996 e não atenderá, portanto, aos requisitos de sua constituição, pois a base de cálculo do ICMS e da substituição tributária, bem como de qualquer outro tributo, tem que ter a participação da relação do contribuinte com o Fisco para que ela tenha a legitimidade que a lei complementar exige.

Além disso, o princípio da anterioridade deve ser considerado na Constituição, no que tange à margem de valor agregado/MVA? Nós vimos aqui o caso de São Paulo, vi casos do Paraná e de outros Estados, onde a anterioridade, categoricamente, não foi considerada.

A questão foi levada aos tribunais, e na análise exclusivamente jurídica se entendeu que, de fato, a anterioridade deve ser observada nos casos em que há aumento da carga tributária – e na maioria das vezes há esse aumento.

Então, o que fazer quando esses aumentos vêm de repente e não se obedece à anterioridade? Deve-se recorrer aos tribunais, que vêm reconhecendo as ofensas a esse princípio.

Contudo, muitas dessas decisões, liminares e sentenças, novamente são suspensas por decisões dos tribunais, dos mais diversos Estados e às vezes federais, com base no chamado *efeito multiplicativo*.

E aí voltamos à discussão, e retorna o aspecto político do controle de constitucionalidade de lei: a proibição dos tribunais administrativos de aplicar a Constituição, a limitação do juiz de primeira instância e, às vezes, até mesmo dos tribunais locais de considerar a Carta Magna na construção da norma jurídica.

Muito obrigado! [*Palmas*]

PRESIDENTE DA MESA (PROFA. MALVINA CORUJO AZEVEDO LOPES) – Agradeço a todos os nossos conferencistas e aos Srs. Congressistas por esses momentos que tivemos aqui debatendo sobre parte do direito tributário.

Quero apresentar meus agradecimentos, mais uma vez, ao Prof. Aires Barreto, à minha querida amiga Elizabeth Carrazza, a você, meu grande amigo Estevão, a todos! E aviso que não haverá intervalo, como já havia fora comunicado. Convidarei para compor a nova Mesa, a Mesa Temática, o Prof. Paulo Bergstrom, o Prof. Eduardo Bottallo, o Prof. Eurico de Santi e o Prof. Marcos Vinicius Neder, cujo tema será o "Temas Relevantes do Processo Administrativo Federal".

Muito obrigada a todos e um ótimo Congresso! [*Palmas*]

MESA TEMÁTICA I

TEMAS RELEVANTES DO PROCESSO ADMINISTRATIVO FEDERAL

PRESIDENTE DA MESA: PROF. PAULO CELSO BERGSTROM BONILHA
MEMBROS DA MESA: PROF. EURICO MARCOS DINIZ DE SANTI,
PROF. MARCOS VINICIUS NEDER,
PROF. EDUARDO DOMINGOS BOTTALLO

PRESIDENTE DA MESA (PROF. PAULO CELSO BERGSTROM BONILHA) – Prezados Congressistas, eu quero inicialmente, como Presidente desta Mesa, desta segunda Mesa, sobre “Temas Relevantes do Processo Administrativo Federal”, agradecer à Direção deste Congresso, à Presidente Elizabeth Nazar Carrazza, ao meu prezado Prof. Paulo Ayres, o convite que me foi feito para presidi-la.

Como eu também participei durante muitos anos de um órgão no TIT, esse tema é muito interessante. E já anuncio que eu não falarei, em favor da economia de tempo. Nós estamos com o tempo um pouco atrasado, e o Prof. Eduardo Domingos Bottallo, que no discurso de abertura deste Congresso falou exatamente sobre o processo administrativo tributário, também declinou de sua fala em favor da economia de tempo.

Dou a palavra, portanto, ao Prof. Eurico Marcos Diniz de Santi, para sua participação nesse tema.

Processo Administrativo

PROF. EURICO MARCOS DINIZ DE SANTI [*Texto sem revisão do autor*] – Prof. Bonilha, muito obrigado! Prof. Bottallo, Prof. Neder... Também agradeço ao Prof. Aires, a toda a Comissão, à Profa. Elizabeth Nazar Carrazza pelo convite. E desta vez não vou usar *PowerPoint*, Marcos, em homenagem ao Prof. Bottallo, sem *PowerPoint*.

Vou tentar ser rápido na minha exposição. Dediquei-me exclusivamente a fazer pesquisa sobre processo administrativo. Então, estou vivendo não como *player* do processo administrativo, mas como pesquisador, tentando entender o processo administrativo. Vou contar um pouquinho sobre essa pesquisa; vou ser bastante objetivo, bastante sintético.

Na FGV há um Núcleo de Estudos que tem três projetos, um sobre a Reforma do Processo Administrativo Fiscal (PAF), outro do Código Tributário Nacional e um terceiro sobre a Reforma Tributária. Há uma grande demanda quanto a se trabalhe com processo administrativo, estávamos cansados de fazer *blogs* institucionais, e queríamos um processo mais transparente, mais claro, mais institucional, com mais certeza de segurança. Então, a partir daí iniciamos uma investigação empírica para entender melhor o Conselho Administrativo de Recursos Fiscais/CARF, dentro de uma postura – até citada pelo Paulo Ayres em relação a planejamento tributário –, de não só entender e fazer doutrina; aliás, não fazer doutrina, mas entender quais são os problemas, quais são os gargalos, e propor soluções institucionais para o contencioso administrativo tributário. Especificamente nós escolhemos o CARF como objeto dessa pesquisa.

Uma coisa interessante que nós verificamos, do porquê do contencioso: percebemos que entre 1988 e 2008 a carga tributária pulou de 20 para 40% – ou seja, um sócio empresarial que mudou a participação societária dele de 20 para 40% do negócio, sem fazer nada, tudo isso foi feito através da legalidade. Ou seja, o Fisco aprendeu, no decorrer do tempo, até em razão destes Congressos, a trabalhar, primeiro deixar as portarias trabalharem com as leis e depois trabalhar com as leis complementares, depois com emendas constitucionais – então, 3, 12, 33, 42, 40, 41, ou seja: várias Emendas – e o Estado cada vez mais aprende a trabalhar com a legalidade e muda a Constituição. E é interessante que o contribuinte, para reagir até economicamente a isso, tem três saídas. Uma, submete-se à legalidade: é o que acontece normalmente com o assalariado, o contribuinte não tem como contrastar essa lei e nem tem interesse específico quanto a isso. A outra é sair da legalidade, ou seja, uma indução do mercado informal: vou vender DVD lá na Praça da Sé, ao lado do Unibanco, do Belas-Artes – porque não tem saída. Ou seja, o contribuinte sai da legalidade, não realiza mais fato gerador, foge da realidade [*truncado na gravação*] bases impositivas, que ocorre hoje em dia. E a terceira é combater a legalidade. É curioso, você percebe não só no CARF, mas percebe no STJ, no STF: assim como aumenta a carga tributária, aumenta o contencioso administrativo. O contencioso administrativo acaba se tornando uma solução legítima para você combater de alguma forma [*truncado na gravação*] de custos da carga tributária.

Como o Paulo Ayres disse, é piada culpar as empresas por ter lucro. Na verdade, empresas existem para ter lucro. Aliás, é até um problema em relação ao planejamento tributário, porque – é curioso –, analisando as decisões do CARF, do Conselho de Contribuintes, de certa forma a doutrina, o que é "planejamento tributário"? É reduzir carga tributária de alguma forma, de um patamar para outro, dentro da legalidade. Daí se estabelece que, se você reduz carga tributária sem intenção de reduzir carga tributária, então, tudo bem; na verdade, não houve proposta negocial com o exclusivo objetivo de reduzir carga tributária, houve um outro propósito.

Agora, se você reduz carga tributária com a intenção de reduzir carga tributária, aí é ilegal, aí é um planejamento tributário, aí é contra a lei. Ou seja, para que não seja contra a lei o sujeito tem que realizar uma operação com ágio, com empresa veículo, e sem intenção de reduzir tributo, sem pensar nisso, só com propósito negocial. Daí, no final da reunião com os advogados, os acionistas falam: "Nossa! Reduzi tributo, que coincidência! Vou pagar menos imposto de renda, vou economizar 34% de carga tributária, por coincidência, sem querer, não houve intenção...". A única forma que eu imaginei até agora é contratar o Dr. House quando se tiver que fazer um negócio, colocar eletrodos na cabeça, uma tomografia computadorizada, e aí captar se houve ou não intenção, e juntar aos autos e assim produzir a prova... Então, a gente vive isso hoje em dia, há dois pontos essenciais que a gente verifica, planejamento tributário e o outro justamente a multa de 150% qualificada, que exige também dolo, fraude e simulação, que ninguém sabe exatamente como é que e tem a dificuldade objetiva de provar. E é uma questão interessante em relação à prova, até que ponto o Direito pode exigir provas, ainda mais em direito tributário, que exige uma massificação à sua aplicação, exige provas de fatos que não são empíricos, como provar a intenção? Eu posso agir com toda a má intenção do mundo e simular boa intenção. Aliás, um bom planejamento cria todos os indícios, todas as provas necessárias para provar que houve boa intenção, com toda a má intenção...

Um outro dado interessante, contrapondo a Constituição, a respeito do qual eu venho conversando muito com o Marco Aurélio Greco, meu colega da GV, é sobre se efetivamente há, ou não, uma nova linha do Direito, levando em conta a solidariedade, opiniões mais modernas, e que está mudando a perspectiva da Dogmática. De fato, a gente percebe certas mudanças na perspectiva... O Marco escreveu o livro dele, *O Planejamento*, em 1998, e teve uma boa recepção, havia uma contraposição a esse legalismo exacerbado que vem sendo aplicado no Conselho, de forma a criar uma contraposição em relação a isso. Mas o curioso é que em 1998 houve justamente a crise do câmbio do governo FHC, que acabou com a Idade do Real. Houve a reeleição e, então, um momento de crise, e o Everardo Maciel apertou o Conselho de Contribuintes – o Marco pode contar isso, porque ele faz parte dessa história –, mas teve que encontrar uma doutrina para conseguir corresponder a essa pressão econômica que aconteceu, e justamente a virada do Conselho de 2002/2003, justamente a transição do governo FHC para o governo Lula, de novo uma pequena crise fiscal de início de governo, em que o Lula assumiu totalmente o plano de governo do governo FHC, e que implica toda a criação de [*truncado na gravação*] primários e que implicou de novo a pressão sobre o Conselho de Contribuintes.

O que nós vemos hoje, novamente? O Presidente não tem condição de pressionar os contribuintes com nova carga tributária, já afastou a questão de tributação da poupança, a questão da redução do IR. E qual a saída para conseguir fazer caixa? Não dá para reduzir despesa pública. Então, a saída é tributar o planejamento tributário, que está numa "zona cinzenta" e que decorre de fatos de problemas alheios, problemas do Estado, como disse também, o planejamento tributário existe em razão de tudo que é institucional de certos dispositivos, de certas carcaças legislativas que foram sendo deixadas no decorrer dos tempos, iniciada de certa forma a privatização, mas hoje em dia não tem tanto sentido, e criam efetivamente, propiciam legalmente, a realização do planejamento tributário. Então, cria-se a dicotomia, está aí o Subsecretário da Receita, que deve estar trabalhando sobre isso também. Até que ponto o Fisco não tem que se auto-observar também para resolver essas carcaças, esses problemas, que ele mesmo gera, gerando problemas para si e confortavelmente gerando para si também uma "zona de penumbra" em que ele pode atuar simplesmente alegando que há intenção do agente. Isso é um problema principalmente porque não há uma similitude entre o juiz penal e o auditor fiscal. O juiz, em todo o processo, ele está julgando, [*truncado na gravação*] presunção de legalidade, sem qualquer contraditório. Então, ele alega que teve intenção, alega que foi simulação ou dissimulação – a dissimulação me assusta, Prof. Bottallo. Quer dizer que é um fantasma, a dissimulação é um fantasma, e simulação é um fantasma mascarado? É uma dificuldade imaginar um fantasma, mais dificuldade ainda imaginar um fantasma mascarado...

Problemas em relação ao contencioso administrativo. O primeiro problema que nós tivemos, Prof. Paulo, Prof. Bottallo, Prof. Neder, foi em relação à informação [*truncado na gravação*] mas como pesquisador eu tenho que encontrar informações e não encontro íntegras de acórdãos do CARF, não consigo cruzar os acórdãos com movimentação processual, que não há. De 100 acórdãos do CARF, analisados um a um, eu só tenho informação completa sobre todos os dados, data do auto de infração, data de uma primeira instância, dados sinóticos, apenas em 20 acórdãos. Ou seja, simplesmente, eu, como pesquisador, não encontro informação para poder entender o CARF. Imagino a situação de penúria do advogado, que tem que estar exercendo sua profissão em razão dessas informações...

Esse é o grande problema. Sei que o Barreto está cuidando disso, diz que tem uma sala com 15 mil decisões sendo formalizadas, mas há todo o problema de burocracia, de recursos da Receita, para colocar isso no ar.

E também percebi uma coisa interessante nessa experiência como pesquisador, com um grupo de mais 12 pesquisadores trabalhando todo dia, lendo acórdãos e tentando entender, há dificuldades de compreender também os acórdãos do CARF. Lembro que eu analisei, junto com todo o grupo, o acórdão do Carrefour, tem uma sigla do Carrefour, dá desespero, porque a empresa "A" incorpora a empresa "B", que incorpora a empresa "C", daí o relatório continua, esta incorpora aquela, que cinde desta, um monte de pronomes demonstrativos, eu já não sei que empresa se cindiu de qual, você não entende a operação. Então, uma grande dificuldade disso, uma falta de uso homogêneo: "dolo", "fraude", "simulação", você não sabe o que estão usando, pode ser qualquer coisa. A Rita falou aqui um pouco sobre a questão da verdade. Começou-se a trabalhar com uma noção de verdade substancial – tudo isso também nós sabemos que são paradigmas difíceis de provar. Na verdade, há todo um sentimento de impressão, de intuição. O Marco Aurélio Greco falando também que há uma nova onda no sentido de que se leve em consideração a velha proposição sobre o Direito: que o juiz primeiro intui a decisão para depois buscar a fundamentação dela. E eu creio que tudo que nós precisamos é isso, que os juízes façam psicografia e depois fundamentem essa decisão na lei. Eu creio que tudo que precisamos e queremos hoje em dia é alguém que leia a lei e aplique, faça a decisão de conformidade com a lei. [*truncado na gravação*] da gente entender alguns casos concretos que buscam justiça, mas em direito tributário eu creio que não se precisa tanto de justiça, nós precisamos muito mais de segurança. O capital está aguardando, [*truncado na gravação*] no Brasil, só quer segurança. Pode ou não pode. E isso acaba sendo problema quando eu tenho a mesma lei, o mesmo instituto, aplicados de formas diversas em função do tempo e em função dessa intuição que eu tenho que estar entendendo isso.

Você, como pesquisador, tem muitas dificuldades para captar essa intuição. Começa a perceber que as decisões não lhe servem também para pesquisa, porque, assim como as provas, as pessoas parece que mentem também, elas não estão falando o verdadeiro motivo da decisão, há uma outra coisa atrás dessas decisões. Então começo a perceber, também, como pesquisador, que as decisões começam a me deixar desesperado, porque eu tenho um prazo de um projeto, uma proposta para explicar ao Conselho, e eu leio as decisões, leio a legislação, leio as informações que me são dadas, e não consigo sistematizar, não consigo entender as informações, não consigo chegar a nenhuma conclusão.

Daí, encontrei uma solução fantástica. Aprendendo com outras áreas, fui buscar informação não mais nos papéis, mas nas pessoas. Nós contratamos uma pesquisadora, uma doutora em Filosofia, que estudou Habermas [*truncado na gravação*] que trabalha com metodologia da pesquisa, para fazer entrevistas com os *players* dos Conselhos, com advogados, conselheiros, ex-conselheiros do Fisco e dos contribuintes – e é impressionante como começaram a surgir informações interessantes a respeito do Conselho de Contribuintes.

Uma primeira pesquisa sobre os aspectos formais do Conselho, tentando analisar o que aparece mais, o que é mais discutido no Conselho, propiciou uma constatação curiosa, muito mais formal, que merece todo cuidado, toda apreciação: quais são os dispositivos mais citados da Constituição. Teoricamente são pessoas competentes, então deveriam ser mais discutidos os arts. 150, 153, 156 da CF, mas não era o caso, o dispositivo mais citado da Constituição é o art. 5º, que trata dos direitos fundamentais. Então se começa a perceber um deslocamento de toda a discussão da área tributária, que iria discutir fato gerador, para princípios, nessa dicotomia solidariedade/liberdade negocial. Algo para se pensar, eis que, como diz um amigo meu, *princípio* é como coração de mãe, cabe tudo lá dentro. Gerando decisões altamente generalizadoras e que causam grande insegurança. Prova disso é o que o Paulo citou sobre planejamento tributário.

E do Código Tributário Nacional, para desgosto nosso – de certa forma para alegria minha, mas muito egoísta... –, os dispositivos mais citados são os arts. 142, 150, 173... Tanta coisa importante para discutir no Código Tributário Nacional – isenções, extensão de exigibilidade, tanta matéria, e a matéria mais discutida é lançamento, homologação e decadência, ou seja, aspectos completamente formais do lançamento tributário.

Enfim, algumas observações, alguns resultados da pesquisa empírica que nós realizamos no Conselho. Fui visitar o Mariano Pimentel, que é um filósofo do Direito. Então, simplesmente estou reportando aqui um relatório que a pesquisadora fez sobre o Conselho de Contribuintes.

Nessa pesquisa focada no planejamento tributário, quanto à pergunta sobre se as decisões do Conselho devem ser técnicas, confirmamos a percepção que já era de todos nós: 90% desses *players* do Conselho concordam em que as decisões devem ser técnicas.

Um outro aspecto, curioso também, refere-se à pergunta em relação à formação do conselheiro, de como deveria ser a formação do conselheiro. E todos concordaram em que deve ter formação em Direito, para justamente ter esse equilíbrio, essa reflexão, compreender como funciona um órgão normativo, não só a Justiça. E quase 90% também concordam em que deve ter conhecimento em Contabilidade. Daí, uma outra proposição interessante: mais que conhecer Direito conhecer também os fatos. E os fatos aparecem – está aí o Oswaldo vibrando – através da Contabilidade. Então, não dá para falar sobre imposto de renda sem conhecer sobre Contabilidade.

Outro aspecto curioso que também apareceu nas entrevistas é quanto ao processo decisório, as pessoas que formam as convicções dos julgadores. Essas pessoas são, digamos, os referenciais do Conselho, que se destacam porque têm conhecimento técnico. Então, são essas pessoas que todos acompanham, confiam na avaliação, confiam nos votos dessas pessoas.

Há uma última pergunta no questionário, preocupado em desenhar o conselheiro ideal, sobre os conselheiros dentre os contribuintes e dentre os representantes do Fisco. Dentre os contribuintes aparecem o tempo todo o José Henrique Longo, Cármen Setembrini Dias, o Natanael, pessoas que a gente sabe que têm a marca de serem extremamente técnicos, [*truncado na gravação*]. É curioso notar que justamente esse tipo de pessoas tem esse tipo de formação. E dentre os representantes do Fisco aparecem dois nomes destacados, como diz o Adolfo Guedes, a Sandra Faconi, que eu nem sei quem é, e outro nosso companheiro e colega aqui, o Marcos Vinicius Neder. É curioso notar que ele é uma das pessoas extremamente técnicas. Então, com isso a gente acaba delineando o que se pretende do Conselho.

Fui nomeado juntamente com o Prof. Paulo, o Nelson Saldanha, o André Nardelli, para compor o Comitê de [*truncado na gravação*] do CARF. A gente está discutindo sobre isso, e a intenção deste tipo de pesquisa é justamente levantar quais são os problemas e as demandas para selecionar um conselheiro, o que se espera de um conselheiro.

Concluindo, aqui, com um outro ponto que surgiu na pesquisa, que diz respeito a esses aspectos que precisam ser técnicos: é curioso que aparece o chamado *voto de qualidade*. Quer dizer, no Conselho Superior empata 6 a 6, no TIT, empatava 24 a 24 – não é possível, que coincidência! 48 juízes e empata 24 a 24... Ou seja, o que a gente chama *voto de bancada*. De alguma forma está errado isso, o contribuinte votar como contribuinte, agentes de origem da Receita votarem para a Receita. É só acompanhar como as pessoas votam que a gente pode identificar. Se tem um conselheiro que só vota de um lado, há alguma coisa errada com esse conselheiro. Creio que esse tipo de observação é muito positiva em relação ao CARF.

Reforma do Contencioso Fiscal Federal

PROF. MARCOS VINICIUS NEDER – Boa tarde! Já estamos à tarde, boa tarde a todos! É para mim uma grande honra participar novamente do Congresso do IDEPE. Queria agradecer à Comissão Organizadora; homenagear a Presidente, Profa. Elizabeth Carrazza, e cumprimentar os ilustres Professores da Mesa. Sinto-me honrado por compartilhar a Mesa com o Prof. Eurico, o Prof. Bonilha e o Prof. Eduardo Bottallo. Sobre o tema "Reforma do Contencioso Fiscal Federal", minha contribuição será mais como a de um observador. Fiquei muitos anos no antigo Conselho, acompanhei toda essa evolução e vou abordar, em resumo, algumas questões, inclusive as tão comentadas súmulas, discorrendo um pouco sobre como elas são aplicadas e qual sua abrangência.

A estrutura do Conselho de Contribuintes foi alterada e criou-se o Conselho Administrativo de Recursos Fiscais/CARF, que se origina da fusão de quatro órgãos. Antigamente existiam o 1º, o 2º e o 3º Conselhos de Contribuintes e a Câmara Superior de Recursos Fiscais e, na verdade, procurou-se resolver a concomitância de atividades pelos órgãos e a reforma teve um ponto de vista salutar, eliminando a duplicidade de trabalhos ao criar um órgão único.

Na verdade, agora, segundo o regimento do CARF, aprovado pela Portaria MF-256, de 22.6.2009, nós temos três Seções. Em vez de três Conselhos, nós temos três Seções, e cada uma especializada por matéria. A primeira julgando IRPJ, CSLL e IRRF (quando se tratar de antecipação do IRPJ), demais tributos (quando conexos, decorrentes ou reflexos do IRPJ), Simples e Simples-Nacional (nos casos que especifica), além de julgar recursos relativos a tributos, empréstimos compulsórios e matéria correlata que não tenham sido incluídos na competência julgadora das demais Seções; a segunda julgando IRPF, IRRF, ITR, contribuições previdenciárias, inclusive aquelas contribuições instituídas a título de substituição e as devidas a terceiros; e a terceira julgando contribuição para o PIS/PASEP, COFINS (inclusive as que incidem na importação de bens e serviços), FINSOCIAL, IPI (inclusive crédito presumido de IPI para ressarcimento da contribuição para o PIS/PASEP e da COFINS), CPMF, IPMF, IOF, CIDE, II, IE, além de outros assuntos relativos à área aduaneira, tais como classificação tarifária de mercadorias, valor aduaneiro, normas *antidumping* e medidas compensatórias.

Vê-se que também as competências foram alteradas quando comparadas às do anterior Conselho de Contribuintes, em que o 1º Conselho julgava IR, CSLL e tributos lançados em decorrência destes; o 2º julgava IPI (exceção feita aos lançamentos de ofício relativos à classificação de mercadorias), IOF, CPMF (PIS, PASEP e FINSOCIAL, quando não decorrentes do IR), exclusão de Simples, tributos estaduais e municipais que competem à União nos Territórios e demais tributos federais e empréstimos compulsórios a eles vinculados bem como matéria correlata vinculada à Administração Tributária não incluídos na competência julgadora dos demais Conselhos de Contribuintes ou de outro órgão da Administração Federal, atividades de distribuição gratuita de prêmios, mediante sorteio, vale-brinde ou concurso, a título de propaganda e atividades de captação de poupança popular, sorteios e loterias; o 3º, II, IE, ITR, contribuições, taxas, infrações e matéria correlata relacionada com importação exportação, CIDE e IPI, nos casos de importação e de lançamento de ofício relativo à classificação de mercadorias. Em competência residual, tributos e empréstimos compulsórios e matéria correlata não incluídos na competência julgadora dos demais Conselhos ou de outros órgãos da Administração Federal.

Agora, cada Seção tem quatro Câmaras, integradas por Turmas ordinárias e especiais, sendo que as Turmas especiais, de caráter temporário, podem funcionar nas cidades-sede das SRRFB.

Toda essa reforma baseou-se numa nova perspectiva de eficiência. Há uma promessa, feita na posse do novo Presidente do CARF, de que o julgamento ocorreria em seis meses. Esse é um desafio muito grande, porque na pesquisa que foi feita na FGV, no Núcleo de Estudos Fiscais, chegamos à conclusão de que os processos demoram em média quatro anos e meio para serem julgados, chegando a quase seis anos caso estejam na Câmara Superior. Então, sair de uma realidade de seis anos para seis meses é um desafio muito grande para a Administração Tributária.

E, para dar mais agilidade, foram criadas, também, Turmas dentro das Câmaras: agora, um presidente de Seção administra mais de uma Turma, incluindo as especiais. A composição anterior, que era de oito conselheiros para cada Câmara, agora é de seis conselheiros em cada Turma. Então, com toda essa alteração, nós temos muito mais conselheiros, muito mais Turmas.

A Secretária da Receita Federal perdeu a delegação de competência para indicação dos cargos e preenchimento das vagas, que voltou a ser do Ministro. Criou-se um comitê para seleção de conselheiros, vinculado à Secretaria Executiva do Ministério da Fazenda, presidido pelo presidente do CARF e integrado por representantes da RFB, da PGFN e das confederações representativas das categorias econômicas de nível nacional, que, ao final da avaliação dos candidatos, encaminha o resultado ao Ministro da Fazenda, para que ele, então, designe os conselheiros, que cumprirão o mandato de três anos.

A reestruturação também alterou as possibilidades de recurso. Havia um recurso que era muito antigo, um recurso especial, com base em contrariedade à lei ou à evidência da prova, em caso de decisão não unânime contrária à Fazenda Nacional. Era criticado, porque o contribuinte só tinha direito ao recurso especial de divergência. Mas quando a decisão não era unânime – ou seja, a divergência era interna à Câmara – só a Fazendo poderia recorrer. Isso vem quase desde a origem da criação da Câmara Superior, desde a década de 70, e a justificativa era a de que quando a decisão fosse desfavorável ao contribuinte ele poderia levar o caso à Justiça, e se fosse, ao contrário, favorável a ele, o processo se encerraria aí. Para haver um contrapeso a essa possibilidade, criou-se esse recurso especial em decisão não unânime, que agora foi eliminado na reforma do Conselho de Contribuintes.

Também, na aprovação da lei, foi eliminado um recurso voluntário aplicável no caso de o Conselho dar provimento a recurso de ofício (em casos onde os valores exonerados sejam superiores ao limite de alçada). Ou seja, o contribuinte teve uma decisão favorável de primeira instância, houve recurso necessário e o Conselho, acolhendo o recurso de ofício, restabelece o lançamento. Como o contribuinte só tinha falado uma vez no processo, por ocasião de sua impugnação, em obediência ao duplo grau de jurisdição, ele teria o direito de recurso voluntário à Câmara Superior. Esse recurso foi eliminado. A meu ver, existe aí um tratamento diferenciado. Se o pleito do contribuinte é negado em primeira instância, ele tem direito de recurso voluntário ao Conselho. Agora, se ele tem uma decisão que lhe é inicialmente favorável e que é revista pelo Conselho, a questão morre aí. Então, ele não terá mais a chance de um recurso? Nesse aspecto entendo que é preciso trabalhar essa questão, que, ao meu ver, eliminou a segunda chance de o contribuinte falar nos autos.

Acabou-se também com o agravo da negativa da admissibilidade do recurso especial quando o contribuinte entra com uma divergência e o presidente da Câmara, em decisão monocrática, nega o seguimento. Antigamente havia um agravo ao Pleno da Câmara Superior para examinar essa admissibilidade. Esse recurso não existe mais, há uma simples revisão de ofício.

E, por fim, foi eliminado o recurso extraordinário, cabível quando as Turmas da

Câmara Superior divergiam. Só pode haver divergência quando cada uma julga matéria específica, como, por exemplo, a 1ª Seção julga o IR e a 2ª Seção julga, por exemplo, Previdência; não tem como haver divergência nessas matérias, mas há divergência quanto a normas gerais de direito tributário e quanto a questões processuais.

A questão de decadência das contribuições sociais, a respeito da qual as Seções estavam divergindo, não pode mais ser levada a um Pleno; trocaram isso por resoluções, que seriam aprovadas para eliminar essas divergências.

Então, esses quatro recursos, recursos importantes, que existiam há muito tempo, nessa nova legislação processual não existem mais.

Nós tínhamos no Conselho uma discussão que visava a saber a partir de quando iriam valer essas regras. Havia muitos recursos, de valores expressivos, em trâmite, e era objeto de debate a aplicação da regra do art. 1.211 do CPC, desde logo, a esses processos pendentes. Mas existe uma proteção constitucional ao ato jurídico perfeito e ao direito adquirido; e, pesquisando a jurisprudência do STJ, ele tem declaradamente definido que o direito se rege pela lei no momento da decisão. Então, esses recursos poderão ser interpostos e vão valer até as decisões tomadas antes da mudança da lei e da mudança do Regimento. Isso ficou definido, e o Regimento foi por esta linha – vale dizer: a data da ocorrência da sessão é a que define a regra a ser aplicada.

Até que o julgamento ocorra continua o direito à interposição dos antigos recursos. A partir de lá, não. Embora não haja regulamentação quanto ao recurso voluntário, é entendimento da própria Administração Tributária aceitar os recursos do momento da decisão, porque, se a decisão não está num plano anterior à mudança, ainda assim permanecerá o direito de recorrer.

A primeira questão era essa. Quatro recursos foram eliminados, e como é que isso se compõe no direito intertemporal. Então, o momento de decidir a respeito da aplicação das novas regras será aquele em que eu julgo o recurso.

Agora vamos entrar num outro assunto, talvez até mais interessante, que é a questão das *súmulas administrativas*. Nosso ordenamento começou a usar muito um exemplo do STF: sumular entendimentos que sejam pacificados – e cada vez mais as súmulas vieram para ficar. Como o Prof. Bottallo citou, a inobservância reiterada de enunciado de súmula pode até gerar perda de mandato. O novo Regimento não permite que presidente de Câmara ou de Seção dê seguimento a recurso especial da decisão, de qualquer das Turmas, que tenha obedecido ao preceituado em súmula dos Conselhos, do CARF ou da CSRF. Então, essa é uma mudança muito significativa, porque, se ele entendeu que a decisão aplicou mal uma súmula, eu não vou poder apreciar o recurso? Talvez isso cause discussões...

Temos dois tipos de súmulas atualmente nos tribunais administrativos. As súmulas que nós chamamos de *persuasivas*. Por que "persuasivas"? Porque elas eram realmente regimentais e vinculavam somente os julgadores. De um tempo para cá foram introduzidas as chamadas *súmulas vinculantes*, que não vinculam só os julgadores, mas toda a Administração Tributária Federal.

A súmula regimental existe desde a origem do Conselho, só que nenhuma havia sido editada. O Conselho tem mais de 80 anos e não tinha editado súmulas, e só recentemente editou, com base no Regimento, essas súmulas dos 1º, 2º e 3º Conselhos, que são muito usadas e que contaram com a participação do Pleno nas suas elaborações.

Posteriormente foram criadas as *súmulas vinculantes*, dando aplicação ao próprio CTN, que no inciso II do art. 100 fazia a previsão do efeito normativo de decisão de órgãos colegiados, considerada como norma complementar, desde que a lei lhe atribuísse eficácia normativa. Isso é uma coisa muito interessante, porque durante anos e anos havia um contra-senso de muitas vezes o Conselho decidir em oposição à Fazenda e a Procuradoria continuar mantendo aquele entendimento (que já tinha sido vencido no Conselho) e a Receita, por sua vez, seguindo o entendimento já espancado, prosseguia nos lançamentos. Então, feitos os lançamentos, o Conselho os anulava, usando toda a máquina do Estado num trabalho inútil.

Sempre foi uma grande aspiração que as decisões tivessem um efeito que as tornasse definitivas e autorizasse os fiscais, vinculados que seriam, a não realizar o lançamento. Essa lei veio, e foi a lei que teve até o apelido de "MP do Bem". E, como era "do bem", ela resolveu trazer algum dispositivo nesse sentido. E a norma diz: se o Ministro aprovar, a súmula terá efeito vinculante em relação a toda a Administração Tributária, à Procuradoria, à Receita – todas terão que adotar as decisões. Logo que saiu, isso foi alvo de críticas, mas eu defendi que essas súmulas só terão sentido se forem favoráveis ao contribuinte, porque se forem desfavoráveis ao contribuinte, quer dizer, mantendo o entendimento fazendário, tornam-se desnecessárias e provavelmente não surtirá benefício a manifestação do Conselho em sede de recurso, uma vez que a Administração Tributária poderá resolver a divergência mediante a simples expedição de um ato normativo vinculando as DRJs e o restante da Administração Tributária Federal.

Ao contrário, se a súmula vinculasse a Administração numa decisão favorável aos contribuintes, aí, seria uma grande aplicação dela, porque resolveria o litígio sobre esse caso, e toda a Administração teria de aceitá-la. Então, a meu ver, esse artigo foi um grande avanço, ele permitiu dar efetividade às decisões do Conselho.

Fazendo uma análise das três regras de súmula, temos que o Regimento original, que vem quase desde a origem do Conselho, tinha um dispositivo de súmula dizendo que quem podia propor súmulas eram os conselheiros; ou seja, era algo de iniciativa interna do órgão julgador. Só o Conselho e a Câmara Superior poderiam propor súmulas. A Receita não poderia propor súmula, e nem o Ministério da Fazenda. A participação desses órgãos era meramente simbólica. A Procuradoria e a Receita eram ouvidas mas não tinham poderes de veto sobre as súmulas, tanto que essas súmulas foram aprovadas pelo Tribunal a partir de cinco decisões unânimes que não contrariavam a jurisprudência e vinculavam apenas o Conselho. A Lei 11.196/2005 veio alterar isso em relação às autoridades que eram capazes de propor súmulas, pois, além do Conselho, tanto a Receita como a Procuradoria poderiam propor súmulas, e agora isso não seria mais decidido internamente, mas ainda assim teriam de ser aprovadas pelo Ministro.

E essa lei que era tida como "MP do Bem" deu essa possibilidade de vinculação da Administração às decisões do Conselho. Mas ela trazia uma novidade: exigia parecer favorável da Procuradoria, ouvida a Receita (§ 2º do art. 26-A da Lei 11.196/2005).

Esse era um grande empecilho. Porque, se, no debate no tribunal, ao final do julgamento se fixasse uma jurisprudência favorável ao contribuinte, significaria, a princípio, que a Procuradoria foi vencida no debate, e dificilmente a Procuradoria concordaria com a aprovação de uma súmula favorável ao contribuinte se ela, Procuradoria, já sustentava tese contrária à súmula em questão. Hoje em dia a Procuradoria é muito combatida no Conselho; ela atua na Advocacia Pública, sendo muito difícil que ela concorde com uma decisão contrária à tese defendida no Conselho. Então, isso foi empecilho, tanto que nenhuma súmula vinculante foi editada sob a vigência dessa lei e esse dispositivo foi revogado, recentemente, pela Lei 11.941/2009.

O atual Regimento adotou um pouco de cada uma. Ele aumentou o número de postulantes, que agora também podem ser a Procuradoria e a Receita; criou também a possibilidade da edição de súmulas da Receita de todo o Pleno ou de cada Turma, com as matérias específicas; com a possibilidade de atribuição de efeito vinculante à súmula do CARF em relação à Administração Tributária Federal (art. 75 do Regimento do CARF, Portaria 256/2009). Eliminou-se o parecer favorável, agora só é exigida uma mera manifestação da Procuradoria-Geral da Fazenda Nacional, e mudou um ponto importante: antigamente: no antigo Regimento as decisões deviam ser *unânimes*, agora são exigidas decisões *uniformes*. Só se alterou uma palavra, mas há uma grande diferença.

Na decisão unânime todos têm que concordar; isso faz sentido com a idéia de que a súmula resume matéria já pacificada na Corte. Ocorre que quando falo em "decisão uniforme" posso ter votos por maioria, posso até ter votos por qualidade, já que se houver empate as decisões podem ser consideradas uniformes. Então, essa previsão não se coaduna muito, ao meu ver, com a idéia de um entendimento totalmente pacificado. E o Ministro, pelo Regimento Interno, poderá dar efeito vinculante. Na verdade, a súmula é aprovada pelos julgadores e o Ministro, se quiser, pode dar efeito vinculante à Administração.

Agora vamos falar um pouco sobre algumas súmulas vinculantes que são muito controversas, algumas até foram citadas pelo Prof. Bottallo hoje, aqui. A grande pergunta é: a súmula pode inibir o conhecimento do recurso? E como é que eu interpreto a súmula vinculante? Inibir conhecimento de recursos é, hoje em dia, aceito, porque não se pode recorrer de decisão que respeita súmula vinculante. O problema consiste em aplicar a súmula, pelo seu enunciado, diretamente, sem levar em consideração as diferenças na análise dos precedentes que levaram à edição dessa súmula. Posso aplicar diretamente a súmula vinculante e não apreciar o caso, e quais são as diferenças na análise dos precedentes?

Na verdade, a súmula tem uma peculiaridade: ela parte de uma família de decisões e utiliza um raciocínio indutivo, é válida para um, válida para dois, válida para "N" casos. É certo que esses casos são diferentes, porque não há dois casos que sejam totalmente idênticos. O Prof. Paulo de Barros Carvalho, mesmo, ensina que a experiência não é passível de repetição. Mas eles têm alguma coisa em comum, e eu consigo extrair um preceito geral dessas manifestações, faço uma generalização passível de ser aplicável a outros casos. Então, toda súmula está associada a uma justificação subjacente. Ao aplicar uma súmula eu não analiso só seu enunciado prescritivo: tenho que verificar que decisões deram origem à súmula.

Vamos primeiro falar um pouco de uma Súmula do 1º Conselho que foi comentada nas intervenções anteriores, que diz que o 1º Conselho do Contribuinte não é competente para se pronunciar sobre a inconstitucionalidade da lei tributária. Como é que se formou esse entendimento? Quando o contribuinte entra com recurso no Conselho e alega que não deve pagar uma exigência, porque a lei indicada pelo lançamento é inconstitucional. Ele pede ao tribunal administrativo o afastamento da aplicação da lei, e menciona isso no seu pedido. Estaríamos diante de um caso de aplicação da súmula referida. Por que o Conselho acabou, depois de debater por muitos anos, chegando a esse entendimento sumulado? Porque quando o CARF ou a Câmara Superior decidem em última instância alguma matéria de forma favorável ao contribuinte, essa questão é definitiva na esfera administrativa. A Procuradoria não pode levar a questão a juízo. Ao contrário, se for desfavorável pode. Mas se for favorável não pode.

Imaginem que o STF comece a entender que determinada norma, aplicada exatamente ao caso, é inconstitucional. Se ele começar a entender assim, e juízes de primeira instância ou de um outro tribunal judicial adotarem entendimento diverso, por meio de recurso, pode-se levar a questão ao STF.

Se o CARF julgar pela inconstitucionalidade da mesma norma jurídica não há como o STF se pronunciar sobre a decisão, eis que, pela via recursal, a questão tornou-se definitiva na última instância administrativa.

Ocorreu isso, por exemplo, no caso da limitação dos 30% na compensação de prejuízos fiscais. O Conselho começou inicialmente declarando que era inconstitucional essa limitação e afastando-a, porque ofendia o princípio da capacidade contributiva e o art. 145 da CF. E o STF disse posteriormente que a lei era constitucional; que a compensação de prejuízo era um benefício fiscal. Surpreendeu a todos, mas as decisões administrativas definitivas que invalidaram aquele lançamento provavelmente já teriam sido alcançadas pela decadência, não sendo mais passíveis de revisão. Assim, tais decisões que declaram a inconstitucionalidade de uma norma jurídica nunca vão poder ser submetidas à apreciação do STF. Esse problema de competência é que influenciou nas decisões e acabou levando o Conselho a entender desta forma. Não é competência do Conselho declarar inconstitucionalidade.

Os precedentes da súmula eram todos nesse sentido, mas na aplicação dessa súmula há situações que podem ser diferenciadas. Por exemplo, se eu alego que há um conflito entre a lei ordinária e a lei complementar que tratam de decadência. É que ocorreu com a Lei 8.212/1991, que diz que o prazo decadencial da contribuição é de 10 anos, e com o Código Tributário Nacional, que diz que o prazo é de 5 anos. É claro que não há mais sentido nessa discussão atualmente, uma vez que foi declarada inconstitucional a questão da decadência aos 10 anos, prevista na Lei 8.212. Mas apenas como exemplo recente e didático. O que você tem nesse caso: a lei complementar prevê 5 anos e a lei ordinária dizia que eram 10 anos. É certo que a Constituição Federal determina que, em matéria de decadência, o regramento cabe à lei complementar (art. 146). Nesses casos, os recursos eram conhecidos e julgados pelos julgadores. A decisão do Conselho de aplicar o preceito sobre decadência da lei complementar não caracteriza violação à súmula. Constitui-se em mera aplicação da Constituição ao caso concreto. O STJ já havia dito que as controvérsias entre lei complementar e ordinária em matéria tributária são de sua competência. Eu sei que o STF votou recentemente essa questão, mas consultando a jurisprudência do STJ vê-se que até hoje a Corte ainda expressa o mesmo entendimento em diversos julgados.

Um terceiro exemplo relacionado à aplicação desta súmula refere-se à possibilidade de interpretar conforme a Constituição num caso concreto. Às vezes a interpretação mais óbvia era num sentido e o Conselho entendia que deveria fazer uma outra interpretação conforme a Constituição. Então, dentro da moldura de interpretações possíveis de uma norma jurídica, os julgadores não escolhiam uma, mas outra, que no seu entender estava em conformidade com a Constituição Federal.

Como não há mais tempo, gostaria de agradecer a todos pela [*Palmas*]

MESA DE DEBATES "B"

PROCESSO JUDICIAL

PRESIDENTE DA MESA: PROF. AMÉRICO LACOMBE
MEMBROS DA MESA: PROF. MARCELO FORTES, PROF. PAULO CÉSAR CONRADO,
PROFA. REGINA HELENA COSTA, PROFA. MISABEL DERZI

PRESIDENTE DA MESA (PROF. AMÉRICO LACOMBE) – Esta Mesa de Debates, Mesa 2, versará sobre "Processo Judicial". Nós temos nesta Mesa o Prof. Marcelo Fortes, o Prof. Paulo César Conrado, a Profa. e Desa. Regina Helena Costa e a Profa. Misabel Derzi. Todos eles dispensam qualquer apresentação: são figuras de notório saber jurídico. Portanto, vamos dar seguimento, passando a palavra ao Prof. Marcelo Fortes, que vai falar sobre "Repetição de Indébito em Face da Repercussão do Ônus Financeiro (Art. 166 do CTN): Limitações e Sujeições Ativas para Postulação". O tempo de cada um será de 20 minutos.

Repetição de Indébito em Face da Repercussão do Ônus Financeiro (Art. 166 do CTN): Limitações e Sujeições Ativas para Postulação

PROF. MARCELO FORTES [*Texto sem revisão do autor*] – Boa tarde a todos! Exmo. Presidente, colegas de Mesa, colegas do Plenário. O tema da presente palestra – "Repetição de Indébito Tributário" –, está certo, é tema por demais conhecido. Ou seja: falaremos sobre o art. 166 do CTN. O que vem a ser o objeto da nossa discussão? O objeto da nossa discussão é o tema na repercussão financeira dos tributos. Ou seja, nós temos canalizado, especificamente, qual a relevância jurídica a ser dada – aliás, qual a relevância jurídica que foi dada pelo legislador e pelo sistema tributário para a repercussão econômica naqueles tributos em que o contribuinte tributário repassa para o contribuinte econômico o ônus do tributo.

Temos que analisar, em último plano, se essa situação é compatível com o ordenamento, ou não. E analisar, mais especificamente, se hoje nós temos, ou não, uma questão já resolvida, e se cabem, ou não, mais delongas a respeito desse tema. De logo já antecipo que nós temos uma questão, ainda hoje, mal-resolvida – e uma questão atualíssima, talvez a questão de maior repercussão, hoje, no STF, que é a ADC 18, que trata da exclusão do ICMS da base de cálculo da COFINS, que tem influência direta na presente matéria. Ou seja, o que se está se discutindo nessa ADC 18, de uma certa forma, não pode ser enfrentado de maneira correta se nós não voltarmos a essa discussão do art. 166. E vejamos por quê.

O que dispõe esse art. 166 do CTN? Textualmente. "A restituição de tributos que comportem, por sua natureza, transferência do respectivo encargo financeiro somente será feita a quem prove haver assumido o referido encargo, ou, no caso de tê-lo transferido a terceiro, estar por este expressamente autorizado a recebê-la".

É muito claro qual foi o objetivo do legislador: evitar o aproveitamento dúplice – ou seja, evitar que o contribuinte tributário, evitar que o contribuinte de direito, aproveite duas vezes, ou seja, repassando o ônus tributário, o ônus econômico, para o consumidor final, e também aproveite o momento em que ele recupera aquele valor do Fisco. Ou seja: seria evitar essa, entre aspas, "apropriação indébita" pelo contribuinte de direito. Essa foi a vontade do legislador, não resta dúvidas, isso está muito claro.

Pois bem, também não resta dúvida sobre o que é e qual foi o fundamento dessa vontade do legislador, que foi o da repercussão econômica. Está certo? E *repercussão econômica*, no caso, é o repasse do valor do tributo no preço dos bens e serviços. E foi com base nessa repercussão econômica que se fundou a classificação dos tributos em diretos e indiretos. E o que é um tributo direto, o que é um tributo indireto? Tributo direto é aquele tributo em que há repercussão, no que, nós temos a confusão entre [*truncado na gravação*], estranho à relação tributária. Essa classificação é orientada por uma outra que é muito utilizada na Ciência das Finanças, entre o contribuinte de fato e o contribuinte de direito, sendo o contribuinte de direito aquele que está no pólo passivo da obrigação tributária e o contribuinte de fato aquele que suporta o ônus econômico do tributo. Essa divisão serviu de fundamento para a classificação entre tributos diretos e indiretos.

Agora, qual é – admitindo-se, por ora, a compatibilidade dessa regra no sistema tributário – a abrangência desse dispositivo do art. 166 do CTN? Quais tributos esse dispositivo alcança? Por óbvio que, se temos um critério da repercussão econômica, e sendo o tributo para a economia, e somente para a economia, um custo, quem pode, repercute, está certo? Mas somente quando esse elemento, somente quando esse custo é tomado como relevante na hipótese tributária, somente quando a porta aberta do Direito torna relevante esse elemento, esse fato econômico que eu transformo em fato jurídico, é que ele passa a ser relevante para o Direito. Ou seja: é necessário que nós separemos entre a repercussão econômica pura e simples e aquela repercussão econômica que se tornou relevante para o Direito, aquela repercussão econômica que foi reforçada no fato jurídico. E onde nós tivemos, onde nós temos, essa repercussão econômica que se tornou relevante para o Direito, ou seja, que foi reforçada no fato jurídico? Naqueles tributos sujeitos à não-cumulatividade, está certo? Então, esse é o tanto de abrangência do art. 166 do CTN.

Admitindo-se o referido artigo como norma pertinente ao ordenamento jurídico, uma norma que está lá, resistindo, no ordenamento jurídico, então, esse seria o campo de irradiação do art. 166 do CTN.

Pois bem, agora eu coloco o seguinte ponto, para reflexão: se é necessário que nós tomemos como relevante a repercussão jurídica, e não puramente a repercussão econômica, que não se tornou relevante para o Direito. Sugiro que reflitamos sobre um outro ponto: quando é que essa repercussão jurídica efetivamente vai produzir os efeitos para os quais se destina, ou seja, os tributos indiretos. Creio que precisamos avaliar, investigar, é se essa repercussão se caracteriza, ou seja, se esse valor, que é repassado juridicamente para um terceiro, é efetivamente receita, ou não, para esse terceiro. O que eu proponho é que façamos uma inversão no raciocínio, para investigar se esse valor que a legislação permite que seja repassado pelo contribuinte tributário para a frente, até chegar ao contribuinte de fato, satisfaz, ou não, ao conceito de *receita*, exatamente para saber se estamos, ou não, diante de uma receita do contribuinte de direito. Porque, se nós não estivermos diante de uma receita do contribuinte de direito, podemos, talvez, estar diante de mais uma técnica legislativa para antecipar a cobrança de tributo numa fase mais adiantada ou a uma pessoa mais adiantada da cadeia de circulação da mercadoria – que é, na verdade, a mesma discussão que está sendo travada, hoje, na ADC 18. Então, esse tema do art. 166 é muito atual, presentemente.

Vejamos: o que é *receita*? E estamos diante de conceitos muito pacificados. Receita, segundo o Prof. Geraldo Ataliba, e uma entrada que passa a pertencer à entidade. Ou seja, é receita o que entra no patrimônio. E, pensando de forma analítica, ao mesmo passo surge a relação jurídica do contribuinte de direito, pensando no ICMS, pensando no IPI, para recolher para o Estado, uma determinada importância a título de tributo, certo? E é ele que deve recolher, está certo? E ele, de fato, normalmente repassa o ônus financeiro, ele já nasce para ele, ele já tem no seu passivo essa obrigação. Pergunta-se: o que entra no seu ativo, quando ele recebe, quando ele vende a mercadoria, é algo que acresce o seu patrimônio ou é algo que não acresce o seu patrimônio? Tem ou não tem uma correspondência? Se nós fizermos uma conta de liquidez, temos, ou não, uma compensação? Se nós utilizarmos o próprio conceito do IBRACON [*Instituto dos Auditores Independentes do Brasil*], nós temos que considerar acréscimos nos ativos ou decréscimos nos passivos, para sempre levar em consideração algo que possa alterar o patrimônio líquido.

Enfim, se, na verdade, não se caracteriza como receita, então, não temos algo positivo. Nós não temos aquele valor que é repassado, que não acresce o patrimônio. Ele, para o contribuinte de direito, se vier a ter uma recuperação, não vai representar nenhum acréscimo, porque ele já repassou para o Estado o correspondente daquele valor.

Pois bem. O direito do particular nasce do art. 165 do CTN ou nasce da própria Constituição Federal? Questão por demais debatida. Nós podemos, sem sombra de dúvidas, construir dois fundamentos para esse direito à repetição de indébito. Um fundamento imediato, a partir de uma norma geral de repetição do indébito, construída a partir do art. 165, e um fundamento constitucional. Se nada existisse no Código Tributário Nacional a tratar da repetição do indébito, o mesmo direito do particular, a repetição, já existiria. O silêncio do Código Tributário Nacional sobre a repetição do indébito já daria ao particular o direito à repetição. Por quê? Porque o direito de um Estado de cobrar tributos nasce da sua competência, e a competência que é repartida na Constituição Federal impõe limites objetivos. Ao Estado cabe cobrar aquilo que a lei lhe permite, é o princípio da estrita legalidade – ou seja, o Estado vai fazer aquilo que a lei lhe dá poderes para fazer, e não pode agir, nem um mínimo que seja, fora de tais limites.

Isso nos permite concluir que temos um fundamento imediato do direito à repetição de indébito na própria Constituição, e que qualquer cobrança fora dos limites permitidos na própria Constituição Federal, no próprio princípio da estrita legalidade, vai dar direito à repetição, e que esse direito à repetição não pode ser limitado por nenhum dispositivo abaixo dessa Constituição. E o art. 166 do CTN limita esse direito constitucionalmente prestigiado. E nós temos que visualizar o lado da regra-matriz da repetição do indébito, e todas construídas ao mesmo tempo, está certo? E temos que visualizar também que a própria repetição do indébito é uma forma, talvez uma das principais, de purificação do sistema tributário, é uma forma de o sistema tributário, autorizando a repetição, expulsar normas do sistema que foram evitadas, seja por autoridades incompetentes, ou procedimentos inadequados, ou sem respeitar a competência material ditada por normas superiores.

É uma forma de o sistema ir se purificando. Ao reconhecer o indébito tributário, o Poder Judiciário vai expulsando aquelas normas que foram editadas em desconformidade com o sistema.

E o que se está, hoje, discutindo na ADC 18? Não é a mesma coisa de que nós estamos a tratar aqui? Está se discutindo lá na ADC 18, que trata sobre a exclusão, ou não, do ICMS da base de cálculo do PIS e da COFINS, em última análise, se o ICMS, o tributo indireto, deve, ou não, compor a base de cálculo da COFINS e do PIS. E a principal argumentação da União é que o ICMS é repassado, está embutido no preço do contribuinte de direito. Não há nenhuma discussão sobre o que se está falando, de contribuinte de direito, e que só existe esse contribuinte de direito tributário, mas, como se trata de tributo indireto, o ICMS, não há que se falar em direito à restituição.

E citam-se também aquelas Súmulas 71 e 546 do próprio STF, de que tributo indireto – Súmula 71 –, uma vez pago, não cabe a restituição e – a mais recente, mas também já antiga, a de n. 546 –, de que tributo indireto, quando pago, só cabe a restituição ao contribuinte de direito se autorizado pelo de fato, quando comprovar que não repercutiu.

Agora, se, na verdade, aquele valor, supostamente repassado no preço, não constitui receita do contribuinte, ou seja, se esse valor, supostamente repassado no preço, não é acréscimo patrimonial, não constitui receita, e *faturamento* é um conceito que está dentro do de *receita*, como cogitar que algo que não é receita do contribuinte de direito possa se caracterizar, possa ser limitado pelo art. 166? [*truncado na gravação*] Voltando ao art. 166, um encargo financeiro que na verdade não foi repassado, porque, se nós analisarmos com um pouco mais de profundidade, é apenas provisório, porque se fosse receita do contribuinte de direito tudo bem, o art. 166 seria plenamente aplicável, agora, se é provisório, se está fazendo apenas a atividade de pegar uma receita e passar para um terceiro – então, não está havendo essa transferência do encargo financeiro. Algo que se alega é que no sistema americano, onde o valor do imposto é destacado logo na própria nota fiscal mas é o consumidor final que paga, seria diferente, e lá, sim, não haveria dúvidas. Mas aqui, como é uma obrigação que vem a cargo do contribuinte de direito, o art. 166 serviria para frustrar o direito à repetição. Mas será que esse simples fato é suficiente para obstar ao direito à repetição? Será que dá para compatibilizar o conceito de *receita*, que já é um conceito clássico, e que prova que é uma receita que não é do contribuinte de direito e que vai ser simplesmente transferida depois, e que aquele valor, não é de titularidade do contribuinte de direito, e obrigatoriamente se ele não repassar, se ele não pagar na data certa, vai ser executado – será que isso, por si só, é suficiente para negar o direito à repetição?

Enfim, o que eu concluo é que o art. 166 precisa ser repensado, porque as reflexões e as conclusões e decisões que até hoje foram lançadas desconsideraram o conceito de receita e nos tributos indiretos as conclusões deveriam ser outras, porque a receita não é receita do contribuinte de direito, e levariam a decisões exatamente opostas nesses casos, e levariam à conclusão de que para esses tributos indiretos o art. 166 seria incompatível com o ordenamento jurídico, dado que a repetição do indébito tem um fundamento constitucional, pautado na estrita legalidade tributária.

Com isso eu concluo, agradecendo a todos os presentes! [*Palmas*]

PRESIDENTE DA MESA (PROF. AMÉRICO LACOMBE) – As perguntas podem ser dirigidas à Mesa, se por acaso alguém as formular. Antes de dar a palavra ao Dr. Conrado, gostaria de lembrar, se alguém tiver esquecido, que desliguem seus celulares. Dou a palavra ao Dr. Paulo César Conrado.

Execução de Sentença Declaratória em Matéria Tributária

PROF. PAULO CÉSAR CONRADO – Vou falar a respeito do assunto que nos foi posto sob duas perspectivas. Uma primeira de ordem teórica; depois, avanço sobre a questão pragmática.

Antes disso, porém, uma constatação inicial (requisito essencial para que possamos falar a respeito de execução de sentença declaratória): nós não dispomos, no Brasil, de um estatuto processual tributário. Somos obrigados, por isso, a utilizar o estatuto processual geral, o chamado Código de Processo Civil – e, conseqüentemente, a doutrina respectiva. E os Srs. sabem, na nossa doutrina, na doutrina processual civil brasileira, a divisão do processo de conhecimento em três categorias é tradicional, daí derivando a possibilidade de falarmos em sentenças declaratórias, ao lado das quais se colocariam as sentenças constitutivas e as condenatórias, cada qual atrelada a uma categoria processual.

Pois bem, isso é o que nós temos, em princípio.

A divisão tripartite mencionada ruiu, entretanto. Nós não podemos mais falar em processo de conhecimento, processo de execução, sentença disso, sentença daquilo. A legislação vem se movimentando no sentido do sincretismo processual. Não temos mais a possibilidade de falar que a sentença condenatória será submetida a um posterior processo de execução: a sentença seria efetivada nos próprios autos da ação condenatória, de modo que o processo em si teria duas feições, feição condenatória (cognitiva, portanto) e ao mesmo tempo feição executiva. Outra situação: as providências cautelares na maioria das vezes já não são mais requeridas em processo autônomo, senão dentro do próprio processo de conhecimento, de modo que superada (ou em ruínas) estaria a classificação antes mencionada.

Agora, vejam, essas considerações valem quando nós olhamos para a questão de uma maneira superficial (e abrangente, conseqüentemente). Quando nós nos detemos sobre aquilo que realmente nos interessa, que é o direito tributário, o problema ganha outro viés, uma vez que é absolutamente impossível a aplicação cega e irrestrita do Código de Processo Civil (e, conseqüentemente, da doutrina processual) a esse específico setor – não, pelo menos, sem as devidas e necessárias adaptações que devem ser feitas à luz do Código Tributário Nacional.

Nesse sentido, eu começaria com os Srs. propondo uma reflexão sobre o que vem a ser *sentença declaratória em matéria tributária*, tema que circunda alguns acórdãos que vêm sendo produzidos pelo STJ – essa produção jurisprudencial representa a perspectiva pragmática da minha fala, que eu vou deixar para depois.

Mas vejam, voltemos: o que é *sentença declaratória em matéria tributária*? Quem ajuíza ação declaratória, obviamente, é o contribuinte; falamos de uma ação evidentemente antiexacional. E ele, por meio da ação declaratória, a chamada *declaratória de inexistência de relação jurídico-tributária*, não quer que a autoridade jurisdicional simplesmente declare a inexistência de relação jurídico-tributária; isso porque a relação jurídico-tributária de fato não existe (ela só existirá na sua plenitude a partir do momento em que eventual lançamento for feito; se já houvesse lançamento não se ajuizaria essa ação, senão a anulatória, ação constitutiva negativa).

Antes disso as declaratórias de que falamos são ações eminentemente preventivas e visam a evitar a produção do ato administrativo de lançamento. Explico: partindo-se da premissa de que no nosso sistema a legalidade da Administração é cega, é certo dizer que aquilo que está escrito na lei a Administração tem que fazer; logo, se há regra-matriz de incidência e o fato gerador foi constatado pela autoridade competente, ela vai produzir o lançamento – isso é inarredável. Pois bem, o contribuinte que discorda dessa atividade preventivamente tem a possibilidade de obter junto ao Poder Judiciário não propriamente a declaração de inexistência de relações jurídico-tributárias; o que o contribuinte deseja, com efeito, é que a autoridade jurisdicional diga: "Não pode produzir lançamento em face deste contribuinte enquanto o *status* fático e jurídico for esse". E, nesse sentido, vejam, nós teríamos uma sentença verdadeiramente constitutiva, constitutiva de uma norma de proibição para o Fisco agir em face daquele contribuinte.

Muito bem. Como toda sentença de natureza constitutiva desafia executividade *lato sensu*, nós temos que dar um passo à frente e definir como será, nesse caso, das declaratórias, tal execução.

Nós estamos habituados a pensar em execução no sentido estrito do termo, aquela que requisita invasão patrimonial, aquela que requisita expropriação do patrimônio do devedor. Mas existe a contraface da execução *lato sensu*. Vejamos.

Quem, em sã consciência, ajuíza uma ação, individual e concreta, e apresenta pretensão absolutamente oca? Quem ajuíza uma demanda individual e concreta evidentemente pretende algum efeito social, e o efeito social significa exatamente a realização executiva. Quando falamos em execução, realização de norma individual e concreta, nós estamos pensando no atravessamento do plano abstrato para o plano concreto. E isso pode acontecer – e acontece tradicionalmente – através da invasão patrimonial, a expropriação do patrimônio, mas pode acontecer também através de outras condutas. E, vejam, nesse sentido, nós teríamos as tais sentenças declaratórias sendo executadas, observado – reitere-se – o sentido *lato sensu* da expressão. Caso a autoridade administrativa produza lançamento que se encaixe naquela situação analisada pelo Poder Judiciário, nós teríamos um problema de nulidade que se identificaria em decorrência da anterior coisa julgada: o ato administrativo de lançamento, norma individual e concreta, estaria colidindo com uma norma individual e concreta anteriormente produzida e que estaria em posição privilegiada. Nesse sentido é que nós teríamos a idéia de executividade.

O que quero, aqui, dizer aos Srs. é que não sou dos que aceitam comodamente a aplicação desse vocabulário do processo civil para o processo de natureza tributária. Não me parece apropriado que se ajuízem ações declaratórias, senão ações constitutivas de normas de proibição para o Fisco agir. E é nesse sentido que nós teríamos a projeção de eficácia, esse é o efeito! Mas, vejam, na doutrina tradicional o que se diz? A natureza do processo é determinada em função da eficácia primária da sentença. E qual é o raio da eficácia primária que tiraria desse processo? É a norma de proibição para o Fisco agir – sentença, portanto, de natureza constitutiva.

Agora, vejam, dando um passo adiante, nós temos o problema das execuções em sentido estrito, aquelas que requisitam invasão patrimonial. No campo tributário essas execuções em sentido estrito estão normalmente conectadas àquilo que se convencionou chamar de *ação de repetição de indébito*. Essas ações não me parecem também vestidas de outra natureza que não a própria natureza constitutiva. E nesse sentido eu proporia aos Srs. a incorporação no plano do processo – o que, de certa forma, está presente na obra do Prof. Paulo de Barros Carvalho: tudo, absolutamente tudo, seria redutível à idéia de *constitutividade*. Quem ajuíza ação de repetição de indébito quer que a Fazenda seja condenada. Confesso aos Srs.: do ponto de vista cível (ou seja, não-penal) é difícil manobrar essa palavra, "condenatoriedade". A Fazenda não é condenada a pagar; o que nós temos é a constituição de um título executivo, cujo conteúdo é prestação economicamente equivalente ao tributo, mas o Fisco não entrega tributos ao contribuinte – porque tributo, até onde sei, é prestação paga pelo contribuinte ao Estado. O que o Estado faz é, desde que verificado o fato consignado na sentença "condenatória", entregar uma prestação economicamente equivalente àquela que foi paga a título de tributo. Essa é a intenção de quem ajuíza uma ação de repetição de indébito: obter do Estado-juiz título executivo em sentido estrito contra a Fazenda – título, esse, nós sabemos, que no âmbito federal vai ser executado ou pela via tradicional do art. 730 do CPC (via precatório ou requisitório) ou, então, através de compensação. Compensação é, portanto, e nesse sentido, uma modalidade executiva. Pode (e aí, vejam, nós chegamos ao problema pragmático) ser que a criatura tenha ajuizado (e isso acontecera intensamente desde 1991) uma ação declaratória do direito de compensar. É exatamente essa a questão que me parece encontra-se versada nestes acórdãos recentemente produzidos pelo STJ, num esforço louvável (mas que, particularmente, entendo dispensável) de reconhecer executividade na sentença declaratória. A pendência parece-me mais simples. Essas ações declaratórias do direito de compensar não são ações declaratórias, são ações de repetição de indébito como as que foram mencionadas pelo Prof. Fortes: o contribuinte fez pagamento, pagamento dito indevido; ele o refuta, mas não tem linguagem para dizer que é indevido; quem tem linguagem para dizer o que é indevido ou é a Administração ou é o Poder Judiciário. Se a Administração sonega a produção de linguagem atestadora do fato do pagamento indevido, ele, contribuinte, busca o Poder Judiciário; o Poder Judiciário reconhece que o pagamento é indevido, imaginemos. Mas, e agora: o que se faz com isso? Executa-se ou pela via do precatório ou pela via da compensação. Evidentemente que existem eventuais resistências ao uso da técnica da compensação, de modo que é necessário por vezes que se obtenha do Poder Judiciário o reconhecimento do direito de executar pela via da compensação. Agora, vejam os Srs., essa é uma questão que no tempo foi se superando, porque a técnica da compensação hoje é muito diferente daquela que se apetrechava há 15, 16, anos atrás: aqueles formulários que tinham que ser submetidos a prévia homologação da autoridade administrativa desapareceram; isso tudo hoje é feito através do sistema de Informática, mas desde que haja a peça necessária anterior – e a peça de que falo é a tal sentença que reconhece o pagamento realizado pelo contribuinte como indevido. Que sentença é essa? Nós podemos chamá-la da forma que quisermos – e, vejam, é exatamente isso que se faz nos acórdãos do STJ.

Vejam que a Língua Portuguesa é riquíssima, e nós usamos essa riqueza toda no Direito e criamos, com isso, toda essa confusão. Eu preferiria propor aos Srs., talvez pela enésima vez (venho fazendo isso já há algum tempo), uma revisão quanto a essas categorias no âmbito do processo tributário; não especificamente no âmbito do processo civil, senão, reitero, no âmbito do processo tributário: a utilização dessa tricotomia, declaratoriedade/constitutividade/coordenatoriedade, no âmbito do processo tributário me parece imprestável. E aí eu relembro a idéia de que as classificações não seriam certas ou erradas; elas podem ser inúteis. No nosso caso, parece-me que, além de inútil, a classificação averbada perturba, causa problemas.

Eu agradeço a todos. [*Palmas*]

PRESIDENTE DA MESA (PROF. AMÉRICO LACOMBE) – Passo a palavra à Profa. Regina Helena Costa, que vai discorrer sobre "Repercussão Geral e Recurso Extraordinário".

Repercussão Geral e Recurso Extraordinário

PROFA. REGINA HELENA COSTA – Boa tarde a todos! Inicialmente quero agradecer o convite para estar uma vez mais aqui, nesta edição do Congresso Brasileiro de Direito Tributário. Faço meus agradecimentos na pessoa da minha professora, Elizabeth Nazar Carrazza, nossa Presidente. Também cumprimento os meus colegas de Mesa, Prof. Américo Lacombe, Profa. Misabel Derzi, Prof. Paulo Conrado, Prof. Marcelo Fortes, e a audiência – é sempre muito gratificante poder falar a um público que é especialista em direito tributário, a uma audiência tão qualificada.

Farei considerações muito singelas sobre repercussão geral, esse instituto recente, que estamos começando a vivenciar agora. Serão considerações muito simples, mesmo.

Quando falamos em *repercussão geral* temos que primeiramente lembrar que esse tema se insere dentro da noção de *segurança jurídica*. A duas edições deste Congresso tive a oportunidade de falar sobre *segurança jurídica e jurisprudência*. E esse tema, uma vez mais, está incluso no contexto de segurança jurídica e jurisprudência. Todos nós sabemos o quanto é importante a idéia de segurança jurídica, que se estriba em valores fundamentais, que são *isonomia* e *legalidade*. A segurança jurídica é um sobreprincípio, como as melhores lições doutrinárias ensinam.

Muito bem, quando falamos em segurança jurídica e jurisprudência, isso traduz-se, a meu ver, como tive a oportunidade de expor há dois anos, em três idéias. A idéia de *uniformização*, a de *estabilidade* e, finalmente, a noção de *irretroatividade*. Penso que a segurança jurídica se expressa no âmbito da jurisprudência por essas três maneiras, esses três modos.

Quanto à *uniformização*, falarei especificamente disso adiante. *Estabilidade*, no caso, significa que a jurisprudência deve sinalizar aquilo que será o entendimento a vigorar dali para frente. Portanto, ela acaba sendo um indicativo dos comportamentos que devem ser adotados, daqueles que são considerados legítimos. A idéia de evitar oscilações, especialmente oscilações abruptas da jurisprudência. Finalmente, a noção de *irretroatividade* – mas a irretroatividade tem a ver com o tema da Profa. Misabel, modulação dos efeitos das decisões judiciais. Então, eu não seria louca de me atrever a entrar nessa seara.

Fico, então, com *uniformização*, para poder falar um pouquinho de repercussão geral. A idéia de uniformização, sem dúvida, remete à isonomia. Tratar igualmente aqueles que se acham em situação equivalente. A uniformização rima com a idéia de isonomia, rima com a idéia de respeitabilidade, quando se sabe que, em determinada situação, o tratamento que se vai ter é aquele que todos terão se estiverem na mesma situação. Entende-se que essa é a solução justa, que essa decisão merece respeito e, portanto, que essa decisão acaba traduzindo o que deve ser isonômico.

Estamos acompanhando já há alguns anos a reforma que tem sido promovida na legislação processual civil. Já são provavelmente umas 15 leis a alterar o Código de Processo Civil nos últimos anos, e uma das tônicas dessa reforma processual que vem sendo efetuada de maneira paulatina é justamente uniformização jurisprudencial. Vários mecanismos têm sido adotados com essa finalidade. Para lembrar apenas alguns: a possibilidade de decisão monocrática de recursos, a idéia da súmula vinculante, a súmula impeditiva de recursos, a lei dos recursos repetitivos do STJ e esse mecanismo, em relação ao qual vou fazer algumas poucas ponderações, que é a *repercussão geral no recurso extraordinário*.

Vejam que é tendência que expressa uma preocupação muito grande do legislador e, claramente, reflete a preocupação da sociedade, especialmente da área jurídica, com a questão da falta de uniformização das decisões judiciais. Como nosso sistema é um sistema que permite decisões distintas para a mesma situação, então, isso chegou ao ponto de causar essa preocupação tão grande, de se estar afetando a própria isonomia diante da falta de uniformização.

A repercussão geral, como sabem, surge em nosso ordenamento jurídico por força da Emenda Constitucional 45/2004, aquela Emenda que ganhou o apelido de "Emenda da Reforma do Judiciário". Essa Emenda Constitucional inseriu um § 3º no art. 102 da CF – e peço vênia para ler alguns poucos dispositivos, apenas para situar melhor as minhas considerações.

O § 3º do art. 102, acrescido pela Emenda 45, preceitua : "No recurso extraordinário o recorrente deverá demonstrar a repercussão geral das questões constitucionais discutidas no caso, nos termos da lei, a fim de que o Tribunal examine a admissão do recurso, somente podendo recusá-lo pela manifestação de dois terços de seus membros". É isso que a Constituição diz sobre a repercussão geral. Já se percebe, aqui, que se trata de estabelecê-la como uma preliminar do recurso extraordinário, ou seja, na verdade, que a repercussão geral será argüida como preliminar no recurso extraordinário, constituindo um novo pressuposto de admissibilidade do recurso; e, claro, para os mais antigos, faz lembrar algo semelhante que se tinha no passado, que se chamava *argüição de relevância*.

Em seguida tivemos uma mudança do Código de Processo Civil mediante a edição da Lei 11.418/2006, que veio a introduzir dois artigos no Código de Processo Civil para estabelecer o regime jurídico da repercussão geral. Estou falando dos arts. 543-A e 543-B. Do art. 543-A acho interessante destacar os seguintes preceitos: o *caput*, segundo o qual "o Supremo Tribunal Federal, em decisão irrecorrível, não conhecerá do recurso extraordinário, quando a questão constitucional nele versada não oferecer repercussão geral nos termos deste artigo"; e o § 1º, que prescreve que, "para efeito de repercussão geral, será considerada a existência, ou não, de questões relevantes do ponto de vista econômico, político, social ou jurídico, que ultrapassem os interesses subjetivos da causa". Consoante o § 2º, "o recorrente deverá demonstrar, em preliminar do recurso para apreciação exclusiva do Supremo Tribunal Federal, a existência de repercussão geral". E, finalmente, o último preceito que vou ler é o § 3º desse art. 543-A: "Haverá repercussão geral sempre que o recurso impugnar decisão contrária a súmula ou jurisprudência dominante do Tribunal".

Esses dispositivos são extremamente importantes porque, além de reafirmarem que se trata – como não poderia deixar de ser – de um novo pressuposto de admissibilidade do recurso extraordinário, define-se aqui o que se entende por repercussão geral: a existência, ou não, de "questões relevantes do ponto de vista econômico, político, social ou jurídico, que ultrapassem os interesses subjetivos da causa". Eu voltarei a essa questão.

E notem que no § 3º se estabelece uma presunção legal, ou seja, situações em que os Ministros não precisam decidir se a causa envolve, ou não, questão de repercussão geral. Que hipóteses são essas? São as hipóteses de o recurso impugnar decisão contrária a súmula do Supremo ou o recurso impugnar decisão contrária à jurisprudência dominante no Tribunal. Então, nesses casos existe repercussão geral presumida; nos demais o Tribunal terá que decidir, e os Ministros terão que votar, se existe, ou não, a repercussão geral e, com isso, admitir o recurso.

Algumas estatísticas que mencionarei daqui a pouco revelam que a repercussão geral tem se mostrado um filtro muito poderoso, que está causando uma diminuição fantástica no número de recursos extraordinários que são distribuídos ao STF. O objetivo desse mecanismo é cingir a competência do STF, efetivamente, como diz o Código de Processo Civil, àquelas questões constitucionais que tenham relevância de natureza social, política, econômica ou jurídica e em que essa relevância transcenda os interesses subjetivos daquela causa.

Portanto, é algo sobre o qual temos que meditar bastante.

Com isso, o Supremo vai evitar que, para firmar interpretação constitucional dos dispositivos e das normas submetidas à sua apreciação, seja necessário – como até bem pouco tempo era imperioso fazer – que o tribunal aprecie centenas, até mesmo milhares, de recursos absolutamente idênticos. O intuito foi justamente delimitar a competência do STF, fazendo com que o Tribunal possa decidir, mas não reiterar a apreciação em casos absolutamente idênticos, com grande perda de energia, de tempo, de dinheiro e tudo o mais.

Claro que esse mecanismo também provocou algo que não tínhamos antes, que é uma maior comunicação entre os órgãos jurisdicionais. Porque para a dinâmica da repercussão geral funcionar é necessária, segundo as normas que estão no Código e também no RISTF, uma comunicação direta entre os tribunais de origem e o Supremo. Há uma dinâmica interessante nesse aspecto: os tribunais de origem vão selecionar os casos que deverão ser submetidos à apreciação do STF, a cada tese ou cada caso idêntico, os remetem àquela Corte, e os demais ficam sobrestados nos tribunais de origem.

O STF decidirá se há repercussão geral, a não ser que seja o caso de repercussão geral presumida, como já mencionei. Se a Corte negar a repercussão geral, os recursos sobrestados serão automaticamente inadmitidos; então, nem vão chegar a ser distribuídos no STF.

Por outro lado, se houver o julgamento do recurso extraordinário, os recursos sobrestados serão apreciados pelos tribunais, estes irão ou julgar esses recursos no sentido de declará-los prejudicados, à vista do entendimento que se firmou na Suprema Corte, ou, então, terão que se retratar caso a decisão do recurso no tribunal de origem esteja contrária ao entendimento consolidado no STF.

Enfim, há outras implicações, mas vejam que essa comunicação, esse tratamento mais direto possível, entre os tribunais e o STF é algo que não existia e que a repercussão geral veio a impor, para que esse instrumento pudesse funcionar de maneira adequada.

Esse instituto, como disse, está sendo bastante utilizado. Para que tenham uma noção, foram distribuídos ao STF, em 2007, entre agravos de instrumento e recursos extraordinários, 106.615. Em 2008 o número de agravos e recursos extraordinários distribuídos caiu para 59.314 – de 106 mil para 59 mil! Este ano – certo que o ano não está findo, mas esses números que estou transmitindo aos Srs. estão disponíveis no sítio do STF na Internet e constam do relatório sobre repercussão geral que foi concluído agora, exatamente agora, em setembro/2009 –, até o momento, foram distribuídos, entre agravos de instrumento e recursos extraordinários, ao STF apenas 27.443. Então, isso significa que, num prazo de cerca de dois anos, houve uma redução de 74% dos agravos de instrumento e recursos extraordinários distribuídos ao STF.

Esses dados impressionam, não? O volume diminuiu imensamente, e pelo menos nesse primeiro olhar podemos ver que a repercussão geral está funcionando bem.

E há outra questão que eu gostaria de colocar – embora meu tempo já esteja terminando –, antes de nós passarmos a pensar um pouco mais nitidamente em repercussão geral em matéria tributária. O que eu gostaria de submeter à reflexão de todos é o próprio conceito de repercussão geral, porque, evidentemente, o Código de Processo Civil proclama que haverá repercussão quando as questões constitucionais tiverem relevância do ponto de vista econômico, social, jurídico ou político, quando transcendam os interesses objetivos da causa. Essa idéia de repercussão sempre nos remete a algo que ultrapassa, evidentemente, aqueles limites originários.

A causa é entre "A" e "B", mas é interessante do ponto de vista social, do ponto de vista coletivo. Observem uma noção de *coletividade* quando se fala em repercussão geral: a causa é entre duas partes, mas o fato é que a decisão que se tirar daquele julgamento, por envolver questão constitucional de uma dessas naturezas, de relevância jurídica, política, econômica ou social, afetará outras relações jurídicas, vai influenciar o julgamento de outras causas, de causas que versem sobre o mesmo assunto.

Muito bem, esse conceito de "repercutir", "repercutir" como "ultrapassar", como "reverberar", enfim, esse conceito de repercussão geral, inequivocamente, é um conceito jurídico indeterminado, e nós sabemos que o Direito é muito fértil em abrigar conceitos indeterminados, chamados *conceitos elásticos* ou *conceitos imprecisos*.

É claro que esses conceitos imprecisos são conceitos que têm conteúdo, não há dúvida. Mas sempre vamos ter uma zona de incerteza. Têm um núcleo conceitual, como dizia Engisch, e ali sabemos exatamente o que ele comporta; e há um halo conceitual, que é aquela zona de penumbra, que é a zona de dúvida.

O que me parece importante questionar nesse momento, em que a repercussão geral é um instituto novo, é o seguinte: o fato de "repercussão geral" ser conceito jurídico indeterminado autoriza que o STF decida discricionariamente que causas ele irá decidir, que recursos extraordinários ele apreciará e quais ele não admitirá? Ou seja, estamos falando de uma competência que envolve *discricionariedade*?

Esse é um tema muito interessante, a meu ver; mais que isso, é um tema fascinante – se os conceitos jurídicos indeterminados geram discricionariedade. Tive a oportunidade de estudar esse assunto há muito tempo, mais recentemente voltei a estudá-lo, e aí justamente aparece essa indagação com relação à repercussão geral. Se formos olhar as lições dos publicistas, dos especialistas em direito administrativo, que estudam a constitucionalidade melhor que qualquer jurista de outra área, temos que os conceitos jurídicos indeterminados podem ser classificados em duas categorias: de um lado os *conceitos de experiência*, e de outro lado os *conceitos de valor*. Conceitos de experiência e conceitos de valor.

Essa distinção é feita segundo a natureza jurídica dos conceitos, e terá repercussões nessa questão da discricionariedade. Entende-se por "discricionariedade", singelamente, a liberdade concedida pela lei ao aplicador desta para que ele possa escolher, dentre mais de uma solução possível, aquela que entenda mais justa ao caso concreto. Ou seja: quando a lei outorga essa margem de apreciação subjetiva ao aplicador da lei para que ele decida, dentre mais de uma hipótese, dentre mais de uma possibilidade, segundo critérios de oportunidade e conveniência, estamos diante de discricionariedade.

Logo, a pergunta é: o STF exerce competência discricionária quando aprecia se a causa tem, ou não, repercussão geral? Se nós entendermos que o conceito de "repercussão geral" é um conceito de experiência, isso significa dizer o quê? Conceito de experiência é um conceito que diz respeito a objetos sensíveis, é um conceito que remete a idéia técnica – e, portanto, é um conceito que, uma vez apreciado, esgotado o processo interpretativo, o aplicador chegará a uma única solução para o caso concreto. Os conceitos de experiência não dão essa margem de apreciação subjetiva que é própria dos outros conceitos, dos conceitos do valor, que são conceitos que envolvem sentimentos, envolvem desejos.

Conceitos de experiência podem ser, por exemplo, "força irresistível" e "incapacidade da pessoa física", porque tecnicamente é possível saber o que é uma força irresistível, é possível saber o que é incapacidade para este ou aquele fim. Já, os conceitos de valor são sempre mais difíceis de lidar – por exemplo, "boa-fé", "justo preço", "justa indenização", são conceitos de valor; e esses conceitos, quando apreciados, ou seja, uma vez esgotado o processo interpretativo, por vezes, deixarão uma margem de apreciação subjetiva que o processo interpretativo não foi capaz de eliminar, e essa margem de apreciação subjetiva, a meu ver, é discricionariedade.

Resumindo, se "repercussão geral" é um conceito jurídico indeterminado, trata-se de conceito de experiência ou conceito de valor? Vejam que, se adotarmos uma ou outra posição, chegaremos a conclusões muito diferentes. Tenho para mim – e aqui é apenas para lançar a idéia – que se trata de um conceito de experiência, pois é possível saber quando a causa realmente vai produzir repercussão, quando a causa vai transcender os interesses objetivos das partes do processo, quando realmente vai haver um impacto daquela decisão em múltiplas relações jurídicas. Creio que isso tecnicamente é possível avaliar e que, portanto, não estamos no campo da discricionariedade. Vale dizer: o STF, pelo menos numa primeira reflexão, não desfruta de oportunidade e conveniência para decidir quando o recurso extraordinário tem que ser admitido, no sentido de saber se em determinado caso é conveniente a repercussão geral ou noutro caso não é oportuno admitir que há repercussão geral.

Parece-me que a questão não se situa na seara da discricionariedade, apesar de estarmos diante de um conceito jurídico indeterminado. Mas isso é para a reflexão dos Srs.

E, terminando – porque já estou adiantada no meu horário –, apenas para acrescentar que quando falamos em repercussão geral em matéria tributária parece-me que há uma grande vocação dessa nossa área do Direito a ensejar casos de repercussão geral; ou seja, a matéria tributária é altamente vocacionada a ensejar o reconhecimento de repercussão geral.

Isso não é difícil de entender, porque estamos num âmbito de relações jurídicas deflagradas diretamente pela lei, estamos falando de obrigações *ex lege*, e mais, de obrigações *ex lege* submetidas ao princípio da generalidade – todos devem pagar tributos se realizam as situações descritas na lei; e, obviamente, basta concretizar-se uma dessas situações para que a obrigação nasça.

Num contexto como este, de relações de massa, é claro que haverá grande oportunidade para o STF reconhecer repercussão geral em matéria tributária.

E, para encerrar mesmo, os números, no caso, não mentem. Tive o trabalho – porque isso não consta no sítio do Supremo na Internet, mas extrai-se do relatório que foi feito sobre repercussão geral, recém-divulgado, do mês de setembro/2009 – de levantar quantas são as repercussões gerais em matéria tributária em cada hipótese.

Assuntos com repercussão geral reconhecida com mérito julgado: dos 35 casos de repercussão geral reconhecida com mérito julgado, 10 foram de natureza tributária – o que corresponde a 30%. Já, assuntos com repercussão geral reconhecida mediante jurisprudência do Tribunal reafirmada para aplicação dos regimes dos arts. 543-A e 534-B do CPC, de 13 casos nessa situação, 3 versam sobre matéria tributária – portanto, 23%.

Agora, vejam os assuntos que têm repercussão geral reconhecida com mérito pendente de julgamento: dos 105 casos, 45 são sobre matéria tributária – o que corresponde a 43%.

Portanto, dos 105 casos hoje pendentes de julgamento mas com repercussão geral reconhecida, quase a metade é sobre matéria tributária. Esse instituto, assim, tem tudo a ver com o nosso contexto, tem tudo a ver com o domínio tributário, porque realmente trata-se de campo extremamente fértil para o reconhecimento da repercussão geral e desdobramentos desses efeitos.

Eu teria outras coisas a dizer, mas encerro por aqui. Muito obrigada! [*Palmas*]

PRESIDENTE DA MESA (PROF. AMÉRICO LACOMBE) – Com a palavra a Profa. Misabel Derzi.

Modulação de Efeitos das Decisões Judiciais

PROFA. MISABEL DERZI – É uma grande honra estar neste tradicionalíssimo Congresso Brasileiro de Direito Tributário, nessa versão, XXIII, presidida pela Profa. Elizabeth Carrazza e promovida pelo Instituto Geraldo Ataliba-IDEPE.

Saúdo a todos os presentes, ao Presidente desta Mesa, Prof. Américo Lacombe, aos ilustres Professores que já proferiram suas palestras e aos nossos caríssimos Congressistas, especialistas nesse assunto, cuja presença nos dá muita alegria, como já definiu a Profa. Regina Helena.

O tema sobre o qual vamos falar é um prolongamento das palestras anteriores. Eu vou resumi-lo em uma frase só; na verdade, em uma frase de um escritor que os Srs. conhecem, um escritor mineiro chamado Guimarães Rosa: "Viver é perigoso". E viver é cada vez mais perigoso. Este é o problema – razão pela qual o modelo de segurança jurídica com que vivíamos até há pouco tempo, e que praticamente se esgotava no princípio da legalidade, da anterioridade das leis, não mais nos satisfaz, de modo algum.

A rigor, nós estamos premidos cada vez mais por um número cada vez maior de alternativas, de possibilidades de eventos, de acontecimentos imprevisíveis; e somos, claro, perseguidos pelo medo.

Temos de sentir e ter um mínimo de segurança e um mínimo de confiança. Não é possível viver sem isso. Qual o motivo? Nós já reduzimos, no nosso presente, as "N" possibilidades de acontecimentos imprevisíveis, que são inumeráveis, e dos riscos que nós corremos. A sociedade contemporânea é uma sociedade de alto risco. E, portanto, nós queremos que as alternativas que já conhecemos, que já selecionamos e que já reduzimos no tempo presente permaneçam no futuro.

Esta relação de estabilidade nos traz um mínimo de paz, que viabiliza os negócios jurídicos. E é por isso que os grandes juristas contemporâneos, como Niklas Luhmann, que trabalham com o conceito de "sociedade complexa", explicam que a confiança antecipa o futuro. Ou seja, nós queremos que o futuro garanta as mesmas alternativas que nós temos na hora presente. Portanto, a confiança neutraliza as diferenças de tempo.

Na verdade, a sociedade contemporânea é altamente dinâmica, e nós estamos muito longe daqueles modelos de sociedade estática, do passado, que importamos do mundo grego. Nós temos consciência hoje, absoluta, da mutação das coisas, de que tudo muda, e muda de forma cada vez mais intensa e cada vez mais complexa.

Nós vivemos em sociedade de risco, e de alto risco. Por isso a segurança jurídica não se satisfaz com a legalidade, porque nós temos que ser protegidos também contra os atos ilícitos, e os atos ilícitos de quem interfere nessa realidade provocam acontecimentos e provocam atos imprevistos.

Cuidado! Parodiando os juristas alemães, podemos dizer que o Estado contemporâneo vincula o comportamento do indivíduo cada vez mais. Hoje nós temos obrigações, não só as clássicas obrigações administrativas e tributárias, mas obrigações no campo do trânsito, do direito do consumidor, do direito do meio ambiente, e assim por diante. São inúmeras. Então – dizem os juristas germânicos –, cada vez mais o Estado torna o indivíduo dependente e vinculado a comportamentos obrigatórios que ele impõe. E, mais ainda, o cidadão precisa confiar nas decisões do Estado. Confiar nas decisões de um Estado onde o legislador trabalha sem parar, mudando as leis continuamente e, mais, produzindo leis "ilícitas", leis inconstitucionais, leis que não têm validade em face de outras leis. Contra as decisões do Poder Legislativo, evidentemente, e suas contínuas mutações nós trabalhamos desde longa data, na verdade, com o princípio da irretroatividade das leis, que data do Império e sempre foi genérico entre nós. Mas também é preciso trabalhar os modos de sermos protegidos contra as decisões do Poder Executivo e do Poder Judiciário.

Em relação à Administração Tributária e ao Poder Executivo nós temos, há décadas, dispositivos que nos protegem dos decretos retroativos. E mais, que instituíram entre nós a responsabilidade por declaração do administrador tributário. Se os contribuintes formulam consultas à Administração Tributária, as respostas a estas consultas não podem ser mudadas em relação ao mesmo contribuinte, para trás. Ainda que tenha havido um erro de direito da Administração Tributária, a mudança só poderá advir para os fatos geradores futuros.

O art. 146 do CTN é notável exemplo da irretroatividade das decisões administrativas subjetivas no campo do direito tributário, e hoje o art. 2º, parágrafo único, XIII, da Lei 9.784/1999 generalizou essa acepção a todo o processo administrativo federal. Portanto, é inexplicável que apenas um dos Poderes da República – o Poder Judiciário – possa livremente alterar seu entendimento já consolidado, e alterar invadindo o passado de forma retroativa e traindo a confiança e a boa-fé daqueles que pautaram seu comportamento de acordo com a jurisprudência anterior.

Nessa sociedade de alto risco, portanto, as modificações da jurisprudência estão necessariamente afetadas pela segurança jurídica, pela irretroatividade, pela proteção da confiança e pela boa-fé objetiva.

Os Srs., todos nós temos conhecimento de casos notáveis em que há mudança importante da jurisprudência no STF, assim como no STJ e em outros tribunais, o que é natural.

Exemplo marcante encontramos no RE 370.682-SC, de 2007, que negou o direito à dedução dos créditos presumidos do IPI relativamente à aquisição de matéria-prima tributada com alíquota zero. Essa decisão representou uma modificação de outra decisão anterior, consagrada no RE 350.446-PR, que reconhecia o direito ao crédito presumido.

A decisão anterior, modificada, na verdade não tinha ainda o *status* de coisa julgada. Em relação a ela nós não falaríamos de retroatividade ou irretroatividade – questão que se liga a problemas de vigência das normas no tempo; mas falaríamos, antes, em respeito à boa-fé e proteção da confiança, pois havia mais de 60 decisões monocráticas do STF decidindo recursos extraordinários com base no tal precedente que ainda não tinha passado em julgado.

Vejam os Srs. que decisões de auditor de qualquer das Receitas atrai mais responsabilidade por declaração que uma decisão de ministro da Corte Suprema, e isso não pode prosperar entre nós. Ou o STF não se utiliza de um precedente que ainda não é um precedente de verdade, ou, quando se utilizar, por erro ou por outro motivo, seja ele qual for, tenha responsabilidade pela confiança gerada. [*Palmas da platéia*]

Bem, ao lhes falar sobre esse tema, tantas questões vêm a tona, e interessantíssimas. Espero que todos nós nos debrucemos sobre elas nos próximos anos, porque elas são maravilhosas e elevadíssimas.

Decidir é, de fato, muito difícil, concordo com o Prof. Paulo César Conrado quando ele diz que atrás de toda sentença, no campo tributário ou em qualquer outro, é difícil decidir se a lei é declaratória, se ela é constitutiva ou condenatória. No mais das vezes as sentenças são mistas, e atrás de toda sentença condenatória há uma parte declaratória. Atrás de uma sentença constitutiva, por exemplo, há uma parte declaratória, sem dúvida alguma. E é por isso que Francesco Carnelutti, a respeito das decisões judiciais, disse o seguinte: as decisões judiciais correspondem à retroatividade, como um paralelo à irretroatividade própria das leis. Por que ele disse isso? Porque o Poder Judiciário volta no tempo para julgar um caso pretérito, e como está vinculado às leis invoca uma lei existente no passado. Sua atuação só se dá de forma superveniente ao caso *sub iudice*. Como a lei deve ser aplicada no caso ou no fato no momento que ele ocorreu, a decisão tomada pelo Poder Judiciário no presente volta-se para o passado, e a parte declaratória da decisão, evidentemente, atinge o passado.

Isto é o que resulta das relações entre os Poderes. Mas, na verdade, nosso grande esforço – e agora cada vez mais – é definir o que é jurisprudência, o que é modificação da jurisprudência, e tanto a jurisprudência dominante ou vinculante.

A jurisprudência, ensinam os bons juristas – e estou me referindo especialmente à Dogmática germânica e suíça, que lá estes assuntos foram bem estudados, muito mais que em nosso País –, é como norma judicial. Uma decisão tomada por um tribunal superior, como uniformização de entendimento, final, num processo subjetivo, tem sempre duas perguntas importantes: (i) uma pergunta singular, individual, relativa à particularidade do caso, em relação a isso responde o dispositivo da sentença, e não é isso que forma a jurisprudência; (ii) o que forma a jurisprudência é uma pergunta geral, com sua resposta geral em cada decisão, em processo subjetivo (v., para isso, a jurista Heiki Pohl). Não existe uma decisão judicial, na verdade, que não tenha repercussão. Mesmo num processo subjetivo – e a Profa. Regina Helena Costa o disse muito bem – só se pode decidir com tendência de universalização. Um juiz, um bom juiz, decide para partilhar, mas ele está ali para partilhar vendo uma categoria de contribuintes que, apresentando quadros iguais, vão receber idêntica decisão. É o princípio da teoria da harmonização, universalização e da inércia, como tendência inerente ao Poder Judiciário (nesse sentido: Alexy, *Teoria da Argumentação Jurídica*).

Então, pertencem à mesma jurisprudência as mesmas respostas gerais que se dão às mesmas perguntas gerais sacadas de casos concretos. Vejam a redação das súmulas quando elas estão bem-redigidas. Nem todas as súmulas estão bem-redigidas, e as nossas súmulas têm o hábito de não nomear os casos, como fazem os anglo-saxões – por exemplo, "Caso Paul *versus* John". Isso nada nos diz. Já, os norte-americanos citam o caso e vão por detrás do caso sacar a resposta geral, a norma judicial. Nós fazemos o contrário: já elaboramos súmulas, e quando nos referimos à jurisprudência nós nos referimos à norma geral, norma judicial adotada pelo juiz e que ele pretende expandir para outros casos idênticos.

Então, pertencem à mesma jurisprudência todos aqueles casos que dão a mesma resposta geral para a mesma pergunta geral. Configura modificação da jurisprudência aquela decisão que dá uma resposta diferente, resposta geral diferente, à mesma pergunta geral. Enfim, o Poder Judiciário cria expectativas normativas. À norma judicial posta pelo Poder Judiciário nós chamamos de ato *decidente*, regra judicial, norma geral, às vezes princípio, às vezes fundamentação. Mas o Poder Judiciário – e as leis brasileiras não o escondem mais – faz Direito e cria expectativas normativas.

Pois bem, a regra é que na formação da jurisprudência, das primeiras decisões, os efeitos sejam aqueles inerentes à natureza da sentença – ou seja, é o princípio de Carnelutti. Aí é que a irretroatividade das leis corresponde à retroação da sentença, ou seja, a sentença tende, na parte declaratória, quer seja toda decisão ou quer seja parte dela, a voltar para trás e gerar efeitos para trás. Isso faz parte da natureza da sentença: garantir que o princípio da irretroatividade das leis seja aplicado. A regra deve ter efeito *ex tunc*, especialmente em face de uma declaração de inconstitucionalidade ou constitucionalidade do STF. Mas em relação às modificações jurisprudenciais a regra se inverte; é necessário proteger a confiança daqueles que pautaram seu comportamento de acordo com a norma judicial.

Vejam bem: a lei, antes de ser interpretada em caráter definitivo pelo Poder Judiciário, poderia ensejar três ou quatro soluções diferentes. O Poder Judiciário, os tribunais superiores, fecham o entendimento, escolhem uma alternativa como única inteligência correta; logo, reduzem a lei. Por isso é que criam expectativa normativa que se deve proteger, pois as demais nos são vedadas.

Agora, a modificação jurisprudencial acarreta a modulação de efeitos. Exatamente por força da aplicação dos princípios da irretroatividade, da proteção da confiança e da boa-fé objetiva.

Os temas em torno desse assunto são riquíssimos. Qual é a diferença entre *proteção da confiança*, *boa-fé objetiva* e *irretroatividade*? Podemos passar o resto da nossa tarde discutindo esse assunto. Em que momento a jurisprudência dominante de um tribunal – como tal aquela adotada pelos órgãos do tribunal que tenham o dever de, em instância final, uniformizar a jurisprudência – é ou não é obrigatória e vinculante? Isto é básico para o nosso entendimento e para o desenvolvimento deste tema. E mais: por que os juristas contemporâneos, no mundo inteiro, e aqui também no Brasil de modo geral – e pessoalmente eu –, levantam a questão da proteção da confiança, da boa-fé objetiva e da irretroatividade como princípios de aplicação unilateral em favor do contribuinte, jamais em favor do Estado? Por quê? Por que isso ocorre? Porque eu os trato como limitações do poder de tributar!

Em relação à irretroatividade há uma súmula do STF – se não me engano a de n. 654 – onde o Supremo diz que ao Estado não é lícito invocar a irretroatividade contra a lei que ele mesmo criou.

Como regra, o ente que tem dominação sobre os fatos e cria os atos que desencadeiam a confiança de terceiros não pode invocar a proteção da própria confiança. É claro! Mas as modificações surpreendentes da jurisprudência, quando não são prejudiciais ao contribuinte – ao contrário, são prejudiciais ao Fisco –, poderiam ser protegidas por algum outro princípio constitucional? Isso é o que lhes pergunto.

E vou encerrando, por falta de tempo, as considerações neste momento, deixando esses temas tão importantes para nossa consideração posterior ou para nossa simples reflexão.

Muito obrigada aos Srs.! [*Palmas*]

MESA DE DEBATES "C"

OPERAÇÕES MERCANTIS E TRIBUTOS ESTADUAIS

PRESIDENTE DA MESA: PROF. VALDIR DE OLIVEIRA ROCHA
MEMBROS DA MESA: PROF. SACHA CALMON NAVARRO COELHO,
PROF. JOSÉ EDUARDO SOARES DE MELO,
PROF. TÁCIO LACERDA GAMA, PROF. ROQUE ANTONIO CARRAZZA

PRESIDENTE DA MESA (PROF. VALDIR DE OLIVEIRA ROCHA) – Boa tarde a todos! É com grande honra e muita satisfação que mais uma vez compareço ao Congresso Brasileiro de Direito Tributário, desta feita em sua XXIII edição, este evento tradicional promovido pelo Instituto Geraldo Ataliba. E, sendo tão grande a honra, devo agradecer ao convite que me foi feito pelo Prof. Aires Barreto, seu Presidente. Quero cumprimentar a Profa. Elizabeth Nazar Carrazza, eminente Presidente deste evento. É grande também a minha satisfação por estar numa Mesa junto com ilustres e destacadíssimos juristas, mais que tributaristas. Lembro que o Prof. Geraldo Ataliba não apreciava muito a expressão "tributarista", porque "tributarista" dá a impressão de que é o especialista que está pensando apenas numa parte, um segmento, o direito tributário. Na realidade, ninguém mais que os "tributaristas" – aqui, entre aspas – tem que pensar o Direito como um todo, porque o direito tributário é um Direito de superposição.

Nesta Mesa, com ilustres participantes, palestrantes, eu fico realmente muito à vontade, porque se trata de pessoas que com certeza vão nos trazer uma grande contribuição, mais uma vez.

São estudiosos, são pessoas que vão fundo nos assuntos que focalizam, e sempre o fazem com muita serenidade, tranqüilidade – características típicas dos bons oradores.

E aqui nós temos um grupo de excelentes oradores. A iniciar com o Prof. Sacha Calmon Navarro Coelho. O Prof. Sacha Calmon tem uma trajetória de atividades como operador do Direito enquanto advogado, enquanto juiz, enquanto professor, enquanto palestrante, autor de tantos livros, professor da UFMG, foi professor da UFRJ, agora professor da Faculdade de Direito de Campos. Então, tem um currículo variado e brilhante.

Ainda, à minha direita, o caro Prof. Roque Antonio Carrazza, que desde os seus primeiros livros encantou a todos pela sua forma singular e peculiar de tratar aqueles assuntos, com uma marca sempre muito pessoal. Ele é professor titular de Direito Tributário da PUC/SP.

À minha esquerda nós temos o prezado Prof. José Eduardo Soares de Melo, que também tem um currículo vasto e riquíssimo. Ele é Bacharel pela Faculdade de Direito da USP, Mestre, Doutor, Livre-Docente da PUC/SP. Autor de tantos livros, inclusive alguns que logo mais estarão sendo lançados, e quero aproveitar este momento para desde já registrá-los. São dois livros que estão sendo lançados hoje, editados pela Quartier Latin. Trata-se de *Processo Tributário Administrativo Judicial* e um outro título, *Direito Tributário e Empresarial*. Com certeza, daqueles volumes que não poderão faltar em nossas bibliotecas, por mais modestas que elas sejam. Além desses dois livros, também temos um outro lançamento, este pela Noeses, da Dra. Aurora Tomazini de Carvalho, *Curso de Teoria Geral do Direito*, que leva o subtítulo "O Constructivismo Lógico Semântico" – "Constructivismo", não estamos habituados com essas consoantes mudas, mas é assim que está gravado na capa do livro, e provavelmente lá temos alguma explicação interessante a respeito.

E ainda, à esquerda, o jovem Prof. Tácio Lacerda Gama. Jovem, mas já com uma carreira pontuada de alguns momentos brilhantes, Mestre e Doutor pela PUC/SP e professor de Direito Tributário, também com livros publicados.

Feita esta breve apresentação, passo a palavra prontamente ao Prof. Sacha Calmon Navarro Coelho, lembrando que cada um dos palestrantes disporá de 20 minutos para discorrer sobre os temas que estão indicados neste Congresso. Prezado Prof. Sacha...

Guerra Fiscal e Medidas Judiciais

Prof. Sacha Calmon Navarro Coelho – Digníssimos Colegas, cujos nomes foram anunciados há pouco, os quais me honram por estar sentado na mesma Mesa que eles; meus Srs. e minhas Sras. O tema que nos foi dado é "Guerra Fiscal e Medidas Judiciais". É um tema um tanto quanto aberto, vasto, insinuante, instigante. O título sugere a defesa dos civis em face da beligerância dos Estados-membros da Federação uns contra os outros.

A guerra, como a política da força bruta, afronta a paz, à qual o Direito visa. Portanto, é paradoxal que em um Congresso de Direito tratemos da "guerra fiscal". Mas eu vou antes dizer que esta "guerra fiscal" entre os Estados-membros da Federação, em cujo proscênio – porque até certo ponto é uma guerra teatral – o ICMS é o principal ator, é precedida de ingredientes políticos inseridos em textos jurídicos na Constituição e quiçá mais fortemente nas leis complementares da Constituição. É como eu pretendo abordar o tema.

A Emenda 18 à Constituição de 1946, que precede o Código Tributário Nacional e antecede a Constituição de 1967, a mesma de 1969, inaugurando um novo sistema tributário, vem para criar o ICM, porque ainda não é acrescentado o "S" de "Serviços", em substituição ao IVC/imposto sobre vendas e consignações. Não se trata de um tempo muito antigo, o Prof. Tácio, que é um descendente direto de Vasco da Gama, chegou a alcançar aí, na escola, o IVC, que era um imposto muito odiado, muito combatido pela sociedade e pelos especialistas.

Então, esse novo imposto, o ICM, aparece com ares de modernidade, interligando todos os Estados-membros da Federação, e vem incidir sobre a produção e circulação e consumo de mercadorias, com um espectro mais amplo que o IPI, que incidia apenas na fase industrial. Ele é plurifásico, ele é sobre o valor adicionado e é servido pelo princípio da não-cumulatividade. Em termos teóricos, um avanço fantástico. E "fantástico" por quê? Por que o IVC era cumulativo, cada contribuinte calculava seu imposto, pagava e não repassava crédito algum para o elo seguinte da cadeia de circulação. E, portanto, conforme fosse o elo ou a cadeia produtiva, era um imposto que se ia agregando ao preço, gerando, por isso, inflação. Era um imposto que, exatamente por isso, provocava verticalização das empresas, porque, não havendo negócio jurídico ou ato jurídico bilateral, não incidia o imposto, não tinha venda, nem consignação, as empresas tendiam a concentrar no mesmo grupo as etapas econômicas de produção. Era um imposto antifederativo, porque cada Estado cobrava sobre suas operações de vendas e consignações e assemelhadas. E era um imposto altamente sonegável, visto que estava baseado nas normas fiscais e não havia entre os contribuintes a suposta dedicação ao crédito do imposto daquele que precedia o pagante. O ICM era, portanto, o antípoda do IVC, em termos jurídicos. Mas logo e logo esse imposto foi distorcido. A primeira distorção notável é que esse imposto, nos Países onde é adotado com o nome de IVA/imposto de valor adicionado – especialmente na Europa, na América Latina, não nos Estados Unidos, mas na Inglaterra sim –, era da competência do Poder Central quando o País era federativo; digamos, a Alemanha (é um País federal, a competência é da União Federal e não do *Lander*, do Estado-membro alemão). Na França não, é um País unitário; Portugal não, é um País unitário; a Itália não, é um País unitário. Então, o problema da competência não importa, mas em qualquer lugar do mundo – na Argentina, por exemplo – esse tipo de imposto, quando o Estado é federal, pertence à União, ao Poder Central; e quando não é federal, sendo o Estado unitário, problemas não há. Aqui não, a competência foi direta para o Estado-membro, porque o ICMS veio substituir o IVC, e, politicamente, mesmo tratando-se de uma época revolucionária, inaugurada em 1964, não se conseguiu redesenhar o sistema tributário, de modo a deixar o imposto na competência do Poder Central – ele continuou na competência do Estado-membro.

Como não poderia deixar de ser, a primeira conseqüência foi a brutal mutilação da competência do Estado. O imposto passou a ser totalmente desenhado na Constituição e logo depois nas leis complementares e nas resoluções do Senado. A competência impositiva do Estado-membro consistia apenas em transmudar, ou trasladar, para a lei estadual o que já estava disposto na Constituição e nas leis complementares. E a competência exonerativa, que é a razão da "guerra fiscal", também foi totalmente mutilada, porque as isenções e demais exonerações, quer aquelas que se colocam no fato jurígeno ou na conseqüência da norma, redução de base de cálculo, redução de alíquota, concessão de crédito presumido, todas elas passaram a ser objeto de convênio entre Estados-membros, conforme disposto em lei complementar, e que foi desde sempre a Lei Complementar 24, a cujo nascimento – eu era ainda bem jovem –, como "assessor de assessor de assessor", pude assistir e registrei uma expressão de espanto do Ministro Delfim Neto quando alguns juristas aqui de São Paulo, Antonino da Secretaria da Fazenda, Brokster do Rio Grande do Sul, Dantas da Bahia, disseram assim: "Não, não tem esse negócio de aprovar convênio nas Assembléias Legislativas, não, isso vai atrapalhar muito, nós vamos cair na mão dos Legislativos". E o Delfim disse assim, constitucionalista como são os paulistas: "Ué, e pode?". Afinal, São Paulo fez uma revolução em nome da República e da Federação. Pois bem, essa Lei Complementar 24 até hoje regula a competência exonerativa – ou seja, para tirar o ônus, exonerar do dever tributário. Então, vem essa segunda distorção em razão de ter sido atribuída ao Estado-membro: se podou a competência do Estado-membro, ela foi totalmente podada, quer a competência impositiva, quer a competência exonerativa. Mas eu creio que a terceira distorção é que foi a mais grave. Por quê? Não se distinguiu entre *incentivos fiscais*, matéria tributária, e *incentivos financeiros e creditícios*, que são feitos com a despesa. A política de desenvolvimento com a despesa se opõe a uma política de aliciantes fiscais que mutilam a arrecadação, portanto a receita. Isenção, redução de base de cálculo, concessão de crédito presumido, redução de alíquotas, regimes especiais, diferimentos, são institutos que atuam na estrutura da norma tributária, dizem respeito à receita, significam renúncia fiscal. E esse imposto é incompatível com as exonerações fiscais. Então, ao admitir que podia haver competência exonerativa desde que exercida em conjunto, a se admitir que o imposto deveria ser neutro, puramente arrecadatório, passou-se a considerá-lo como instrumento para partejar no desenvolvimento econômico dos Estados. Uma admissão incompatível com a natureza do imposto.

Houve uma experiência, iniciou-se mais por força da indústria paulista na época, também já numa etapa posterior, e ainda era Ministro Delfim Neto (um "delfim", não é? O sentido político, príncipe dos governos revolucionários). A indústria paulista importava insumos feitos no Exterior.

Então, o raciocínio do Ministro era o seguinte: "Quando eles importarem, eu vou dar a isenção do ICMS; quando eles venderem os produtos, como eles não pagaram na importação, não tiveram débito, não terão crédito a abater; logo, eu recupero a receita, eu só postergo o momento da incidência, e não encareço o processo de industrialização". Portanto, no momento da venda, nesse momento, ele paga o imposto ao Estado, que nada perde – o que gerou por parte do STF a seguinte reprimenda: "Não, isso é fazer favor com chapéu alheio. Se deu a isenção, se ajoelhou, tem que rezar". Então, eles têm direito a um crédito presumido, como se isenção não houvesse (baseado em conceito errado de um professor de Direito Tributário dos mais antigos, que dizia que isenção era a dispensa legal do tributo devido, quando todos nós sabemos que há inocorrência de fato jurídico capaz de criar uma obrigação tributária).

Se se distinguissem *incentivos fiscais* de *incentivos financeiros e creditícios* nós teríamos preservado a neutralidade do imposto, teríamos preservado a autonomia do Estado-membro de lutar pelo seu desenvolvimento econômico e social e teríamos transparência fiscal, através da anotação dos orçamentos, de quanto se estava gastando com incentivos para implantação de políticas desenvolvimentistas e implantação de indústrias etc.

Porque uma coisa é eu cobrar o ICMS, o contribuinte repassar o crédito, e outra eu financiar o contribuinte com base no ICMS que ele pagou, através de juros subsidiados por bancos de fomento, para a aquisição de bens de ativo fixo, a compra de terrenos etc. E o Estado, com a sua despesa, desde que autorizado pelo seu Legislativo. Ele tem autonomia. Mas o Governo era autoritário, podou a competência tributária e a competência político-administrativa do Estado-membro. Tanto assim que a Constituição de 1988 diz que compete à lei complementar definir, mediante convênios, as isenções, incentivos e benefícios e como serão os incentivos e os benefícios fiscais concedidos e revogados.

Ora, a Lei Complementar 24 diz o seguinte, no art. 1º: "Art. 1º. As isenções do imposto sobre operações relativas à circulação de mercadorias serão concedidas ou revogadas nos termos de convênios celebrados e ratificados pelos Estados e pelo Distrito Federal, segundo esta Lei".

Quer dizer, misturou-se matéria tributária com matéria financeira, não se preservou o ICMS e não se permitiu ao Estado fazer política de desenvolvimento com sua despesa, depois de arrecadado o imposto, o que evitaria a "guerra fiscal".

O art. 8º diz: "Art. 8º. A inobservância dos dispositivos desta Lei acarretará, cumulativamente: I – a nulidade do ato e a ineficácia do crédito fiscal atribuído ao estabelecimento recebedor da mercadoria; II – a exigibilidade do imposto não pago ou devolvido e a ineficácia da lei ou ato que conceda remissão do débito correspondente".

Há um parágrafo dizendo que os Estados que desobedecerem à Lei – pena que nunca foi aplicada – estarão sujeitos à suspensão das quotas dos fundos de participação e demais repasses federais aos Estados-membros.

Como eu já disse, não se separou regime não-cumulativo do imposto das políticas baseadas no gasto público, com a despesa. Ora, cabe levantar – penso eu – a inconstitucionalidade dessa lei, na medida em que fere a autonomia do Estado-membro. Ela é uma lei do tempo da Revolução, é uma lei autoritária, em que havia a hipertrofia política, jurídica e administrativa da União Federal, e, a meu ver, obriga o Estado glosador do crédito a obter, ainda que liminar, um provimento do STF sobre a legislação do outro Estado. Essa lei complementar não é norma auto-aplicável pelo Estado-membro, porque ela é uma norma geral sobre como operacionalizar convênios e as sanções daí decorrentes, mas não é auto-executável, como não é um crédito tributário, que é destituído de executoriedade sem o concurso do Poder Judiciário.

Esta "guerra fiscal", como se não bastasse ela própria, com todas as distorções orçamentárias que tem causado e as dissertações jurídicas que têm enchido os tribunais, agora está profundamente agravada pela adoção *tout court* da substituição tributária para frente.

Há uma tese em voga que diz ser constitucional a unifasia do ICMS, porque a unifasia é a supressão da não-cumulatividade. A substituição tributária para frente está acabando com a plurifasia e a não-cumulatividade. Ela está distorcendo o perfil constitucional do tributo, sem que nos demos conta disso. Mas há uma tese em voga que diz ser constitucional a unifasia do ICMS desde que se preserve o *minimum minimorum* da não-cumulatividade. Seja na fábrica, na refinaria, na geradora de energia, no importador, na indústria farmacêutica, na cervejaria, no estabelecimento produtor de cigarros e outros produtos da tabacaria etc.

Não se pode condescender com esse pensamento. A unifasia é incompatível com a teoria dos impostos sobre valor adicionado, que pressupõem a plurifasia e, consequentemente, a não-cumulatividade. Por que como é que vou praticar não-cumulatividade se eu não tenho como me creditar do imposto pago pelo contribuinte que me antecedeu e se não posso repassar ao contribuinte que me segue o imposto que estou obrigado a recolher sobre o valor que eu adicionei? Se tudo começa a ser tributado no início, não temos mais valor adicionado, nem não-cumulatividade.

Vejamos um exemplo para ilustrar o que digo. Minas, São Paulo, Paraná, onde estão *L'Acqua di Fiori*, *Natura*, *Avon*, ou as indústrias de cosméticos, mas que não praticam como a *Avon* a venda porta-a-porta, mas através de franquias, foram vítimas, agora, de convênios entre os Estados-membros. No caso da *L'Acqua di Fiori*, que tem a fábrica em Minas Gerais e as franquias em São Paulo, foi determinado em convênio entre os Estados que a base de cálculo do ICMS é o preço da mercadoria mais o valor da franquia, que é outra relação jurídica. O preço dos *royalties* pela franquia deve integrar a base de cálculo da saída da mercadoria no seu ponto original. Isso é um absurdo! Mas se a fábrica não fizer isso lá, a franqueada aqui em São Paulo, a substituída tributária, fica obrigada a pagar a diferença que a indústria não adicionou. Como pode uma franqueada, Prof. Roque Carrazza, entrar com uma ação desse porte? Será contra o Secretário de Estado? De quem é a competência, do Tribunal de Justiça de que Estado?

Substituição tributária não rima com não-cumulatividade, nem ICMS combina com "guerra fiscal". Então, o que nós temos é a descaracterização de um setor inteiro do sistema tributário brasileiro, com o beneplácito de nós todos nos últimos 25 anos, de maneira avassaladora. E os Srs. querem saber de mim quais são as ações judiciárias cabíveis. Ora, sem dúvida, são várias, mas eu próprio estou atônito com o rumo que as coisas tomaram, inclusive nas salas dos tribunais, na compreensão desse problema que deveria assustar a todos com um maior vigor jurídico e de coerência jurídica em face da Constituição.

Vou dar um exemplo que vai me colocar diante desse problema como o do Lorde John Mainard, na Inglaterra, que com mais de 20 malas estava na gare de Londres, disposto a ir embora da Inglaterra definitivamente. Eu não sou de acusar quem quer que seja, todo mundo tem o direito de ser como é, cada qual de ser ou não ser, isso é um direito individual, uma prerrogativa absoluta. Mas a esse Lorde perguntaram: "Por que vai embora, *Sir*, da Inglaterra?". Ele respondeu: "Porque eu já estou muito velho, quando eu nasci, ainda nos últimos anos de resquício da era vitoriana, o homossexualismo era perseguido. Depois ele passou a ser praticado e tolerado, e eu estou indo embora antes que ele se torne obrigatório". [*Risos na platéia*]

Então, antes que se torne obrigatória a "guerra fiscal" e deprimente falar de paz fiscal, dou por encerrada minha intervenção, com o perdão do exemplo homofóbico. [*Palmas*]

Presidente da Mesa (Prof. Valdir de Oliveira Rocha) – Caro professor, parabéns! Verdade é que as medidas judiciais que o Prof. Sacha colocou ficaram muito abertas, o que mostra justamente a perplexidade de todos diante do assunto. Passo a palavra imediatamente ao caro Prof. José Eduardo Soares de Melo.

A Tributação das Operações Mercantis que Envolvem Financiamento

Prof. José Eduardo Soares de Melo – Boa tarde a todos! Para mim é sempre motivo de muito orgulho e satisfação estar no IDEPE. Nós estamos no *XXIII Congresso* – eu apenas não participei do primeiro, era muito criança, não é? Mas já admirava o Sacha, naquele tempo... [*Risos na platéia*]. E também não preciso agradecer ao IDEPE, porque sou diretor do IDEPE, sou da "panela".

Mas não vou ressaltar, aqui, as qualidades jurídicas, profissionais, dos meus queridos amigos, mas apenas o laço fraternal. O Congresso, não obstante tenha esse viés científico, a parte acadêmica, um encontro de amigos tem que ser um lugar gostoso. O Sacha, que realmente conheço desde a década de 70, foi o primeiro lugar de concurso na Justiça Federal, ocupou diversos cargos, mas conheci na década de 70, mas que não era o "aspone" que ele dizia, mas ele era um advogado [*truncado na gravação*] não é? E tivemos questões juntos.

O Roque, que, junto com a Beth, que é nossa querida Presidente, a quem eu devo toda a minha trajetória na PUC, desde a entrada, dos concursos, e com os quais eu aprendo muito essa lição de vida.

O Tácio, que, embora seja um descendente do Vasco da Gama – não é? –, também é um jovem talentoso, querido amigo. E o Valdir, que nós temos que cumprimentar, é Livre-Docente da USP, de São Paulo; não quis mais dar aula, e hoje comanda com muito brilho, com grande envergadura jurídica, a Dialética, que é um sucesso desde 1995.

Nós todos aqui somos discípulos do Prof. Geraldo Ataliba, que tantas vezes repetimos, e o Ataliba dizia o seguinte: "Se eu conseguir interpretar, aplicar, a Constituição Federal, e aí, então, também os institutos e os conceitos do direito privado, eu terei todo o caminho andado". É claro que os regulamentos são muito importantes, mas muda-se um artigo, um preceito, eu perco – vamos dizer – minha fundamentação jurídica.

E este é um dos temas que têm sido tratados desde as décadas de 70 a 80, e que não encontrou ainda uma solução definitiva, embora eu já lecione há muito tempo. Eu acho importante termos uma visão prática das coisas. E é o que eu vou pretender passar, aqui, a vocês.

Em primeiro lugar, essa matéria que está sendo tratada nesta tarde envolve tanto a questão do direito constitucional, ou seja, a incidência da aplicação do ICMS, como também as intromissões do imposto de operações financeiras, o crédito, isso num âmbito mercantil, o negócio da compra e venda e, finalmente, os efeitos práticos de natureza tributária.

O Sacha colocou muito bem a questão de ordem prática da *Natura*, aquela outra empresa francesa, *L'Acqua de Fiori*, trazendo a vocês a seguinte situação. Nós todos aqui vamos fazer nossas compras, seja no Magazine Luíza, na Casas Bahia, na C&A Modas, no *Wall Mart*, nas grandes lojas, nos grandes magazines. É evidente que, na qualidade de compradores, temos, de certa forma, uma liberdade operacional e empresarial de realizar um negócio jurídico. Normalmente é feito o negócio da compra e venda; aquelas grandes lojas, grandes magazines, estão efetuando a venda, e nós somos os compradores. De um lado, o vendedor tem obrigação de emitir a sua nota fiscal, destacar os impostos. Nós temos a obrigação de pagar o preço, direito de receber a mercadoria. Então, tudo isso se desenvolve no âmbito do direito mercantil, não ficamos preocupados com quais são as incidências tributárias, evidentemente.

Mas, como a Constituição prestigia o princípio da liberdade contratual, o princípio da livre iniciativa e a autonomia da vontade, as partes podem celebrar esse negócio jurídico tão simples, tão singelo, que é a compra e venda, realizando a venda à vista. Faço uma determinada compra e efetuo o pagamento com dinheiro, o vendedor é obrigado a emitir nota fiscal, liquida sua obrigação mercantil, e tempos depois ele vai liquidar a obrigação do ICMS. Há uma segunda modalidade, que é a venda à vista em que ocorre também o financiamento. Ao invés de eu efetuar o pagamento em dinheiro, como já se falava no direito mercantil, "de contado", ou até cheque, o vendedor abre uma linha de financiamento, concede um crédito, seja com autorização de cartão de crédito, seja por intermédio de uma instituição financeira, ou o próprio vendedor realizando o crédito. E essa modalidade de negócio mercantil é perfeita, isso desde 1965. A Lei 4.595/1964, Lei da Reforma Bancária, facultava aos vendedores, e ainda faculta, o direito de, além de efetuar a venda da mercadoria, também celebrar o negócio financeiro, independentemente de ser, ou não, instituição financeira.

E muitas vezes o negócio jurídico encontra-se consolidado com um contrato de compra e venda, que não precisa ser necessariamente objeto de um instrumento formal, e também um contrato de abertura de crédito com ou sem a garantia, e alienação fiduciária em garantia.

E a terceira modalidade do negócio jurídico, que vai implicar ou não a incidência do ICMS de uma forma abrangente, ou a incidência do IOF, é a venda a prazo. Muitas vezes, as lojas, por intermédio dos seus veículos de comunicação, TV, jornal, imprensa, abrem ao comprador a seguinte possibilidade de efetuar a compra: ou se paga à vista 10 mil Reais, ou durante o prazo de um ano, em parcelas previamente tituladas, 11 mil Reais. Estamos diante da venda a prazo.

Então, esses três tipos de negócios jurídicos são perfeitamente lícitos, têm embasamento jurídico e concedem às partes a faculdade de utilizá-los ou não.

Quais são os efeitos tributários que aqui se colocam? No primeiro momento, evidentemente, estamos tratando de uma operação mercantil, é claro que temos cogitado o ICMS, a Constituição Federal é muito clara, no 155, II, até a lei complementar, que, nesse caso, repete o que está estipulado na Constituição Federal.

Mas naquele negócio da venda em que, no mesmo momento, o vendedor concede o crédito ao comprador é possível também tratar-se da alienação fiduciária em garantia, perfeitamente razoável, e é aplicada para dar – como o próprio nome está dizendo – uma garantia ao vendedor. E nossa legislação (Lei Complementar 87/1996, que já repetia o Decreto-lei 406/1968, o Decreto-lei 839/1969, toda legislação, desde 1967), dizia o seguinte: venda mercantil, recolhimento de ICMS, o cálculo é sobre o preço, sobre a figura da alienação fiduciária – ou seja, não estamos cogitando do negócio jurídico mercantil, não há que se considerar o ICMS.

De outro lado, se é realizado um crédito, um financiamento, para que o comprador possa efetuar a compra dessas mercadorias, não mais poderemos cogitar do ICMS, e sim da aplicação e observância da própria Constituição Federal, que outorgou a competência à União para tratar da figura de incidência do IOF.

Muitas vezes, quando nós examinamos a legislação do IOF não encontramos efetivamente uma tributação, ou seja, a tributação que impõe uma carga tributária, um ônus tributário, mas apenas uma referência, uma alíquota zero. Todos sabemos que o fato de o legislador receber essa competência para instituir o IOF ou o chamado IOC não obriga à sua instituição. O Prof. Roque Carrazza coloca muito bem isso quando trata dos atributos, da competência, a facultatividade. Nós tivemos aqui, há questão de uns dias atrás, a chamada taxação do investimento estrangeiro, 2%, que é uma faculdade, um aspecto discricionário, dentro até da competência, que é outorgado ao legislador federal.

Então, nessa parte do crédito, relativamente a esse valor do financiamento, só se pode cogitar do IOF, como também na questão da alienação fiduciária. E aqui faço a referência, a vocês, de efetiva tributação por uma legislação mais recente.

Como é que tem se comportado o Judiciário? Eu queria dizer ao Prof. Roque que é bom, às vezes, ter cabelo branco, viu, Prof. Roque? Eu pensei que não houvesse vantagem alguma, não é? Não é que fique mais charmoso, não. O branco é cabelo branco, não há como enganar. Mas há muitos anos atrás eu trabalhei com os Profs. Geraldo Ataliba e Cléber Giardino, e naquele momento, na década de 80, desenvolveram a luminosa tese exatamente dessa distinção da incidência do ICMS sobre o preço da mercadoria e da incidência ou não, se fosse alíquota zero, do IOF, do IOC, com relação ao financiamento. E esse assunto, que foi desenvolvido pelos eméritos Professores, chegou ao STF. Primeiro, o TJSP entendeu que as competências tributárias eram distintas, ICMS de um lado e IOF de outro. Então, o STF decidiu a questão da venda à vista, do financiamento pelo próprio vendedor, desta forma – na época era uma empresa que já não existe mais, a *Mesbla*, e depois a *C&A Modas*: nós, compradores, nos dirigíamos a essa empresa e efetuávamos o pagamento, quer dizer, a liquidação do preço, com cartão de crédito, com financiamento pela empresa, a própria empresa, no caso, a *C&A Modas*, que não tinha financeira, não tinha banco, era o próprio vendedor concedendo o crédito – isso é importante para reflexão, agora, da nova postura do STJ.

E o STF, em 1988, decidiu o seguinte: o ICMS só deveria incidir sobre o preço daquele valor pactuado pelas partes. Os acréscimos financeiros decorrentes dessa liquidação do preço, que poderia se dar em um prazo de 2 meses, 5 meses, 10 meses, a juros de mercado, eram objeto de outra competência que poderia ou não ser exercida pelo legislador federal. Então, ficou bem clara a incidência do antigo ICM sobre o preço de venda e de IOF sobre a operação financeira.

E 10 anos depois o STF, também numa nova apreciação não mais aquele *leading case*, mas de outra situação, deixou bem claro que o âmbito constitucional de incidência possível do IOF não se restringe às operações praticadas por instituições financeiras. E a legislação federal mais recente estabelece que o negócio do mútuo pode ser realizado entre particulares. Ou seja, é claro que eu não posso ser um banco – talvez o Prof. Roque tenha condição de sê-lo –, eu não posso ser um banco, mas, de qualquer forma, se eu praticar operação de crédito, serei obrigado a recolher o IOF.

Posteriormente, examinou-se uma ação direta de inconstitucionalidade de Minas Gerais. A legislação de Minas Gerais – não sei se o Prof. Sacha atuou nessa situação – dispôs que haveria uma não-incidência exatamente sobre o acréscimo financeiro das vendas, e essa questão foi submetida ao STF, que entendeu, aplicando a questão da guerra dos Estados, que não competia àquele legislador tratar desta matéria. E nesse momento o STF também fixou o entendimento de que nas vendas a prazo em que já se conhece previamente o valor total a ser pago pelo comprador não se cogitaria mais de incidência do IOF.

Mas o STJ, através da Súmula 237, continuou seguindo a trilha do STF. Vamos distinguir o que é do ICMS e o que não é do IOF. Mais recentemente uma decisão da 1ª Seção do STJ tratou de venda financiada, que é uma coisa, e venda a prazo, que é outra coisa. Mas o STJ passou a inserir o *plus* – ou seja, se concedido o financiamento pelo próprio vendedor, estaríamos cogitando de venda a prazo, a não ser que fosse para o financiador. E recentemente, há uns 10 dias atrás, editou uma Súmula, de n. 395, estabelecendo que o ICMS incide sobre o valor da venda a prazo constante da nota fiscal.

Para finalizar, gostaria de fazer as observações seguintes. Penso que do simples cotejo entre a diretriz do STF e a regra do STJ, o STJ estaria extrapolando a diretriz do Supremo, porque o STF mantém um entendimento no sentido de que o financiamento pode ou não ser concedido pelo comprador, há uma total irrelevância.

Há também a questão da bitributação. Nós sabemos que o direito tributário deve implicar segurança, certeza. Ou seja, apenas pagar o que é devido. E nesse momento, evidentemente, o comerciante fica numa situação um tanto quanto crítica, porque não sabe se terá que recolher o ICMS sobre o preço total, e poderá também sofrer ação fiscal por parte do administrador federal com relação ao IOF.

Boa tarde a todos! [*Palmas*]

Presidente da Mesa (Prof. Valdir de Oliveira Rocha) – [*truncado na gravação*] Com a palavra o Prof. Tácio Lacerda Gama.

A Tributação da Energia Elétrica em suas Diversas Fases – Produção, Comércio, Transmissão e Transporte

Prof. Tácio Lacerda Gama – Boa tarde a todos! Meus estimados Profs. Valdir de Oliveira Rocha, Roque Carrazza, José Eduardo Soares de Melo e Sacha Calmon Navarro Coelho.

Agradeço a generosidade do convite que me foi dirigido pelo Prof. Aires Barreto. Só a generosidade pode justificar esta oportunidade, a mim oferecida, de falar para amigos desta seletíssima audiência ao lado dos meus professores.

Nesta minha comunicação tratarei de um aspecto da tributação do bem *energia elétrica*. Um aspecto que permite analisar; sob perspectiva unitária, uma série de casos concretos. Este aspecto nos permitirá reduzir complexidades, sacando conclusões pontuais que possam ser úteis àqueles que se interessam pelo setor.

Mas que aspecto é este? Tratarei de uma tensão valorativa entre essencialidade da energia elétrica e progressivo aumento das incidências tributárias sobre esse bem.

O caráter essencial do bem "energia elétrica" é inegável. Todos os avanços e utilidades da vida moderna estão indiscutivelmente atrelados à energia elétrica. Esta nossa reunião científica, por exemplo, seria inviável. Não teríamos ar condicionado, não teríamos computador, *PowerPoint* – e sequer a minha água estaria gelada.

O aspecto essencial desse bem já foi ressaltado em diversas legislações. E a Emenda Constitucional 3, por exemplo, criou imunidade genérica, proibindo a incidência de qualquer outro *tributo* – isso mesmo, "tributo" – sobre a materialidade "energia elétrica", com a ressalva do ICMS e dos tributos aduaneiros. A essencialidade desse bem impõe, por força do princípio da seletividade, uma tributação menos onerosa.

Esse bem especialíssimo, que não vemos, não pegamos, não armazenamos, e que só se torna útil quando o convertemos em outro bem – força motriz, calor ... – foi tributado de forma distinta na nossa recente experiência jurídica.

Historicamente, o início da exploração do bem "energia elétrica" foi feita pela iniciativa privada. Os primeiros investimentos em geração, transmissão e distribuição de energia elétrica foram feitos por particulares. A plena expansão da capacidade de geração e distribuição, de forma a atender à crescente demanda da sociedade, passa a exigir investimentos vultosos, para os quais a iniciativa privada não demonstra ter capacidade.

Transferida para a esfera pública, o Governo passa a investir maciçamente no setor, de modo a dar forma ao nosso sistema de geração e distribuição de energia. A grande justificativa da estatização era a essencialidade do bem, que deveria estar a serviço de todos. Desenvolvido pelo Estado por meio da Eletrobrás, em monopólio, não existia razão para que o bem sofresse forte incidência de tributos.

Esta realidade, porém, foi alterada quando, na vigência da Constituição de 1988, houve quebra do monopólio e alteração do regime jurídico da exploração do bem *energia elétrica*. A iniciativa privada volta, por meio de contratos de concessão, a explorar a geração e distribuição da energia elétrica no Brasil. Passadas algumas décadas, a iniciativa privada volta a participar ativamente, mas em conjunto com o Governo, da gestão do setor.

Este breve desenvolvimento histórico põe em destaque mudança administrativa na gestão da energia elétrica no Brasil. E esta mudança projetou efeitos imediatos na forma de incidências tributárias.

Se é evidente o caráter essencial do bem no período em que havia monopólio, este valor perde espaço para outro, que até então não era sequer cogitado: a praticabilidade da tributação. Aumentar a carga do ICMS e PIS/COFINS sobre o setor passou a ser prática corriqueira das Administrações Tributárias de todos os Estados e da União, respectivamente. Daí por que as concessionárias de energia elétrica estão entre as maiores arrecadadoras de ICMS de todos os Estados. Aumentar a alíquota e fiscalizar apenas um contribuinte – o concessionário – é muito mais fácil – praticável – que reduzir a incidência em face da "essencialidade do bem" e buscar aumento da arrecadação numa base maior de contribuintes.

A essencialidade do bem perdeu importância em face da necessidade arrecadatória e da facilidade de tributar os concessionários de energia elétrica.

Em dados levantados pela *PricewaterhouseCoopers* datados de 2007/2008, apurou-se que algo em torno de 46% do valor que se paga pela energia energética dizem respeito a encargos tributários e encargos tarifários decorrentes da exploração desse bem. Como se vê, apesar de o Estado não ser o gestor direto da exploração do bem *energia elétrica*, sua participação nessa área não tem precedentes na História.

Em resumo, tem-se que, com o passar do tempo, modificaram-se sobremaneira o valor e a eficiência da arrecadação, o que mudou drasticamente o perfil da tributação do bem *energia elétrica*.

Antes da Constituição de 1988 a tributação era feita por meio de um imposto único, de competência da União. Sendo tributo que incidia de maneira monofásica, nenhuma outra etapa do processo produtivo estava sujeita a tributação, impedindo que Estados e Municípios de certa forma atrapalhassem o desenvolvimento da indústria nacional, aumentando as incidências tributárias.

Pouco depois da promulgação da Constituição de 1988 foi criado a Emenda Constitucional 3, que inseriu o inciso II no art. 155, o qual determina que nenhum outro tributo incidirá sobre energia elétrica (dentre outras materialidades). Já na "Exposição de Motivos" dessa Emenda Constitucional dizia-se: "Sendo essas materialidades relativas a bens essenciais da população, é uma medida para evitar a dificuldade de acesso para esses bens, por conta do aumento dos tributos". Pois bem, houve a mudança administrativa, houve possibilidade de empresas privadas serem concessionárias da exploração desses bens, e a partir daí surgiu logo uma discussão: essa determinação impediria a incidência de PIS e COFINS no caso concreto?

Levada ao STF, dois valores foram confrontados. De um lado, grandes conglomerados econômicos ficariam fora da determinação de contribuir para o sistema de financiamento da Previdência Social. Do outro, haveria a impossibilidade de se tributar com outros tributos que não o ICMS, IPI e impostos de importação/exportação a materialidade da energia elétrica. O STF posicionou-se dizendo que ali existiria uma antinomia real; que, por força do valor de que todos devem contribuir para o financiamento da Seguridade Social, aquilo deveria ser entendido como tributo, e não como imposto – o que efetivamente foi transformado por meio da Emenda Constitucional 3. Abriu-se uma grande possibilidade de que os tributos que incidem sobre receita bruta gravem a receita bruta obtida com exploração de energia elétrica.

Então, começamos a observar que o bem *energia elétrica* foi sucessivamente sendo tributado de maneira mais intensa – primeiro com o ICMS –, apesar de ser um bem essencial, que, por essa razão, deveria ter tributação mais branda.

Além da Emenda Constitucional 3, estamos vivendo um outro momento agora, com a Proposta de Emenda Constitucional/ PEC 233/ 2008, que discute uma nova fórmula de incidência tributária para o setor de energia elétrica, que hoje funciona em regime de substituição tributária, tendo apenas uma incidência, sendo o substituto tributário as concessionárias. Propõe-se, em síntese, que todas as etapas do processo produtivo de energia elétrica, ainda que não se caracterizem como operação mercantil de venda de energia elétrica, possas estar sujeitas à incidência de um tributo, mais especificamente de um imposto sobre valor agregado, que se pretende criar.

Trata-se, como se vê, de um paradoxo, pois se percebe que a essencialidade do bem *energia elétrica* cede espaço para a necessidade de arrecadação. Por quê? Porque é fácil fiscalizar uma concessionária de energia elétrica. É fácil estabelecer uma substituição tributária nesse caso. É muito mais fácil fiscalizar a concessionária do que cada um dos consumidores. Sendo autorizado pela Constituição, sendo permitido, sendo considerado constitucional pelo STF.

Parece-me que, em termos operacionais, muita coisa deve acontecer antes que essa Emenda Constitucional, antes que essa Reforma Tributária, venha a ser aprovada.

Aproveito essa parte final para passar a outros temas aos quais minha exposição remete. Estamos, aqui, falando de "A Tributação de Energia Elétrica em suas Diversas Fases – Produção, Comércio, Transmissão e Transporte". Sendo necessário reduzir complexidades, não vou falar das pessoas jurídicas que não exploram energia elétrica ou que exercem atividades conexas. Também não vou explorar os temas que dizem respeito às tarifas ou aos pesados encargos tarifários que são exigidos dessas empresas. Vou escolher apenas "conflitos de interesses" que estão sendo discutidos hoje nos tribunais. São eles: (a) um conflito de interesse em relação à geração; (b) um conflito de interesse em relação à transmissão ou transporte de energia elétrica; (c) um conflito de interesse em relação à comercialização; e (d) outro em relação ao consumo.

O primeiro tema é a *geração de energia elétrica*. O problema, aqui, não está no ato de gerar energia elétrica, mas sim nas geradoras, ou seja, nas usinas hidroelétricas.

As usinas hidroelétricas geram energia a partir de terras alagadas. Hoje em dia existem tecnologias para se desenvolver diversas formas de produção de energia, mas quero me concentrar na questão das terras alagadas utilizadas para gerar energia elétrica. Nesse caso houve conflito de interesses entre a União e algumas concessionárias em relação às terras alagadas e sua tributação pelo ITR com alíquota majorada, por ser considerada uma terra improdutiva ou não utilizada.

Esse seria o ponto de vista da Fazenda. O contribuinte chamou a atenção para a circunstância de que a função dessas terras era efetivamente ser alagada e gerar energia elétrica, o que estava sendo feito a contento. O caso foi levado para o Conselho de Contribuintes, e as razões dos contribuintes prevaleceram.

Vamos ao segundo ponto, relativo ao *transporte de energia elétrica*. Já conversei com algumas autoridades fazendárias que querem tributar o transporte de energia elétrica, mais especificamente o valor que se cobra para levar a energia de um ponto a outro. Mas, como muito bem explica o Prof. Roque Carrazza, para que você tenha a incidência do ICMS nesse caso você precisa ter uma efetiva transferência de titularidade. No caso, o transporte de energia por meio da fiação elétrica não consiste numa operação de transferência. Seria apenas uma atividade-meio para que se conseguisse, na hora do uso pelo consumidor, ter efetivo ato jurídico de transferência de energia elétrica, o que se exige para incidência do ICMS. Esse caso acabou não indo em frente.

Muito bem, Srs., o tempo que me foi franqueado acabou. Mas não finalizarei a minha participação antes de destacar que a essencialidade do ICMS não é simples recomendação, preceito valorativo que cede ao sabor das conveniências arrecadatórias. Muitas decisões judiciais têm sido proferidas no sentido de limitar a imposição de alíquotas de ICMS em patamares superiores àquele praticados nas demais operações. Eis uma boa notícia, que fixa um contraponto à pretensão de impor o ICMS à margem da Constituição da República.

Muito obrigado pelo convite, pela atenção e simpatia com que me ouviram! [*Palmas*]

MESA DE DEBATES "D"

TRIBUTOS MUNICIPAIS

PRESIDENTE DA MESA: PROFA. HELGA KLUG DOIN VIEIRA
MEMBROS DA MESA: PROFA. BETINA TREIGER GRUPENMACHER,
PROFA. ANNA EMÍLIA CORDELLI ALVES,
PROF. FÁBIO SOARES DE MELO

PRESIDENTE DA MESA (PROFA. HELGA KLUG DOIN VIEIRA) – [*truncado na gravação*]. Profa. Betina...

Construção Civil. Empreitada Civil e Industrial. *Turn Key*. Limites da Incidência do ISS, ICMS e IPI

PROFA. BETINA TREIGER GRUPENMACHER – A *empreitada global* é uma obrigação de resultado onde o empreiteiro se compromete a empregar não apenas o seu trabalho, seu esforço humano, sua responsabilidade técnica para o bom andamento da obra, mas também materiais; ou seja, ele se compromete a entregar a obra pronta. Por isso se trata de uma obrigação de resultado. O que é relevante é a obra concluída, e não propriamente o serviço desempenhado.

Nessas duas situações, na construção por administração e na construção por empreitada, temos duas formas de remuneração distintas, que são propriamente as formas de manifestação de capacidade contributiva sujeitas a tributação. Na *construção por administração* a remuneração se dá através da conhecida taxa de administração, que nada mais é que um percentual incidente sobre todos os custos da obra. Então, o que o engenheiro vai cobrar é um percentual sobre o que está promovendo na obra, inclusive o que gastou com material – enfim, todos os custos que envolvem o empreendimento. A taxa de administração é a remuneração devida ao profissional na construção por administração, na qual o construtor negocia apenas sua atividade profissional.

No caso da *empreitada global* a remuneração do empreiteiro é o preço total do empreendimento, nele compreendidos o serviço prestado e o material empregado.

A partir daí surge a questão da tributação dessas duas situações. Como se dá a tributação no caso da construção por administração? O ISS vai, tratando-se de uma prestação de serviço, incidir sobre a remuneração do engenheiro – vamos assim falar, de uma maneira genérica – que efetuou a prestação de serviço, atuando com responsabilidade técnica, como mencionei anteriormente. O tema que é um pouco mais polêmico, no entanto, não é exatamente a questão da construção por administração, mas a conhecida empreitada global, ou *turn key* ou *EPP*, que é *Engineering Procurement and Procedement*, muito usual em nossos dias, porque se aplica aos grandes empreendimentos, como a construção de hidroelétricas, enfim, grandes obras, onde o empresário contrata a obra na sua integralidade com o propósito de recebê-la completamente pronta; ou seja, ele contrata empresa para realizar o projeto, a execução, a aquisição dos materiais, obra que, uma vez concluída, lhe será entregue. Esta é a razão da nomenclatura *turn key*, ou, traduzindo, "chaves na mão", ou seja: o empreendedor contrata empresa para que faça tudo, do início ao fim da obra, e, ao final, entregue em suas mãos "as chaves da obra" absolutamente concluída.

São empreendimentos de grande porte e que, de fato, além da efetiva prestação de serviços, contemplam um grande componente de fornecimento de material, o que desencadeia o surgimento de conflitos de competência. São situações que envolvem, ao mesmo tempo, obrigações de dar e obrigações de fazer. Obrigações de dar relativamente ao fornecimento de material envolvido; e obrigações de fazer relativas à prestação de serviço do empreiteiro.

É importante ressaltar que o sistema contempla disciplina jurídica específica que estabelece o que é considerado base de cálculo para fins de ISS. O Decreto-lei 406/1968 tinha uma disposição no art. 9º, que estabelecia no *caput* que "a base de cálculo do imposto é o preço do serviço", e no § 2º previa que na prestação de serviços a que se referem os itens 19 e 20, da Construção Civil, o imposto será calculado sobre o preço, deduzido das parcelas correspondentes o valor do material fornecido pelo prestador de serviços.

Essa regra foi repetida no art. 7º da Lei Complementar 116/2003, que estabelece o seguinte: "A base de cálculo do imposto é o preço do serviço". Não se inclui na base de cálculo do imposto o valor dos materiais fornecidos pelo prestador de serviços previstos nos itens 7.02 e 7.05. Portanto, o legislador complementar preocupou-se, em relação à construção civil, em excluir da base de cálculo os materiais empregados, deixando, então, que a tributação recaísse apenas sobre a parcela relativa à prestação de serviços. Mas, quando se verifica o item 7.02, por exemplo, lá está dito que o ISS vai recair sobre esses serviços todos de construção civil, "exceto sobre o fornecimento de mercadorias produzidas pelo prestador de serviços, fora do local da prestação, que fica sujeito ao ICMS". Portanto, ao mesmo tempo o art. 7º determina que a base de cálculo do imposto é o preço do serviço e que na construção civil devem ser excluídos os materiais de referida base de cálculo. Já, no item 7.02 da Lista anexa à lei complementar está dito que os materiais produzidos pelo prestador do serviço, pelo construtor, fora do local da obra ficam sujeitos ao ICMS. Essa, na minha visão, é uma regra inconstitucional. E vou procurar explicar por quê.

O art. 7º determina que a base de cálculo do ISS é o preço de serviço. A autoridade fazendária, com amparo no entendimento jurisprudencial, interpreta a referida regra no sentido de que "preço do serviço" compreende a remuneração pela efetiva prestação acrescida do reembolso pelos materiais empregados. "Serviço", para fins de incidência de ISS, é um esforço humano, físico ou intelectual, de que alguém necessita e que outro tem aptidão para prestar, com conteúdo econômico, ou seja, remunerado. Então, nunca entendi que essa expressão, "preço do serviço", envolvesse o fornecimento de materiais, quer para construção civil, quer para qualquer outro tipo de serviço. No entanto, o STJ já sumulou a matéria, em relação aos hospitais, no sentido de que na base de cálculo do ISS estão compreendidos também materiais e medicamentos.

O Prof. José Eduardo, que me honra com a presença aqui, já escreveu muito sobre o assunto, e diz que material é uma coisa e mercadoria é outra. Material é aquele insumo necessário à prestação de serviço. Mercadoria, como vamos ver, é um bem posto em comércio, sujeito a uma atividade mercantil. Portanto, de fato, qualquer que seja a prestação de serviço, na minha compreensão os materiais deveriam ser excluídos da base de cálculo – mas não são, na prática. Essa indefinição existe em relação a todas as prestações de serviços que envolvem materiais, mas não deveria existir em relação à construção civil, porque a lei é clara, ficam excluídos da base de cálculo os materiais empregados: está no § 2º do art. 7º da Lei Complementar 116/2003.

Ocorre que, na prática, as coisas não são tão claras assim. Entendo, a partir da interpretação conjunta do disposto no art. 7º da Lei Complementar 116/2003 com a regra do item 7.02 da Lista anexa à referida lei, que o material adquirido de terceiro pelo engenheiro, pelo empreiteiro, pelo construtor, nesses grandes empreendimentos, conhecidos por *turn key*, está fora da base de cálculo, porque o § 2º diz que se excluem da base de cálculo do ISS os materiais fornecidos pelo prestador do serviço descrito nos itens 7.02 e 7.05. Então, desde que adquiridos de terceiro – para mim parece que não há dúvida alguma –, os materiais ficam excluídos da base de cálculo. Até porque quando adquiridos de terceiros já sofreram tributação de ICMS, pago por quem os comercializou, por quem vendeu esses produtos para aquele dado empreiteiro, para aquele dado construtor.

A questão que remanesce por ser respondida diz respeito aos materiais produzidos fora do local da obra pelo prestador de serviço. Uma regra que me parece fácil de compreender é a seguinte: se eu entender que incide ISS, não incidem ICMS nem IPI; se eu entender que incidem ICMS e IPI, não incide ISS. Entendo que não incide nada, nem ISS, nem ICMS, nem IPI, e vou explicar por quê. Porque, na verdade, quando o construtor produz o material a ser empregado na obra fora do local da mesma, sem um propósito lucrativo, enfim, com o único propósito de empregar aquele produto na sua prestação de serviço e depois se ressarcir daqueles valores, porque eles são considerados insumos para a prestação de serviço, esses produtos não podem sofrer incidência de ICMS, porque estamos falando de um prestador de serviço que não tem inscrição estadual, que não é contribuinte do ICMS. Então, estou me referindo, aqui, àqueles prestadores de serviço, construtores, engenheiros, enfim, que produzem material fora do local da obra, sem serem contribuintes do ICMS. Naturalmente, aquele construtor que se propõe a realizar uma obra mas tem um negócio onde ele comercializa, para terceiros, os mesmos produtos, é lógico que nessa situação haverá incidência de ICMS. Para que o construtor faça jus ao reconhecimento da intributabilidade por via do ISS, do IPI e do ICMS é, no entanto, necessário prova pericial, contábil ou financeira, em que fique demonstrado que os materiais empregados na obra não tinham a característica de mercadorias.

O Prof. Roque como o Prof. José Eduardo conceituam o que é "mercadoria" para fins de incidência de ICMS. O Prof. Roque diz o seguinte: não é qualquer bem móvel que é mercadoria, mas só aquele que se submete à mercancia. O bem móvel é o gênero do qual a mercadoria é espécie, e só é mercadoria o bem móvel posto *in commercium*.

Então, são duas situações diferentes. Uma coisa é a empreitada, outra coisa é a compra e venda. Se o prestador de serviços tem um estabelecimento comercial, repito, é contribuinte do ICMS e realiza compra e venda, ou seja, realiza em outras operações situações que não apenas a construção, operações de compra e venda, comercialização, com propósito lucrativo – e eu aqui abro um parêntesis: não estou dizendo que o ICMS é um imposto sobre o lucro, estou dizendo que o lucro compõe a atividade mercantil –, se realizar atividade mercantil, portanto, é contribuinte do ICMS, vai recolher o ICMS para as operações comerciais que realizar. Agora, se, ao mesmo tempo em que é contribuinte do ICMS, comercializa produtos destinados a obras de construção civil, é também prestador de serviços e utiliza esses produtos que comercializa, industrializa ou produz em uma obra de construção civil, esses bens não estariam sujeitos nem ao ICMS nem ao ISS. E por quê? Porque nessa hipótese eu tenho um destinatário certo, tomador de serviços, fora do local da obra e produzi um bem a ser empregado naquela obra. Nessa hipótese, portanto, não há operação mercantil, e os produtos empregados na obra são insumos que não compõem a base de cálculo do ISS. Assim, sobre a referida operação não incidem ISS ou ICMS.

Se, por outro lado, há uma obrigação de dar, decorrente de produção em larga escala, com destinatários incertos, como é o caso da compra e venda, a incidência do ICMS é de direito. E por que a construção desse raciocínio? Nós vimos no início da exposição que a construção por administração, onde o engenheiro apenas assume a responsabilidade técnica e recebe remuneração consistente em percentual sobre isso, estará sujeita exclusivamente à incidência do ISS. Não me parece constitucionalmente aceitável o posicionamento que admite que o construtor que, além do seu esforço humano, além da sua prestação de serviços, emprega materiais tenha a base de cálculo do seu imposto, a base imponível, alargada, para fins de incidência de ISS. O que vai acontecer? Dois engenheiros diferentes, um pagando o ISS sobre a taxa de administração e o outro sobre o custo total da obra, sendo que uma boa parcela deste custo é reembolso de despesas. O STF, nesse recurso extraordinário de São Paulo, conceituou "serviço" como esforço humano dirigido a uma determinada finalidade, identificando-o juridicamente como uma obrigação de fazer. Portanto, considerando que o conceito de serviço é esse, a única base de cálculo admissível é aquela que reflete uma materialidade que mantém a congruência com o elemento "remuneração", ou seja, a base de cálculo tem que ser uma medida da materialidade do imposto efetivamente; admitir-se que "receita" equivale a preço do serviço é efetivamente um equívoco, como ressaltei anteriormente, porque tal situação produz um "inchaço" na base de cálculo do ISS, uma inflação na mesma, e essa tributação vai afrontar a Constituição no que diz respeito à inobservância da capacidade contributiva e à vedação ao confisco. Portanto, aquela expressão "preço do serviço" – se não fosse assim para todos os serviços, seria especialmente para a construção civil – deve ser interpretada como o valor relativo à remuneração do esforço humano dirigido a uma atividade específica, excluindo-se os materiais empregados na prestação.

O problema, como falei, é a jurisprudência, porque, embora todos estes argumentos demonstrem claramente o que aqui de defende, o STJ ignora a regra do § 2º do art. 7º da Lei Complementar 116/2003, de que os materiais devem ser deduzidos da base de cálculo do ISS devido na atividade de construção civil. Temos aqui um dos acórdãos mais recentes do STJ, e eu fiz um destaque onde isso fica muito claro, em que a Min. Eliana Calmon diz o seguinte: tanto o Decreto-lei 406 como as Leis Complementares 56, 87 e 102 fixaram que o ISS incide sobre a totalidade do serviço de construção civil, exceto sobre fornecimento de mercadorias produzidas pelo próprio prestador de serviço fora do local da prestação, que fica sujeito ao ICMS. A tese de que não apenas os materiais produzidos pelo próprio prestador, mas também os adquiridos de terceiros, devem ser excluídos da base de cálculo do ISS não encontra respaldo no ordenamento jurídico. Então, onde que fica a regra do § 2º do art. 7º? A interpretação há de ser gramatical, não precisa ser lógica, histórica, sistemática; está dito lá, base de cálculo do ISS na prestação de serviço na construção civil é o valor do serviço deduzido dos materiais adquiridos.

A regra que trata da incidência do ISS sobre os serviços de construção civil é clara ao excluir apenas os materiais produzidos pelo próprio prestador fora do local onde foram prestados os serviços.

Nós vimos na decisão anterior que o STJ entende incidir ICMS sobre material produzido fora do local da prestação do serviço. Há uma situação que tangencia o tema que estamos vendo aqui hoje, que diz respeito ao diferencial de alíquotas. No que consiste isso? O construtor que adquire materiais, em obras como essas, por exemplo, adquire material em outro Estado, diferente daquele em que está localizada a obra, pode, nesse outro Estado – e é muito comum acontecer – dizer o seguinte: “Eu sou contribuinte do ICMS, portanto, eu quero que, nesse Estado onde está adquirida a mercadoria, seja aplicada a alíquota interestadual – por exemplo – de 12%”. Quando o construtor compra o material no Estado, dizendo-se contribuinte do ICMS, paga alíquota de 12% interestadual. Quando chega ao seu Estado para aplicar o material na obra, o Estado onde está a obra diz: “Você pagou alíquota interestadual, eu quero o diferencial de alíquota para 18%”. Aí o construtor diz o seguinte: “Eu não sou contribuinte do imposto, não quero pagar o diferencial”. Aí, convenhamos, não é? Ou bem é contribuinte do ICMS, ou bem é contribuinte do ISS. Se for contribuinte do ICMS deve pagar a alíquota cheia no local onde adquiriu o bem, e aí nada vai pagar no Estado de destino. Agora, de fato, os empresários, querendo reduzir a carga tributária, pretendem pagar 12% no Estado de origem e nada no de destino, porque, daí, no de destino eles não são contribuintes do imposto. Destaquei a decisão do STJ, que achei importante, muito embora incoerente com a primeira, em que o STJ diz o seguinte: realmente o prestador de serviço de construção civil não é contribuinte do ICMS, portanto não pode se valer da alíquota interestadual quando adquire o produto em outro Estado; se o fez, o Estado de destino não pode cobrar a diferença, mas pode haver incidência de uma multa e da cobrança da diferença do tributo devido – é o que está dito aqui. No caso de compradores não-contribuintes do ICMS, como das construtoras em relação aos insumos aplicados em suas obras, as aquisições interestaduais devem se sujeitar à alíquota interna, maior que a interestadual, nos termos do art. 155, § 2º, VII, “b”, da CF. É evidente não haver diferença de alíquota a ser recolhida no Estado de destino. Agride o princípio da boa-fé, e, portanto, segundo o acórdão, deve haver aplicação de multas previstas na legislação estadual.

Entendo, assim, que, de fato, nesses grandes empreendimentos, como essas obras, essas empreitadas globais, do tipo *turn key* etc., há incidência do ISS, naturalmente, no que diz respeito à prestação de serviço daquele que conduz a obra, mas os materiais devem ser excluídos da base de cálculo por imposição legal, inclusive aqueles produzidos fora do local da obra, desde que não se trate de mercadoria, de bem posto *in commercium*, produzido em larga escala com o propósito de lucro – o que demanda, naturalmente, uma perícia.

Com isso encerro a minha exposição, e espero que consigamos, a partir das reflexões apresentadas, mudar o entendimento do STJ, que é, no mínimo, de todo questionável. Muito obrigada! [*Palmas*]

Presidente da Mesa (Profa. Helga Klug Doin Vieira) – Agradecemos à Profa. Betina Grupenmacher pela sua brilhante e clara apresentação. E, obedecendo à regra da apresentação, vamos ouvir, a seguir, a Professora de Direito Tributário da PUC/SP Anna Emília Cordelli Alves, que, além de professora, é também Advogada atuante. Com longa experiência na área dos tributos municipais, já que exerceu a função de Procuradora-Geral do Município de São Paulo bem como a de Secretária de Negócios Jurídicos do Município de São Paulo, ela vai falar sobre o imposto de transmissão de bens imóveis/ITBI e os limites do imposto de transmissão *causa mortis* e doação/ITCMD – assunto bastante interessante e atual, especificamente no que trata da base de cálculo de cada um desses tributos. Com a palavra a ilustre Professora.

ITBI: Base de Cálculo e Limites com o ITCMD

Profa. Anna Emília Cordelli Alves – Muito obrigada! Gostaria de agradecer ao IDEPE por mais este convite, esta possibilidade que eu tenho de estar aqui presente e debater com vocês. Gostaria de cumprimentar a Presidente do nosso Congresso, a digníssima Profa. Elizabeth Nazar Carrazza, a Profa. Helga, a Profa. Betina, o Prof. Fábio.

Vou tratar do ITBI e ITCMD, e no que diz respeito à base de cálculo desses tributos.

Bem, para que possamos analisar esse tema é preciso buscar, num primeiro momento, o conteúdo da matriz constitucional desses dois impostos, um municipal e o outro estadual, a regulamentação das normas gerais constantes do Código Tributário Nacional, para podermos chegar ao tratamento legal que as Municipalidades e os Estados-membros vêm dando a esses impostos.

A competência municipal para criação do ITBI está no art. 156 da CF. E a competência do Estado para o ITCMD está no art. 155. O que aproxima os dois impostos é o fato de que tanto o imposto municipal de transmissão de bens imóveis como o imposto estadual sobre doação são impostos que oneram a transmissão *inter vivos*.

O ITBI tem três fatos geradores: o primeiro refere-se à *transmissão de bens imóveis*; o segundo, à *transmissão de direitos reais e garantias sobre bens imóveis*; e o terceiro, à *cessão de direitos à aquisição*, quer da propriedade, quer dos direitos reais. Assim, debaixo de uma única matriz constitucional têm-se três fatos geradores distintos do imposto municipal.

Temos como característica, portanto, tratar-se de um ato jurídico, de uma operação jurídica de transmissão *inter vivos*; e, no caso do Município, a título oneroso, enquanto no imposto sobre doação nós temos uma transmissão por ato jurídico *inter vivos* gratuita.

Então, na verdade, nós temos uma proximidade muito grande entre esses impostos. Assim, além de analisar a Constituição, temos que analisar também os arts. 35 e ss. do CTN, que tratam dos dois impostos conjuntamente, na medida em que quando o Código Tributário foi editado estes impostos estavam ambos sob a competência dos Estados. Então, quando lemos o Código Tributário Nacional, nessa matéria, precisamos levar em conta a alteração dessa competência.

O art. 35 vai repetir a matriz posta constitucionalmente; e o art. 38 vai tratar da base de cálculo do ITBI e do ITCMD, estabelecendo para ambos a mesma base de cálculo – ou seja, o valor venal do imóvel, o valor venal do direito transmitido, no caso do ITBI, o valor venal da cessão de direitos.

Quando falamos em ITBI nos vem à mente, necessariamente, a idéia do IPTU. Por quê? Porque o IPTU também, a exemplo desses dois impostos, vai ter como valor venal, como base de cálculo, o valor venal.

A Constituição estabelece que a base de cálculo ao lado do fato gerador dos impostos colocados na Constituição serão definidos por normal geral de direito tributário. Portanto, o art. 38 do CTN, ao definir a base de cálculo desses impostos como sendo o valor venal, atua como verdadeira norma geral de direito tributário – e que, portanto, se impõe aos entes tributantes, Estados e Municípios.

O que é *valor venal*? O Código não estabelece critérios de apuração desse valor venal, simplesmente diz que a base de cálculo será o "valor venal". O Prof. Aires Barreto, na sua última obra, *Direito Tributário Municipal*, analise com muita profundidade o direito tributário municipal, e assim afirma: *O valor venal é o valor provável que o imóvel atingirá diante da transação à vista em um mercado imobiliário estável (...)*. Portanto, não é possível dizer *a priori* qual é o valor venal de determinado imóvel. Por quê? Porque é um valor provável diante do mercado, das soluções de mercado, mesmo diante das condições subjetivas de cada uma das partes – comprador e vendedor. Portanto – diz o Prof. Aires –, o valor venal será estabelecido por estimativa, na medida em que não é possível saber-se *a priori* exatamente o valor, por um sistema de avaliação em massa, com base em regras e métodos predeterminados, que são plantas genéricas de valores nacionalmente adequadas e que, segundo o professor, uniformizam a Administração, evitam discrepâncias próprias do arbítrio e representam uma segurança. Quer dizer, a existência e a aceitação das plantas genéricas de valores são hoje consolidadas nacionalmente. E até como uma segurança do Fisco e do próprio contribuinte.

Bom, nós sabemos – e o Prof. Paulo de Barros Carvalho nos diz isso – que a base de cálculo infirma ou confirma o fato gerador. Ou seja: se a base de cálculo é uma medida do fato gerador, ao estabelecer essa perspectiva dimensível do aspecto material da hipótese de incidência – como dizia Geraldo Ataliba – vamos ver diante de que tipo de tributo nós estamos. Assim, não adianta chamar de imposto o que é taxa. Por quê? Porque a denominação do tributo, de acordo com o art. 4º do CTN, é irrelevante. O que vai nos dizer da natureza jurídica daquele tributo e da sua constitucionalidade é a base de cálculo.

Agora, uma questão me ocorre: se deixarmos de lado a questão da definição do Código Tributário e da base de cálculo desses impostos, eu ousaria dizer, comparando os tributos municipais – IPTU e ITBI –, que estamos diante de valor venal posto pelo Código Tributário, mas com uma diferença: quando falamos em imposto sobre transmissão de bens imóveis, por ato oneroso, sobre o qual incide o ITBI, nós estamos diante de uma situação dinâmica – ou seja: o imposto não incide propriamente sobre o imóvel, mas sobre a *operação de transmissão* de bem imóvel. Aí, poderíamos perguntar: quando falamos em *valor da transmissão* do bem imóvel ou *valor do bem imóvel propriamente dito*, não estamos falando da mesma coisa? Não necessariamente. Por quê? Dependendo do mercado, do momento do mercado, dependendo de aspectos até subjetivos que se colocam no próprio contrato entre as partes do negócio, nós poderíamos ter um valor de venda diferente do valor do imóvel. Então, se meu imóvel vale 100, mas eu preciso pagar uma dívida daqui a 48 horas e, portanto, vendo por 50 ou 60, na verdade, nós vamos ter um *valor do imóvel* diverso do *valor da transação*. Por outro lado, se, por acaso, uma empresa construtora adquire vários imóveis e, para que seja viável a implantação de um empreendimento imobiliário, resta que a construtora compre apenas o meu imóvel, meu único imóvel, se ela não conseguir comprar aquele imóvel o empreendimento não terá viabilidade. Nessa hipótese, o valor do meu imóvel é 100, mas pode ser que eu venda por 200, porque naquele momento aquele imóvel passou a ter um valor de mercado muito superior ao valor do imóvel propriamente dito – o que gerará uma base de incidência para o ITBI muito superior à base de cálculo do IPTU, que levará em conta o valor estático do imóvel.

Ocorre que o legislador do Código Tributário Nacional, ao determinar o valor venal como base de cálculo dos dois tributos, perdeu uma oportunidade de, por exemplo, colocar como base de cálculo do ITBI efetivamente o valor da transação. Nesse sentido, pode o legislador municipal eleger uma base de cálculo própria, que não o valor venal, como faz o Município de São Paulo hoje? Ele pode buscar a base de cálculo do valor efetivo da transação? Ou, então, estabelecer os valores de referências próprios do ITBI, estabelecendo o valor do IPTU como valor mínimo de recolhimento? A meu ver, não pode. Ocorre que a lei do Município de São Paulo, que é a Lei 14.256/2006, adota o valor venal dos bens ou direitos transmitidos – ou seja, com a mesma definição do próprio Código Tributário Nacional –, mas, estabelece que essa base de cálculo consistirá em valores de referência diferenciados, porque ele pretende que efetivamente esses valores de referência sejam mais próximos do valor da transação. Nesse sentido, o legislador da cidade de São Paulo estabeleceu inconstitucionalmente, a meu ver, o piso do IPTU, porque, na verdade, nem a Constituição nem o Código Tributário autorizam estabelecer um valor-piso de valor venal para o ITBI, como fez a lei do Município de São Paulo.

Sobre o assunto o Prof. Aires faz uma pergunta interessante: podem conviver dois valores venais diferentes, como é o caso do ITBI e do IPTU? Ele responde, com muita propriedade, que não. Por quê? E aqui o professor resume bem essa questão, ao dizer: *se o Código Tributário Nacional adota a mesma base de cálculo para os dois impostos, não é possível dar conteúdos diversos para bases de cálculo idênticas*. No dizer do professor, considerar a existência concomitante de dois valores venais distintos implica admitir que um deles não esteja de acordo com a realidade dos fatos. Vale dizer: se os dois têm como base de cálculo o valor venal, qual deles espelha a realidade material? Os valores de referência do ITBI ou as plantas genéricas de valores do IPTU? Ou seja: o legislador acaba por anular as duas formas; quer dizer: ou bem *valor venal* é uma coisa, ou bem *valor venal* é outra.

Como eu disse, o legislador nacional – do Código Tributário Nacional – até poderia ter adotado uma outra base de cálculo para o ITBI, mas não o fez. Nesse sentido, não pode tal alteração ser levada a efeito pelo legislador municipal, o qual está atrelado à norma geral contida no art. 38 do CTN, que dispõe que a base de cálculo do ITBI é o valor venal.

Convém ressaltar que o TJSP vem massivamente decidindo contra a Prefeitura do Município de São Paulo. Por quê? Em primeiro lugar, essas alterações do ITBI foram impostas pela Prefeitura antes da Lei 14.256, pelo Decreto 46.228/2005. Como os contribuintes impugnaram esse decreto, alegando a falta de observância do princípio da legalidade, a Prefeitura transformou o conteúdo constante do decreto em um projeto de lei, que, aprovado, transformou-se na Lei 14.256/2006. Ainda assim, o Tribunal de Justiça continua mantendo a posição de que não cabe esse regime posto pelo ITBI, adotando o entendimento do Prof. Aires no sentido da impossibilidade de existirem dois valores venais para o mesmo imóvel. As decisões têm afirmado que no caso de irregular recolhimento poderá o Fisco utilizar o arbitramento previsto no art. 148 do CTN. Nesse sentido, se se trata de tributo sujeito ao lançamento por homologação, o contribuinte vai recolher o que entende devido – não ficando impedido, portanto, de lavrar a escritura. Cabe ao tabelião verificar se houve o recolhimento do tributo, e não o seu montante, podendo o Município, evidentemente, depois, cobrar o que entende devido e que não foi pago.

Discordo desta leitura do Tribunal de Justiça quanto à possibilidade de aplicação do art. 148 do CTN ao lançamento por homologação. Particularmente, entendo que o art. 148 prevê a possibilidade de arbitramento para tributo cujo lançamento seja um misto ou por declaração.

No caso do lançamento por homologação, na hipótese de o contribuinte não cumprir devidamente a obrigação, não recolher devidamente, nós temos a hipótese de lançamento de ofício, constante do art. 149 do CTN para a hipótese de aquele tributo sujeito ao lançamento por homologação não ter sido cumprido a contento. Então, na verdade, eu entendo que, ainda que não recolhido o valor do ITBI corretamente, o Fisco deverá lançar o valor que ele entende devido, o valor complementar, mediante lançamento de ofício, conforme previsto no Código Tributário Nacional.

Finalmente, o ITCMD não nos traz maiores problemas. O imposto de transmissão *causa mortis* também vai adotar o valor venal.

Então, nós podemos dizer que são esses os pontos – digamos assim – de tangenciamento e de distanciamento desses tributos, ficando claro, portanto, que qualquer base de cálculo que não seja o valor venal, qualquer alteração, depende de iniciativas do legislador complementar, porque se trata de matéria vinculada à edição de norma geral de direito tributário – portanto, de observância obrigatória por parte dos Municípios.

Era o que eu tinha a dizer. Muito obrigada! [*Palmas*]

PRESIDENTE DA MESA (PROFA. HELGA KLUG DOIN VIEIRA) – Agradecemos à Profa. Anna Emilia pela brilhante palestra. E agora vamos conceder a palavra ao Prof. Fábio Soares de Melo, que vai falar de "ISS e Base de Cálculo. Inclusões e Exclusões em Face da Omissão Contemplada na Lei Complementar 116/2003".

O Prof. Fábio é advogado, Juiz do TIT da Secretaria da Fazenda do Estado de São Paulo, Conselheiro efetivo do Conselho Fiscal de Tributos em São Paulo, Professor do Curso de Especialização da FGV, Mestre em Direito Tributário pela PUC/SP, Especialista em Direito Tributário. Com a palavra o Prof. Fábio...

ISS e Base de Cálculo. Inclusões e Exclusões em Face da Omissão Contemplada na Lei Complementar 116/2003

PROF. FÁBIO SOARES DE MELO – Sras. e Srs. Congressistas, Profa. Helga Klug Doin Vieira, Profa. Betina Treiger Grupenmacher, Profa. Anna Emília Cordelli Alves. Tomado pelo resultado da somatória dos perfumes de vocês três é que eu cumprimento a Presidente deste *XXIII Congresso Brasileiro de Direito Tributário*, a querida Profa. Elizabeth Nazar Carrazza, e agradeço o convite formulado pela Diretoria do Instituto Geraldo Ataliba, o IGA-IDEPE, para compor esta estrelada Mesa. Para mim é uma honra e uma satisfação, de forma que procurarei abordar o tema que me foi proposto da maneira mais objetiva, sempre por intermédio do ponto de intersecção entre a teoria e a prática; abordando o atual entendimento dos tribunais (administrativos e judiciais), especialmente do Conselho Municipal de Tributos de São Paulo, do STF e do STJ.

Vou me valer do fato de que hoje é o "Dia Internacional da Gagueira", de forma que antecipadamente peço desculpas por eventuais falhas na minha dicção e justificadamente decorrentes do meu nervosismo.

Nosso Congresso traz em seu título, no seu nome, "avanços e retrocessos decorrentes das garantias do contribuinte e das prerrogativas do Fisco". A questão dos "avanços" e dos "retrocessos" compreende matéria amplamente subjetiva. Se as premissas adotadas são "premissas fazendárias", determinados assuntos podem ter sido objeto de "avanços", até mais avanços que retrocessos, na medida em que vivemos atualmente num aparente panorama de "ditadura fiscal", de "fúria arrecadatória".

Por outro lado, se parto de "premissas não tão fazendárias", mas de "premissas dos contribuintes", aí talvez se identifiquem mais retrocessos que avanços. Mas no Direito, especialmente no direito tributário, não há certo, não há errado, tudo depende do ponto de vista, do sistema de referência, das premissas adotadas, para que se possa chegar às conclusões – e esse parece ser o grande ponto de divergência entre o Fisco e o contribuinte.

E dentro da questão "avanços e retrocessos nas prerrogativas do Fisco e nas garantias do contribuinte", o tema proposto não poderia ser melhor: a matéria relativa ao ISS, sua base de cálculo, as inclusões e as exclusões em face das omissões contidas na Lei Complementar 116/2003.

A base de cálculo do ISS, como bem anteriormente apontado pelas ilustres Professoras, representa o cerne da hipótese normativa. A base de cálculo deve guardar relação direta e confirmar a materialidade tributária; e no caso, a materialidade do imposto sobre serviços de qualquer natureza/ISS. A base de cálculo, em conjugação com a alíquota, como todos sabem, resulta na quantia devida a título de tributo, na obrigação, no valor específico relativo à obrigação tributária.

Mas o legislador não se encontra livre para dispor sobre a base de cálculo, o legislador ordinário não tem total liberdade para promover inclusões e exigências na base de cálculo do ISS, pois deve, necessariamente, observar o arquétipo previsto constitucionalmente no art. 156, III, da Carta Política de 1988. E aí o primeiro pensamento: o tema proposto contempla o ISS, as inclusões e as exclusões em razão das omissões contidas na Lei Complementar 116/2003, mas é importante fazermos, aqui, uma advertência. Eu vou assumir que a lei complementar é que tem a competência para tratar realmente sobre a base de cálculo, mas no art. 156, III, da CF está escrito: compete aos Municípios instituir o imposto sobre serviços de qualquer natureza; e no inciso III: exceto aqueles previstos no art. 155, II, que é o imposto relativo a operações de circulação de mercadorias, sobre prestações de serviços de transporte interestadual, intermunicipal e de comunicação/ICMS, definidos em lei complementar.

Num primeiro momento parece que o legislador constituinte estabeleceu que seria o legislador complementar que definiria a materialidade do ISS, que seria matéria reservada à legislação complementar. Por sua vez, o art. 146, III, especificamente na alínea "a", dispõe que uma das funções da lei complementar, além de estabelecer normas gerais em matéria de legislação tributária, quer dizer, procurar dirimir os conflitos em matéria de legislação tributária, conflitos de competência, e também estabelecer as limitações constitucionais ao poder de tributar, consiste na definição dos tributos discriminados na Constituição e também, entre outros aspectos, da regra-matriz de incidência tributária, da base de cálculo. Então, pelo art. 156, III, e pelo art. 146, III, "a", não haveria dúvida de que a matéria relativa à base de cálculo seria disciplinada pela legislação complementar.

No entanto, o art. 30, III, do texto constitucional prestigia o princípio da autonomia municipal. Uma primeira dúvida que surge é – quando tratamos de base de cálculo: será que, da mesma forma que a materialidade, essa disciplina seria de competência da legislação complementar, ou seria de competência das legislações ordinárias de cada uma das Municipalidades brasileiras?

Assumindo, então, que a legislação complementar é que teria competência para disciplinar sobre a base de cálculo, e tendo em vista que a base de cálculo representa o cerne da hipótese normativa, que deve guardar relação intrínseca à materialidade prevista no texto constitucional de 1988, e que o legislador não poderia desrespeitar aludido horizonte, nem todo valor relativo a determinada prestação de serviço, para fins de exigência do ISS, no meu entender, deveria ser incluído na base de cálculo do ISS. Há uma série de valores – ou espécies ligadas à prestação do serviço – que não deveriam, em tese, ser incluídos na base de cálculo do imposto, porque não apresentam natureza jurídica de preço de serviço, porque, apesar de se encontrarem ligados à prestação do serviço, não dizem respeito ao serviço prestado, ao serviço propriamente dito. Desta forma, devemos buscar, para fins de apuração da base de cálculo do ISS, qual é, primeiramente, a definição legal. E, como dito pela Profa. Betina, o art. 9º do Decreto-lei 406/1968, depois a Lei Complementar 56/1987, estabelece que a base de cálculo é o preço do serviço. E essa redação foi repetida no art. 7º da Lei Complementar 116/2003, implicando a primeira idéia de que a base de cálculo é o preço do serviço. E o que vem a ser o *preço do serviço*? Para tal fim, devemos buscar esse conceito; e para alcançar esse conceito vamos nos valer do art. 110 do CTN, que, em síntese, dispõe que o direito tributário não pode criar suas próprias realidades: ele deve observar os institutos, as formas e os conceitos do direito privado.

E para apurar o que é "preço", além do direito comercial, devemos observar a

Contabilidade, os princípios contábeis geralmente aceitos, as normas do Conselho Federal de Contabilidade, a fim de apurarmos o que compreenderia "receita", porque a "receita" é que compõe o "preço", mas não toda e qualquer receita; não se trata da receita bruta, mas, sim, da receita líquida, advinda de determinada prestação de serviço. O valor decorrente de certa prestação de serviço contratada entre prestador e tomador, a quantia determinada que será auferida, mas não necessariamente toda quantia representará o "preço do serviço".

Desta maneira, o "preço" corresponderia, nos termos do art. 110 do CTN, à idéia da "receita", de receita líquida; e não à totalidade do faturamento decorrente daquela relação jurídica.

E quais seriam esses "outros valores"? Que outros valores seriam auferidos pelo prestador do serviço e que não deveriam – em tese – ser incluídos na base de cálculo do ISS? Seriam aqueles meros recebimentos auferidos pelo prestador do serviço, ingressos que apresentam distinta natureza jurídica de preço de serviço, valores que não integram o patrimônio do prestador de serviço, que não configuram acréscimo patrimonial, nem renda, nem proventos de qualquer natureza; esses valores que não transitam pelo resultado do prestador de serviços, não se configuram como receita própria. E veremos que em alguns casos, principalmente daqueles prestadores de serviços de intermediação, fica extremamente claro aquilo que não é receita do prestador do serviço. Da mesma maneira, valores recebidos a título de "reembolso de despesas" incorridas por conta e ordem do tomador do serviço, que seriam num primeiro momento incorridos pelo tomador e posteriormente ressarcidos – recibo, nota de débito etc. –, mas que não representam efetivo acréscimo patrimonial e que não podem ser caracterizados como "preço do serviço".

E quais são algumas das espécies desses valores que não se caracterizariam como "preço do serviço"? Os seguros, as multas contratuais, os juros cobrados em razão do inadimplemento da obrigação, as indenizações, os descontos condicionais ou incondicionais – a este respeito, curiosamente, ao examinar a questão entendia que aludidas figuram apenas existiam para fins de ICMS –, mais a inclusão do ISS, na sua própria base de cálculo. Identifico um acórdão do STJ, publicado no *DJU* de 26.9.1994, por meio do qual resta demonstrada a possibilidade de que o Fisco passe a exigir o ISS na sua própria base de cálculo.

A questão das deduções da construção civil eu deixarei de abordar por uma questão de poupá-los daquilo que foi objeto da brilhante exposição da Profa. Betina, com muita maestria.

Estas seriam espécies de valores que, no meu entender, não poderiam ser incluídos na base de cálculo do ISS, porque não configuram o "preço do serviço". A primeira delas, fazendo uma rápida abordagem, é a figura dos "juros". Os juros, em síntese, representariam o ganho auferido pelo credor – no caso, o prestador do serviço – como forma de compensação pela demora no pagamento efetuado pelo devedor – no caso, o tomador de serviço. O tomador de serviço descumpriu o prazo estabelecido para realização o pagamento, e os juros passaram a ser devidos, cobrados em razão do inadimplemento do devedor. Não me parece que esses valores, que o valor dos juros, deveriam ser incluídos na base de cálculo do ISS, na medida em que apresentam relação distinta da do preço do serviço, não se trata da mesma natureza jurídica.

Por sua vez, o "seguro" pode estar ligado à prestação do serviço mas constitui negócio jurídico autônomo, razão pela qual, da mesma forma, não poderia ser, no meu entendimento, considerado como "preço do serviço". O seguro cobrado, relacionado à prestação de um serviço, poderia ser tributado pelo imposto sobre operações de crédito, câmbio, títulos e valores mobiliários e seguros/IOF-Seguros.

A competência seria aquela prevista no art. 153, V, do texto constitucional de 1988, mas jamais a do art. 156, III, relativo ao ISS, porque a natureza jurídica do "seguro" é totalmente distinta da do "preço de serviço".

Adicionalmente, a "multa contratual" apresenta natureza jurídica de indenização por danos causados. Compreenderia, sinteticamente, o ressarcimento pela parte que adimpliu por parte da parte que inadimpliu, em razão de um ilícito contratual, de um desrespeito do contrato firmado entre as partes, sendo que jamais configuraria receita decorrente da prestação de serviço, não podendo compor o preço de serviço, pois a natureza jurídica é nitidamente distinta.

No que concerne aos "descontos", há um tratamento curioso do STJ. Quanto ao desconto "condicionado", a corrente dominante desse Tribunal entende que deveria ser incluído na base de cálculo do ISS, mas o desconto "incondicionado" não. Acredito que nenhuma das duas espécies deveria ser incluída porque – insisto – a questão não é tão tormentosa; partindo da premissa do que seja a *prestação de serviço*, do que seja *preço do serviço*, nada daquilo que é de serviço deve ser incluído na base de cálculo. Então, independentemente de ser condicional ou incondicional, pouco importa, aquilo não é preço de serviço jamais poderia implicar a incidência de uma exação tributária sobre um valor não recebido efetivamente pelo prestador do serviço.

Com relação à figura das "intermediações" temos, em síntese, o agenciamento, o despachante, as empresas de fomento mercantil, as comerciais exportadoras, as agências de viagem, os escritórios de Advocacia – admitindo que não apurem o ISS por intermédio da alíquota percentual, mas sobre o número de profissionais da sociedade uniprofissional em alíquota fixa. Nesses casos, o valor que deve ser exigido a título de ISS – quer dizer, a base de cálculo a ser aplicada sobre a alíquota, e que constitui o preço do serviço efetivamente – deve ser a diferença resultante daquela própria prestação de serviço, e jamais os valores normalmente cobrados e ressarcidos a título de reembolso de despesas. Uma empresa, um escritório de Advocacia, que tenha seu serviço tributado pelo ISS em razão da aplicação de uma alíquota percentual, exemplificativamente, de 5%, não deveria oferecer à tributação do ISS o valor incorrido para a prestação do serviço. Se determinado profissional do escritório se desloca até Brasília para realização de uma sustentação oral e incorre em despesas de transporte, despesas de hospedagem, e posteriormente solicita ao seu cliente, o tomador do serviço, o ressarcimento, esses valores não poderiam ser considerados como preço de serviço, porque constituem mera reposição patrimonial, indenização do dispêndio financeiro incorrido no momento "A", e que está sendo recebido no momento "B". Jamais se poderia exigir a aplicação da alíquota de 5%, no exemplo adotado, sobre esses valores, na medida em que não se trata de prestação de serviço e preço de serviço.

Então, no caso dessas empresas intermediadoras, um outro exemplo também, clássico, é o das agências de viagem. Jamais se poderia exigir ISS sobre o valor total recebido pela agência de viagem do seu cliente, porque a maior parte deste valor será destinada ao pagamento dos terceiros – ao pagamento da companhia aérea, ao pagamento da empresa do setor hoteleiro –, pois apenas a diferença do valor recebido para o valor efetivamente demonstrado a título de serviço, e que não for incorrido com terceiros, é que deveria se submeter à tributação pelo ISS. E a jurisprudência – tanto a do Conselho Municipal de Tributos de São Paulo como a dos tribunais superiores – acerca desses valores alheios ao preço de serviço tem caminhado no sentido da manutenção das exigências e da inclusão desses valores na base de cálculo do ISS.

Mas identifica-se em âmbito de instâncias inferiores uma divergência jurisprudencial que para gêneros da mesma espécie aplica tratamento tributário distinto, onde ora se exige a tributação, ora não se exige, ora o valor deve ser incluído na base de cálculo, ora o valor não deve ser incluído – o que resulta num panorama de incerteza e de insegurança jurídica aos contribuintes.

Essas eram as considerações básicas que eu gostaria de fazer dentro do tempo que foi estabelecido, agradecendo aos demais componentes desta Mesa de Debates. [*Palmas*]

PRESIDENTE DA MESA (PROFA. HELGA KLUG DOIN VIEIRA) – O Prof. Fábio cumpriu rigorosamente os 20 minutos, e nós já estamos adiantados na hora. De qualquer modo, a Profa. Betina recebeu duas ou três perguntas, e vamos conceder a ela 10 minutos para responder.

PROFA. BETINA TREIGER GRUPENMACHER – Recebi três perguntas extremamente relevantes, pertinentes, e vou procurar ser o mais breve possível.

A primeira pergunta refere-se à base de cálculo do ISS na construção civil. Questiona o congressista se estariam também excluídos os materiais adquiridos de terceiros pelo substituto tributário. Caso positivo, se mesmo nas hipóteses de os materiais serem produzidos fora do local da prestação dos serviços. No caso de lançamento fiscal lavrado somente em face do substituto, como fica o substituído em relação à defesa administrativa? André Henrique, de Florianópolis.

Na verdade, adotando, aqui, a regra geral no sentido de que o regime jurídico aplicável ao substituto é o mesmo do substituído, não tenho dúvida alguma de que, se o substituído tiver arcado com o ônus do ISS relativo a uma prestação de serviço na construção civil, fará jus, sim, à dedução desses materiais da base de cálculo. Aqui vem outra questão importante, que foi objeto de abordagem ontem, que diz respeito ao pedido para reaver os valores relativos a esse tributo. Quem pode pedir de volta valores pagos indevidamente? Entendo que o art. 166 do CTN não se aplica à substituição tributária. Creio que, sendo da natureza do tributo, quem arcou com o ônus da tributação, ou seja, o contribuinte, tem direito à repetição. Apenas a título de esclarecimento, não concordo com as expressões "contribuinte de fato", "contribuinte de direito"; para mim só existe um contribuinte, o de direito, o destinatário constitucional tributário. Podemos ter sujeitos passivos de fato e sujeitos passivos de direito – aí, sim –, o devedor, que é aquele que deve conduzir os valores para os cofres públicos; pode ser o sujeito passivo de fato na tributação indireta, por exemplo.

Então, creio que o substituto, tendo o mesmo regime jurídico do substituído, faz jus à dedução dos materiais da base de cálculo, mas quem pode pedir o tributo que pagou indevidamente é aquele que sofreu o ônus da tributação – ou seja, o substituído. Brevemente, é o que entendo em relação à pergunta formulada.

Em relação à outra pergunta aqui formulada, e de todo relevante, afirma o congressista que a Constituição Federal diz expressamente quais impostos são não-cumulativos – são eles o ICMS e o IPI. Conseqüentemente, os demais impostos são cumulativos, salvo no caso previsto no art. 7º da Lei Complementar 116/2003. Indaga o que penso a respeito, a partir da afirmação de que o preço da prótese deve ser excluído da base de cálculo em relação ao serviço prestado pela clínica ou hospital. Tal afirmação apontaria no sentido de que o ISS é não-cumulativo?

Efetivamente, a Constituição Federal estabelece a não-cumulatividade para o IPI e o ICMS. Não o faz, no entanto, para o ISS. O ISS incide quando o serviço é realizado por encomenda. O IPI incide quando o processo é feito em larga escala. O que vai definir o conflito de competência entre

ISS e IPI é o volume dos produtos industrializados ou produzidos. Se for sob encomenda é ISS, se não for é IPI. No caso da construção civil, o que eu quis dizer é o seguinte: se entendermos que o material compõe a base de cálculo do ISS, naturalmente não vão incidir o IPI ou o ICMS. Mas no caso de material produzido fora do local da obra o que eu disse é o seguinte: esse produto está excluído da base de cálculo do ISS. Aí vem uma pergunta: "Bom, está excluído porque foi produzido fora do local da obra, não incide ISS, incide ICMS e IPI?". O que eu disse é que não vai incidir nem ICMS e nem IPI se não for mercadoria, se for um bem produzido sob encomenda para ser aplicado naquela obra; se o bem for produzido em larga escala para ser aplicado em outras obras e for comercializado vão incidir ICMS e IPI, normalmente. O ICMS e o IPI não incidem na construção civil se o bem foi produzido sob encomenda para aquela obra determinada, esse é o entendimento.

No caso da subempreitada, por exemplo, se o empreiteiro contrata um segundo que vai prestar serviço, que vai pagar seu ISS, muito embora a atual lei complementar não exclua a subempreitada da base de cálculo, mesmo que não haja previsão legal, por afronta ao princípio da capacidade contributiva, creio que o ISS, por exemplo, pago na subempreitada deve ser deduzido da base de cálculo. No caso da prótese também não podemos falar em cumulatividade; a prótese foi submetida a tributação por via do ICMS e do IPI, em razão de tal fato não pode integrar a base de cálculo do ISS, não por afronta à não-cumulatividade, mas porque de fato são tributos diferentes, incidiram ICMS e IPI e agora vai incidir ISS.

MESA TEMÁTICA II

PROCESSO TRIBUTÁRIO ESTADUAL – LEI 13.457/2009 – NOVA SISTEMÁTICA PROCESSUAL

PRESIDENTE DA MESA: PROF. JOSÉ PAULO NEVES
MEMBROS DA MESA: PROF. ALCIDES JORGE COSTA,
PROF. MARCELO VIANA SALOMÃO, PROFA. MARIA LEONOR LEITE VIEIRA,
PROF. OSVALDO CARVALHO

PRESIDENTE DA MESA (PROF. JOSÉ PAULO NEVES) – Sras. e Srs. Congressistas, muito bom dia! Dando continuidade aos trabalhos desta manhã, teremos agora um painel tratando da legislação do contencioso administrativo paulista, em especial a Lei 13.457/2009.

Desde já gostaria de parabenizar a organização do evento por ter trazido este tema a debate, até porque é uma legislação implementada há pouco mais de dois meses, e ainda trazendo muitas dúvidas, e um debate propicia uma transição.

Gostaria de agradecer também à organização do evento por ter me convidado, por ter a honra de presidir uma Mesa de tamanha magnitude como esta hoje composta.

Antes de adentrarmos o tema propriamente dito, gostaria de passar a palavra ao Des. Vallim Bellocchi, Presidente do TJSP, para suas palavras

DES. VALLIM BELLOCCHI [*Texto sem revisão do autor*] – Bom dia a todos! O Tribunal de Justiça comparece para prestigiar este evento de magna importância, composto por professores e professoras de alto nível na área. E também se depara com uma platéia de alto nível. O Tribunal de Justiça, portanto, não pode estar ausente, e nunca estaria ausente.

Cumprimento a Dra. Elizabeth Nazar Carrazza, Presidente do *XXIII Congresso Brasileiro de Direito Tributário*; o Prof. José Paulo, o Dr. José Paulo Neves, Presidente do TIT da Secretaria da Fazenda de Estado, o honorável Prof. Alcides Jorge Costa, de tantas tradições na cátedra tributária deste País, a Dra. Maria Leonor Leite Vieira, o Dr. Osvaldo Carvalho. Desejo a todos uma feliz presença neste evento!

É sabido que o direito tributário tem uma conotação política de altíssima relevância, de Governo, quiçá numa política pública de Estado como um todo, em especial da União Federal, dos Estados e dos Municípios. O Tribunal acompanha atentamente, até porque é virtualmente uma matéria nova, o processo administrativo contencioso. Enfim, o Tribunal aqui está para prestigiar, nunca se ausentar.

Agradeço a recepção que está sendo dada ao TJSP e desejo a todos os palestrantes o melhor êxito possível. Muito obrigado! [*Palmas*]

PRESIDENTE DA MESA (PROF. JOSÉ PAULO NEVES) – Já adentrando o tema do painel, teremos como expositores o ilustre Prof. Alcides Jorge Costa, a Profa. Maria Leonor Leite Vieira, o Prof. Osvaldo Santos Carvalho e o Prof. Marcelo Salomão.

A par do notório conhecimento técnico desses ilustres professores, cabe aqui o registro de que conhecem também profundamente o TIT.

O Prof. Alcides e a Profa. Maria Leonor por muitos anos foram Juízes do Tribunal, o que muito engrandeceu o TIT.

O Prof. Osvaldo é Juiz do Tribunal e também teve atuação destacada na elaboração deste projeto de lei que hoje está sendo aqui discutido.

E o Prof. Marcelo Salomão, embora não tenha sido juiz do TIT, na verdade é um dos advogados mais atuantes no Tribunal.

Portanto, com certeza teremos muito a aprender a partir da exposição desses ilustres professores e estaremos tratando dos pontos mais relevantes dessa nova legislação, como também, até por amor ao debate, dos pontos polêmicos.

Já passando de imediato a palavra ao Prof. Alcides Jorge Costa, lembro aos expositores que cada um terá 20 minutos para suas exposições.

Prof. Alcides Jorge Costa – Exmos. Srs. Membros da Mesa, Sras. e Srs. Eu começaria por dizer que todo este processo que se desenrola na Administração – e se precisa lembrar o óbvio – é um processo administrativo, os órgãos de julgamento de primeira instância são órgãos da Administração. O Tribunal de Impostos e Taxas/TIT é um órgão da Administração.

Eu lembraria também – e aqui vou seguir a lição do Máximo Severo Giannini – que nós temos um procedimento de lançamento que conta com a participação do contribuinte, porque o contribuinte tem prazo para falar muitas vezes e a ele são pedidas, na fase de instrução desse procedimento, informações, e tudo mais. Em seguida ele pode apresentar suas razões. Lembro ainda, intercorrentemente, que é praxe dizer-se que o auto de infração é o lançamento. Eu diria que isto é verdadeiro na esfera federal, não na esfera estadual, porque, de acordo com a lei – e já era assim no sistema anterior –, o auto de infração, mesmo sem a defesa, deve ser submetido a ratificação, a um delegado de julgamento para ratificação, ou seja, enquanto não ratificado não existe, de verdade, um lançamento. Isto é importante para verificar os prazos de caducidade, e depois prazo de prescrição.

Então, aqui se conta com a colaboração do contribuinte não no julgamento em si, mas na fase de instrução. Depois vem a fase de decisão, que é puramente interna, e a última fase, que é a da notificação do contribuinte, que pode, por sua vez, recorrer ao TIT. E aí se inicia o que pode ser chamado de "procedimento de segundo grau". Este procedimento de segundo grau tem por objeto não mais o auto de infração, mas o procedimento de primeiro grau, porque no procedimento de segundo grau, aquele que ocorre no tribunal, os julgadores debruçam-se sobre a decisão proferida, para reformá-la ou para confirmá-la. Então, estamos diante de um procedimento administrativo de segundo grau. Pode haver ainda um outro, aqui na Câmara Superior, e é assim que ocorre. Agora, há uma peculiaridade: neste procedimento de segundo grau o contribuinte tem seus representantes presentes na composição do TIT. Isto já é uma idéia muito antiga, que começou na esfera federal, com os Conselhos de Contribuintes, que foram instituídos por volta de 1930 – portanto, eles estão completando 80 anos sempre chamados "Conselho de Contribuintes", e recentemente foram objeto de uma modificação fundamental: alterou-se o nome para "Conselho Administrativo de Recursos Fiscais". Obviamente, foi uma alteração de fundo sensacional. O TIT também é muito antigo, assim que o velho imposto de rendas mercantis foi atribuído aos Estados pela Constituição de 1934 com o nome de imposto de vendas e consignações, logo em seguida foi criado o TIT, composto de representantes do próprio Fisco e do contribuinte. Originariamente, no começo, ele tinha uma orientação, vamos dizer, um pouco diferente, porque o presidente do Tribunal era sempre necessariamente um representante dos contribuintes, alguma pessoa que representava os contribuintes. Isso faz muito tempo, alterou-se, e o presidente do Tribunal passou a ser sempre um representante, um funcionário, da própria Fazenda ou um procurador do Estado.

Ainda nesta linha, nota-se que há uma alteração, ao meu ver, de viés – posso estar enganado – um pouco fiscalista, porque o que se espera de um julgador? Espera-se de um julgador que aplique a lei imparcialmente, como se espera também do fiscal que aplique a lei. A função é aplicar a lei, e nesta aplicação tem que ser, claro, imparcial, tem que dar uma boa aplicação à lei, sem cogitar se isto vai a favor do Fisco ou se vai a favor do contribuinte. E o TIT tem grandes exemplos, no passado, destas aplicações.

Há um certo viés, nota-se, porque as Câmaras passaram a ter número par de membros, inclusive a Câmara Superior, o que é meio complicado. É claro que vai dar muito empate, e o desempate – diz a lei – cabe ao presidente, e o presidente é sempre nomeado pelo Coordenador da Administração Tributária.

Se imaginarmos que na maior parte das vezes o presidente vai ser um dos representantes do Fisco, também não é tão difícil imaginar que o voto de desempate não seja proferido sem a necessária imparcialidade. Então, já há duas coisas a notar: primeiro, o número par nas Câmaras, e em seguida a presidência delas sempre nomeada por uma autoridade fiscal. Isto provoca um certo viés. Por que não um número ímpar de membros, como é tradicional em todos os tribunais? Um número par é uma coisa complicada. A mesma coisa acontece na Câmara Superior. A Câmara Superior tem 16 membros, 8 e 8, e o presidente é nomeado da mesma forma.

Por outro lado, na Administração deve procurar-se a verdade material. Às vezes algum tipo de formalidade deve ser sacrificado em busca da verdade material. Nota-se aqui um certo rigorismo em matéria de prazos e de apresentação de documentos, o que impede muitas vezes de se chegar à verdade material. Isso, a meu ver, não é o que mais convém a um processo administrativo como esse. Mesmo porque, se não for bem decidido, a possibilidade de o contribuinte ir ao Judiciário está sempre aberta. Com isto, pode criar-se uma avalanche de processos no Judiciário, que já sofre com excesso de processos, e o Estado, ainda além de ter boas possibilidades de perdê-los, vê-se na contingência de ter que pagar honorários de sucumbência. Ou seja, esta não é a política mais saudável para aplicar neste campo.

Haveria outras coisas a comentar nessa lei, e é claro que esta aqui não tem um certo viés de processo judicial que se notava na lei anterior. Processo administrativo necessariamente guarda diferenças com processo judicial, necessariamente. A lei atual perdeu, em grande parte, aquele vezo, que existia na lei anterior, de assumir um caráter de processo judicial. Agora não existe mais, ou existe em muito pequena escala.

Por outro lado, uma coisa interessante na lei é a digitalização dos processos. Ainda bem: quanto mais digitalizado, menos papel, melhor, eu diria, até para o meio ambiente, porque são menos árvores derrubadas para fazer papel, além de altamente louvável a possibilidade de o contribuinte apresentar seu recurso pela via digital. Espero que a digitalização seja implantada logo.

Creio que os outros componentes da Mesa que vão falar descerão a outros pormenores que não abordei, porque eles certamente falarão com mais propriedade que eu. Eu li esta lei e tenho várias outras observações a fazer, mas vou resguardar-me delas, porque os outros o farão melhor.

E ainda, nesse viés, eu diria que o prazo é de cinco minutos para sustentação oral. Dependendo do caso, quem fizer sustentação oral precisa ser um gênio da concisão – o que não é apanágio de todos. Reconheço que muitas vezes os advogados vão fazer a sustentação oral e se estendem demais. Bom é não se estender demais nem quando se escreve, nem quando se fala. Sempre recomendo aos advogados jovens do escritório – e acho que os juízes agradecem muito – que, quando puderem escrever uma página, não usem duas; sejam concisos, porque quem julga não aprecia petições desnecessariamente extensas e pouco objetivas ou repetitivas.

São estas as considerações que faço, precedendo o que os outros membros da Mesa dirão. O que eu disse tem um caráter preliminar de enquadramento do problema. Certamente, nas outras palestras vão ser debatidos assuntos que não abordei, porque outros falarão com mais propriedade que eu.

Muito obrigado! [*Palmas*]

Presidente da Mesa (Prof. José Paulo Neves) – Agradecendo as palavras do Prof. Alcides Jorge Costa, passo de imediato a palavra ao Prof. Marcelo Salomão.

Prof. Marcelo Viana Salomão – Exmo. Prof. Dr. Aires Barreto, Presidente do IDEPE, inicialmente dirijo meus agradecimentos ao Sr., pela honra deste convite e por permitir que eu esteja aqui, na presença dos meus ilustres Professores da Mesa, na presença dos ilustres Professores que estão sentados à minha frente e com meus queridos colegas Congressistas. À minha querida Profa. Elizabeth Nazar Carrazza, Presidente desse Congresso, também agradeço pelo privilégio deste convite, ainda mais para participar em Mesa com a sua presença. Ao Presidente do TIT, Dr. José Paulo Neves, que também preside esta Mesa, também direciono meus cumprimentos. Exatamente por acreditar no processo administrativo tributário como uma das melhores formas de defesa do contribuinte, continuo lutando bastante no TIT, e por isso mesmo tenho o prazer de estar quase que semanalmente com o Dr. José Paulo.

Quero, ainda, cumprimentar os meus ilustres Professores, Prof. Alcides Jorge Costa e Profa. Maria Leonor, que também compõem esta Mesa. Aliás, uma Mesa composta por dois ilustres Professores e um eterno aprendiz deles, exatamente este que vos fala.

Peço vênia para uma deferência especial à minha querida Profa. Maria Leonor, pois confesso que muito de minha paixão pelo processo administrativo tributário decorre de suas lições e de sua postura como Juíza do TIT. O TIT foi realmente uma grande escola para mim, e a Sra. uma das melhores professoras que já tive, também nessa "escola".

Meu caro Dr. Osvaldo Carvalho, orgulho-me de estar na mesma Mesa que o Sr. Sempre ouvi falar com tanta admiração do Sr., confesso já admirá-lo há tempos, mesmo sem ter o privilégio, que estou tendo hoje, de conhecê-lo pessoalmente.

E, por fim, cumprimento o ilustre Des. Roberto Vallim Bellocchi, Presidente do TJSP, cuja presença na Mesa muito me envaidece, além de aumentar de forma gigantesca minha responsabilidade.

Passemos ao tema.

O Prof. Alcides Jorge Costa fez, como lhe é peculiar, uma introdução perfeita: rápida, sintética, mas com o que há de importante sobre a visão de como deve ser o processo administrativo.

A minha idéia – já que o tema é especificamente a Lei paulista 13.457/2009 – é também, aproveitando as palavras e os ensinamentos do Prof. Alcides Jorge Costa, dizer que felizmente nossa Constituição Federal traz como garantia ao cidadão brasileiro o direito de litigar nas Cortes administrativas. E o faz de forma sensacional, em dois incisos do art. 5º – quais sejam: os incisos LIV e LV. Estes dispositivos devem ser interpretados de forma sistemática, e o resultado desta análise será que o processo administrativo deve obrigatoriamente respeitar os princípios do devido processo legal, da ampla defesa e do contraditório.

Cito, aqui, meu querido Prof. Roque Carrazza, que nos ensina que não existe o processo administrativo dos sonhos da União, o processo administrativo dos sonhos dos Estados, nem o processo administrativo dos sonhos dos Municípios.

Existe apenas um processo administrativo possível no Brasil: aquele que respeita o devido processo legal, aquele que respeita a ampla defesa e o contraditório. Qualquer legislação relativa a processo administrativo no Brasil, seja ele de que membro da Federação for, será inconstitucional se deixar de obedecer a tais princípios.

Meu objetivo aqui, portanto, é analisar a nova legislação paulista, para destacar pontos positivos e pontos que considero negativos, com base na minha experiência de advogado militante no TIT.

Qual o objetivo do processo administrativo tributário? Descobrir se o lançamento está correto. Não tem nenhum outro objetivo. Por isso se criou uma função julgadora, dentro do próprio Poder Executivo. Ou seja, dentro da Secretaria da Fazenda foi criado um órgão julgador (Tribunal de Impostos e Taxas/TIT), cuja obrigação é verificar a legalidade do lançamento efetivado pela autoridade administrativa lançadora, a Fiscalização.

O fato de ser um órgão julgador da própria Secretaria da Fazenda não deve, em nada, restringir a independência e a liberdade de seus julgadores. Eles não estão no TIT para serem meros homologadores dos autos de infração oriundos da Fiscalização, mas sim para julgá-los perante o direito positivo brasileiro.

Permitam-me interromper brevemente esta palestra, para cumprimentar meu querido e admirado Prof. Durval Barros, juiz exemplar do TIT e que personifica a independência a que acabo de me referir, como obrigação de todos os juízes administrativos.

Vale dizer: para exercer bem a função julgadora, independentemente de o juiz administrativo ser representante de contribuintes ou representante da Fazenda, o que há é o dever, para todos que exercem esta função, de julgar conforme o direito positivo.

Feito este registro, que considero fundamental, sobre a função julgadora dos tribunais administrativos, passarei efetivamente ao exame da mencionada lei que regula o processo administrativo no Estado de São Paulo. Reitero que o farei tendo como paradigma o princípio do devido processo legal, que é um conjunto de garantias constitucionais processuais do litigante para que ele possa levar a julgamento todos os seus argumentos e todas as suas provas. Por outro lado, também decorre deste princípio um dever a quem comanda o processo administrativo – no caso, o próprio Estado, que, através de seu Tribunal administrativo, deve fazer valer todas as regras constitucionais que desenham o único formato possível de processo administrativo no Brasil.

Lembro que não existe direito sem a respectiva obrigação. Portanto, quando a Constituição traz essas garantias ao cidadão – e o faz com força de cláusula pétrea – é porque, simultaneamente, traz o dever da Corte administrativa de garantir que tais direitos sejam observados.

Ao examinar a referida lei encontrei avanços e retrocessos. Vamos a eles.

Comecemos com a questão da intimação. Ora, se o princípio da publicidade é explícito no art. 37 da Carta Magna, além de ser tão ressaltado por todos que militam no processo administrativo e dos que são conhecedores do direito administrativo, principalmente dos que residem em uma República, não há como se aceitar o que diz a mencionada lei.

O art. 37 da CF diz que a publicidade é obrigação absoluta nos atos da Administração Pública. Diante deste fato incontestável, fica óbvio que apenas a própria Constituição poderia trazer exceções a este comando. Aliás, ela o faz, e em pouquíssimos assuntos – como, por exemplo, segurança pública. No mais a publicidade é de observância peremptória para todo e qualquer ato administrativo.

Se é assim, quando postulo na condição de advogado em um processo administrativo, devidamente representado através de procuração, eu é quem devo ser intimado no lugar do meu cliente. Se a legislação estadual optar por também notificar o contribuinte, ótimo, não tem problema algum, mas, obrigatoriamente, o advogado tem que ser intimado, e essa legislação faz isso de forma explícita, de forma elogiosa, em seu art. 9º.

Procurador com procuração dos autos tem que ser intimado sempre, esta é a ordem constitucional, e foi respeitada de forma clara na atual lei paulista – registro, aqui, o primeiro ponto positivo que considero importante nesse diploma.

Já, no art. 11, que diz respeito a nulidades, consta regra, a meu ver, absolutamente inaceitável. É verdade que não se cuida de novidade desta lei, vez que encontrada nas anteriores, porém perderam os legisladores ótima oportunidade de retirarem de nosso sistema positivo tal despautério.

Dispõe o referido dispositivo que as incorreções ou omissões do auto de infração não acarretarão sua nulidade quando dele constar elemento suficiente para determinar com segurança a natureza da infração e a pessoa do infrator. Eu acho, honestamente, um absurdo esse tipo de situação quando se sabe do rigor que se exige para a elaboração de um lançamento.

Em um Estado Democrático de Direito é premissa basilar que toda e qualquer acusação seja rigorosamente precisa, indicando minuciosamente todos os fatos envolvidos naquela acusação, apontando o infrator ou infratores, indicando todos os dispositivos legais que se entende violados, os dispositivos que configuram a penalidade a ser aplicada, o nexo entre os fatos tidos como indevidos e o direito positivo e, em caso tributário, o valor do tributo supostamente devido, demonstrando inclusive como se chegou a tal valor.

Esta imposição de uma acusação precisa e detalhada, além de ser corolário do princípio do devido processo legal, do contraditório e da ampla defesa, encontra guarida no Código Tributário Nacional, no Código de Defesa do Contribuinte paulista e na própria lei em questão, ao estabelecer tudo o que deve constar em uma acusação tributária. Ora, se isso é tão claro e forte, como podemos aceitar uma regra nessa lei dizendo que tudo isso pode ser ignorado e que, se o auto de infração evidenciar com clareza pelo menos quem é o infrator (empresa "X") e que ele deve ICMS no exercício de 2009, nada mais será necessário para sua manutenção, sem merecer ser anulado?

Ora, meus caros Colegas, agora ficou muito fácil autuar. Basta dizer, por exemplo, que a empresa do Marcelo deixou de pagar o imposto tal, no exercício "X", sem ser necessário qualquer indicação nos autos sobre fatos, dispositivos legais, nexo causal entre minha atitude e a suposta infração e, principalmente, sem juntar prova alguma que embase a acusação.

Reitero que reputo absurda essa previsão legal.

Na seqüência de minha análise me deparei com o art. 12, que corretamente estabelece que o autuante poderá corrigir o auto se perceber algum equívoco antes da defesa. Porém, minha alegria durou pouco, pois no art. 13 a lei diz o seguinte: "Estando o processo em fase de julgamento, os erros de fatos e de capitulação da infração ou da penalidade serão corrigidos pelo órgão de julgamento, de ofício ou em razão de defesa ou recurso, não sendo causa de decretação de nulidade".

Parece-me que, aqui, os ensinamentos do Prof. Alcides Jorge Costa também não foram ouvidos pelos legisladores paulistas. A função julgadora é uma função absolutamente distinta da função fiscal. Não existe uma mais importante que a outra. Ambas são funções necessárias e fundamentais para a Administração. A função do agente fiscal é a de ir à empresa, fiscalizar, retratar o que ele encontrou; e, se entender que houve violação à legislação, elaborar uma auto de infração, que, por sua vez, será julgado por outra categoria de agentes públicos – quais sejam, os julgadores administrativos.

Julgador não corrige trabalho fiscal tentando salvá-lo; julgador analisa se o lançamento está correto e se corresponde aos comandos legais vigentes.

Permitir que o julgador altere o auto de infração equivale a autorizar que ele altere a acusação fiscal. É como mudar a regra do jogo com o jogo andando.

Com base nas lições do Prof. Celso Antônio Bandeira de Mello, não tenho como aceitar este outro absurdo desta lei. Não é possível admitir tamanha confusão entre duas funções administrativas tão distintas, a de fiscalizar e a de julgar.

Concordar com tal dispositivo é o mesmo que permitir mudar as regras de um jogo de futebol depois de a partida ter começado – aliás, pelo teor da lei, depois de o jogo se encaminhar para o fim, pois ela diz que o órgão julgador poderá alterar o auto de infração e imposição de multa/ AIIM por conta de argumentos de um recurso, ou seja, já em segunda instância administrativa. É realmente inconcebível!

Encontrado um vício na acusação, ela deve ser cancelada ou anulada. Caso não se tenha consumado a decadência, o Fisco poderá novamente elaborar sua acusação, desta vez sem os vícios que impediram a vida jurídica da autuação anterior.

Para fazer justiça, devo mencionar que essa lei, em seu art. 14, dispôs que, nos casos em que as irregularidades não possam ser sanadas pelo órgão julgador, o mesmo mandará a Fiscalização suprir tais falhas, e que só serão dados como nulas as irregularidades que tiverem causado prejuízo à defesa, "devidamente identificado e justificado". Dispõe, ainda, que, "saneadas as irregularidades pela autoridade competente e tendo havido prejuízo à defesa, será devolvido ao autuado o prazo de 30 (trinta) dias".

Destaco, primeiro, que qualquer alteração no auto de infração original equivalerá a nova acusação e, portanto, novo auto de infração, sendo obrigatória a observância sobre a consumação, ou não, da decadência.

É muito importante que fique claro que o art.14, diferentemente do art. 13, estabelece que o órgão de função julgadora mandará o auto de infração lavrado de forma equivocada ser corrigido pela autoridade competente, ou seja, a autoridade fiscalizadora.

O art. 13 dá poderes para o próprio órgão julgador alterar o auto de infração. Isso não é possível em nosso sistema jurídico, e a regra do art. 14 só é válida levando em conta a premissa acima, de que a alteração no lançamento feito pela autoridade fiscalizadora equivale a novo auto de infração, devendo, portanto, ser de rigor a análise da questão decadencial.

Também anotei, para colocar para os Srs. pensarem, a questão relacionada a Seção III, denominada "Das Partes e dos seus Procuradores". O ponto que quero destacar é positivo, trata-se do § 3º do art. 17, que diz que os advogados poderão retirar os autos da repartição pública para elaboração de suas defesas ou recursos.

Chamo a atenção para este ponto, porque por muito tempo os advogados que militam no TIT sofreram demais, pois não tinham como levar os processos para seus escritórios, para os examinarem com calma, pesquisando suas doutrinas e jurisprudências com ar-condicionado e outras comodidades, para que pudessem elaborar seu trabalho da melhor maneira possível.

Aliás, isso não ocorria só no TIT: em qualquer repartição ou tribunal administrativo a proibição era a mesma, como se os advogados fossem bandidos e quisessem levar os autos embora para sumir com eles...

Outro ponto que quero mencionar nesta oportunidade já foi brilhantemente tratado neste Congresso pelo Prof. Bottallo, que é a questão da sustentação oral.

Além de concordar com tudo o que foi dito pelo ilustre Prof. Botallo, quero acrescentar que hoje, com a sobrecarga dos tribunais, a realização de sustentações orais deveria encontrar grande receptividade por parte dos julgadores, vez que são ótima oportunidade para se esclarecer questões fáticas relevantes para o correto desfecho da lide, bem como para justificar as razões dos argumentos de direito utilizados.

Ora, para quem tem o dever de buscar a verdade material, acredito honestamente que todos os julgadores deveriam considerar positiva a realização de sustentação oral pela parte. Aliás, quando um procurador pleiteia pelo seu direito de sustentar oralmente, mais que cumprir seu dever de defender os interesses de seu cliente da melhor maneira possível, está demonstrando verdadeiro respeito pelo tribunal, por querer melhor demonstrar seus argumentos de fato e de direito.

Digo tudo isso porque o projeto original dessa lei não previa – pela primeira vez na história deste Estado – a possibilidade de sustentação oral. Realmente, foi um ato de muita coragem dos autores do projeto tamanho desrespeito aos contribuintes e à classe dos advogados! Além do já repetidamente citado princípio da ampla defesa, faz-se oportuno lembrar que não só a Constituição Federal como a própria Constituição paulista estabelecem que os advogados são essenciais para a realização da Justiça.

Repito: isso não é conversa de advogado, é ordem peremptória da Constituição Federal e da Constituição paulista.

Depois de muita discussão na Assembléia paulista ficou aprovada a lei com a manutenção do direito à sustentação oral, porém não mais pelos 15 minutos que vigoram em todas as Cortes do País, mas sim por apenas 5 minutos.

Quando vi a aprovação, a primeira coisa que fiz foi comprar uma fita do ex-candidato a presidente da República, Dr. Enéas, para tentar falar rápido como ele, pois só assim conseguiria cumprir a nova e ridícula regra desta lei.

Felizmente, posso dizer aos Srs., inclusive em homenagem aos vários juízes do TIT que aqui se fazem presentes, que o TIT/SP, através de seus julgadores, tem permitido que as sustentações orais cheguem aos 15 minutos.

É claro que o correto seria os 15 minutos, e não dependermos desta serenidade e seriedade dos julgadores do TIT ao concederem tal extensão sobre o novo tempo concedido pela legislação. Mas é muito bom poder dizer que os julgadores do TIT estão permitindo que nós, advogados, cumpramos da melhor maneira possível nossas sustentações orais, pelo menos no que diz respeito ao tempo para realizá-las.

Por outro lado, exatamente por esta vivência tão constante que tenho no TIT e também pela presença de seu Presidente nesta Mesa e de diversos de seus membros neste Congresso, preciso mencionar um grave problema relacionado às sustentações orais. Trata-se da questão da definição de dia e hora para a realização das mesmas. Há duas semanas fui intimado para seis sustentações orais no mesmo dia e horário! [*Risos da platéia*] É isso mesmo, e eram duas nas antigas Câmaras Reunidas, hoje Câmara Superior, e as demais em diferentes Câmaras efetivas (singulares).

Na grande maioria das vezes, depois de correr em cada uma das Câmaras e explicar o ocorrido, consigo que tenham paciência e acabem me aguardando para atender a todas as intimações, mas também já tive caso de ser impedido de realizar a sustentação oral.

Não vejo razão para a manutenção deste desrespeito tão grande à classe dos advogados, ainda mais em um Tribunal composto por metade de advogados. É muito simples resolver esta questão, definindo com precisão os horários de cada uma das sustentações orais e se não há coincidência entre as sustentações agendadas pelas Câmaras.

Tem sido comum chegar para fazer minha sustentação oral e encontrar mais cinco ou seis colegas com intimações para realizarem as suas no mesmo horário na mesma Câmara. Considerando que felizmente continuamos podendo apresentar nossas razões por 15 minutos, significa que terei que esperar uma hora e meia para fazer minha sustentação oral. Gigantesco e inaceitável desrespeito, felizmente de fácil solução, e que espero ocorra em breve.

Prosseguindo na trilha dos artigos, registro que o art. 25 é digno de elogios. Diz tal dispositivo que os órgãos de julgamento determinarão a realização de diligências necessárias na instrução do processo. Isso é realmente ótimo, perfeito para quem conhece processo administrativo tributário brasileiro, fazendo valer o princípio da oficialidade, ficando o impulso do processo a cargo da Administração.

Como o entendimento dominante na doutrina e na jurisprudência é de que não há obrigatoriedade de que o contribuinte seja defendido por advogado – com o quê efetivamente eu não concordo, mas se essa é a realidade –, é importante que não se perca esse caráter da busca da verdade material e que, portanto, o julgador, sentindo a necessidade, efetivamente determine de ofício as diligências que entender fundamentais para definir seu convencimento.

O art. 28, por sua vez, lamentavelmente, diz que matéria constitucional não poderá ser analisada pelo TIT, exceto em caso onde haja inconstitucionalidade proclamada em ação direta de inconstitucionalidade ou em caso de análise do STF por via incidental, mas onde o Senado tenha suspendido a execução por ato normativo.

Realmente, é de doer o coração encontrar um dispositivo como este e que, infelizmente, tem sido usual nas legislações de processo administrativo. Considero extremamente fácil demonstrar a inconstitucionalidade deste artigo, pois, como sabemos, nossa Carta Magna em matéria tributária foi altamente longa e cuidadosa, exatamente para deixar pouca margem para os legisladores infraconstitucionais.

Encontramos em nosso texto constitucional as competências tributárias, as regras-matrizes, os princípios gerais e específicos; em termos de ICMS, então, uma série de regras sobre benefícios, lei complementar, substituição tributária, entre outras.

A verdade é que todas as diretrizes sobre o direito tributário no Brasil são constitucionais, sendo tais diretrizes o supedâneo de validade das normas abaixo da Constituição.

Para quem considera esta premissa verdadeira – como eu –, não há como se aceitar que um órgão que tem por obrigação julgar matéria tributária possa deixar de aplicar a Constituição Federal.

Não estou defendendo, aqui, que as Cortes administrativas possam declarar a inconstitucionalidade de uma lei, mas, sim, afastar sua aplicação, por ser inconstitucional. Vamos lá: imaginem que eu possa chegar no TIT e dizer o seguinte em uma sustentação oral: "Este AIIM deve ser cancelado, pois viola o decreto tal"; e o TIT analisar o caso e dizer: "Temos que cancelar, pois viola, realmente, o referido decreto".

Agora, imaginem a mesma situação, mas em que meu embasamento ao pedir o cancelamento do auto de infração seja uma lei. O TIT, se concordar, poderá cancelar o auto com base na lei.

Por outro lado, se eu for ao TIT e disser que o auto deve ser cancelado porque fere a Constituição, segundo a legislação atual, poderão dizer: "Infelizmente, não temos como cancelar, pois não podemos analisar este auto perante a Carta Magna brasileira; mas fique tranqüilo, você poderá questionar isso no Poder Judiciário".

Aproveito a presença do ilustre Presidente do Tribunal de Justiça para demonstrar que esta situação absurda e inconstitucional acabará por lotar ainda mais nosso Poder Judiciário com questões que seriam facilmente encerradas na esfera administrativa, vez que o Brasil continua sendo o recordista de cobranças tributárias inconstitucionais.

Há sentido em o TIT não poder cancelar um auto de infração que cobre ICMS pelo envio de mercadoria da matriz para a filial no mesmo Estado? Qual a razão para não se aplicar a Constituição Federal e se manter uma regra evidentemente inconstitucional insculpida na Lei Complementar 87/1996?

Na prática, além de tornar inócuo o processo administrativo, lotar o Judiciário desnecessariamente, ainda acarretará sucumbência para o Estado, em detrimento de toda sua coletividade.

O art. 30 e seus §§ 2º e 3º também merecem ser mencionados de forma positiva, vez que cuidam muito bem da questão da simultaneidade de um processo administrativo e um judicial. Ficou definida na lei paulista que a existência de ação judicial de qualquer natureza, inclusive com depósito, não impedirá a lavratura de auto de infração. Estando suspensa a exigibilidade, o auto poderá ser lavrado, sem penalidade, para fins de se evitar a decadência, porém certamente deverá aguardar o desfecho da ação judicial que tenha o mesmo objeto. Caso existam temas distintos, estes poderão ser julgados na esfera administrativa, pois os objetos sendo diferentes o resultado da ação judicial em nada interferirá nos assuntos que serão julgados administrativamente.

Sou totalmente favorável a este entendimento, pois evitará eventual prejuízo futuro ao Fisco, o que poderia facilmente ocorrer pela consumação da decadência, em face da conhecida demora para a finalização de uma ação judicial tributária.

Estes são os elogios que entendo cabíveis neste tema, porém uma crítica, ou sugestão, preciso fazer com relação ao § 1º desse artigo, que dispõe que, caso o contribuinte opte por discutir a questão na esfera judicial, ele estaria renunciando ao direito de litigar na esfera administrativa. Acredito que andaria melhor a legislação se se definisse pela suspensão do processo administrativo até o final da ação judicial.

Imaginem que o autuado resolva entrar com ação judicial discutindo exatamente o mesmo objeto do AIIM, mas a ação judicial acabe sendo extinta sem julgamento do mérito. Se tal opção valer como renúncia, a matéria não será analisada pelo mérito nem na esfera judicial e nem na administrativa – situação que considero inadmissível em nosso ordenamento jurídico. Por isso, acredito que uma alteração legal resolva facilmente esta situação, definindo-a como suspensão e não como renúncia imediata.

Caminhando para a parte final de minha apresentação, quero mencionar como novidade positiva a possibilidade do depósito administrativo, que deixa o contribuinte numa situação segura com relação à atualização do montante discutido. Só que uma ressalva negativa deve ser feita: é que dispõe a lei que, se o contribuinte perder na esfera administrativa, total ou parcialmente, aquele valor proporcional será convertido em renda.

Não posso concordar com essa regra, pois me parece óbvio que se o contribuinte, no fim do administrativo, em caso de derrota, pode levar a questão para o Poder Judiciário, o depósito não poderá ser convertido em renda. Parece-nos absolutamente inconstitucional que esse dinheiro seja convertido em renda quando eu posso, por garantia constitucional, discutir em juízo exatamente o objeto da ação administrativa encerrada em favor do Fisco.

Antes de encerrar minha participação, tenho o dever de mencionar objetivamente mais alguns pontos que lamento existam nesta lei. Um deles é a questão do juízo de admissibilidade. Competem ao delegado tributário de julgamento o juízo de admissibilidade dos recursos ordinários do contribuinte e ao ilustre Presidente do TIT o mesmo exame com relação aos recursos especiais. Minha indignação decorre do fato de não haver previsão de recurso contra decisões de inadmissibilidade dos recursos.

Criou-se uma forma muito fácil de barrar o exame dos recursos, contra a qual o contribuinte ficará totalmente desarmado, vez que não tem como recorrer.

Outra indignação a ser consignada em minha palestra é a de que foi mantida a possibilidade de reforma dos julgados administrativos que sejam contrários à Fazenda e dos quais não caiba mais recurso. É triste e vergonhoso, mas o art. 50 dessa lei manteve em nosso ordenamento jurídico uma brecha para o Fisco recorrer, e só ele, contra decisões que contrariarem seus interesses.

Será que alguém em sã consciência consegue concordar com a possibilidade de um recurso para apenas uma das partes? Eu não consigo, ainda mais na frente dos meus professores...

A inconstitucionalidade é absurda e lamentável, pois poderia ter sido eliminada pela nova lei. As partes devem ter, segundo os princípios do devido processo legal e da igualdade, exatamente os mesmos direitos, sob pena de inconstitucionalidade.

Por fim, registro com pesar que o art. 62 permite que a representação fiscal possa pedir vista dos autos durante a sessão de julgamento, inclusive após a sustentação oral do contribuinte. Com base nos mesmos princípios acima mencionados, parece-nos impossível a manutenção deste privilégio para uma das partes: se a representação pode, então, os contribuintes também podem;, se estes não podem, como acontece hoje, obrigatoriamente aquelas também não poderiam.

Julgamento é julgamento, não podem mais as partes se manifestarem. Agora, se, com base na busca da verdade material e da informalidade, forem autorizar que se manifestem, obrigatoriamente ambas as partes deverão ter o mesmo direito.

Finalizo aqui minha exposição, torcendo para que tenha sido útil para os Srs. De minha parte, continuarei acreditando e defendendo o devido processo legal no processo administrativo tributário, bem como acreditando que o TIT e todas as demais Cortes tributárias voltarão a julgar levando em conta a Constituição Federal.

Muito obrigado a todos! [*Palmas*]

PRESIDENTE DA MESA (PROF. JOSÉ PAULO NEVES) – Agradecendo as palavras do Prof. Marcelo, pela sua veemência, pela força dos seus argumentos, e sem resistir ao debate, eu gostaria de dar uma pequena pincelada, sem usurpar da minha competência de presidente da Mesa. Mas o Dr. Marcelo tratou de vários pontos bastante relevantes, que suscitam discussões. Eu vou ligeiramente complementar, somente para tecer algumas reflexões, até para que tenhamos uma análise melhor, a questão sobre a possibilidade de o Tribunal administrativo deixar de aplicar a lei por inconstitucionalidade.

Esse eu sei que é um tema tormentoso, a doutrina já se debruçou sobre ele por diversas vezes, temos posições díspares com relação a isso, uns entendendo que se pode, sim, afastar, e outros que não. E posições doutrinárias absolutamente consistentes. Mas essa discussão, necessariamente, passa por uma outra discussão. Não podemos enfrentar esse tema de forma estanque, segundo penso; não podemos enfrentar esse tema de forma segmentada. Junto com essa discussão, necessariamente, precisamos trazer à Mesa outra pergunta, outra discussão. Poderá a Fazenda Pública, diante de uma decisão do Tribunal administrativo de deixar de aplicar a lei por inconstitucionalidade, se socorrer do Poder Judiciário na tentativa de desconstituir essa decisão no TIT ou essa decisão do Tribunal administrativo? Essa pergunta, necessariamente, tinha que ser colocada à Mesa. Não podemos enfrentar o tema-tão somente sob um único pólo dessa discussão.

E aí me parece o seguinte: seja qual for a resposta a essa indagação, eu não tenho dúvidas em afirmar que ela não será satisfatória. Seja qual for a resposta que se dê a essa indagação. Se admitirmos que a Fazenda pode, sim, vir ao Judiciário para desconstituir uma decisão do Tribunal administrativo por ter ele, o Tribunal, afastado a lei por inconstitucionalidade, isso faz com que o objeto desse litígio seja a própria discussão, no âmbito do Poder Judiciário, da constitucionalidade desse mesmo dispositivo. E ele, Poder Judiciário, pelas vias próprias, podendo chegar, por controle difuso, até o STF, é que decidirá verdadeiramente se aquela norma da legislação tributária – paulista, no caso – é constitucional, ou não.

Ora, se ao final será o Poder Judiciário que decidirá definitivamente sobre isso, de que valeu o Tribunal administrativo ter tratado do tema antes? Parece-me que isso atenta com o princípio da eficiência, contrariando o disposto no art. 37 da Constituição da República.

Agora, se a resposta for não, se a resposta for no sentido de que a Fazenda Pública não pode vir ao Judiciário desconstituir uma decisão que afastou a aplicação de uma lei por entendê-la inconstitucional, a solução é pior ainda no meu modo de ver, com todo respeito aos que pensam o contrário. Por quê? Porque estaríamos legitimando ao Tribunal administrativo uma competência que ele não detém, que é falar de matéria constitucional.

Do ponto de vista prático, o que veríamos, sim, verdadeiramente, seria uma situação em que sobre constitucionalidade das legislações tributárias dos Estados ou até mesmo da União fala por último o Tribunal administrativo, na medida que essa matéria jamais – e aqui eu friso: jamais – será levada ao âmbito do Poder Judiciário.

Estaremos alçando o Tribunal administrativo a guardião da Constituição Federal com relação à matéria tributária, exorbitando uma competência que não tem e que é manifestamente do STF.

Por isso, nesse sentido, parece-me que, nos limites objetivos trazidos pela legislação, Lei 13.457/2009, procurou-se pesar essas dificuldades pragmáticas com relação a essa questão.

Há, de certa forma, uma mitigação da atuação do TIT? Há. Mas essa discussão – volto a dizer – tem que ser analisada também do ponto de vista da possibilidade de a Fazenda Pública ir a juízo contra as decisões do TIT.

Eram só esses pontos que gostaria de trazer para reflexão, não me alongando mais. E de imediato passo a palavra à Profa. Maria Leonor.

Profa. Maria Leonor Leite Vieira [*Texto sem revisão da autora*] – Bom dia a todos os congressistas! É uma honra estar aqui nesta Mesa, composta pelos meus amigos do TIT, [*truncado na gravação*] por advogados militantes do TIT, Dr. Marcelo e Dr. Alcides, e uma honra maior para mim também, para o Congresso, contarmos hoje com a presença do Des. Vallim Bellocchi, Presidente do Tribunal de Justiça.

Há pouco me falava a Presidente do Congresso, a Profa. Elizabeth, sobre o problema que nós enfrentaríamos, hoje, nesta Mesa, que eu creio que o Desembargador escolheu muito bem o tema, justamente porque os problemas aqui discutidos, ou lá no TIT, desembocam, em grande parte, no Tribunal.

E a crítica que se tem feito – eu sou uma grande defensora do Poder Judiciário, Desembargador – ao Poder Judiciário é quanto à dificuldade da celeridade, à dificuldade dos julgamentos. Realmente, é muito difícil, mesmo pelo número de processos que lá chegam, e lá chegam inúmeros, vindos do TIT, por diversas razões – algumas serão discutidas aqui, se não conseguirmos discutir todas, algumas discutiremos aqui.

E inclusive é uma característica própria desta Mesa Temática, no IDEPE e no Congresso, essa discussão que podemos fazer aqui, que é justamente a de poder discutir o tema sem subtemas, cada um discute o tema. Por isso mesmo o Dr. José Paulo pôde exprimir suas opiniões, podemos trocar idéias, podemos fazer discussão nesta Mesa, podemos interagir de diversas formas aqui nesta Mesa.

E fui relendo a legislação do TIT atual, que tem trazido sempre a necessidade e a procura de aprimorar esses fatos – afinal, o Direito é dinâmico, exige sempre também a aplicação, o cuidado com a legislação que acompanhamos, e principalmente com a legislação do processo administrativo, que é um dos nossos temas neste Congresso – e ontem, já na primeira palestra, fomos tão conclamados a prestar atenção ao processo administrativo, e eu me assustava ontem, e alguns que observaram perceberam meu susto, quando o Prof. Eduardo Bottallo dizia que o Estado – e falava mansamente – presta um favor aos contribuintes quando legisla sobre procedimento administrativo. Eu pensei: é impossível que o Prof. Eduardo Bottallo fale sobre isso. O Estado presta um favor, o Estado auxilia, o Estado chama os contribuintes como tivesse uma benesse para os contribuintes. E fui cada vez me assustando mais, até o ponto em que ele, de maneira bastante própria, da personalidade dele, de maneira muito firme, disse: "E será que é isso que a Constituição pretende? Será que é isso que a Constituição estabelece?". Quando diz, no art. 5º, LV, do contencioso administrativo que assegura a todos, e assegura no art. 5º não só um direito a que tenhamos o contencioso administrativo, mas dá uma garantia de que o teremos. E todos aqui, Desembargador, desde o primeiro dia, sempre conversamos sobre isso. Aliás, creio que desde o primeiro Congresso – já estamos no XXIII – as discussões aqui dentro são desvestidas de qualquer função que exerçamos. Afinal, todos somos contribuintes, não é? O Presidente do Tribunal de Justiça, o Advogado de Ribeirão Preto, a Profa. Elizabeth Nazar Carrazza, eu, os funcionários do Hotel, os funcionários do Congresso, todos somos contribuintes, e por isso devemos obedecer à Constituição. A Constituição estabelece todas essas balizas para o convívio da comunidade. E em matéria tributária entendemos, como o Prof. Geraldo Ataliba, que a Constituição é rígida e inflexível. E eu sempre digo para meus alunos: imaginem se não fosse! Já levamos alguns sustos ela sendo assim, aprendemos que ela é assim e que assim ela estabelece, que a legislação do Brasil é assim.

O que é o *procedimento administrativo*? O que se procura com o procedimento administrativo? Eu tenho usado uma expressão, mas eu queria usar outra aqui no Congresso. No procedimento administrativo se *apura* o crédito tributário, e um exemplo que tenho dado, à falta de outro exemplo, é sobre como se apura um doce: eu preciso ir chegando ao ponto certo daquele doce. Mas ontem resolvi procurar no dicionário de sinônimos o termo "apurar", como é que eu "apuro" esse crédito tributário. E "apurar" está nos dicionários, procurei em vários: "Tornar puro ou perfeito, aperfeiçoar". Então, o que se busca no procedimento administrativo é realmente isso, porque, afinal de contas, não estamos numa relação jurídica processual do Poder Judiciário, onde eu tenho uma relação triangular: eu tenho o autor, forma genérica, eu tenho o autor, réu e juiz, e cada um fala com o juiz, e o juiz vai escolher com quem é que está com a verdade.

Aqui nós temos duas pessoas com as mesmas funções, credor e devedor, os dois discutindo para verificar, para apurar, aquele crédito tributário, para torná-lo mais puro mesmo, mais perfeito. E, se tenho isso, tenho duas partes em condições de igualdade. É justamente por isso que conseguimos conviver numa Mesa, discutindo com a própria Administração. E comentava isso agora com a assessoria de imprensa:o que pretendemos aqui no Congresso é sempre justamente isso, essa troca de informações para o aprimoramento, para a dinâmica do Direito.

Mas fui, enfim, ler algumas coisas, reler – e cada vez que a gente lê uma lei processual parece que ela permite variações de interpretação, não é? A gente toma um caso e vai encaixar no Código de Processo Civil, hoje você tem uma solução, amanhã você pega um caso idêntico, você vai encaixar – não, não é isso que o artigo diz –, você encontra outra coisa. E no processo administrativo é a mesma coisa.

E fui reler, então, algumas coisas do processo administrativo. E, como disse o Prof. Marcelo, me ative um pouco na questão das provas, das provas e da nulidade das provas, ou das situações que provocam procedimento administrativo, se as provas não tiverem sido efetivamente examinadas.

No processo administrativo o que a gente faz realmente é um teste de validade, não é? Eu vou apurar isso, eu vou verificar se isso está consoante com a ordem jurídica, verificar se esses registros estão mesmo conformes à legislação. E aí eu vou apurar a materialidade da exigência, como diz o art. 142 do CTN, a "matéria tributável" – qual é a matéria tributável? E, aí, apurar o montante de tributo devido – claro, verificando quem é o contribuinte –, e nessa apuração do montante do tributo devido, se o lançamento não trouxer todos os elementos, está na lei, Dr. José Paulo, está na lei, mas é preciso que examinemos com muito cuidado – uma interpretação sistemática, o que é que a lei traz, está na lei? Está. Mas só que estar lá, estaticamente, não resolve nosso caso, não é? Precisamos colocar isso no mundo físico, no mundo dinâmico. E como é que nós vamos fazer isso? Que mecanismos nós vamos usar para fazer isso?

Realmente, se eu tomo a letra da lei, e lá se diz que o auto de infração contém um lançamento, como lembrava há pouco o Prof. Alcides, e lá estão todos os elementos contidos, afinal, a primeira referência que eu tenho é se eu pratiquei ou não pratiquei essa infração. Não basta mencionar que eu pratiquei a infração: se invocado, por exemplo, o art. 159 do RICMS – nem sei o que diz esse art. 159 – e depois eu disserto, ao elaborar a defesa, que o art. 159 tem 11 incisos, 15 incisos, qual foi a infração que eu pratiquei? É preciso estar perfeitamente demonstrada e perfeitamente comprovada a infração cometida pelo contribuinte. Pelo sujeito ativo, senão não estou apurando crédito tributário algum, não estou fazendo apuração.

E diz lá a lei que o órgão encarregado – como disse bem o Prof. Marcelo, fiscal autuante –, afinal, é quem pode autuar, só à Fiscalização compete autuar, não é? Não é o julgador. E eu concordo plenamente com as palavras do Dr. Marcelo, não é o julgador quem lança, quem lança é o fiscal autuante, é ele que está examinando, é ele que está na empresa, é ele que está tirando o retrato do que aconteceu – mais modernamente, a foto do que aconteceu. Então, ele tem que trazer todos esses elementos para os autos. E por isso, examinando alguns desses artigos, o art. 19 diz que as provas deverão ser apresentadas juntamente com o auto de infração e com a defesa – sim, com a defesa, no primeiro momento em que o contribuinte comparece para se contrapor àquela exigência ele deve trazer todas as provas ou pedir as diligências necessárias. Eu creio que é mais um problema de cuidado com a legislação; ela está pronta, do Poder Legislativo que estamos falando, como colocou a norma, mas na aplicação da norma, na interpretação da norma, é que o cuidado deve ser muito mais esmiuçado e esmerado. Então, lá se diz que as provas serão apresentadas juntamente com o auto de infração. Sim, com a defesa também, mas com o auto de infração é preciso trazer todas as provas de que aquela infração foi cometida. Não basta dizer que foi ofendido o art. 159, sem dizer qual foi a infração, não basta. E tenho dito para alguns alunos, alguns aqui até já ouviram isso, que não basta dizer. Traduzindo livremente um ditado chinês para o Português: "Bata em seu marido todos os dias; mesmo que você não saiba porque está batendo; ele sabe por que está apanhando".

Isto, tem pessoas que não reclamavam, Dra. Beth, veja que bom, não reclamavam. Qual a tradução? Se vem um indicação dessa, ofendeu o art. 159, pronto, tem 11 incisos, não sei se o contribuinte sabe a infração que ele cometeu, se ele sabe se ofendeu o inciso I, o II, o III, o V ou o VI. Não, ele não sabe, ou, se souber, ele não tem obrigação de trazer para os autos, ele não virá para os autos dizer: "Se eu ofendi, eu ofendi o inciso VI, e vou fazer minha defesa em cima do inciso VI, mas diz o fiscal que eu ofendi o art. 159, portanto eu ofendi todos".

Esse cuidado é da Fiscalização, essa obrigação é da Fiscalização. E não se diga que na Administração o que se deve levar em conta é a inversão do ônus da prova. Ao contrário, quando se fala [*truncado na gravação*] em ônus da prova se fala em direito disponível, e por isso o ônus da prova; se fala em direito disponível, mas o Direito, a operação direito/dever, a regra do poder-dever da Administração de nos cobrar do tributo é mais que isso. Eu não tenho ônus da prova, tenho a obrigação de fazer a prova, no ônus da prova esse direito, essa disponibilidade, não existe, não mora na casa da Administração a disponibilidade de escolher a prova, de escolher esta ou aquela. E as provas técnicas e científicas muitas vezes devem ser buscadas, porque não é o julgador, mas o Tribunal de Impostos e Taxas, o Tribunal de Justiça, que conhecem todas as matérias E eu elogiava aqui, agora há pouco, as diligências que poderão ser efetuadas, sim, mas muitas vezes elas devem ser efetuadas e são negadas, e devem ser efetuadas porque são provas técnicas. E não sei como fazer, imaginando agora uma usina de álcool que tenha sido autuada, e realmente imaginando em voz alta, porque mencionava tantos litros de álcool armazenados e, quando foram verificar, digamos 200 mil litros de álcool armazenados, ela vendeu todos os litros de álcool que tinha armazenados e tinha lá 180, e a empresa disse: "Não, há um problema de uma quebra, uma quebra que a própria legislação estabelece, 5%". Mas muitas vezes é preciso uma diligência para verificar se naquela empresa não houve um problema de quebra muito maior, se havia um problema na válvula, e por isso estava vazando, e essa válvula é de difícil verificação, é preciso uma perícia técnica para examinar. Esses cuidados todos são examinados caso a caso, mas é preciso que sejam examinados com muito mais rigor para se pretender obedecer à Constituição Federal, que diz que todas as provas em Direitos são admissíveis.

Examinando esses artigos que cuidam de provas, diz o art. 20 que não dependem de prova os fatos afirmados por uma parte e confessados pela outra. O Dr. Alcides agora há pouco falava em verdade material. Num processo judicial eu preciso da verdade formal: o que não está nos autos não está no mundo. Mas num processo administrativo, onde se apura o crédito tributário, para torná-lo mais perfeito, será que o princípio da verdade material realmente não deve ser olhado com mais cuidado? É claro que o princípio da verdade material, como dizem alguns, não pode ser levado adiante, porque implicaria não acabar nunca um processo. Não, não é isso. Eu tenho prazos estabelecidos, e dentro desses prazos estabelecidos essa prova material há de ser exercida. E há de ser exercida por quem? Só pelo contribuinte? Não. A própria Administração. Se observar, no meio do caminho, no meio do processo, que alguma coisa aconteceu ali e que essa prova precisa ser trazida para os autos, não pode a Administração Pública resguardar, reservar essa prova, não dar publicidade a ela, e não trazer para os autos, sob pena de responsabilidade funcional. É preciso que ela seja trazida para os autos. E ainda agora há pouco comentava com o Dr. Alcides que não dependem de prova os fatos afirmados por uma parte e confessados pela outra, e um dos artigos do Código de Processo Civil dispõe que aquilo que não foi contestado será tido como verdadeiro. Mas a Administração Pública, cuidando de lançamento tributário, com os rigores com que estabelece isso, será que não é da competência da Administração trazer para o bojo dos autos? Eu realmente faço a indagação, e gostaria que os Srs. pensassem um pouco sobre isso e que pudéssemos discutir também esse ponto. Afinal de contas, diz o art. 37 que a Administração Pública há de ser eficiente nas suas funções, e uma das formas de exercer a eficiência nas suas funções é bem cobrar os tributos que lhe são devidos. E este "bem cobrar" significa de maneira boa e de maneira bem feita cobrar os tributos que lhe são devidos. E a todos os contribuintes cabe o dever de pagar os tributos que são devidos, na forma que são devidos, [*truncado na gravação*] no prazo que são devidos.

Por isso tudo, conclamo a todos para pensar um pouco no processo administrativo, na importância do processo administrativo, que vem chamando muito mais a atenção. Como disse o Dr. Marcelo, que tem bastante tempo no TIT, fez 20 anos no TIT – tem, portanto, seis gestões –, e pude observar, esses cuidados sempre são tomados, mas às vezes é necessário discorrer um pouco sobre essa idéia de "vamos manter a infração". E hoje em dia precisamos tomar muito cuidado com isso. Diz o Prof. Eduardo Bottallo "ontem", não "hoje em dia", é desde a Constituição de 1988, é um exercício constante desde a Constituição de 1988. E tornar eficiente o crédito tributário é bem cobrado. Por isso, meus elogios para a lei também [*truncado na gravação*]. Mas mantendo as outras criticas que já foram feitos até agora

Muito obrigada! Bom dia! [*Palmas*]

Presidente da Mesa (Prof. José Paulo Neves) – Agradecemos as palavras da Profa. Maria Leonor, que até nos confortam, de certa forma, porque, na verdade, as preocupações dela foram mais no sentido de aplicação da legislação, e não da legislação em si. O primeiro passo é a legislação mesmo, seria o ponto de partida.

Passo, agora, a palavra ao Prof. Osvaldo Santos Carvalho, para a sua exposição.

Prof. Osvaldo Carvalho – Inicialmente gostaríamos de saudar o Presidente da Mesa, Dr. José Paulo, Presidente do TIT, Exmo. Sr. Desembargador do Tribunal da Justiça, Dr. Vallim Bellocchi, os palestrantes que me antecederam. Prof. Alcides Jorge Costa, lá nos idos dos anos de 1980, quando comecei a estudar o Direito Tributário, depois de aluno como professor, acompanhado pelos seus escritos e pelas suas lições, hoje tenho o privilégio, a honra, de compor a mesma Mesa. E com que concisão fez seu pronunciamento! Eu marquei, ele falou em 15 minutos! Ele professa a máxima de Pascal: "Escrevi muito porque não tive tempo de escrever pouco". Ele falou muito porque ele não teve tempo de falar pouco. E ele é sempre assim, e com aquela picardia, sempre com muita profundidade, também. Uma honra para nós, professor. Marcelo Salomão, professor e combativo advogado, que nos brindou, aqui, também, com essa brilhante palestra. Profa. Maria Leonor, que disse, aqui, da história que ela construiu, brilhante história dentro do TIT. Quando eu cheguei no TIT, há não tanto tempo, nós nos encontramos ali ainda antes de ela deixá-lo.

E propositadamente, com a vênia da presidência da Mesa, do Exmo. Sr. Desembargador, Presidente do Tribunal de Justiça, deixamos para cumprimentar por derradeiro a Profa. Elizabeth Nazar Carrazza, minha Orientadora no Mestrado, minha Orientadora, agora, no Doutorado. Ela inspirou a criação do Núcleo de Estudos que nós começamos em 17.10.2004. Comemoramos esta semana cinco anos desse grupo de estudos, em que nós nos reunimos ininterruptamente, quarta sim, quarta não. Um grupo de estudo cuja maioria está aqui presente, e a Profa. Beth coordenando. Grupo, esse, que inclusive já produziu uma obra coletiva sob sua coordenação. Para não falar muito da Profa. Beth – muito poderíamos, aqui, falar –, com muito mérito presidindo este Congresso, ela é daquelas que nos cobram, nos cobram com vigor e muito, mas sempre nos cobrando com aquela voz que vem do coração. Isso ficou bem patenteado na apresentação dela, inicial, apresentação de presidência da Mesa.

Bem, fui destacado pela Mesa para falar por último, facilitado em muito o trabalho depois das palestras de hoje e também da brilhante palestra, conferência e aula magna que nós tivemos ontem com o Prof. Eduardo Domingos Bottallo, introduzindo o assunto. Usando uma figura de retórica [*falando do processo administrativo tributário*] como se fosse um banco de sentar, com seus quatro pés, esses quatro pés representando quatro grandes princípios constitucionais tributários, com mais tantos outros que se desdobram, nos introduziu nesse assunto. E ele apontou os retrocessos do processo administrativo tributário e não apenas, é claro, do processo administrativo tributário estadual; ele falou também do federal e do municipal. E no tocante ao estadual ele tocou em assuntos tratados hoje aqui, nas palestras que nos antecederam, especialmente a do Dr. Marcelo, a da Profa. Leonor. A questão de não se julgar, o impedimento do TIT de julgar uma lei tida como inconstitucional, a questão do prazo reduzido para sustentação oral e algumas outras ponderações tidas aqui como retrocessos, não é?

Eu lembro que o tema do nosso Congresso é "Processo Tributário – Garantias dos Contribuintes e Prerrogativas do Fisco – Avanços e Retrocessos". Como disse o professor. Aires ontem, na Abertura dos trabalhos, nós temos aqui uma seleta platéia, poderíamos estar nos bancos e essa mesma platéia aqui à Mesa. Ou, melhor, muito estão aqui nesta Mesa, e em outras Mesas de trabalhos, de oficinas, de debates. E estamos debatendo exatamente esse tema central, "processos tributários, avanços e retrocessos".

Eu quero dizer, na nossa modesta avaliação, que tivemos avanços também, avanços inclusive reconhecidos pela Profa. Maria Leonor e pelo Prof. Marcelo Salomão. E vamos procurar destacar uma apresentação que sintetizaremos dentro desses minutos que nos foram reservados para fazê-lo.

Só um breve, um brevíssimo histórico, sim, desse projeto de lei. Ele teve como inspiração, Dr. Bellocchi, a Lei 11.419, foi a primeira discussão que nós tivemos quando da concepção desse processo aquela lei do final de 2006, sobre a informatização do processo. Esse foi, vamos dizer assim, o princípio informador inicial para a concepção dessa alteração legislativa. Foi constituído um grupo de trabalho na Coordenadoria da Administração Tributária, obtidas as sugestões dos presidentes e vices das Câmaras do TIT, Dr. Durval, já citado aqui, foi consultado, ouvido, e tantos outros. Depois de concebido o anteprojeto para críticas e sugestões, houve uma finalização com o Coordenador da Administração Tributária, o Secretário da Fazenda, depois avançou para a Casa Civil, ali com assistência técnica legislativa, depois, já na Assembléia, ele recebeu 32 emendas, foram apresentadas 32 emendas, inclusive essa que resgata a sustentação oral, em que pese a esse prazo reduzido.

Tivemos audiências públicas na Assembléia Legislativa, duas audiências públicas, e nessas audiências públicas muito se discutiu, e reunião, também, com entidades representativas como OAB, FIESP, Associação Comercial, fora da Assembléia e dentro da Assembléia. Eu lembro, como membro, que sou, do Conselho de Defesa ao Contribuinte do Estado de São Paulo/CODECON, que lá foi debatida também essa lei. E, depois, votação, sanção e publicação da lei.

Os objetivos foram tornar mais céleres os julgamentos e respeitar os princípios constitucionais do devido processo legal, contraditório e ampla defesa. Como eu disse inicialmente, visou à implantação do processo eletrônico, com amplo acesso ao andamento processual e ao conteúdo das decisões. Quero aqui, já de antemão, registrar que nós estamos antecipando – em parceria com a FIESP, firmada em forma de convênio, que está bancando economicamente, financeiramente – a digitalização das decisões dos processos, que já começou. E eu acredito que dentro de pouco tempo nós já começaremos a ter a divulgação do conteúdo de todas as decisões. Está começando, começou com o ano de 2009 e depois vai retroagir, 2008, 2007, e assim sucessivamente. É a redução da logística operacional e de custos. São esses os objetivos maiores dessa concepção.

Essa lei, que é a Lei 13.457, fazendo uma redução bastante grande, bastante grande mesmo, dado o tempo que nós temos, eu diria que ela comporta três grupos de modificações. O primeiro deles envolve o processo eletrônico, o segundo as modificações da estrutura do TIT e, por derradeiro, as modificações processuais. Observamos que desde ontem, início deste Congresso, e hoje, todas as nossas conversas perpassaram o tema das modificações processuais. E não poderia ser diferente, num grupo como este em que nós estamos, no Congresso de que estamos participando, nos concentramos nessas discussões com respeito às modificações processuais. Mas eu digo que nós temos uma grande mudança, uma profunda mudança, tendendo para o processo eletrônico, DE que daria para falar numa palestra, numa fala em apartado. Tivemos também uma profunda reestruturação do TIT, modificação da sua estrutura.

Com respeito ao processo eletrônico – que não é o nosso tema aqui, mas só para enunciar o que se pretende com respeito ao processo eletrônico –, disse, no início dos nossos trabalhos, que esse projeto teve como fonte de inspiração a reforma do Código de Processo Civil trazida pela Lei 11.419, do final de 2006, que trará uma reformulação, uma reestruturação no trabalho do Judiciário – o Dr. Bellocchi com certeza poderia falar disso, aqui, muito melhor que eu. Vai mudar toda a estrutura, inclusive física, do Judiciário, e também, por via de conseqüência, como nós recepcionamos essa legislação, introduzindo na legislação paulista, trará grandes mudanças aqui, com essas condicionalidades que eu enumero. Começando pelo final da apresentação, a implantação está prevista para julho/2010, porém quero dizer que há duas empresas de consultoria contratadas dentro da Secretaria da Fazenda, uma especificando as chamadas regras de negócios e a outra trabalhando com a implantação dos *softwares* que estão sendo desenvolvidos a partir das regras fixadas pelo próprio TIT.

Nós não fizemos a opção, a Secretaria da Fazenda não fez a opção de comprar *softwares*-de-prateleira, e sim desenvolver um sistema para atender melhor à demanda. Mas a implementação será por etapas. E não poderia ser diferente: substituição gradual do papel pelo meio digital, a questão da digitalização da prova, a questão da prova eletrônica, a prática dos atos processuais por meio eletrônico, a questão do diário eletrônico para publicação dos atos administrativos, buscando um ambiente seguro, com acesso a intervenções mediante cadastro e assinatura digital, integração com outros sistemas, nota fiscal, autos de infração, consultoria tributária. Como eu disse, esse desenvolvimento já foi iniciado, já começou a especificação das regras de negócio. E eu quero, aqui, dizer o seguinte, usando uma expressão que lemos num dos textos do nosso Mestrado na PUC, quando aluno do Tácio, que está aqui neste Congresso, eu me lembro do texto, usando a figura de metáfora de um geólogo para o terremoto, dizendo assim: "Terremoto não vem não, que eu não estou preparado, não vem que eu não estarei preparado". O processo eletrônico é uma realidade no Judiciário, e passa a ser uma realidade para nós.

Agora esta realidade efetivamente passa a ser reproduzida a partir de julho do ano que vem. Precisamos nos preparar. Muito provavelmente, Profa. Maria Leonor, no ano que vem nós estaremos debatendo neste Congresso essas novidades eletrônicas e como interferem na vida do contribuinte, na vida da Secretaria da Fazenda, se estão sendo respeitados, ou não, os direitos e garantias assegurados ao contribuinte. Mas não seria o tema de hoje da nossa fala, só *en passant*.

Com respeito, rapidamente, à modificação da estrutura tanto na Câmara Superior como nas Câmaras Julgadoras, nós tínhamos uma realidade com 48 juízes. O Prof. Alcides Jorge Costa integrou o TIT, conhece profundamente o TIT, já que falou tanto daquelas discussões com 48 juízes. Era o maior tribunal administrativo do País, não só administrativo, mas judicial, quiçá do mundo... A discussão era muito difícil. Usando a expressão que a Profa. Maria Leonor foi buscar no dicionário nesta noite e trouxe para a gente aqui, ela falou de "apuração", apurar é aperfeiçoar. Eu fui assistir a algumas sessões do TIT de agora, da Câmara Superior, Profa. Maria Leonor. Com 16 juízes pode-se apurar muito melhor a jurisprudência. Isso pode ser reconhecido por todos, apura-se melhor a jurisprudência, não poderia ser diferente.

Os juízes das antigas Câmaras efetivas integravam as Câmaras Reunidas. O modelo era moroso, ineficiente, constituindo o entrave maior na celeridade processual. Isso impacta na jurisprudência. O modelo novo da Câmara Superior, não mais Câmaras Reunidas, é composto por 16 juízes que decidem em última instância o contencioso administrativo-tributário. São juízes com dedicação exclusiva na Câmara Superior, não integram as Câmaras Julgadoras. Essas Câmaras chamadas Julgadoras antes eram compostas por 6 juízes, agora passam a ser compostas por 4 juízes. São até 20 Câmaras Julgadoras, foram instaladas 16 neste mandato, que discutem a matéria com as mesmas competências anteriores, só que agora reduzido de 6 para 4 o número de juízes, e antigamente seu presidente e seu vice integravam o Conselho Superior. Agora o Conselho Superior é exclusivo, o Prof. Durval Ferro Barros é um dos integrantes do TIT e também alguns outros aqui presentes, como a Dra. Juliana, e vários outros.

E, como eu disse, há possibilidade de uma produção com a jurisprudência mais sólida, como coloquei, mas prefiro usar a expressão da Profa. Maria Leonor, que ela pesquisou no dicionário e trouxe para a gente: mais "apurada" – foi o lado mineiro dela de falar da apuração, falou da apuração do doce para ficar perfeito, não é? Não digo que a perfeição está distante, mas a solidez e a busca da perfeição são bem maiores e muito mais produtivas com discussão por 16 que por 48 juízes. Também está dito que o julgamento será tido como válido no mínimo com a condição de voto por 9 juízes. As Câmaras Julgadoras, como já antecipei, passam a ser formadas por 4 juízes ao invés dos anteriores 6.

Falei rapidamente, bastante rapidamente, apenas das mudanças, que se pretendem, de cunho eletrônico, digitalização e toda a sistemática para o processo administrativo tributário eletrônico mais ágil, ao invés do modelo em papel que existe hoje.

Faltando cinco minutos para o finalizar meu tempo, é o de que nós precisamos para falar rapidamente das modificações processuais, porque, como eu disse, nosso trabalho foi facilitado ontem pelo Prof. Bottallo, que nos brindou com aquela brilhante conferência, aula magna, e hoje o Dr. Marcelo Salomão, a Dra. Maria Leonor e o Dr. José Paulo, com suas ponderações, já nos adiantaram a matéria. Mas, mesmo assim, temos quatro ou cinco *slides* ...

Eu não poderia deixar de dizer que uma das principais alterações foi no tocante ao novo marco inicial do contencioso administrativo tributário. Prof. Alcides, nós dizíamos na lei anterior que o contencioso começava com a lavratura do auto de infração. Nossas lições de primeiras linhas dentro do processo civil ensinam que a lide se instaura com o quê? Com a resistência, não é? Com a resistência da parte. Então, agora está dito: não é. O art. 1º da lei prevê que nós temos a inauguração do processo com o quê? Com a defesa do acusado ou do autuado. Quero registrar incidentalmente que no TIT, até aqui, o percentual é de 30% de autos sem defesa, em que o contribuinte não tinha interesse em se defender. Isso acontecendo, não é que fica na pura e simples lavratura do auto de infração. Respeitando o art. 142 do CTN, esse auto haverá de ser confirmado, e diz o 142 do CTN que o agente apenas propõe, se for o caso, a apenação, propõe a aplicação da penalidade. Então, esse lançamento inicial haverá de ser confirmado e, ainda que não haja defesa, ele deverá ser ratificado pelo delegado regional tributário, para atender ao disposto no Código Tributário Nacional.

Com respeito a esses limites de julgamento administrativo, pularei esse tema, porque já foi exposto pelo Dr. José Paulo, que fez uma ponderação a respeito. Também com respeito à ação judicial garantida por depósitos me pouparei, porque o tema foi muito bem explorado pelo Dr. Marcelo Salomão, inclusive ele consignou seu elogio a essa previsão, que não se existia antes. E mesmo porque não existe efetivamente infração, não existe lide, o contribuinte foi lá e depositou o montante integral, ele só quis se prevenir da mora, pura e simples. Então, o lançamento é necessário apenas para quê? Para constituir o crédito tributário, prevenindo a decadência. Decidido lá no Judiciário, isso jamais vem para o TIT, levantando o depósito quem tiver razão na causa.

E, por derradeiro, essa é a última tela, fui citado aqui como integrante do TIT. Sou, sim, mas estou há três anos afastado por conta do impedimento de outra função pública que estou desempenhando. Mas quero dizer, com respeito ao TIT, Profa. Maria Leonor, que continuo com o mesmo carinho, e a gente continua estudando, estudando bastante. E daí eu dizer que nós não tivemos apenas retrocessos, pelo menos é essa a minha avaliação. Nós temos avanços, e a busca de avanços também. Estou falando assim porque o Dr. José Paulo me citou, e de fato cumpri esse papel, quando da concepção desse projeto de lei. Estou vendo aqui o Dr. Latorre, o Dr. Latorre foi presidente da comissão que fez o anteprojeto da Lei 10.941. Mas por que ali não se reformulou a questão eletrônica, a própria questão da estrutura do TIT, por que repetiram a legislação de 1968? Porque foi naquele momento histórico que nós tínhamos ali. Agora essa mudança é necessária, e, com essa mudança necessária, uma das vantagens que nós temos, posso dar um número para os Srs., de setembro até agora, o exercício fechado, foram decididos nas Câmaras Julgadoras 800 processos. Nós tínhamos há alguns anos atrás esse número em torno de 200 processos julgados. Então, nós quadruplicamos no TIT o julgamento de processos. E com essa lei, hoje, o que se pretende é reduzir o prazo de um processo que em média durava, até alguns anos atrás, cinco a seis anos para um ano. Mas eu destaquei aqui apenas três pontos, de questões que destaquei como relevantes, para que a gente falasse sobre elas.

O art. 38 da lei anterior dizia simplesmente o seguinte: a decisão do TIT, quando não chegasse a 2/3 do seu quórum, não era terminativa. Então, tirava-se a autonomia do TIT, era *ad referendum* da Coordenadoria da Administração Tributária/CAT. Mais que isso, era submetida à homologação da CAT e *ad referendum* do Secretário da Fazenda. Isso desapareceu neste projeto de lei, agora traduzido em lei. Nós não temos mais essa figura, a decisão do TIT é terminativa, claro, terminativa quando a Fazenda é vencida, e não cabe mais homologação da Coordenadoria e nem *ad referendum* do Secretário. A paridade foi mantida, é um dos únicos Conselhos do País que tem a paridade das suas presidências e vices alternadas, Câmara ímpar, presidência do juiz fazendário, Câmaras pares, presidências dos juízes contribuintes.

O Dr. Durval, citando mais uma vez, foi Presidente de Câmara efetiva por vários mandatos, representando os contribuintes. Está mantida essa paridade.

E, por derradeiro, um grande avanço dessa lei foi a questão dos prazos para Fazenda Pública; não havia prazos, agora temos prazos. Eu só queria fazer uma ponderação para concordar com ele quando ele estava falando do art. 9º da lei. Lembrando Tácio, mais uma vez o Prof. Paulo de Barros Carvalho, se o legislador tivesse todas aquelas informações que nós temos ali, de ótica e semiótica, não se cometeria esse erro da lei. Diz o *caput* do art. 9º: "As intimações de que trata o art. 8º serão realizadas por meio de publicação via judicial, contendo o nome do autuado e do procurador". Um conectivo includente "e" ("do autuado *e* do procurador"), só que vem lá o § 2º dizendo exatamente como disse o Dr. Marcelo Salomão, valendo-se de critérios e oportunidades de conveniência a Administração Pública poderá implementar intimações de modo pessoal que serão feitas mediante ciência do interessado ou publicação no *Diário Oficial do Estado* – agora, aqui, o conectivo excludente "ou": do agente interessado *ou* do representante habilitado.

Devo dizer o seguinte, Prof. Marcelo, a minha interpretação: se não o autuado não for intimado, e também o profissional habilitado, o ato é nulo, é uma nulidade. Mas, aí, deixa eu dizer o que inspirou essa norma. Ela veio para proteção ao pequeno contribuinte, que não constitui advogado para tal, pelo menos foi essa a inspiração. E também, além disso, foi o que fazer com a transição para a implementação eletrônica, a fase da transição, para que a gente pudesse fazer a citação pessoal também, até fazer a transição definitiva para o meio digital, que se pretende implementar.

Então, só para fazer essa ponderação, é essa a nossa arte, a arte do que nós estamos fazendo aqui, num Congresso dessa natureza, fazer esse tipo de construção interpretativa, pelo menos numa Mesa de Debates, ainda que rapidamente.

Bom, dito isso, concluindo já, cumprimento a organização deste evento, o Prof. Aires Barreto, e na sua pessoa cumprimento todos os organizadores. Cumprimento a Mesa e a ilustre Platéia. Obrigado! [*Palmas*]

OFICINA

PROCESSO JUDICIAL TRIBUTÁRIO

COORDENADOR DA MESA: PROF. EDUARDO DOMINGOS BOTTALLO
PARTICIPANTES DA MESA: PROF. RENATO LOPES BECHO,
PROFA. CARLA GONÇALVES

COORDENADOR DA MESA (PROF. EDUARDO DOMINGOS BOTTALLO) Prezados colegas, minhas colegas, boa tarde! Estamos iniciando esta Oficina que tratará de temas relacionados com o "Processo Judicial Tributário". Tenho a satisfação de integrar esta Mesa, eventualmente como Coordenador da Oficina, tendo ao meu lado a Profa. Carla Gonçalves, Mestre e Doutora em Direito Tributário pela PUC, professora dos Cursos do IDEPE do COGEAE e de outras entidades igualmente importantes, e o Prof. Renato Becho, Mestre e Doutor em Direito Tributário pela PUC/SP e Livre-Docente em Direito Tributário pela USP, Juiz Federal em São Paulo e Titular de uma das Varas de Execução Fiscal da Capital

Antes de passarmos a palavra aos colegas integrantes da Mesa, eu gostaria de rapidamente transmitir algumas informações a respeito da maneira pela qual os trabalhos desta Oficina serão desenvolvidos.

Eu, de certa forma, acho que nós estamos num salão muito grande, e dá a impressão de que está vazio. Não é porque temos poucos participantes, mas porque o salão é imenso, De qualquer forma, se os colegas estiverem de acordo, se quiserem se aproximar mais, talvez nós pudéssemos nos tornar mais aconchegados e dentro, até, do espírito da nossa Oficina. Porque a rigor, o que nós pretendemos não é, evidentemente, fazer palestras sobre os diferentes aspectos do tema "Processo Judicial Tributário". As palestras, evidentemente, têm sido desenvolvidas nas Mesas Temáticas, nas conferências, em outras dimensões do nosso Congresso.

De uns anos para cá nós resolvemos inserir Oficinas no nosso Congresso, justamente com o objetivo de propiciar aos participantes e aos colegas congressistas a oportunidade de interagir com os professores e debatedores em relação a temas concretos, temas específicos. De modo que a participação de vocês não só é bem-vinda, como é essencial para que nós possamos desenvolver este trabalho de uma forma proveitosa para todos. De modo que não se inibam. Eu não sei se teremos aqui a nossa recepcionista que vai nos ajudar a coletar as perguntas da platéia. Eu torço para que essas perguntas venham em quantidade considerável. Só peço desculpas por não franquear a palavra aos colegas para que possam de viva-voz apresentar suas questões, por que isso tumultuaria os trabalhos. Nós não teríamos, logisticamente, como adequar essa possibilidade. Por isso, as perguntas terão de ser feitas por escrito. Mas breves intervenções – volto a dizer –, serão muito bem-vindas.

O tema "Processo Judicial Tributário" é muito amplo, evidentemente, e cheio de aspectos interessantes. E para passar imediatamente aos nossos trabalhos – nós temos cerca de uma hora, uma hora e 15 minutos será a duração desta Oficina – vou começar passando a palavra ao Prof. Renato Becho, que vai trazer, dentre os muitos assuntos que eu espero possamos debater, o primeiro deles.

PROF. RENATO LOPES BECHO – Boa tarde a todos! Gostaria, inicialmente, de agradecer o convite para falar no *XXIII Congresso do IGA-IDEPE*, e o faço cumprimentando meu estimado amigo Prof. Eduardo Bottallo, Presidente desta Mesa e Diretor do IDEPE.

Cumprimento e agradeço o convite, também, à Profa. Elizabeth Nazar Carrazza, digníssima Presidente deste Congresso. Minha satisfação por estar aqui, hoje, aumenta pela alegria de ver a Profa. Beth na Presidência deste Congresso. Ela que foi minha professora na disciplina Direito Tributário-I no Mestrado da PUC/SP, no primeiro semestre de 1995, onde iniciou nossa amizade. A ela eu dedico, inclusive, meu livro mais recente.

Pretendo tratar, na tarde de hoje, de três assuntos relacionados ao processo judicial tributário: o primeiro sobre a relação entre as alterações do Código de Processo Civil e a execução fiscal; o segundo sobre a suspensão da execução fiscal e a obtenção de certidão positiva com efeito de negativa; e o terceiro sobre a proposta de criação dos Conselhos Nacionais do Processo Administrativo e da Advocacia Pública.

Antes, entendo por bem deixar consignado como vejo a ciência do Direito. Nela há mais opiniões que certezas. As certezas ficam para o passado (por exemplo: em 6.12.2006 foi publicada a Lei 11.382; e também: no recurso "x" o tribunal "j" decidiu no sentido "z"). As opiniões ficam para as análises das leis, das decisões judiciais, dos atos administrativos e dos contratos. Também sobre os institutos jurídicos temos opiniões. E, ainda, sobre o que poderá acontecer temos apenas opiniões. Talvez por isso haja tantas opiniões divergentes no Direito: um ministro do STF julga em um sentido, outro ministro do STF julga em sentido oposto. Não vence quem está certo. Vence aquela opinião que teve o maior número de adesões dentre os *eleitores*.

I – Sistemática de Regência dos Executivos Fiscais: Lei de Execução Fiscal versus *Código de Processo Civil*

A Lei 11.382, de 6.12.2006, realizou verdadeira reforma no Código de Processo Civil, notadamente no processo de execução e também nos respectivos embargos. Foram diversas e profundas mudanças, que alteraram a sistemática que anteriormente prevalecia.

Tanto nos órgãos públicos quanto nos órgãos privados interessados na ciência do Direito se discute, profundamente, a dimensão da aplicação da alteração legislativa nas execuções fiscais. Os Srs. Congressistas têm um importante exemplo na *Revista de Direito Tributário*, que os colegas têm em mãos (n. 107-108/89-106).

Atualmente é rica a discussão sobre a extensão dos efeitos da reforma do Código de Processo Civil sobre o processo de execução fiscal. Os tribunais têm afirmado a manutenção da Lei 6.830/1980 como lei especial. Assim, o Código de Processo Civil é aplicado subsidiariamente. Nesse sentido há julgados do egrégio TRF-3ª Região (1ª Turma, AI 302.948, Processo 2007.03.000617421/SP, rel. Des. federal Luiz Stefanini, decisão de 9.10.2007, *DJU* 18.1.2008, p. 399; 6ª Turma, AI 297.090/SP, rel. Des. federal Lazarano Neto, *DJF*3 16.2.2009, p. 553; AI 2009.03.00.022323-3-SP, rela. Desa. federal Alda Bastos, decisão de 2.7.2009; AI 2009.03.00.027989-5-SP, rela. Desa. federal Regina Costa, decisão de 28.7.2009).

Em relação ao STJ, chamo a atenção para dois arrestos que entendo devam ser objeto de reflexão.

No primeiro deles – Reconsideração de Despacho na MC 2009/0020407-3 – o Min. Mauro Campbell Marques, da 2ª Turma do STJ, deixou assentado que: (a) o art. 739-A, § 1º, do CPC é aplicável à *execução fiscal*, diante da ausência de norma específica na Lei 6.830/1980. Significa dizer que a reforma do Código de Processo Civil não derrogou a Lei de Execução Fiscal; (b) todavia, referido dispositivo determina, como regra geral, que os embargos serão recebidos sem suspender a execução; (c) no caso concreto, isso significou a *intimação do prestador da fiança [bancária] para que, em 48 horas, depositasse em juízo o valor atualizado da execução*.

Acredito que o acórdão, em relação ao recebimento dos embargos sem suspensão da execução, nega um efeito essencial dos embargos à execução fiscal: a suspensão da execução. Suponho que seja possível interpretarmos o recebimento dos embargos com suspensão da execução fiscal como medida implícita na sistemática da Lei 6.830/1980.

Em relação ao decidido quanto à fiança bancária, também entendo que ele não deve ser visto em termos absolutos. Conforme nossa experiência indica – e uma pesquisa jurisprudencial é capaz de comprovar –, muitos embargos à execução são protelatórios (refiro-me àqueles que procuram levantar teses contra jurisprudência consolidada, como a aplicação da taxa SELIC). Se a decisão do STJ for sobre um caso desses – e não há como sabermos apenas pela leitura da ementa do julgado – eu aplaudirei a decisão. Todavia, se o executado estiver discutindo aspectos de relevância, eu não conseguiria dizer que a decisão satisfaz minha leitura do processo judicial tributário.

O que quero destacar, portanto, é o aspecto não-científico de buscarmos um fundamento individual e levá-lo à generalidade dos casos.

O segundo acórdão que gostaria de destacar é o REsp 1.100.228/MA, relatora a Min. Eliana Calmon. Nele a eminente Ministra afirma que "a Lei 11.382/2006 (...) promoveu profundas e significativas alterações no processo de execução de títulos extrajudiciais, de que é exemplo a Certidão de Dívida Ativa/CDA, *com o objetivo de resgatar a dívida histórica do legislador com o credor*, devolvendo à prestação jurisdicional em tais hipóteses a efetividade outrora perdida". Um desses caminhos seria, conforme inferimos, a utilização de novas ferramentas de penhora, como o bloqueio de conta bancária.

Sou plenamente favorável à utilização de novas ferramentas para satisfazer o direito do credor, sendo que o BACEN-JUD e outros mecanismos similares, como o RENAJUD (para carros), são úteis à sociedade como um todo. Entretanto, quero acrescentar que existe uma dívida dos exeqüentes com a sociedade, pois, por vezes, a defesa do Estado em juízo deixa a desejar, notadamente em cotejo com o princípio da eficiência administrativa. A dívida moral, portanto, ao que nos parece, pode ser imputada tanto ao Poder Legislativo quanto ao Poder Executivo, e também ao Poder Judiciário. O Legislativo deve, agora, especificar o que deseja para a execução fiscal: sua transformação em procedimento administrativo – idéia que não conta com nossa simpatia – ou atualização da Lei 6.830/1980.

II – Suspensão da execução fiscal e CND-P

Trago à discussão, agora, a Portaria Conjunta PGFN/RFB-2, de 31.8.2005, publicada no *DOU*, Seção 1, de 1.9.2005, quando estipula que:

"**Da certidão conjunta positiva com efeitos de negativa.** Art. 3º. A 'certidão conjunta positiva com efeitos de negativa de débitos relativos a tributos federais e à Divida Ativa da União' será emitida quando, em relação ao sujeito passivo, constar débito relativo a tributo federal ou a inscrição em Dívida Ativa da União, cuja exigibilidade esteja suspensa na forma do art. 151 da Lei n. 5.172, de 25 de outubro de 1966 – Código Tributário Nacional (CTN).

"§ 1º. A certidão de que trata o *caput* também será emitida quando, em relação ao sujeito passivo, existir débito: I – relativo a tributo federal cujo lançamento se encontre no prazo legal de impugnação, conforme art. 15 do Decreto n. 70.235, de 6 de março de 1972; II – *inscrito em Dívida Ativa da União garantido mediante penhora de bens cuja avaliação seja igual ou superior ao montante do débito atualizado.*

"§ 2º. A certidão de que trata este artigo terá os mesmos efeitos da 'certidão conjunta negativa de débitos relativos a tributos federais e à Dívida Ativa da União' e será emitida conforme os modelos constantes nos Anexos II a IV a esta Portaria."

O problema está no final do art. 3º, § 1º, II: garantia por penhora de bens com avaliação atualizada. A portaria está diferente do CTN, cujo art. 206 estipula que: "Art. 206. Tem os mesmos efeitos previstos no artigo anterior a certidão de que conste a existência de créditos não vencidos, em curso de cobrança executiva em que tenha sido efetivada a penhora, ou cuja exigibilidade esteja suspensa".

A portaria não mencionou a hipótese contida no Código Tributário Nacional sobre casos "cuja exigibilidade esteja suspensa". Somente será expedida a certidão com efeito de negativa se a penhora for "igual ou superior ao montante do débito atualizado".

Vejamos um caso concreto, dentre muitos que nós poderíamos trazer à baila (*v.g.*, Processo 2006.61.82.043401-5, embargos à execução, Justiça Federal de São Paulo/SP). No Processo 2006.61.82.027734-7, distribuído à 10ª Vara Federal de Execuções Fiscais, foi atribuído à causa o valor de R$ 5.692,30 (atualizado até 30.5.2006). O mandado de penhora para garantir o débito foi expedido em 13.12.2006. Em 27.2. 2007 foram penhorados bens avaliados em R$ 7.500,00. Em 28.3.2007 a executada ingressou com embargos à execução fiscal. Em 30.4.2007 eles foram recebidos com suspensão da execução (e, portanto, com suspensão da exigibilidade do crédito tributário, apesar de isso não estar expressamente escrito no art. 151 do CTN). Dessa decisão a exeqüente foi intimada em 4.6.2007.

A pergunta é: nesse caso, em outubro/2009, pode ser negada à executada a certidão positiva com efeito de negativa? Eu entendo que não, mas pela portaria citada a competente certidão não será fornecida.

O mesmo argumento, agora com base no art. 739-A, § 1º, *in fine*, do CPC, redação dada pela Lei 11.382/2006, está sendo utilizado pelos exeqüentes para agravarem das decisões que recebem os embargos com suspensão da execução, sistemática prevista pela redação original do Código de Processo Civil. Os exeqüentes estão se valendo do valor do débito quando da ciência dos embargos, momento em que devem impugná-los.

Essa sistemática, elogiável no sentido econômico, é deveras impossível de ser aplicada na prática. Todos os meses os débitos dos exeqüentes são atualizados pela taxa SELIC. Se eles pretendem que, sempre, a penhora deva ser feita pelo valor atualizado, todos os meses eles deverão informar ao juízo tais valores nos mais de 650.000 feitos que tramitam somente no Fórum Federal da cidade de São Paulo (estatística de setembro/2009: a 10ª Vara tem 39.878 processos, sendo 25.013 sobrestados – art. 40 – e 14.865 em tramitação, dos quais 1.083 são embargos – não seria necessária a atualização; execuções fiscais na Fazenda Nacional e INSS são pouco menos de 10.000 entre os ativos). Além disso, resta evidente que os mandados de penhora terão que ser expedidos e cumpridos no mesmo mês. Caso contrário as penhoras serão sempre insuficientes. Essa interpretação, *data maxima venia*, fere o princípio da razoabilidade, devendo ser rechaçada pelo Poder Judiciário.

Com isso, acreditamos que o cotejo entre o valor da penhora para fins de decisão sobre o recebimento suspendendo a execução, ou não, seja em relação ao valor do mandado, que é o valor mais atual no processo, e não o valor que consta nos registros dos exeqüentes, aos quais os Srs. Oficiais de Justiça não têm acesso.

Acreditamos, também, que a redação da Portaria Conjunta PGFN/RFB-2, de 31.8.2005, sem a extensão determinada pelo Código Tributário Nacional, arranha o ordenamento jurídico e desconsidera a decisão judicial. Os exeqüentes que não registrem em seus cadastros e neguem o efeito suspensivo declarado pelos juízes estão, simplesmente, desconsiderando o Poder Judiciário.

Registro que em seminário realizado pela Escola de Magistrados Federais da 3ª Região/EMAG (órgão do TRF-3ª Região) foi mencionada a Portaria PGFN-724/2005, relativa às certificações de regularidade da Dívida Ativa da União. Busquei conhecê-la, mas ainda não consegui. Foi-me vetado o acesso ao seu texto, ao argumento de que ela veicula "conteúdo de acesso restrito à Procuradoria-Geral da Fazenda Nacional". A resposta causou-me estranheza, diante do texto constitucional. Por enquanto, fico apenas imaginando o porquê da negativa.

Parto, agora, para o último dos temas que pretendo abordar.

III – Pela criação dos Conselhos Nacionais da Advocacia Pública e do Processo Administrativo

A Emenda Constitucional 45, de 8.12.2004, instituiu o Conselho Nacional de Justiça (CF, art. 103-B) e o Conselho Nacional do Ministério Público (CF, art. 130-A). Ambos são compostos por autoridades e representantes de diversos órgãos: ministros de tribunais superiores, magistrados de todos os graus, membros do Ministério Público e da Advocacia, além de cidadãos de notável saber jurídico e reputação ilibada, indicados pelas Casas do Congresso Nacional.

O Conselho Nacional de Justiça/CNJ, ao qual somos subordinados, tem prestado relevantes serviços ao País, provocando melhorias significativas no Poder Judiciário. Uma das mais recentes foi provocada pelo Min. Gilmar Mendes, na qualidade de presidente do STF e do CNJ. Trata-se da *Meta de Nivelamento 2*, que determina esforços para que sejam julgados os processos ajuizados até dezembro/2005 ainda no ano de 2009. Identificar os processos judiciais mais antigos e adotar medidas concretas para o julgamento de todos os distribuídos até 31.12.2005 (em primeiro e segundo grau ou tribunais superiores) (*Metas de Nivelamento – Meta 2*, disponível em *http://www.cnj.jus.br*, acesso em 15.10.2002).

A *Meta de Nivelamento 2* não exige que os processos em trâmite anteriores a 2006 sejam finalizados no ano de 2009. Eles devem ser julgados pelos órgãos onde eles se encontram no momento da publicação da *Meta*.

Acreditamos que se a *Meta 2* fosse estendida ao processo administrativo haveria melhorias notáveis no processamento de feitos tributários, pois, assim como há morosidade no Poder Judiciário, há morosidade no Poder Executivo, tendo por referência os processos administrativos e judiciais tributários. Em um dos processos sob nossa responsabilidade (Processo 2002.61.82.050962-9) a Procuradoria da Fazenda Nacional pede sucessivos prazos para a conclusão do processo administrativo. Estamos aguardando há seis anos e quatro meses.

Seria de todo útil para o cumprimento dos princípios constitucionais que regem a Administração Pública que um órgão de controle externo exercesse atribuições focando os processos administrativos. Ele seria composto como os atuais Conselhos Nacionais de Justiça e do Ministério Público.

O Poder Judiciário, como é sabido, foi e é alvo de severas críticas, que podem ser exemplificadas nas seguintes palavras da lavra do eminente advogado Márcio Thomaz Bastos: "Sabemos que a Constituinte não avançou o suficiente no sentido de aproximar a Justiça do povo, pois faltou a criação de um órgão de controle externo. A ausência se fez sentir nos anos posteriores e colaborou para levar o Judiciário a perder muito de seu prestígio moral. Tornou-se um truísmo criticá-lo por ser obscuro, mal-administrado, lento, distanciado da realidade e pouco acessível à maioria dos cidadãos" ("Um olhar para o futuro do STJ: novos e velhos desafios para a afirmação do Tribunal da Cidadania", *Revista do Advogado* 103/75, Ano XXIX, São Paulo, AASP, 2009).

Acredito que a assertiva possa despertar, na sociedade, reflexões sobre a atuação do Poder Executivo em relação ao processo administrativo.

Na mesma linha, supomos que, além de um *Conselho Nacional do Processo Administrativo*, a criação de um *Conselho Nacional da Advocacia Pública*, nos moldes do Conselho Nacional do Ministério Público, traria grandes avanços à Advocacia Pública. O controle externo que seria exercido por ministros de tribunais superiores, magistrados, procuradores e advogados da iniciativa privada e por representantes do Congresso Nacional somente ajudaria aquele órgão a cumprir a Constituição Federal de 1988 e os documentos internacionais que o Brasil assinou para a proteção dos direitos humanos, inclusive os direitos humanos dos contribuintes.

Muito obrigado! [*Palmas*]

COORDENADOR DA MESA (PROF. EDUARDO DOMINGOS BOTTALLO) – Eu agradeço a incisiva e pertinente manifestação do Prof. Renato Becho, e oportunamente irei sobre ela me manifestar. Mas antes disso vou passar a palavra à Profa. Carla Gonçalves. E também gostaria de mais uma vez convidar os presentes a encaminharem questões. Eu só recebi uma até agora, é muito pouco. Por favor, nós precisamos da colaboração de vocês, é para isso que estamos aqui. Profa. Carla...

PROFA. CARLA GONÇALVES – Em primeiro lugar, boa tarde a todos! Eu gostaria de agradecer à Presidência e à Diretoria do IDEPE por esse gentil convite para participar do *XXIII Congresso Brasileiro de Direito Tributário*, o que eu faço na pessoa do seu diretor, Prof. Eduardo Bottallo, que é nosso ilustre Coordenador desta tarde. Vou iniciar fazendo algumas ponderações sobre a pertinente e incisiva exposição do Prof. Renato.

Ele tratou de um tema que para nós, operadores e intérpretes do Direito, é muito caro: a execução fiscal. Trata-se do modo pelo qual a Fazenda Pública tenta efetuar a cobrança de suas dívidas, sejam elas devidas ou não. No entanto, a partir da edição da Lei 11.382, de dezembro/2006, alguns questionamentos profundos passaram a existir.

Ao lado daqueles pontos levantados pelo Prof. Renato, eu gostaria de tecer as minhas considerações sobre os temas por ele abordados, fazendo um paralelo entre a Lei de Execução Fiscal e o Código de Processo Civil, interpretando-os de forma adequada, bem como trazer a lume alguns preceitos constitucionais cuja observância se faz necessária ao tratar do tema da execução fiscal.

Primeiramente, nós temos verificado que tem perdido força a interpretação por intermédio da qual deveria ser observado o prazo constante no Código de Processo Civil para oposição de embargos. O STJ já exarou decisões no sentido de que com relação ao prazo para oposição de embargos à execução deve prevalecer aquele previsto na Lei de Execução Fiscal. Em outras palavras, é uma lei especial, de acordo com a Lei de Introdução ao Código Civil brasileiro, e ela deve prevalecer em relação ao Código de Processo Civil, norma geral, o qual só poderia ser efetivamente aplicado nas lacunas deixadas pela Lei de Execução Fiscal.

Esta dualidade de interpretação gera grande insegurança jurídica, uma vez que para opor embargos, observando-se a Lei de Execução Fiscal, o prazo é de 30 dias, contados da garantia do juízo – ou seja, da efetivação da penhora, da apresentação da carta de fiança ou do depósito. Por outro lado, o Código de Processo Civil prevê 15 dias, contatos da citação, para oposição dos embargos, sem a prestação de garantia. Quando analisamos a questão envolvendo a citação no âmbito da execução fiscal, há duas interpretações possíveis: se for aplicado o Código de Processo Civil, que é a lei geral, os 15 dias para oposição dos embargos à execução são contados a partir da juntada do aviso de recebimento aos autos. Mas se for aplicada a Lei de Execução Fiscal há uma disposição expressa dizendo que na execução fiscal considera-se citado o contribuinte na data em que ele assina o aviso de recebimento. Então, tal dualidade de momentos para o perfazimento da citação na âmbito da execução fiscal traduz-se em mais uma nuance que nos conduz a uma equivocada interpretação ao se misturar os dois dispositivos. O Prof. Paulo Conrado ontem, em sua exposição, lembrava que no direito tributário nós não temos um estatuto próprio para reger o processo tributário, mas nós temos, sim, com relação à execução fiscal, uma lei própria que rege suas diretrizes, seu procedimento. Portanto, a meu ver, tem que prevalecer o prazo previsto na Lei de Execução Fiscal. Felizmente é a interpretação que tem ganhado força no âmbito do Poder Judiciário, a despeito de ainda se verificar a existência de intimações para apresentação de embargos observando o Código de Processo Civil. Portanto, creio que esse é o primeiro ponto que merece relevo com relação à Lei de Execução Fiscal.

O segundo ponto diz respeito ao efeito suspensivo dos embargos, que é algo que nos preocupa sobremodo. Preliminarmente, é necessário salientar que a Certidão de Dívida Ativa/CDA é um título executivo, estando prevista no rol do art. 585 do CPC. Mas nós não podemos nos olvidar de que ela tem uma formação distinta dos outros títulos executivos que lá estão contemplados. A nota promissória, a letra de câmbio e a duplicata são títulos executivos cuja formação ocorre bilateralmente, e não de forma unilateral como a CDA, que é lavrada exclusivamente pelo Fisco, e, portanto, cabe ao contribuinte, na sua primeira oportunidade de defesa, que são os embargos à execução, "impugnar" sua formação, seus elementos. Mas, para que a defesa possa ser propiciada, é necessário primeiramente verificar a garantia do juízo e que a garantia permaneça incólume até o final do processo, sob pena de serem excutidos bens do devedor sem o devido processo legal. Assim, se os embargos não tiverem efeito suspensivo, a Fazenda poderá promover a execução da garantia e o contribuinte será efetivamente condenado antes mesmo que haja uma sentença. Por outro lado, a permanência da garantia até o final da ação não representa qualquer dano ao Fisco, uma vez que, se os argumentos apresentados pelo contribuinte não forem acolhidos em última instância, o Fisco terá seu crédito garantido mediante a execução da garantia existente.

Dessa forma, não permitir que os embargos à execução tenham efeito suspensivo, a despeito das previsões contidas nos arts. 19 e 24 da Lei de Execução Fiscal, representa a total desconsideração da Constituição, pois restariam desrespeitados o devido processo legal e o duplo grau de jurisdição, que representam as garantias mínimas que o contribuinte tem que ter com relação à execução fiscal.

Ainda que admitíssemos a prevalência do Código de Processo Civil, o próprio art. 739, § 1º, do estatuto processual estabelece que, estando presentes a relevância dos fundamentos invocados pelo contribuinte, o risco de lesão iminente ao executado na hipótese de prosseguimento da execução, bem já garantida a execução, deve o juiz conceder efeito suspensivo aos embargos. E isto se torna mais forte quando estamos diante de uma garantia como o depósito em dinheiro ou fiança bancária, que é algo que pode sofrer uma execução provisória, sem solução de reversibilidade, quer seja pela ausência de efeito suspensivo aos embargos ou à apelação pois, repise-se, estar-se-ia diante de uma condenação antes de proporcionado o devido processo legal.

Felizmente o STJ, com relação à fiança bancária, têm esposado entendimento no sentido de que ela equivale a um depósito, e, portanto, não pode ser levantada até o final do processo.

Relativamente à execução fiscal há ainda outros pontos bastante polêmicos, sendo que alguns já foram debatidos em outras Oficinas realizadas em anos anteriores em que aqui participamos, em outras Mesas de Debates que discutiram as nuanças da execução fiscal. Mas devemos registrar que esses dois, levantados inicialmente pelo Prof. Renato, são de suma importância.

Ainda sobre o segundo tema, o Prof. Renato consignou a questão envolvendo a expedição da certidão negativa ou positiva com efeitos de negativa mediante a existência de garantia. Creio que isso é um mal de que todas as empresas hoje em dia padecem, elas não podem adotar nenhuma conduta sem ter essa certidão, mas há uma imensa dificuldade em obtê-la. Com relação à própria Procuradoria, gostaria de lembrar a dificuldade que hoje em dia se enfrenta para a expedição de certidão conjunta quando a garantia da execução é uma fiança bancária. Referida fiança é expedida por instituição financeira idônea, mas muitas vezes a Fazenda Nacional a rechaça sob o argumento de que não há renúncia ao benefício ordem, que a fiança não foi registrada no Registro de Títulos e Documentos, sem falar na morosidade para que a Fazenda se manifeste sobre a garantia. Assim, a certidão fica "emperrada", o que obriga, infelizmente, os contribuintes a atulharem o Poder Judiciário com mandados de segurança, visando a resguardar seu direito líquido e certo de obter uma certidão, quando há efetivamente suspensão do crédito tributário, mediante a existência de garantia em virtude da penhora de bens, fiança ou depósito. Verifica-se, inclusive, afronta ao próprio art. 170 da CF, que assegura o livre exercício da atividade profissional, uma vez que a Procuradoria não permite que se expeça essa certidão mesmo tendo o contribuinte direito à sua expedição.

São essas as minhas considerações iniciais sobre o tema. E passo a palavra ao Prof. Bottallo.

COORDENADOR DA MESA (PROF. EDUARDO DOMINGOS BOTTALLO) – A minha condição de coordenador ela é angustiante, porque, de um lado, fico reconhecido pela manifestação dos colegas de Mesa e, de outro, fico premido pelo tempo, porque muitos assuntos poderiam ser debatidos, e, evidentemente nosso tempo é limitado.

Para fechar essa questão da execução fiscal, eu quero dizer apenas que os colegas que me precederam têm entendimento que coincide com o meu. Aliás, no vol. 100 da *RDTributário* há um trabalho que eu publiquei exatamente sobre essa questão da compatibilidade entre os dois regimes, e defendendo ponto de vistas muito próximos destes que a Carla e o Renato acabaram de expor.

Eu apenas gostaria – para fechar, mesmo, a questão da execução fiscal – de lembrar um outro problema de confronto de sistemas que é altamente relevante, que é a questão da penhora *on-line*. Porque a rigor também existem dois sistemas de penhora *on-line*. Existe o sistema da penhora *on-line* que foi instituído especificamente para o caso da execução fiscal pela Lei Complementar 118, que introduziu um dispositivo adicional ao CTN, que é o art. 185-A.

Esse art. 185-A estabeleceu regras de prudência para a utilização da penhora *on-line* no âmbito tributário. Quais são essas regras de prudência?

Primeiro, a necessidade da prévia citação do devedor. Portanto, a penhora *on-line* não pode ser determinada *ex officio*, pelo juízo, pelo mero requerimento da parte credora. Segundo, o escoamento do prazo legal para oferecimento de penhora ou pagamento. E, terceiro – e estas são expressões literais do dispositivo –, a constatação da inexistência de outros bens a serem penhorados. É a essas três condições que o CTN, no seu art. 185-A, introduzido pela Lei Complementar 118, condiciona o deferimento da penhora *on-line* em matéria fiscal.

O art. 655-A do CPC, dentro dessas modificações que foram feitas, estabelece a possibilidade De o juiz, de imediato, determinar a penhora *on-line*, mediante o mero requerimento da parte credora, sem levar em conta a possibilidade da citação, do pagamento ou da constatação de outras garantias.

Esses dois sistemas são incompatíveis, ao meu ver, não só do ponto de vista do seu conteúdo, mas são incompatíveis também do ponto de vista da hierarquia, porque, certo ou erradamente – e creio que não vamos ter, tempo, aqui para discutir isso –, o legislador entendeu que penhora *on-line* em matéria fiscal é assunto relacionado com o crédito tributário. E assunto relacionado com o crédito tributário é objeto de lei complementar. De modo que, aí, nem é o caso de se estabelecer qual é a lei posterior, qual é a lei anterior; é o caso de se estabelecer que há hierarquias diferentes para a disciplina dessa figura.

Agora começam a chegar aqui as questões à Mesa, e eu vou pedir a ajuda da Profa. Carla e do Prof. Renato, para que me auxiliem na seleção dessas perguntas. Mas eu quero, até em homenagem à nossa querida Profa. Eliane Franchini, responder à primeira pergunta que chegou à Mesa, que foi justamente da Eliane. Ela diz o seguinte: "Considerando a importância da matéria tributária para a Administração do Estado, por que há especialização de instância somente para execução fiscal?". Creio que o Renato é a pessoa adequada para responder a essa pergunta, já que ele faz parte dessa confraria privilegiada que pertence ao grupo da execução fiscal.

PROF. RENATO LOPES BECHO – Vou precisar ler de novo, desculpe, Profa. Eliana. Considerando a importância da matéria tributária para Administração do Estado, por que há especialização de instância somente para execução fiscal?

Peço vênia para que V. Exa. remeta essa questão ao egrégio Tribunal. É uma questão de administração da Justiça. Apenas, vou tentar medir as minhas palavras, porque não quero me comprometer com o que eu vou dizer. Mas eu gostaria apenas de dizer que o questionamento levantado por V. Sa. já foi levantado também por membros do nosso Tribunal. O que acontece hoje – não sei se os colegas acompanham –, pelo menos aqui em São Paulo, o que está acontecendo é que o volume de feitos distribuídos na execução fiscal está muito superior ao das Varas Cíveis, e as Varas de Execução Fiscal estão ficando completamente congestionadas, e as Varas Cíveis estão começando a ficar muito tranqüilas. Até aí, tudo bem. Só que o tribunal, pelo menos o TRF-3ª Região, começa a ter um volume de processos de execução fiscal e de embargos que talvez leve à necessidade de uma especialização de Turma, talvez até de uma Seção, para que consiga dar vazão a essas ações, principalmente levando em consideração que as execuções fiscais federais são propostas em todos os Municípios. Nos Municípios em que não há Subseção federal a execução é proposta na Justiça Estadual.

COORDENADOR DA MESA (PROF. EDUARDO DOMINGOS BOTTALLO) – Eu vou invocar agora, aqui, com todo respeito ao Renato e à Carla, que eles encarnem o espírito de Thomaz Edison e que procurem dar respostas telegráficas, senão eu estou achando que nós não vamos conseguir terminar nosso trabalho. Então, Carla, por favor

Profa. Carla Gonçalves [*truncado e inaudível na gravação*] – (...).

COORDENADOR DA MESA (PROF. EDUARDO DOMINGOS BOTTALLO) – Dois colegas apresentaram perguntas sobre o mesmo tema, que é tema muito novo, a respeito do qual ainda existem muitas interrogações e poucas certezas, se é que existe alguma certeza. Que é a questão do seguro – como é que chama? –, seguro-garantia. Então, as perguntas são nesse sentido. É viável o seguro-garantia? É possível questionar a validade? Isso realmente é uma garantia?

Confesso aos colegas que não tenho opinião formada a respeito do assunto, acredito que nem a Carla, nem o Renato tenham, exatamente por que se trata de uma coisa nova. Mas eu durante muitos anos fui advogado de uma entidade de classe ligada a área de seguros, e eu aprendi algumas coisas sobre seguros, entre as quais que o segurador e os corretores de seguro – portanto, os profissionais da área de seguro – estão sempre à cata de novas oportunidades; o que, aliás, não é surpresa alguma, isso acontece com todos os setores de atividade empresarial. De modo que a concepção de uma figura como seguro-garantia para dívidas de natureza fiscal, ou mesmo dívidas de natureza civil, a meu ver, não é incompatível com a idéia de garantia do juízo. Tudo é uma questão de saber quais são as cláusulas, quais são as condições, quais são as "regras do jogo". Evidentemente que, como todos nós sabemos, o contrato de seguro é um contrato de adesão; portanto, é um contrato em que as cláusulas são propostas, são submetidas ao segurado, para que ele as aceite, ou não. No caso concreto, quem terá de aceitar será o credor. E me parece que está dentro da liberdade de decisão que o credor tem, inclusive tratando-se da Fazenda, poder aceitar, ou não, o seguro, dependendo das condições em que esse seguro seja oferecido.

Agora, a idéia em si, o conceito em si, de garantia do juízo, por meio de um mecanismo como seguro-garantia, a meu ver, não parece incompatível com a estrutura do processo de execução fiscal. Não me parece incompatível. Tudo seria uma questão de estabelecer os próprios termos, não é?

Isso não está muito distante, embora não seja a mesma coisa, da fiança bancária. Em última análise, o que é a fiança bancária senão o seguro-garantia sob outra roupagem jurídica? E aí, então, muitas vezes a Procuradoria questiona certas cláusulas da fiança bancária – aliás, uma delas mencionada, aqui, em uma das perguntas, que é a questão da limitação, ou não, do prazo. A Procuradoria da Fazenda Nacional, por exemplo, recentemente parece que está mudando de opinião, mas durante muito tempo rejeitou esse tipo de garantia sob o argumento de que é impossível prever o prazo em que essa garantia deveria subsistir; e os bancos, a seu turno, resistiam muito à idéia de oferecer garantia sem limitação temporal.

Então, essa é uma questão que acaba se tornando questão contratual. E na esteira dessas perguntas há uma outra questão, mais ou menos paralela, que me parece também impossível de ser respondida assim, pelo menos jogada para reflexão: "Na hipótese de apresentação da exceção de pré-executividade e aberta vista à Fazenda, é possível a emissão de certidão positiva com efeito negativa enquanto não houve manifestação conclusiva do exeqüente?".

Eu não sei. Tenho aqui do meu lado um Magistrado – e sei que os juízes não gostam de responder a questões que eventualmente chegarão à sua consideração por meio do processo –, mas eu tenho o seguinte entendimento, como advogado: a exceção de pré-executividade agora acabou encontrando, digamos assim, um minicoroamento na jurisprudência do STJ. O STJ acabou de sumular a possibilidade de interposição da exceção de pré-executividade dentro daquelas condições que a jurisprudência e a doutrina já haviam estabelecido, que são matérias que podem ser conhecidas de ofício e que não dependam de dilação probatória.

De modo que, a meu ver, a resposta a essa pergunta poderia ser encaminhada dentro do seguinte raciocínio: ao receber exceção de pré-executividade, se o juiz não a rejeita de imediato, mas determina que a parte credora se manifeste, a meu ver, implicitamente ele está dando efeitos suspensivos a esse ato. Por que, se não, não teria muito sentido, ou ele rejeitaria de imediato. Como o Prof. Renato acabou de dizer, já existe um entendimento formado em juízo a respeito desse assunto, em que ele percebe, numa mirada de olhos, que aqui não é caso de exceção de pré-executividade, e desde logo ele rejeita a possibilidade de ela ser apreciada. Então, nesse caso, ela nem chega a se consolidar como figura jurídica processual. Agora, se ele a recebe, se ele entende, pelo menos em princípio, que é o caso de submetê-la à consideração da parte exeqüente, a meu ver, parece-me que, implicitamente, isso significaria dar efeitos suspensivos a essa figura. Eu vou passar ao Prof. Renato, agora, para que continue no nosso "bate-bola".

Prof. Renato Lopes Becho – Está certo, até porque eu estou começando a ficar ansioso para falar, Prof. Bottallo. Vou começar desse ponto. Eu responderia que não. Dada vista ao exeqüente sobre exceção de pré-executividade, a certidão cabível é simplesmente a positiva, ponto. Por isso, é só positiva.

Divirjo do Prof. Bottallo, peço vênia, mas o que tem acontecido? Se a parte vem com uma guia de pagamento, eu tenho que abrir vista para a exeqüente. Ela vem e me pede prazo, 90 dias, concedido. Em 90 dias depois eu peço para ela se manifestar. Ele pede novo prazo de 180 dias. Vinha eu a dar o seguinte despacho: "Por duas vezes a exeqüente foi instada a se manifestar sobre a certeza do débito. Ela não teve condições em mais de meio ano de dizer se o débito existe ou não existe. Isso posto, suspendo a exigibilidade do crédito para todos os seus fins". O egrégio TRF-3ª Região cassou 100% das minhas decisões. E há decisão do TRF dizendo que a mera apresentação de guia de pagamento não é suficiente para elidir a presunção de certeza e exigibilidade da CDA; ou seja, mera guia de pagamento não vale diante da CDA. Então, lamentavelmente, eu tenho que ser pragmático. A jurisprudência diz o seguinte: nenhuma da exceções de pré-executividade garante a expedição de certidão positiva com efeito de negativa. Vou tentar ser mais rápido também nas outras questões.

Coordenador da Mesa (Prof. Eduardo Domingos Bottallo) – Profa. Carla, por favor.

Profa. Carla Gonçalves – Aqui nós temos perguntas relacionadas ao mesmo tema: a prescrição intercorrente, notadamente no processo administrativo, e os prazos a ela aplicados. A meu ver, no processo administrativo não há prescrição intercorrente, por dois motivos. O primeiro porque não há disposição legal prevendo tal prescrição, como no processo judicial, cuja previsão está no art. 40, § 4º, da Lei de Execução Fiscal. Em segundo lugar porque entendo que não causa prejuízo ao contribuinte a demora do processo administrativo. Há suspensão da exigibilidade do crédito tributário, nos termos do art. 151, III, do CTN, que não impede o contribuinte de obter certidão conjunta.

Com relação ao prazo de 360 dias previsto na Lei 11.457, a famosa Lei da Super-Receita, esse prazo ainda não está sendo observado pela Administração Pública. Há muitos mandados de segurança sendo impetrados para que se obtenha uma liminar para que o juiz determine a apreciação pela Receita Federal do pleito administrativo no prazo em questão.

Coordenador da Mesa (Prof. Eduardo Domingos Bottallo) – Quero, *data venia*, discordar de ambos. Aquilo que o Prof. Renato falou antes, sobre a exceção de pré-executividade, e isso que a Profa. Carla falou a respeito da inexistência de prescrição intercorrente no processo administrativo.

Eu creio que há suspensividade, sim, que há prescrições intercorrentes, sim, ainda que essa prescrição, essa expressão "prescrição intercorrente", seja termo impróprio. O que me parece é que, tecnicamente, o que existe no âmbito do processo administrativo é uma perempção, mas os efeitos concretos são similares.

Pena que não tenha tempo, porque eu acabei de receber o papel dizendo que daqui a 15 minutos nós teremos que evacuar esta sala. De modo que fica difícil, realmente, estender a discussão. Então, Prof. Renato, dois minutos.

Prof. Renato Lopes Becho – Não. Eu quero cinco, e já vou começar falando. Primeiro, vou "colocar lenha na fogueira", e agora estou ao lado o Prof. Bottallo, em relação à prescrição intercorrente do processo administrativo, com o seguinte argumento: a prescrição intercorrente veio primeiro pela jurisprudência do STJ; quando estava ela consolidada, veio o legislador federal e colocou na Lei 6.830, o que foi péssimo para os contribuintes, por quê? Porque os exeqüentes federais alegam que a lei não pode retroagir. Só que eles não pegavam jurisprudência. Agora eu não posso mais aplicar a jurisprudência, porque a lei não pode retroagir. Fica aí para consideração. Vou ser telegráfico, agora. Dr. Alexandre, de Recife, pergunta se eu recebo embargos com penhora em cifra inferior ao valor da CDA.

Depende, Dr. Alexandre. Depende do quê? Depende de a certidão do oficial de justiça ser pela existência, ou não, de outros bens do executado. Aqui eu simplesmente aplico o método do Prof. Theodoro Jr., que diz o seguinte: se já teve bens penhorados, tem direito a embargos, tem direito de defesa, porque senão esse bem vai ficar penhorado *ad aeternum*.

Passo imediatamente à questão da Profa. Betina Grupenmacher, em relação ao STJ. V. Sa. me homenageia com a pergunta, porque questiona sobre a questão da responsabilidade tributária e a decisão do STJ sobre a inaplicabilidade da discussão do art. 135 em exceção de pré-executividade. Dada a máxima vênia, não posso pactuar com essa decisão do STJ: ela fere, realmente, pressupostos científicos meus muito embasados.

E dou o seguinte exemplo. A jurisprudência determinou o seguinte: basta o exeqüente solicitar a inclusão do responsável tributário para vê-la deferida pelo juiz. Não precisa haver prova de responsabilidade prévia; se não tem que ter prova prévia, basta indicar o nome. Aí, indica o nome e vem a pessoa e diz o seguinte: "Eu realmente tenho esse mesmo nome, só que não tenho o mesmo CPF". E teve um caso que foi muito fácil, para mim, julgar. A pessoa veio em nome do seu filho e disse assim: "Meu filho realmente tem esse mesmo nome, só que o CPF é diferente – e detalhe: a dívida é de 1995, meu filho nasceu em 1997". Eu pergunto: isso não pode ser discutido em exceção de pré-executividade? A resposta já está dada.

Agora a questão de suspensão ou extinção da execução quando a ação anulatória é proposta após a propositura da execução fiscal.

Então, a pergunta é: proposta a execução fiscal, antes da citação a parte vem e noticia o ajuizamento de uma ação anulatória; é hipótese de suspensão ou extinção da execução? Dada a máxima vênia, nem uma coisa, nem outra, no meu caso. Eu entendo que o juízo cível não é juízo de revisão da execução fiscal. Diante disso, a partir do momento em que o processo está com dívida, a execução fiscal, decisões em processos cíveis propostos após a execução devem simplesmente ser desconsideradas pelo juízo da execução fiscal.

Por mais de uma oportunidade, eu dei a seguinte decisão, por exemplo, quando às vésperas do leilão veio mandado de segurança do fórum cível, dizendo assim: "Suspendo a realização do leilão". Ou a parte perdeu o prazo para embargar, eu mando o bem para o leilão, ela vem e diz: "Concedida tutela antecipada no juízo cível para a suspensão da execução fiscal". O meu despacho tem duas linhas: "Considerando que a decisão de fls. tais foi exarada por autoridade manifestamente incompetente – entre parêntesis eu ponho assim: CF, artigo tal, toda competência do TRF –, prossiga-se com a execução".

Não quer que seja citado? Agravo no tribunal. Então, o juiz da execução exara o seguinte despacho: "Cite-se". Não concorda? Agrava para o tribunal: "Olhe aqui, tribunal, existe uma causa suspensiva, que o juiz da execução não observou". Agora, ir para outro juízo é simplesmente desconsiderar o juízo da execução fiscal.

Coordenador da Mesa (Prof. Eduardo Domingos Bottallo) – Muito bem. Profa. Carla...

Profa. Carla Gonçalves – Temos aqui uma pergunta do Dr. Igor. Primeiro ele fala sobre a convivência harmônica anterior entre o Código de Processo Civil e a Lei de Execução Fiscal, e a agora a alteração que gerou tanta discussão. Realmente foi uma mudança brusca do Código do Processo Civil com relação ao prazo e à forma de recepção dos embargos (se têm, ou não, efeito suspensivo). Ele pergunta, ainda como conciliar a execução da penhora antes da sentença com o princípio da menor onerosidade do executado. Creio que isso é extremamente relevante. Hoje em dia a Fazenda Pública busca sempre a penhora em dinheiro, penhora *on-line*, arresto *on-line*, ou algo equivalente. O STJ sempre prestigiou a interpretação do art. 620 do CPC. No entanto, infelizmente está mudando sua convicção, exarando decisões para consignar que realmente a "penhora" tem que ser preferencialmente em dinheiro – o que eu creio que não deveria prevalecer, uma vez que o princípio da menor onerosidade teria que continuar a ser assegurado, pois o contribuinte que tem bens a penhorar, sejam eles móveis, imóveis, enfim, aptos e suficientes para garantir a dívida, não teria que ser privado de suas próprias contas bancárias. Mas é o que infelizmente está acontecendo muito reiteradamente, e hoje em dia está sendo apoiado pela própria jurisprudência do STJ, nessa mudança de orientação bastante recente. A gente espera que o STJ pondere, sopese. É óbvio que há casos nos quais se nomeia um bem no meio da Amazônia de difícil expropriação. Nestes casos creio que se deve buscar algo mais efetivo para a satisfação do crédito fazendário. O juiz tem o poder geral de cautela, a livre convicção motivada, mas não pode esquecer que ao contribuinte é garantido o princípio da menor onerosidade da execução.

Coordenador da Mesa (Prof. Eduardo Domingos Bottallo) – Infelizmente, estou afligido pelo tempo. O Prof. Renato vai fazer um *mix* das perguntas que remanescem. Há uma pergunta: "Na execução fiscal, para formalizar a penhora com o respectivo auto, há necessidade de protocolizar também os embargos para fornecimento de certidão positiva com efeitos de negativa?". Esse é um incidente, eu creio que não há necessidade de embargos para esse fim, especificamente. Esse é um incidente que poderá ser apreciado pelo juiz desde que as circunstâncias concretas da recusa, como o Prof. Renato antecipou, vierem a se manifestar.

Prof. Renato Lopes Becho – Uma grande pergunta em termos sucintos. Ela questiona a questão dos embargos infringentes: no Código de Processo Civil há um valor, a Justiça Estadual tem seu valor de alçada, a Justiça Federal tem seu valor de alçada. Aqui, a mesma questão. O que vale é a legislação anterior à alteração do Código de Processo Civil e reconhecer que a Justiça Estadual tem seu valor de alçada e a Justiça Federal tem seu valor de alçada. Cada um vai aplicar as suas limitações. Até porque o valor de – sei lá! – 480 Reais em São Paulo é diferente para a União de 480 Reais em São Paulo para o Município e é diferente de 480 Reais do Município de "Xiririca da Serra", que se chama agora Eldorado.

A última pergunta é em relação ao conflito entre Código de Processo Civil e Lei de Execução Fiscal: "Como ficam as execuções que foram remetidas para a Justiça do Trabalho que têm prazos menores que os da Lei 6.830?".

Meus estimados, a competência da Justiça do Trabalho foi ampliada por vontade do legislador constituinte derivado. Os processos foram remetidos para a Justiça do Trabalho por determinação constitucional – até onde eu sei – considerada válida pelo STF. Nesse sentido, aplicam-se os prazos da Consolidação das Leis do Trabalho. Sugiro aos colegas, para terminar, que leiam a palestra do Prof. Carmona, que está na *Revista*, em relação ao ano passado, ele que fez parte da Comissão da lei que alterou o Código de Processo Civil, em que ele diz o seguinte – não é entre aspas, é mais ou menos assim: nós, processualistas, estávamos pensando nos honorários dos advogados para serem executados; agora vem vocês, tributaristas, e querem aplicar na execução fiscal, vêm os trabalhadores e querem aplicar no processo trabalhista. Não! O Código de Processo Civil não foi feito para execução fiscal e nem para o processo trabalhista.

Muito obrigado!

COORDENADOR DA MESA (PROF. EDUARDO DOMINGOS BOTTALLO) – Quero agradecer de coração ao Prof. Renato Becho e à Profa. Carla Gonçalves pela colaboração magnífica. E a ambos pedir desculpas pelo fato de não possibilitar o tempo que mereceriam para suas preciosas considerações. Quero agradecer também aos colegas pelo prestígio que deram a esta Oficina, e em particular pelo fato de terem compreendido as limitações de tempo que nos foram impostas.

Recebi uma solicitação da organização do Congresso no sentido de transmitir aos congressistas que liberem as fichas de avaliação do Congresso na Secretaria do Evento.

Agradeço a colaboração de todos e lhes desejo uma boa continuidade de trabalhos. Muito obrigado! [*Palmas*]

MESA DE DEBATES "E"

TRIBUTAÇÃO SETORIAL

PRESIDENTE DA MESA: PROFA. ÂNGELA MARIA DA MOTTA PACHECO
MEMBROS DA MESA: PROF. RICARDO LACAZ MARTINS,
PROF. ROBERTO QUIROGA MOSQUERA, PROF. WAGNER BALERA,
PROF. LUÍS EDUARDO SCHOUERI

PRESIDENTE DA MESA (PROFA. ÂNGELA MARIA DA MOTTA PACHECO) [*truncado na gravação*] (...) componentes da Mesa, os Diretores, a Diretoria do IGA-IDEPE, na pessoa do Prof. Aires Barreto, a organização desse Congresso, na pessoa de Paulo Ayres Barreto, cumprimentar a Presidente deste Congresso, Elizabeth Nazar Carrazza.

Prezados companheiros congressistas, Esta Mesa é dedicada a específicos setores, e justamente pela sua especificidade exige tratamento tributário diferenciado. E, como todos nós sabemos, o tributo não é só arrecadatório, ele é também extrafiscal, muitas vezes muito extrafiscal, e é o que os Srs. verão, hoje, nas palestras desta Mesa, as normas indutoras de conduta entremeando as normas de arrecadação.

Todos os palestrantes, aqui, são professores e têm sua experiência enriquecida pela prática da Advocacia. Então, vamos começar. O primeiro palestrante é Ricardo Lacaz Martins, que falará sobre a "Tributação do Setor Imobiliário". O Dr. Lacaz é Doutor pela USP e na área tributária. Por favor, tem a palavra o Prof. Lacaz.

Tributação do Setor Imobiliário

PROF. RICARDO LACAZ MARTINS [*Texto sem revisão do autor*] – Muito bom dia, Profa. Ângela! Aqui cumprimento os demais membros da Mesa, bom dia a todos, Sras. e Srs.! O tema "Tributação Setorial", sem dúvida é bastante propício, e quando eu recebi esse agradável convite de vir falar um pouco da "Tributação Setorial", do "Setor Imobiliário" em especial, me fez indagar sobre a questão da especificidade das normas que regem na tributação no Setor Imobiliário.

Eu gostaria de dividir com os Srs. alguns pensamentos, algumas indagações, em especial quanto à especificidade do setor. Gostaria de começar pela busca dos princípios e ensinamentos que regem a tributação imobiliária. Devemos indagar primeiramente qual a finalidade da busca e dos princípios que regem determinada tributação. Sem dúvida alguma, a finalidade é o auxílio da interpretação da legislação, com a extração dos valores que regem a tributação. Na verdade, a busca de fundamentos nada mais é que uma forma de auxílio da interpretação da legislação. Lá a gente afirma que o conhecimento das valorações escolhidas pelo legislador permite a melhor interpretação e a solução de conflitos não diretamente regulados. Por outro lado, é bastante válida a lição de Klaus Tipke, que explica que os valores e princípios escolhidos pelo legislador, que dão coerência ao sistema, acabam por limitar o próprio legislador em seu campo de produção legislativa. Justamente na medida em que os princípios e valores direcionam a aplicação das normas vigentes. Assim, o legislador não é mais soberano a ponto de anular injustificadamente a coerência do sistema.

Essa exigência de coerência das normas que compõem o sistema é uma exigência típica do princípio da igualdade. O legislador não somente é visto como produtor de normas para atingir um fim pontual específico, mas transforma-se em um legislador racional, na lição de Tércio Sampaio Ferraz, que busca a coerência e a racionalidade do sistema. Portanto, o legislador deve necessariamente observar os princípios e valores que foram primariamente escolhidos para fundamentar aquelas normas que regem determinado setor. Devamos, então, indagar quais fundamentos e valores regem determinada forma de tributação. Especificamente no Setor Imobiliário, veremos um pouco mais adiante quais valores podemos identificar ou extrair da lição de Eros Roberto Grau, extrair das normas postas que fundamentam ou que regem a tributação nesse determinado Setor.

Há uma discussão muito grande sobre se haveria um sistema jurídico autônomo ou subsistema tributário desses setores específicos, Setor Imobiliário, Setor Financeiro, Setor Previdenciário. Há uma discussão bastante grande, em função da autonomia e da unicidade, autonomia *versus* unicidade, do sistema jurídico.

Na lição de Eros Roberto Grau, um texto isolado, desprendido do sistema, não expressa significado normativo algum. O texto deve ser necessariamente visto dentro de um sistema. E aí, naturalmente, a indagação sobre de qual sistema esse estamos falando, se o sistema jurídico único ou o subsistema tributário específico. Quais são os pressupostos para que se haja um sistema jurídico? São dois pressupostos, segundo a mais abalizada doutrina, Canotilho e Eros Roberto Grau, dentre outros. O primeiro pressuposto é a ordenação interior do sistema, e o segundo pressuposto é a unidade de sentido. Então, vamos verificar o que significa *ordenação interior*. É adequação valorativa, teológica e axiológica das normas de um sistema, ou seja, as normas dentro dos sistemas têm que ter a mesma adequação valorativa, têm que ter a mesma busca de valores, seja do ponto de vista teológico, seja do ponto de vista axiológico, que passam a compor o sistema. Esta é a análise das normas sob o ponto de vista interior do sistema. E há necessidade de uma *unidade de sentido*, que nada mais é que uma conexão aglutinadora dos princípios que dão coexistência, que dão coerência, àquele sistema normativo. Verificada, portanto, a existência de uma ordenação interior e de uma unidade de sentido, podemos destacar, podemos recortar, determinado corpo normativo e chamar aquele novo corpo normativo de um *sistema*.

Naturalmente não se pretende, de alguma forma, discutir aquele sistema absolutamente autônomo, desconectado do sistema jurídico maior, ou do sistema jurídico total. Naturalmente, esse sistema faz parte do sistema jurídico. Esse recorte é um recorte metodológico, principalmente um recorte doutrinário.

A existência de subsistemas normativos [*truncado na gravação*] bastante discutida, e dá como [*truncado na gravação*] pela existência dos subsistemas constitucionais tributários dentro da própria Constituição Federal, dentre outros.

Mas é bastante interessante a lição de um professor italiano, não tão conhecido pelos tributaristas, Natalino Irti. Esse professor italiano defende que a era dos códigos – onde todas as soluções legislativas eram encontradas em códigos, sabemos do Código de Napoleão e depois, mais recentemente, nas décadas de 60/70, 60/80, dos Códigos Civis, dos Códigos Comerciais, que atribuíram a solução pelos Códigos Tributários a todo e qualquer conflito normativo –, se exauriu, essa era dos códigos acabou. Agora, esse Prof. Natalino Irti chama a era de era das leis especiais, em decorrência da grande especificidade técnica dos setores. O Setor Imobiliário, como é de conhecimento, é um setor que trabalho de uma forma economicamente bastante diversa das demais atividades: enquanto uma empresa comercial vende seu produto à vista ou para receber, na melhor das hipóteses, em 30/60 dias, o Setor Imobiliário produz e recebe o produto da sua venda em 5, 6, às vezes até em 10 anos.

Naturalmente, essa característica econômica tem que ser reconhecida pelas normas tributárias. Os Srs. poderiam indagar: como? Essa norma tributária deve seguir princípios de valores comuns às demais normas, sem dúvida alguma, mas economicamente são aplicadas as mesmas normas tributárias vigentes dos demais ramos da atividade econômica ao Setor Imobiliário, e invariavelmente o resultado vai ser diferente. Tomem como exemplo o princípio da competência. O princípio da competência é o princípio pelo qual se registra receita, se tributa receita à medida que ela é reconhecida, ela é auferida, independentemente do recebimento.

Vamos imaginar uma venda de imóveis de 100 mil Reais, em 100 parcelas de 1.000 Reais. Imaginem os Srs. se eu tivesse que reconhecer esses 100 mil Reais à vista, sem ter recebido a segunda parcela, tendo recebido uma primeira parcela, o primeiro sinal de 1.000 Reais. O contribuinte, naturalmente, não teria capacidade econômica de efetuar o pagamento dos tributos pela antecipação de parcelas que ele receberia nos próximos 10 anos. Então, o princípio de competência é afastado da tributação imobiliária, por ser incongruente economicamente com a característica de especificidade do negócio desenvolvido pelo setor. É afastado mas, no entanto, busca-se o mesmo valor, busca-se o valor de adequar a tributação à capacidade contributiva do contribuinte, por meio da tributação pelo livro caixa, critério informador do sistema da tributação imobiliária.

Portanto, na lição de Natalino Irti é necessária a criação de subsistemas específicos de tributação, com valores e princípios comuns, como dito; capacidade contributiva, mas também com valores e princípios próprios. Valores e princípios, estes, como dito no início, que nortearão o intérprete na solução de conflitos objetivos e também deverão nortear na missão anteriormente citada, a produção legislativa. Nós devemos ir um pouco mais além, e não só limitar a interpretação, a valoração do sistema, mas, sim, saber que aquelas valorações escolhidas primariamente pelo legislador limitarão a própria produção legislativa.

Evidentemente, o legislador tem a liberdade de escolher outros valores não anteriormente escolhidos. Mas esses valores deverão ser necessariamente justificados. Assim, por exemplo, se se pretender adotar o princípio da competência em determinada tributação do Setor Imobiliário, necessariamente deverá ser justificado, porque o que rege no Setor Imobiliário é a tributação pelo regime de taxa. Como anteriormente citado em relação às pessoas jurídicas, mas podemos citar alguns outros exemplos, o ganho de capital da pessoa física, o lucro presumido da atividade imobiliária, o regime especial tributário do patrimônio de afetação, todas as tributações regem-se pelo regime de caixa.

Gostaria de citar alguns exemplos de princípios extraídos do Setor Imobiliário para ilustrar um pouco mais o que se pretende demonstrar aqui, que nada mais é que a existência, no mínimo do ponto de vista metodológico, de um sistema tributário com normas próprias, princípios e valores próprios.

Um dos princípios que norteiam, claro, a tributação do Setor Imobiliário é o princípio da igualdade. O princípio da igualdade, segundo [*truncado na gravação*] mais uma vez é o princípio que norteia toda a tributação, todo o sistema tributário, o que deve nortear todo o sistema tributário, mas especificamente onde nós podemos verificar o princípio da igualdade é concretamente nas normas da tributação imobiliária. Por exemplo, um tratamento do lucro das incorporações, anteriormente citado, essa incorporação imobiliária, a venda de imóveis a prazo, em que o produto da venda desse imóvel será recebido ao longo do tempo e não à vista, deve ser tributada à medida do recebimento, para equiparar, tratamento, portanto, igual às empresas comerciais, que também tributam o resultado quando do seu efetivo recebimento, muito próximo do seu efetivo recebimento; ou seja, a aplicação do regime de caixa para adequar o efeito econômico do regime de competência das pessoas jurídicas.

Um outro grupo de normas onde se verifica claramente o valor do princípio da igualdade no Setor Imobiliário é relativo à equiparação do loteador ao vendedor do imóvel. Loteador é aquela empresa – normalmente empresa, não pessoa física, apesar de ser possível –, aquela entidade, que efetua a divisão, o parcelamento do solo, não é o proprietário da terra. Esse loteador, na sua essência, é um prestador de serviços, mas nós sabemos que os contratos de loteamento são contratos em que esse loteador não recebe um pagamento pelo serviço efetuado à vista ou a prazo, ele recebe o produto da venda dos imóveis que ele está loteando e parcelando. Por exemplo, na *Riviera de São Lourenço* – os Srs., com certeza, já foram – há um contrato de loteamento onde o loteador recebe um percentual da venda daquele produto. Seria muito injusto ele ter que tributar essa prestação de serviço pelo regime de competência, e a lei veio e equiparou o loteador ao vendedor do imóvel, permitindo que ela seja tributada como venda de imóvel, inclusive para efeito de lucro presumido. A alíquota, o percentual de de prestação de serviço, no lucro presumido, é de 32%, para o loteador é de 8%, porque ele é equiparado, para fins tributários, ao vendedor de imóveis, reduzindo sua tributação, nesse sentido, e fazendo justiça tributária, porque economicamente a sua receita, a sua atividade, nada mais é que uma atividade de venda de imóvel, a despeito de, por exemplo, ele não ter qualquer participação formal no ato de transferência para a matrícula.

Um outro princípio que também norteia, muito presente na tributação do Sistema Imobiliário, principio maior, é a *capacidade contributiva*, onde a gente pode verificar ou extrair claramente, concretamente, a capacidade contributiva do Setor Imobiliário. Vocês conhecem, provavelmente, o regime especial de tributação do patrimônio afetado. O patrimônio afetado é uma forma de proteção das incorporações imobiliárias, ou segregação das incorporações imobiliárias, para que haja maior segurança nas atividades. O regime especial tributário é a forma por que se tributa esse patrimônio afetado, esse patrimônio segregado. O regime tributário especial do patrimônio afetado prevê uma alíquota de 6% da receita, hoje 6%, em função da legislação do "Minha Casa, Minha Vida", que reduziu a alíquota de 7% para 6%. A alíquota na venda de imóveis, de incorporação imobiliária pelo lucro presumido, acreditem, é 6,73%. Claramente, o Governo, que migrou de 7 para 6, ou seja, entre 7 e 6%, atribuiu uma alíquota muito próxima da do regime especial tributário para a alíquota efetiva econômica do lucro presumido, com base na capacidade contributiva, e da igualdade também; ou seja, a capacidade contributiva do incorporador para pagar o tributo do lucro presumido é de 6,73%, a capacidade contributiva do mesmo incorporador pagar o mesmo tributo simplesmente por um método diverso deve ser muito similar à capacidade contributiva do lucro presumido; portanto, se atribuiu a mesma alíquota, extremamente similar, de 6%.

Um outro princípio muito presente no caso bastante específico no Setor Imobiliário é o *direito social à moradia*. Recentemente previsto na Constituição Federal, onde é garantida a todo cidadão o direito à moradia, moradia digna, onde nós verificamos o reconhecimento desse direito. Eu poderia falar em duas situações bastante diferentes. Uma é um pouquinho mais antiga, dois anos atrás, três anos atrás, e uma bastante recente, poucos meses. A tributação do ganho de capital da pessoa física, o Governo isentou o ganho de capital da pessoa física se o contribuinte que aufere aquele bem reinveste o valor do ganho de capital até 180 dias da percepção daquele ganho de capital na compra de um outro imóvel residencial. O que nós conseguimos, aqui? Claramente, uma norma indutora, uma norma que induz o contribuinte a, na venda do seu imóvel residencial, pegar o produto daquela venda e reinvestir no mercado imobiliário, reinvestir na compra de imóveis residenciais, dando claro incentivo à moradia, em reconhecimento ao direito social à moradia.

Mais recentemente, o Governo – é de conhecimento de todos pela imprensa, no mínimo pela imprensa – editou um programa de casas populares, "Minha Casa, Minha Vida", atribuindo uma tributação específica para as moradias de cunho social, aquelas de até 60 mil Reais. O imposto dos incorporadores e construtores que vendem imóveis no âmbito do programa "Minha Casa, Minha Vida", de imóveis até 60 mil reais, é de 1%. Eu não entendo por que 1%, por que não paga nada, não é? 1%, ou seja, claramente um incentivo a que se construam moradias no âmbito social, já que se tem uma tributação sobre a receita do incorporador, vendedor de imóveis, portanto, e do construtor, prestador de serviços de construção, de 1%. Nunca havia visto nada similar no Sistema Tributário Nacional.

Mais especificamente, geração de riqueza nova. Aí, não um princípio formalmente positivado. Um critério informador do sistema, claramente detectado na tributação da renda imobiliária quando da aplicação das cláusulas suspensivas. É muito comum um contrato de compra e venda de imóveis, seja de incorporação imobiliária, seja contrato particular, ter cláusula suspensiva. "Olha, faça um contrato de compra e venda de imóvel, mas esse contrato só será válido se eu conseguir obter o financiamento junto à instituição financeira". Tem cláusulas suspensivas, que, portanto, suspendem a vitalidade do contrato. Apesar de o contrato ser válido, ele se encontra suspenso.

A legislação, inclusive a legislação normativa, instrução normativa, reconheceu o direito do contribuinte, mesmo recebendo o valor; ou seja, excepcionou o regime de taxa, mesmo recebendo o valor, diferida a tributação para quando da ocorrência daquele evento que suspenderá, que virá a suspender o contrato, ou que validará o contrato no futuro. Ou seja, é claramente a tributação somente quando da percepção de uma riqueza nova. *Riqueza nova*, um critério formador, destacado por Rubens Gomes de Souza quando da análise do fato gerador de imposto de renda – fazendo esse parêntesis, ou seja, seccionase inclusive o regime de caixa àquele critério formador do sistema, grande critério formador do sistema de tributação imobiliária, para que se ajuste a tributação, para que a tributação seja mais justa, para que o contribuinte somente pague o imposto quando efetivamente tiver direito à percepção daquele rendimento.

Mais dois critérios informadores bastante interessantes, a gente pode verificar claramente a existência de um sistema autônomo, regido por normas e valores próprios. A praticabilidade da tributação. Claramente vista, na tributação imobiliária, no presumido regime especial de tributação. Quando falo em "lucro presumido", a própria Receita Federal, em conversas que já tivemos junto à Receita, entende que a tributação de incorporação imobiliária ou se faz pelo lucro presumido ou se faz pelo regime especial de tributação de patrimônio afetado, que é a tributação de incorporação imobiliária, ela é inadequada para a tributação do lucro real; ou seja, o incorporador imobiliário ou ele deve optar pelo presumido ou, na sua impossibilidade, tributar a sua receita pelo regime especial tributário. Portanto, há uma indução, e clara, a essas duas formas de sistemas tributários. Ambas as formas são calculadas por percentuais fixos sobre a receita, o presumido, calcula-se 8%, que é o percentual de presunção, e as alíquotas dos impostos, mais PIS e COFINS, e o patrimônio de afetação, se calcula diretamente, 6% sobre a receita – ou seja, extremamente prático, extremamente simples, extremamente desburocratizado.

E, por fim, outro critério informador é a *realização da receita*, ou seja, a tributação somente quando da receita efetivamente realizada. Claro, é identificado quando há o diferimento da tributação nas alienações ou nas operações de permuta imobiliária, onde o contribuinte permuta imóvel por imóvel, e apesar de ter recebido algo que tenha valor econômico – e, portanto, passível de tributação – a legislação difere essa tributação para quando da alienação daquele imóvel recebido em permuta. No claro, em clara atenção ao princípio da realização da venda, portanto, entendemos que há um sistema tributário com valores e princípios próprios; tais valores e princípios devem ser constantemente identificados pelo intérprete da norma, a fim de facilitar seu conhecimento, sua interpretação, a aplicação normativa. Mas, mais que isso, devem ser identificados pelo legislador, para que esse legislador não seja um mero legislador de atingir fins específicos e fins pontuais, mas seja um legislador coerente, coerente com os valores e fundamentos que regem, no caso concreto, a tributação no setor imobiliário.

Obrigado! [*Palmas*]

PRESIDENTE DA MESA (PROFA. ÂNGELA MARIA DA MOTTA PACHECO) – Muito obrigada, Dr. Lacaz, pela excelente exposição, que fez a proeza de saída da linha geral do Direito e de tratar tão bem de pontos específicos da área tributária do setor imobiliário.

Eu passarei a palavra, agora, ao Prof. Quiroga, professor da PUC e da USP, que teve enriquecida sua experiência por uma Advocacia muito bem trabalhada e muito bem orientada, a quem eu passo a palavra. Ele falará sobre IOF e a recente tributação que caiu aqui no Brasil.

Tributação do Setor Financeiro

PROF. ROBERTO QUIROGA MOSQUERA [*Texto sem revisão do autor*] – Bom dia a todos! Bom dia, Ângela! Quanto ao tema da minha palestra, no primeiro semestre de 2009, no início do ano, os organizadores do Congresso me pediram para falar sobre tributação de mercado. Eu creio que não existiria melhor momento para falar desse tema que esta semana. Eu quase adio a minha vinda aqui ao Congresso depois que o Governo Brasileiro, há dois dias, editou um decreto com aumento de um imposto que vulgarmente todos chamam de IOF, mas precisamos saber, na verdade, que tributo é esse que ele criou ou aumentou há dois dias, mas que mostra um pouquinho e ilustra um pouco esse tema, que eu sei que, para muitos, falar em tributação de mercado, inicialmente, provoca uma grande insegurança, por se imaginar ser um tema extremamente complexo.

Posso afirmar com bastante tranqüilidade que não é verdade. O que ocorre é que a tributação desses mercados – e eu vou tentar, didaticamente, nos meus 25 minutos, fazer uma sumarização dessa tributação – não é complexa, às vezes a grande dificuldade do operador do direito tributário é entender as operações, o mercado, ou achar que o mercado absolutamente é de pessoas que precisam ter altíssimo grau de intelecção – o que não é verdade, também. A tributação, hoje, está extremamente sistematizada. Hoje a tributação de mercado praticamente está estável. Nós temos esses aumentos de carga fiscal pelo imposto denominado vulgarmente IOF – eu não vou mais falar, a partir de agora, esse apelido, essa terminologia –, mas efetivamente é uma tributação mais estável.

Para saber de tributação de mercado, eu preciso falar do que estou conversando, do que estou falando. Basicamente, nós temos quatro mercados. O primeiro mercado é chamado de *mercado de crédito* ou também *mercado financeiro*. O segundo mercado é o *mercado de capitais*, também denominado *mercado de valores mobiliários*. O terceiro mercado é o *mercado cambial*. E o quarto mercado é o *mercado monetário*. Pronto: *crédito*, *capitais*, *cambial* e *monetário*. Há um quinto mercado, que não está nesse mundo, que infelizmente as pessoas confundem: é o *mercado securitário*. Seguro é um outro mundo, diferente, com regras próprias, tributos muito semelhantes. Um outro tributo chamado imposto sobre operações de seguro, que tem aquele mesmo apelido que eu falei que não vou mais repetir, mas é o quarto tributo, e está no outro mundo. Aquele apelido também dá nome um imposto sobre seguro, mas é o mercado securitário.

Qual é a função do mercado de crédito, do mercado de capitais, do mercado cambial e mercado monetário? Eles cumprem uma única função na economia, muito fácil de ver. Eles mobilizam a poupança de um País; ou seja, esses mercados viabilizam o trânsito de capitais numa economia. E por que eles mobilizam? Porque numa economia só há dois tipos de pessoas: aqueles que conseguem acumular dinheiro, poupança, e aqueles que são deficitários de poupança. Cada um de nós pode tentar se auto-intitular. Se eu sou superavitário de dinheiro ou sou deficitário de dinheiro. Pronto. Só existem essas duas pessoas na sociedade. "Ah! Eu sou neutro!" Não, ou você é superavitário, ou você é deficitário.

E é justamente essa realidade econômica que cria esses quatro mercados. Os deficitários vão buscar os superavitários, e os superavitários vão buscar os deficitários para lhes darem mais lucro. Esse trânsito de recursos entre quem tem dinheiro e quem não tem dinheiro é o que a gente chama *mobilização da poupança nacional*. Justamente esse dado econômico é que vai formar o mercado de crédito, que é o primeiro. O que é o *mercado de crédito*? É essa mobilização de poupança, de quem tem dinheiro para quem não tem dinheiro, é quando no meio há um "cara" chamado "banco". O banco pega dinheiro de quem tem dinheiro e empresta para quem não tem dinheiro, ele chama de *mercado de crédito*. É o banco no meio. É o chamado mercado da intermediação bancária. Surge lá no passado, quando esse profissional chamado banqueiro percebeu que tinha um monte de gente na sociedade que tinha dinheiro e um monte de gente que precisava de dinheiro, e eles não se conheciam. O que ele faz? Ele se intromete no meio da relação; de quem tem dinheiro, ele pega o dinheiro, faz suas operações chamadas passivas, e depois empresta dinheiro para quem não tem dinheiro, são as chamadas operações ativas dos bancos. A diferença entre operação passiva e operação ativa é o *spread*, é quanto o banco ganha. Esse é o mercado de crédito, mercado da intermediação bancária, onde o banco se coloca no meio da operação.

O *mercado de capitais* é diferente. Quando o Abílio Diniz fala: "Vou aumentar o capital do Pão de Açúcar, vou aumentar, preciso de dinheiro", por incrível que pareça, o Abílio Diniz é um deficitário de crédito nesse sentido. Ele precisa de capital para que sua empresa possa comprar mais supermercados e, obviamente, tenha maior desenvolvimento. Nesse momento ele é deficitário de crédito, e as pessoas que compram as ações do Pão de Açúcar são superavitárias de crédito. Nesse mercado tem banco no meio? O Pão de Açúcar pediu dinheiro para banco? Quem pediu dinheiro para o Pão de Açúcar? A população. Os acionistas. Esse é o chamado mercado de capitais ou mercado de valores mobiliários, não tem banco no meio, por isso que é chamado de mercado da desintermediação bancária, não tem intermediário no meio – e, portanto, mercado de capitais ou mercado de valores mobiliários. Então, o segundo mercado. Mas, sempre, atenção: tanto no de crédito quanto no de capitais há um detentor de capitais e um tomador de capitais.

Esses são os dois mercados efetivamente fundamentais. Só que, infelizmente, eu posso também ter detentor de capitais e tomador de capitais num outro País; como eu tenho aqui superavitários e deficitários, eu também tenho lá fora. E esse trânsito de recursos pode ocorrer entre duas soberanias, entre dois Países. Pronto: aí surge o *terceiro mercado*. Para que eu possa emprestar dinheiro para alguém de um outro País ou tomar dinheiro de alguém de outro País eu preciso realizar uma operação instrumental, uma operação acessória, que é realizar o câmbio, compra e venda de moeda estrangeira. Terceiro mercado. Mas é um mercado instrumental, na medida em que ele só viabiliza a mobilização de poupança, ou no mercado de crédito ou no mercado de capitais.

E o quarto mercado é o mercado monetário. O que é o *mercado monetário*? É o mercado de circulação de moeda nacional. Ou seja, quando nós depositamos o dinheiro no banco, quando nós fazemos uma TED, quando nós fazemos uma ordem de pagamento, esse é o mercado de moeda, que circula a moeda. Até um passado recente esse mercado era onerado por um tributo, a CPMF; circular moeda era um fato passível de tributação.

Portanto, esses são os quatro mercados. Rapidamente – e só para uniformizar nossa conversa –, quando eu falo de tributação de mercado etc., estou falando desses quatro mercados, que basicamente cumprem que função? Mobilizar a poupança de um País. Por quê? Porque em qualquer País nós temos superavitários e deficitários de crédito. Como eu realizo mobilização de poupança? De duas formas: ou colocando alguém no meio, que é o intermediário, o banco, ou não colocando ninguém no meio. E como eu realizo essa operação? Ou domesticamente, ou internacionalmente. Quando eu faço uma correlação entre as duas soberanias, operação de câmbio, e em qualquer deles, dinheiro circulando.

Se esses são os quatro mercados, qual é a tributação sobre esses mercados? Facilmente verificado. Qual é o fato da vida que ocorre nesse mercado? *Crédito*. Dar crédito e receber crédito. Esse é o primeiro tributo. Imposto sobre operações de crédito, que tem aquele apelido que eu não vou falar mais.

Segunda operação, fácil de ver. No mercado de capitais e valores mobiliários eu circulo títulos ou valores mobiliários, eu compro uma ação, eu compro uma debênture, eu compro um *comercial paper*. Segundo fato, imposto sobre títulos ou valores mobiliários, que tem aquele apelido que não vou falar mais.

Quando eu quero aplicar de detentores e tomadores de um País para outro, terceiro fato, imposto sobre operações de câmbio, que também tem aquele apelido, que não vou falar mais.

E tem o quarto que também tem aquele apelido, mas não está nesse mundo. É o mercado securitário, o imposto sobre seguro.

São quatro fatos. Três estão nesse mercado. E, obviamente, outros fatos, mas eu vou restringir a minha palestra. Nós temos renda, nós temos prejuízo, nós temos receita bruta, nós temos prestação de serviço, nós temos outros tributos que todos nós já conhecemos, mas agora vamos restringir a esses três. Operação de crédito, operação de câmbio e operação de títulos e valores mobiliários.

Esse é o tributo que muita gente não conhece, muitas pessoas não gostam, porque acham que há uma complexidade na análise da regra-matriz desse tributo. Mas, depois que eu entendo aqueles quatro mercados e a norma tributária aplicável a eles, fica muito fácil identificar esse mercado. Em 25 minutos dá para ensinar, ou pelo menos para tentar reviver alguns conceitos que todos nós já vimos.

O que fez o Governo, recentemente? Ele instituiu um tributo. Qual foi o tributo? Ele tributou mercado de Bolsa, de que os jornais estão falando? Ele tributou mercado de crédito? Ele tributou o quê? O terceiro mercado. O mercado de câmbio. Ontem nós vimos nos jornais que o Presidente da Bolsa foi até o Ministro Mantega pedir a desoneração do mercado de capitais. Na verdade, *stricto sensu*, não foi isso que ocorreu. O que ocorreu, na verdade, foi o seguinte: o Governo disse "Como falou o Quiroga, existem detentores de capital lá fora que estão querendo trazer dinheiro para o País, para investir no mercado de capitais e de crédito. Então, essa operação instrumental, de trazer dinheiro de uma outra soberania para o País, está provocando males na economia" – segundo a visão do Governo. "Então, eu vou onerar essa operação." Terceiro mercado.

Então, primeiro – aqui acredito a mácula, não é? – foi criado um "I", mas como um "I"? De crédito? De câmbio? Ou de títulos e valores mobiliários? Ou de seguro, que está no outro mercado? Na verdade, o que ele onerou foi uma operação cambial, claro que com reflexos no mercado doméstico, obviamente; mas foi um terceiro tributo que foi onerado. E esse tributo, na verdade, existe em termos constitucionais desde 1966, na verdade desde 1965, com a Emenda Constitucional 18. E depois as Constituições consolidaram esses quatro tributos, os três de que nós estamos falando, crédito, câmbio, título e valores mobiliários e seguro, que está no outro mundo; quando criado, esse tributo foi criado com uma forte conotação extrafiscal. É óbvio que todo tributo tenha função fiscal, e na verdade, em momentos anteriores, quando tínhamos o imposto sobre câmbio de 0,38% para substituir a antiga CPMF, nós tivemos algumas discussões judiciais onde os contribuintes diziam: "É inconstitucional o imposto sobre o câmbio nesse sentido". Por quê? Porque ele tem função fiscal, e na verdade ele deveria ter função extrafiscal. Com a devida vênia, absolutamente desprovido de qualquer juridicidade esse argumento. Qualquer imposto, qualquer tributo, pode ter função fiscal ou função extrafiscal. Ou seja, este, e ao câmbio instituído há dois dias, disse o jornal ontem que arrecadaria 4 bilhões de Reais ao ano. Qual o problema? É sua função fiscal.

Por outro lado, ele foi introduzido com a idéia de impedir o quê? O ingresso de moeda estrangeira em excesso no País – e, conseqüentemente, uma redução da taxa de câmbio, uma valorização do Real frente à moeda estrangeira, especificamente o Dólar. Portanto, a idéia pré-jurídica do Estado foi, por intermédio de imposto, fazer política monetária, fazer política econômica, fazer política cambial. Esses tributos têm essa forte conotação e têm essa característica não só pelo lado econômico, mas porque o texto constitucional deu a eles duas características muito importantes. A extrafiscalidade é, sem dúvida, é um fator econômico, mas existe a extrafiscalidade no sentido jurídico. E como veio a extrafiscalidade nesse tributo? Por intermédio da não-necessidade de respeito ao princípio da anterioridade geral e nonagesimal. Portanto, esses tributos podem ser aumentados e criados no dia que vigorarem, que têm plena eficácia a partir desse dia. Primeiro conceito, portanto, conceito jurídico. E o segundo conceito: eles não precisam ser aumentados por lei, basta um decreto – cuidado, desde que exista uma alíquota máxima já prevista na lei.

Muitos dos Srs. talvez não saibam e se surpreendam, mas imposto sobre câmbio no Brasil, hoje, tem alíquota de 25%. Todas as operações de câmbio no Brasil, hoje, podem ser tributadas em 25%, porque esta é a alíquota que está na lei. Contudo, com base nesse dispositivo constitucional, que dá essa conotação extrafiscal ao tributo, por decreto do Presidente, hoje, praticamente, grande parte das operações está reduzida a zero, ou a 0,38%, com exceção de cartão de crédito no Exterior, 2%, empréstimos de 90 dias, 5%: 0,38%, 2% para cartão de crédito, 5% para empréstimos inferiores a 90 dias e algumas operações de débito.

O que fez o Governo há dois dias? Ele disse o seguinte: "Qualquer não-residente que realizar uma operação de câmbio, trazendo recursos no País para investir no mercado de capitais financeiros ou no mercado de crédito, pagará 2% sobre o valor ingressado". Aí, então, esse imposto só incide na entrada? Não. Esse imposto também pode incidir na saída. Mas, na verdade, nem incide na entrada e nem na saída. Ele incide na compra e venda de moeda estrangeira, que pode ocorrer na entrada de capitais ou na saída de capitais. Para entrar capitais eu preciso vender Dólares, para ter Reais no País. Para remeter lá para fora eu preciso vender Reais, para ter Dólares lá fora. Duas operações de compra e venda, por isso que esse tributo pode incidir na vinda do capital estrangeiro, vendendo Dólares ou moeda estrangeira, adquirindo Reais, ou na saída, vendendo Reais e adquirindo moeda estrangeira.

Portanto, é um imposto muito perigoso. Todas as emissões de títulos que o Brasil fez lá fora há 5 anos, há 8 anos, qualquer empréstimo que tenha sido feito há 5, 10, 30, 50 anos atrás e venha a ser liquidado agora, se o decreto disser o seguinte: "Operação de câmbio, a partir de hoje, de saída de capitais, 2%", mesmo que a operação seja pretérita, de 30 anos, de 50 anos, incide agora. A discussão da segurança jurídica, nesse caso, jurisprudência absolutamente dominante ou praticamente unânime dos Tribunais Superiores, não se aplica. Qual a razão? É o tributo que tem essa característica. Não obedece à anterioridade e não obedece à necessidade de aumento por lei, no caso da alíquota desde que exista uma alíquota máxima estipulada.

Essa é a particularidade do tributo, por isso que ele causa tanta comoção quando sai, porque ele é surpresa, mesmo. Ele existe para isso, para causar esse impacto. E há uma tentativa de política monetária. Pode ser que ele colocou 2% e não fez nada, vai arrecadar 4 bi, poderá aumentar para 5, poderá aumentar para 7, a qualquer momento. Em instrumento de política monetária, ponto. Se está errado sob o ponto de vista econômico, se está errado sob o ponto de vista de política monetária, é uma outra questão. Mas o tributo é utilizado para isso mesmo, eu posso causar insegurança de investimento estrangeiro no Brasil, também é verdade, mas é um dos melhores instrumentos de política monetária de que dispõem, pelo menos hoje em dia, nossos governantes na área econômica. Portanto, não deve surpreender, eu li as reportagens dos jornais nos últimos dois dias, cheias de críticas, mas sob o ponto de vista econômico, sob o ponto de vista jurídico, absolutamente normal, o Governo tem esse poder, o fez de forma correta, sem restrição.

E, para terminar os três minutinhos que me restam, Ângela, veja como é interessante: todo tributo procura induzir, mas ele também distorce o tributo, distorce a insuficiência dos mercados, é natureza do próprio tributo. E, portanto, quando há tributação, há resistência ao tributo. Prática muito fácil, hoje, para não pagar esse tributo. É um planejamento que todo mundo está fazendo há dois dias. Em vez de vender Dólar e comprar Reais aqui, fazendo câmbio, o que se faz? Compram-se ações da Petrobrás na Bolsa de Nova York, que na verdade são vendidas por um recibo chamado ADR, Depósitos de Recibos Americanos, eu compro Petrobrás lá, mando resgatar aqui no Brasil por um sistema chamado ADR, ganho as minhas Petrobrás aqui no Brasil, vendo em Bolsa, faço dinheiro e compro outras ações. É isso que se está fazendo. Ou seja, não há operação cambial, simplesmente eu compro um título-espelho lá fora, trago o título para cá, vendo em Bolsa e compro outras ações. E é isso que o mercado brasileiro está dizendo, que essa tributação vai fazer com que o mercado vá para Nova York. Por quê? Porque o americano, em vez de trazer dinheiro para ficar aqui, pagando 2%, ele compra lá e não compra aqui.

Portanto, se o volume de Bolsa no Brasil é de 6 bilhões, pode ser que Nova York deve uma parte desses 6 bilhões, porque as pessoas vão fugir e o tributo distorce, e a resistência do tributo é legítima. Então, o mercado acaba identificando formas de fugir da tributação.

Dentro dos meus 25 minutos regulamentares a idéia era animá-los com tributo tão malfalado, que tem aquele apelido que não vou falar mais, que confunde, na verdade, quatro realidades diferentes. Tenho a certeza de que não é uma tributação complicada, é uma tributação muito simples. O grande negócio é saber entender os mercados. Assim como o Ricardo comentou, a tributação imobiliária não é tão difícil, o importante é entender o mercado imobiliário; assim como creio que o Balera também vai dizer, tributação de entidades filantrópicas não é tão difícil de entender, é difícil entender o que é o Terceiro Setor, e assim como o Prof. Schoueri também – que chegou agora, vindo da Colômbia, por isso merece todas as desculpas pelo seu atraso – vai dizer: a tributação internacional não é tão difícil, o problema é entender as operações internacionais.

Obrigado, e bom dia a todos! [*Palmas*]

Presidente da Mesa (Profa. Ângela Maria da Motta Pacheco) – Todos nós agradecemos ao Prof. Quiroga a explicação sobre a recente tributação de câmbio, e que não está sujeita ao princípio da anterioridade. Podemos agora entender um pouco melhor os jornais e não acreditar em muito do que eles falam. Então, Dr. Quiroga, as relações internacionais e as aplicações financeiras, isto é para quem sabe. Quem sabe, sabe.

Vamos, agora, passar à próxima palestra, de muito interesse, sobre o "Terceiro Setor". Aquele setor em que a atividade privada aplica todo seu esforço para atender aos interesses públicos. Está com a palavra o Prof. Wagner Balera.

Tributação do Terceiro Setor. Entidades Filantrópicas, ONGs, OSCIPs

Prof. Wagner Balera – *XXIII Congresso Brasileiro de Direito Tributário*... A gente pensa um pouco, na realidade nos ocorre a lembrança de Geraldo Ataliba, que foi o patrocinador de todo esse itinerário tão impressionante de estudos tributários no Brasil. Então, não é possível chegar a este Congresso tão importante sem fazer memória do que representou para os estudos tributários Geraldo Ataliba, nosso querido professor.

Este *XXIII Congresso* é presidido pela Profa. Elizabeth Nazar Carrazza, também uma figura exponencial no direito tributário. E quero agradecer aos organizadores, especialmente aos Profs. Aires Barreto e Paulo Ayres Barreto, pelo convite para estar aqui, hoje, falando com os Srs., lembrar saudosamente a memória dos queridos Eugênio Doin Vieira e Osíris Lopes Filho e saudar os integrantes da Mesa. O Prof. Luiz Schoueri, meu confrade da Academia Paulista de Direito; o Prof. Roberto Quiroga, o Prof. Ricardo Lacaz, e muito particularmente a minha amiga Ângela da Motta Pacheco, que preside esta Mesa.

Perceberam os Srs. que o Terceiro Setor foi colocado em terceiro lugar. Primeiro Setor, Segundo Setor, Terceiro Setor. Terceiro lugar. Trata-se de ordem estilística, sem qualquer hierarquia. Acentuou o Prof. Quiroga que mais importante de todos, sob certo ponto de vista, é o Setor Financeiro. Aliás, como se sabe, essa é a cultura dominante no mundo. Existe um "deus" no mundo hoje. Quem é o "deus" do mundo? O "deus" do mundo é o mercado. Portanto, eis o Primeiríssimo Setor. Colocado em ordem, o primeiro seria o Setor Financeiro. Depois viria o Setor Internacional, de que vai falar – obviamente, com grande brilho, como sempre – o Prof. Schoueri, que é a globalização, o mundo globalizado. Hoje o Brasil é uma pequena peça dentro do Universo, que está cada vez mais globalizado. E o Terceiro seria, naturalmente, o Imobiliário, que é o de tradição romanística da propriedade, que vem desde tempos imemoriais. A idéia de propriedade é uma constante. Todos querem ser proprietários de algo, "o meu". Aliás, foi o que o Rousseau, no *O Contrato Social*, assinalou. Toda confusão começou quando alguém resolveu dizer: "Isto é meu". Pronto: ali começou toda a confusão. Esse que iremos apreciar, aqui, deveria ficar no quarto lugar. Não no terceiro, no quarto lugar. Então, o Terceiro Setor seria um Quarto Setor. Portanto, é aquilo que diz muito bem Carrió: as classificações, ou elas são úteis, ou são inúteis.

Esta Mesa, do Terceiro Setor, parte de certa classificação que não me parece condizer com a realidade. A partir da minha idéia, que vai ser colocada aqui, há dois Setores. Existem o Setor Individual e o Setor Social. O Setor que está sendo chamado de Terceiro é um Setor Social. Então, o que se pode falar, aqui, diz respeito à tributação para o Setor Social. Na esquemática da expressão "Terceiro Setor" pensava-se no Estado, no indivíduo e nos terceiros que colaboram com o Estado ou com o Direito – um *tertium genus*, como se diz quando não se sabe explicar algum fenômeno no Direito. Aquilo que não se consegue enquadrar nas categorias tradicionais ou é *tertium genus* ou é *sui generis*, ao gosto de quem examina o assunto. Então, não sendo nem público, nem privado, é o Terceiro Setor.

Mas, evidentemente, qualquer objeto jurídico deve ser analisado a partir de um método. Portanto, para entendermos o Terceiro Setor e o fenômeno da tributação sobre o Terceiro Setor adotaremos o único método a que o jurista está habilitado. Pois o jurista só pode utilizar o *método normativo*, o único método que nos oferece utilidade. E o método normativo deflui da Constituição. E na Constituição a normatividade mostra-se através de três expressões distintas. Em primeiro lugar estão os *valores*. Abramos a Constituição, e já no "Preâmbulo" identificaremos os *valores*, dos quais cumpre destacar aqueles que interessam para a compreensão do tema proposto.

O primeiro, o principal valor, é a *dignidade da pessoa humana*. Diz Miguel Reale que a *dignidade da pessoa humana* é um valor fonte de todos os demais valores. Dentro da normatividade esse valor está em primeiríssimo lugar entre os valores. E os valores são pressupostos do ordenamento jurídico, porque nascem antes da própria concepção do ordenamento jurídico. Não é o ordenamento jurídico que põe ou impõe a dignidade da pessoa humana. Esta mesma dignidade é um bem, vale dizer, é um valor do Homem.

Em segundo lugar estão os *princípios*. Já inseridos dentro do aparato normativo, os princípios informam não apenas a tributação, como muitas outras realidades.

E em terceiro lugar, dentro da estrutura das normas, estão as *regras*. *Regras* são comandos que disciplinam as situações concretas da vida: "Faça isso"; "Não faça aquilo". "Pode fazer, se você quiser".

Eis a estrutura normativa: *valores*, *princípios* e *regras*.

Para compreender o Terceiro Setor interessa estudar a *dignidade da pessoa humana*, o *valor social do trabalho* e o *valor social da justiça social*. Esses são os valores que nos interessam para que adentremos o ambiente do Terceiro Setor.

Quanto aos princípios aplicáveis ao Terceiro Setor, posso pensar em um Subsetor dentro do Terceiro Setor, que é a chamada *Assistência Social*. Esta, dentro da estrutura constitucional, está animada pelos princípios próprios da Seguridade Social, dos quais nos interessa um. Este único princípio da Seguridade Social aplicável especificamente à Assistência Social nos faz compreender a tributação do Terceiro Setor. Trata-se da *eqüidade na forma de participação no custeio*. Estampado no inciso V do parágrafo único do art. 194 da CF. Eis aí o princípio iluminador da experiência tributária nesse Setor, o Terceiro Setor. Valores, princípios e regras escalonados em sistema darão organicidade à tributação do Terceiro Setor.

A primeira modalidade de instituição do Terceiro Setor que se conhece é a da *filantropia*. As "entidades de fins filantrópicos", como diz a Carta Magna. A filantropia. É tão velha quanto a História do Brasil, já se fazendo presente desde os tempos coloniais. A primeira instituição filantrópica brasileira foi a Santa Casa de Misericórdia de Santos, fundada no mesmo ano em que nascia a cidade de Santos, por Braz

Cubas; a primeira instituição filantrópica. E por que se chama "de Misericórdia"? Porque filantropia se confunde com misericórdia; esta última é um nome antigo para a filantropia. E o que vem a ser "misericórdia"? O querer bem, o querer de coração. Essa é a função própria da misericórdia, como acentuou João Paulo II na Encíclica *Dives in Misericordia*. Portanto, a partir dessa concepção tudo estaria modificado, porque a caridade – vale dizer, a expressão suprema do querer do coração – é a primeira das virtudes. Posto nesses termos, estaríamos diante do Primeiro Setor. O Primeiro Setor é o amor. A filantropia é expressão do amor, do bem em favor do outro, do semelhante. E surge, prontamente, a questão: quem faz o bem paga tributo para fazer o bem? Pagar tributo para fazer o bem?! Para substituir o bem que a comunidade, como um todo, deveria fazer, aqueles que fazem o bem serão onerados com tributos?! Seria algo anômalo, algo inexplicável dentro dos valores, princípios e regras. Portanto, é a filantropia a primeira expressão do Terceiro Setor, e foi juridicizada pelas nossas Constituições. Tal categorização da filantropia, na perspectiva tributária, está na Lei Magna desde a configuração do atual sistema tributário – vale dizer, desde a Emenda Constitucional 18/1965 e suas subseqüentes alterações. Várias alterações, em nível constitucional, ocorreram nesse período todo até a vigência da Constituição de 1988, que não modificou, em essência, o sistema tributário. Modificada a Constituição, ainda não foi modificado o Código Tributário Nacional, entre outras razões porque é o mesmo sistema.

Quando se cogita da Reforma Tributária, tema recorrente, o que se quer reformar é a estrutura do Sistema Tributário Nacional que vigora no Brasil desde 1965.

E nessa estrutura está o Código Tributário Nacional, dotado de regras específicas a respeito de como serão concedidas isenções para as entidades do Terceiro Setor. Ora, na verdade, o fenômeno é de imunidade. Todos aqui somos especialistas na área; portanto, não preciso explicar o que é *imunidade*, o óbice constitucional à tributação, é a norma constitucional que retira daquele pedaço do mundo o fenômeno da incidência. É não-incidência qualificada constitucionalmente sobre tal atividade, sobre tal Setor, sobre tal situação. A incidência está na regra. A imunidade está no princípio. É um princípio constitucional. Então, esse primeiro dado é que o Código Tributário Nacional veio dotado de anomalia congênita, porque cuida de isenção quando o fenômeno a ser disciplinado é o da imunidade.

Grande parte das discussões em torno do tema está centrada na seguinte questão: pode uma lei ordinária disciplinar matéria constitucional? Do ponto de vista formal tal disciplina não seria possível, porque o tema se encontra sob reserva de lei complementar.

O Terceiro Setor Constitucional – digamos assim – está relacionado, basicamente, às atividades de Assistência Social e igualmente com a área da Educação. Prevendo hipótese em que entidades de fins filantrópicos exerçam atividades na esfera educacional, no ambiente da educação, direito de todos e dever do Estado.

Portanto, duas realidades operantes no Terceiro Setor: a Assistência Social e a Educação.

A mais recente disciplina do assunto consistiu na edição da Medida Provisória 446/2008. Surpreendentemente, a medida provisória foi devolvida pelo Presidente do Congresso Nacional ao Chefe do Poder Executivo.

De fato, a devolução da medida provisória mediante ato liminar e unilateral do Presidente do Congresso não encontra respaldo no processo legislativo constitucional. Trata-se de ato antijurídico, não previsto no ritual normativo das medidas provisórias. Ato que instaurou perigoso desequilíbrio entre os Poderes, porque quem devolve é o Congresso, e não o Presidente do Congresso. No Poder Executivo, sim, quem manda é o Presidente da República. Na esfera do STF quem manda não é o Presidente do STF, é o STF. No Congresso quem manda é o Congresso – portanto, quem aceita ou rejeita é o Congresso. Dois dias depois que esse órgão unilateral do Congresso operou tal ato isento de respaldo constitucional, a própria estrutura interna do Congresso, por intermédio da Comissão de Constituição e Justiça, comunicou ao Presidente do Congresso que lhe faltava competência para devolver a medida provisória.

Pode o Congresso Nacional rejeitar a medida provisória. E foi o que ocorreu nesse caso concreto. Pela segunda vez na história constitucional de 1988 uma medida provisória é formalmente rejeitada, por ato normativo do Congresso, por lhe faltar – segundo a interpretação congressual – um dos dois requisitos de admissibilidade de tal ato normativo. Tais requisitos, nos termos do art. 62 da Carta Magna, são, como se sabe, a *relevância* e a *urgência*. Ouso discordar da ausência do primeiro requisito. Porque é óbvio que filantropia é atividade revestida de relevância. São relevantes a Educação e a Assistência Social, porque indispensáveis para que se atinja a Justiça Social, valor constitucional, como se viu aqui.

Mas quanto ao segundo requisito, o da *urgência*, assiste razão ao Congresso. Disciplinar o Terceiro Setor como um todo, particularmente a questão da filantropia, é tópico que se encontra na pauta de discussão desde o advento da Constituição de 1988. Portanto, é necessário que se estabeleça a disciplina jurídica da incidência para as entidades do Terceiro Setor. Que o Congresso Nacional cumpra seu dever constitucional, que, na hipótese de rejeição, exige a disciplina formal das relações jurídicas decorrentes da medida provisória. Esse é o passo subseqüente que se espera, na devida e cabal continuidade do devido processo legislativo; isto é, regular as relações jurídicas decorrentes da vigência, ainda que provisória, da medida provisória, com regulação das relações jurídicas, porque a cada dia em que a medida provisória esteve em vigor foram brotando na vida da comunidade muitíssimas relações jurídicas. Isso o Congresso Nacional não operou até o presente momento.

Diante da manifesta omissão do Congresso, o Ministério Publico ingressou com uma ação civil pública da qual resultou surpreendente decisão do órgão judiciário de primeiro grau. A Juíza da 13ª Vara Federal do Distrito Federal, a Juíza Isa Tânia Cantão, determinou que em todo o Brasil, imediatamente, fossem calculados e lançados todos os créditos de contribuições sociais devidas por aquele caudal de entidades filantrópicas que não vertem tributos porque são imunes. Deveria a Receita Federal do Brasil tomar essa providência imediatamente, como se fosse possível lançar tributo sem a observância do devido processo administrativo de lançamento, no qual cumpre respeitar a garantia constitucional da ampla defesa, do contraditório, com os meios e recursos etc., etc.

Em boa hora o TRF suspendeu a inusitada decisão, a fim de que o assunto seja reavaliado com prudência e serenidade.

É certo que continua a lacuna, que não foi preenchida, porque o Congresso não cumpriu sua parte; e a decisão judicial provisória preenchia a lacuna, ainda que de modo impróprio. Com a intervenção da segunda instância, o TRF, suspendendo a decisão do primeiro grau, a lacuna ressurgiu.

Vale, portanto, o Direito anterior. Quem disciplina essa matéria é o Direito anterior. O Direito anterior trata de maneira distinta as entidades de fins filantrópicos e as chamadas organizações da sociedade civil de interesse público/OSCIPs. Isso é que é o Terceiro Setor. É o privado realizando interesse público. As OSCIPs desempenham ações da maior relevância, como define a Lei 9.790/1999. Só para se ter uma idéia, a título exemplificativo – porque são 13 os itens que compõe o art. 3º do referido diploma –, as OSCIPs promovem gratuitamente a Educação.

Para a promoção gratuita da Educação essas entidades têm imunidade e, mais ainda, recebem recursos do Poder Público. Uma vez que o Estado não consegue dar Educação para todos, e a Educação é direito de todos, estimula as entidades privadas a que realizem gratuitamente as atividades educativas. Então, essa é a primeira.

Segunda: promoção gratuita da Saúde. Direito de todos e dever do Estado. São as entidades de sociedade civil a promoverem a saúde gratuitamente. Volto a lembrar as vetustas Santas Casas de Misericórdia. Muito do atendimento de saúde que se faz pelo Brasil afora é da responsabilidade das Santas Casas de Misericórdia.

E o terceiro exemplo é o da promoção da Ética. Quanta falta não está fazendo a Ética! Promoção da Ética, da Paz, da Cidadania e dos Direitos Humanos. Ética, Paz, Cidadania e Direitos Humanos. Valores constitucionais por excelência. Evidentemente, quem se dedica a tão relevante atividade deve não apenas estar imune a toda tributação como, naturalmente, ser incentivado a fazê-lo com recursos públicos.

Assim concluo – observando o tempo que me fora destinado – minha brevíssima exposição sobre a tributação do Terceiro Setor. [*Palmas*]

PRESIDENTE DA MESA (PROFA. ÂNGELA MARIA DA MOTTA PACHECO) – Agradecemos ao Prof. Wagner Balera os esclarecimentos – e que até me emocionaram – sobre a questão da assistência social, misericórdia, inclusive um termo cristão, mostrando, esclarecendo tudo isso, esclarecendo o que a Constituição respeitou e criou, com as imunidades, e o desconhecimento e o equívoco do Poder Executivo e do Poder Legislativo.

É uma matéria que nós temos que trabalhar e que lutar muito por ela. Agradeço duplamente, em nome de todos, essa palestra Prof. Wagner.

E agora passo a palavra ao Prof. Eduardo Schoueri, que, dentro do conhecimento que tem de Teoria Geral do Direito, que eu admiro, se especializou em relações internacionais e tributações dessas relações. Palavra ao Prof. Schoueri.

Tributação Internacional

PROF. LUÍS EDUARDO SCHOUERI – Obrigado, Profa. Ângela! Quero, na sua pessoa, e também na do nosso Presidente, Paulo Ayres, que eu vejo ali em frente, agradecer ao IDEPE. E agradeço ainda mais ao Prof. Paulo Ayres por ter me colocado numa Mesa como esta, só com amigos.

Vejam: não só um confrade, mas também um padrinho na Academia Paulista de Direito, todos meus amigos. Também o Quiroga, colega na Faculdade de Direito da USP, e Lacaz, meu sócio de escritório. Que Mesa, não? Fico lamentando o que eu já perdi. Mas, só para explicar, estou chegando da Colômbia agora, chegando de um Congresso de Direito Tributário Internacional, e foi muito interessante ouvir com quê se preocupavam lá. Na primeira palestra, o Ministro da Indústria e Comércio da Colômbia falou sobre o papel da Colômbia nesse cenário internacional, e mostrou como também eles estão perdidos. Também eles não sabem bem o que fazer. Então, o caso da Colômbia: dizem que estão em uma situação curiosa, saíram atrás de um modelo e descobriram um país na Europa chamado Irlanda. Um país que deu certo por causa do tributo. Um país que era o último da Europa, que não funcionava, não tinha nada certo, e então resolveram utilizar a política tributária, resolveram criar incentivos fiscais, resolveram reduzir o imposto de renda – e, de repente, virou um pólo de tecnologia por conta da tributação.

Um caso europeu conhecido é o *Cadbury Schweppes*, que nada mais foi que uma transferência de todas as operações financeiras do grupo *Cadbury Schweppes* para a Irlanda. Ou seja, o Ministro da Colômbia dizia: a Irlanda acertou, a Irlanda não perdeu em nada com sua política, mas simplesmente conseguiu atrair investimentos, reduziu a carga tributária. E a proposta colombiana é nesse sentido: o Ministro relatava claramente que a Colômbia estava no mesmo caminho. Para que se possa ter uma idéia, o que aqui chamamos de "zona franca" também é um conceito conhecido na Colômbia. De acordo com o Ministro colombiano, seu país tinha 11 zonas francas. Mas todas elas não funcionavam bem, havia muito tempo que ninguém se instalava em alguma delas. Então, as autoridades colombianas concluíram que não tinha sentido mandar um empresário se instalar onde não queria. Mudaram o conceito: agora, na Colômbia, zona franca é a própria empresa. Exatamente: qualquer empresa que invista determinado valor e ofereça um número mínimo de empregos é considerada uma zona franca. Ou, caso a empresa alegue ser pequena, pode se juntar com outras, e se, em conjunto, investirem determinado valor, elas estarão em uma zona franca. O Ministro disse que o conceito anterior, tradicional, de "zona franca" era muito interessante para o Governo. Entenda-se: o Governo comprava um terreno, que, por vir a se tornar uma zona franca, valorizava-se rapidamente. Entretanto, acabaram com essa prática. Agora, os empresários se instalam onde querem, e para o Governo o processo é indiferente, já que ele não mais o controla. Outra notícia dada pelo Ministro colombiano foi a de que também se criou uma medida de permanência, como um contrato de estabilidade jurídica. A idéia é: desde que a empresa se comprometa a investir certo valor e criar tantos empregos, ela terá direito a uma estabilidade, inclusive tributária, que varia entre 3 e 20 anos. Ou seja, a empresa celebra um contrato com o Estado onde combina o valor e o modo do pagamento, estabelece o regime de lucro presumido, e o que acontecer dali em diante não a afetará. Estarão assegurados seus privilégios.

Vejam, falo de medidas tomadas por País que é nosso vizinho, que se projetou em um cenário internacional e precisou determinar qual seu papel e como se dará sua atuação nesse contexto. Porque, afinal de contas, um País não pode mais acreditar que tem soberania tributária, que pode organizar seu sistema tributário de acordo as vontades de seu Congresso. Isso não é mais possível, já que, de forma cada vez mais intensa, exige-se um sistema tributário competitivo: esta medida que a Colômbia adotou nos afetará de algum modo, nos roubando concorrência por investimentos. Cada vez que outro País adota uma medida, nós temos que ter a contrapartida. Quem de nós, aqui, é favorável a que não se tributem os rendimentos dos não-residentes? Quem de nós acha justo que o não-residente invista aqui e não seja tributado, enquanto nós, nacionais, somos tributados? Não acho que seja justo, no entanto entendo que seja necessário, já que o resto do mundo não tributa. Ou seja, estamos inseridos em uma concorrência. Não há como o País tributar os não-residentes, se os demais Países não o tributam: caso isso ocorra, simplesmente não se investirá mais aqui. Quero dizer que, com a globalização do mercado, o País não tem mais liberdade de fixar sua base tributária. O Brasil deve compreender o contexto em que está inserido, assim como entender qual é seu papel nele.

No entanto, temos um problema curioso, porque estamos falando de um adolescente. Por muito tempo o Brasil possuía um papel muito claro; era um País em desenvolvimento, e sua política tributária, portanto, era típica de um País em desenvolvimento. De repente, o País em desenvolvimento tornou-se sede de empresas multinacionais. O País em desenvolvimento transformou-se, então, em uma potência regional. Nós nos sentimos muito bem quando se fala do Brasil, que agora é um País importante, que virou potência regional. E, então, como adaptar nosso sistema tributário? Há algum tempo a doutrina brasileira dizia, claramente, que se deveria lutar pela tributação na fonte. Afinal de contas, não seria justo que o País da residência tributasse o rendimento daquilo que fora produzido no Exterior. Agora, o Brasil tornou-se o País da residência. Deve-se mudar de discurso, ou não? Vamos agora aceitar a tributação em bases globais? Nosso sistema tributário deve ser desenhado de acordo com os Países desenvolvidos ou com os Países em desenvolvimento?

É essa nossa adolescência. A adolescência é aquela situação terrível em que já se tem um corpo de adulto mas não se sabe muito bem o que fazer com isso. A sensação de adolescente é aquela bagunça desajeitada. É, mais ou menos, o que vejo no nosso sistema tributário: um sistema adolescente, que age metendo os pés pelas mãos, com uma medida atrás da outra. E só depois se pergunta: "Por que fizeram isso?". Diria: porque ouviram o galo cantar, algo tinha que ser feito, fizeram, e fizeram errado.

Busquemos alguns exemplos do que vem acontecendo, para que possamos pensar. O argumento de se adotar a tributação em bases globais: o mundo inteiro tributa em bases globais, como continuar tributando apenas territorialmente? Edita-se, então, a Lei 9.249/1995, complementada hoje em dia pela Medida Provisória 2.158-35/2001, que, a título de tributar os lucros das empresas brasileiras em bases globais, acabou por fazer do Brasil o único País – aliás, quase único, já que a Nova Zelândia também está na mesma situação – que tributa suas multinacionais por lucros que não foram disponibilizados. Quer dizer, imaginemos uma cervejaria brasileira qualquer que resolva investir na Venezuela, ou na Colômbia, onde encontra outra cervejaria, americana, investindo no mesmo mercado. As duas pagam imposto colombiano, aquele imposto reduzido. As duas vão reinvestir. A empresa de capital americano paga o imposto colombiano e segue reinvestindo. Enquanto não partilhar seus dividendos, não haverá outra tributação. A empresa brasileira, no entanto, terá que pagar imposto brasileiro. A empresa de capital brasileiro que investe na Colômbia paga imposto na Colômbia e paga imposto no Brasil. Ou seja, o Brasil consegue exportar sua carga tributária, fazendo com que suas empresas concorram em qualquer lugar do mundo pagando imposto brasileiro. Os americanos não fazem isso. Nos Estados Unidos existe o *tax deferral*: a idéia de que o contribuinte não pagará imposto sem repatriar. E ainda assim existe uma maneira pela qual não há necessidade de repatriar, o *check-the-box*.

Os europeus já há muito tempo adotaram essa liberalidade: a empresa européia que investe no Brasil não terá que pagar imposto de renda na Europa sobre os dividendos. O Brasil consegue ser o único País em sua situação. E isso porque ouviu falar da chamada "transparência fiscal", que realmente é uma tendência no mundo inteiro. A idéia do instituto é a seguinte: não se permite que o estrangeiro, para fugir da tributação em seu País, crie uma empresa *offshore* e, por meio dessa empresa, invista em terceiros Países. Diz a lei estrangeira: caso se invista em uma empresa *offshore* e, a partir dela, invista em outros Países, esta operação será transparente, ou seja, será desconsiderada essa *offshore*. Em qualquer caso? Não, apenas para rendimentos passivos. É o que surgiu na nossa linguagem como CFC, *Controlled Foreign Corporations*. A legislação do CFC busca impedir que o residente estabeleça recursos num "paraíso fiscal" e do "paraíso fiscal" faça novas aplicações, obtendo rendimentos passivos. Então, neste caso se adota a transparência. O Brasil ouviu falar do regime de CFC e adotou essa transparência para qualquer caso e qualquer situação: se investir em qualquer País, investimento produtivo, pagará imposto de renda brasileiro. Estamos afastando a possibilidade de concorrência da empresa brasileira. A multinacional brasileira paga imposto brasileiro sobre lucro auferido no Exterior, e é a única que faz isso. Esse sistema tributário está criando uma dificuldade em competição para a empresa brasileira.

Mas é esse o único problema que temos? Não, temos vários outros problemas nessa nossa fase de adolescência.

Vamos falar de um assunto que nos interessa. Falemos do assunto do tal de *preço de transferência*. Vamos pensar sobre o que existe na nossa legislação. *Preço de transferência*, nós sabemos, é um conceito também mundial, todo o mundo adota. A idéia básica é que não se pode, por meio da manipulação de preços entre pessoas ligadas, fugir da tributação brasileira. É o modelo básico. Se eu pago imposto sobre o lucro, imposto sobre a renda, quanto maior for meu custo, menor será minha renda. Então, tentarei inflar o meu custo, ou seja, importarei por um valor mais alto que o de mercado. Com isto, aumento o meu custo, e, aumentando o meu custo, reduzo o imposto brasileiro. Então, preço de transferência, no fundo, é o quê? É importar um bem ou um serviço por um valor mais alto que o de mercado, ou exportar por um valor abaixo do mercado. De forma simples, é isso.

E o Brasil adota a legislação de preço de transferência – como, aliás, o resto do mundo também o faz. Mas, aqui, nós "tupiniquinizamos" a legislação em certos aspectos. E vou dizer que fizemos muito bem. Algumas coisas que fizemos nos tornaram alvo de risos lá fora. Mas hoje em dia, apesar dos risos, penso que não havia outro jeito. O que não tinha outro jeito? A crítica clássica à nossa legislação de preço de transferência é a respeito das margens predeterminadas. Nós lutamos para dizer o seguinte: para saber o que é o preço de mercado, tome o preço de venda e deduza o lucro. É um custo razoável que você terá. É um método que existe, e se chama PRL. Há também o método do custo mais lucro, conhecido como CPL: supõe-se que uma pessoa, quando negocia com partes ligadas, acrescenta o custo à margem de lucro. São métodos clássicos. A dificuldade, o que faz com que haja exércitos de especialistas de preço de transferência no mundo inteiro, não é saber o que é preço de transferência, pois isso é fácil. Não é saber o que é custo, pois isso também é fácil. A dificuldade é saber qual é a margem de lucro adequada para cada um dos itens.

O problema dessa questão de qual é a margem adequada para cada item é que são necessários estudos de especialistas, economistas, para chegar a um convencimento de que para aquele produto, naquele mercado e naquela circunstância, a remuneração adequada seria tanto. Se lá fora existe dificuldade, imaginem a nossa realidade. Imaginem cada fiscal, em cada situação, analisando cada uma das empresas e discutindo, margem por margem, cada produto. Não é realista. Aliás, devo dizer que mesmo no Exterior, mesmo em Países desenvolvidos, hoje já se questiona essa tal de aproximação. Ela é muito bonita na teoria, mas não funciona. Ela não funciona porque não se consegue saber a margem de cada um dos produtos.

O Brasil adotou um sistema, nesse ponto, bastante interessante. Quer dizer, não se discute a margem: ela já existe. Até aí, acredito que o Brasil acertou. Apenas como comparação, tomemos o Brasil e a Argentina. O Brasil adota margens predeterminadas, enquanto a Argentina adota margens de mercado padrão. Só que a realidade da Argentina, como a brasileira, é de que não há fiscais suficientes. Então, que diferenças nós temos? Aqui, nossa fiscalização é para valer, enquanto a de lá é "para inglês ver" – ou seja, todo argentino pode acreditar que não será fiscalizado em preço de transferência, porque é impossível fiscalizar, nessa matéria, cada uma das empresas argentinas. Não existe fiscalização suficiente. Aqui, toda empresa sabe que será fiscalizada em matéria de preços de transferência, porque essa fiscalização é muito fácil. Basta tomar o preço de venda e a margem de lucro. Ou seja, nós temos medo da lei de preço de transferência. Até aqui, acertamos. Onde nós erramos? Estamos errando quanto a essa margem, que deveria funcionar como um mínimo, que deveria ser um sistema que nós chamamos de *safe harbour*. A idéia dessa margem é a seguinte: se você atender a pelo menos isso, você está bem, não é com você que vou me preocupar. A idéia de margens predeterminadas funciona, e funcionaria bem caso fosse um sistema que dissesse a 98% dos contribuintes: "Você atendeu a isso, vá tranqüilo", ou seja, "Deixe eu me preocupar, deixe eu me dedicar àqueles 2% que não conseguem atender. Vamos entender a situação deles". Ou seja, qual é a lógica de preço de transferência para um País em desenvolvimento, como o Brasil?

É o *safe harbour*, absolutamente. Para 98% das empresas, diz-se: "Pelo menos isso você pagou". E deixa-se os 2% para uma discussão – aí, sim – econômica. Então, nesse caso, procura-se entender o negócio, compreender por que essas empresas não atingiram a margem fixada. Ou seja, do ponto de vista de um sistema que possa funcionar, as margens deveriam ser usadas como presunções, admitindo prova em contrário. A discussão seria encerrada, dizendo-se: "Vamos adotar margens para que muita gente não se preocupe mais com o assunto, mas se ele não se enquadrar no *safe harbour*, é claro, não vamos deixar de fiscalizar" – não é como na Argentina, em que simplesmente ninguém vai ser fiscalizado. Portanto, a crítica que vale não é a existência de margens, mas como elas foram fixadas.

É o fato de que a Lei 9.430/1996 previa mudanças de margens. Nós estamos em 2009. Adivinhem os Srs.: quem, aqui, acha que já houve 30 casos de mudança de margens? Vinte? Ou dez casos? Cinco casos? Alguém acha que já houve 1 caso de mudança de margens, nesses 13 anos? Nunca alguém conseguiu mudar as margens fixadas. A lei diz que o Ministro da Fazenda poderia mudar as margens em casos determinados, mas nunca houve uma mudança. Vejam: o problema não é com a lei, o problema é com a prática. Não é necessário mudar a lei para que se conserte nosso problema. Basta o Ministro passar a considerar os casos e adotar margens de setores, discutindo o que é razoável, porque, como sistema, como idéia, isso funciona. Eu não critico, aqui, a lei, mas critico as margens. Se eu for criticar a lei, vou criticar em outro ponto, porque com essas margens fixas nosso legislador conseguiu chegar a um absurdo.

Imaginem se eu chegar para o Presidente da República e disser o seguinte: "Sr. Presidente, o Sr. sabe que temos uma lei de preço de transferência que diz, mais ou menos, que, se uma empresa importar um produto acabado e revender, ela deve ter um lucro bruto de 20% do preço de venda. É razoável. Muito bem, Sr. Presidente, o Sr. sabe que essas empresas, se resolverem importar alguma matéria-prima para industrializá-la no País, isto é, se houver qualquer agregação de valor no País, 60% do preço da venda é lucro". Como é que é? O máximo é 40% de custo. Como é que é? Faça a sua conta de novo: se 40% é custo, 60% é lucro, qual é a margem de lucro bruto exigida de cada uma das indústrias instaladas no Brasil? É 150%. E quem não tiver 150%? Paga imposto como se tivesse. Não, não é esta a melhor interpretação da Lei 9.430/1996, mas é a interpretação dada oficialmente pela Receita Federal na Instrução Normativa 243/2002.

Eu espero que o Conselho de Contribuintes, atualmente CARF, venha a derrubar essa interpretação, pois ela é absurda. É o que venho dizendo: se o CARF não derrubar, o Supremo derruba. O STF já se manifestou a respeito da proporcionalidade em matéria tributária. Eu posso não saber o que é uma margem razoável. Mas 150% de lucro, isso não é razoável. A inconstitucionalidade será declarada pela irrazoabilidade, porque estão abusando. Nós temos uma esperança de que o CARF venha a dizer que essa interpretação não funciona, que existe outra interpretação bem mais razoável, que reduz a margem conforme haja agregação de valor no País. Espero que ela venha a prevalecer. Mas estamos sob o risco de termos uma lei declarada inconstitucional em virtude de a aplicação que se faz dela torná-la irrazoável.

Outro tema a respeito do qual nós temos que decidir, nessa nossa adolescência em matéria tributária, é para quê servem os nossos acordos de bitributação. Mesmo celebrando uma série de acordos de bitributação, não temos um com nosso principal parceiro. Como é que é? Sim, o maior investidor do Brasil, os Estados Unidos, não tem acordo com o Brasil. O que me faz ter a dúvida: será que o acordo de bitributação serve para alguma coisa? Ele serve para fomentar investimentos. Afinal de contas, o investidor não faz investimentos sem acordo? Para quê nós celebramos acordo de bitributação, se não é para atrair investimentos? Mas não – diz-se –, se tivesse acordo viria muito mais. Isso é especulação. Só para mencionar, tivemos a denúncia do acordo Brasil/Alemanha, e nem por isso verificamos uma retração dos investimentos alemães. A verdade é que todos os Países, hoje, já têm suas legislações internas que, bem ou mal, afastam a bitributação.

A bitributação, hoje em dia, é residual. Eu preciso saber para quê eu irei celebrar um acordo de tributação. Vou celebrar, preciso saber para quê. Vou celebrar para conseguir alguma estabilidade. Eu vou celebrar para que consiga assegurar, por meio do acordo, algo que o investidor não tinha sem ele. Explico-lhes, em situação concreta, por que não temos hoje um acordo com os Estados Unidos. Imaginem que hoje nós tenhamos uma tributação sobre *royalties* no Brasil de 15% na fonte. E hoje nos Estados Unidos – como, aliás, nos Países em geral – assegura-se um crédito do imposto que se paga no Brasil. Portanto, o americano paga imposto nos Estados Unidos? Paga, mas deduzindo o imposto já pago no Brasil. Se algum acordo de bitributação fosse celebrado, o que mudaria? Na opinião dos americanos, absolutamente nada. O mesmo crédito seria dado. Para quê o acordo?

Vamos comparar a situação americana, agora, com a situação canadense. O canadense, se investir aqui no Brasil, terá tributação sobre *royalties* de 15%. Quando chegar ao Canadá, terá um crédito de 20%. É o *matching credit*, ou seja, o Governo Canadense concordou com o Governo Brasileiro que haveria uma diferença entre o montante pago no Brasil e o valor do crédito no Canadá. O Governo do Japão, por sua vez, concordou com o Governo Brasileiro que se o Brasil, como incentivo fiscal, reduzisse seu imposto, o Japão faria de conta que não houve a redução. Isso se chama *tax sparing*. Por que isso? Por razões óbvias. Qual é o sentido de se criar um incentivo fiscal no Brasil para reduzir a tributação dos *royalties* se a isenção implicar maior tributação no Japão? Vou explicar de novo. O Japão não daria o crédito de imposto para o Brasil? Então, se o Brasil cobra 12,5%, haverá crédito de 12,5% no Japão. Agora, se o Brasil der isenção, qual será o crédito no Japão? Se não houvesse acordo, seria zero. O Japão concorda, e propõe: "Façamos o seguinte, como você iria tributar 12,5%, é seu direito tributar, como também não tributar. Mas se você não tributar em seu território, onde você poderia tributar, eu continuo tributando só aquilo que ultrapassar os 12,5%, ou seja, eu não entro na sua fatia. Você, Brasil, exerce plenamente sua soberania". O americano não aceita isso. O Governo Americano concorda que o Brasil possa tributar até 15%, mas, se o Brasil não tributar, ele, americano, tributa aquilo que o Brasil não tributou. Então, nossa grande briga: por que não temos acordo com os Estados Unidos? Porque eles querem se meter na nossa fatia, porque eles querem nos impedir de oferecer incentivos fiscais. Se eu tenho que zelar e montar o incentivo a setores, uma tributação setorial, como é que posso celebrar um acordo que vai anular meus incentivos? É melhor não ter acordo nenhum. Eu não posso celebrar acordo sem que se considere essa visão. Isso se chama *matching credit* ou *tax sparing*.

Eu preciso decidir, no meu acordo, como vou tratar os serviços. Serviços, hoje, são uma fonte importantíssima de renda. Eu estou disposto a isentar os serviços prestados por não-residentes aqui no País, num cenário de *Internet* onde tenho mais e mais serviços virtuais? Posso admitir que eu não vá tributar porque o prestador de serviço não está fisicamente instalado aqui, embora ele concorra com os nacionais? Alguns dos Srs. têm dúvidas de que essa concorrência internacional, hoje via *Internet*, vai crescer? Imaginem o *download* de *software*, ou o que quiserem. Eu não preciso estar fisicamente aqui para poder prestar um serviço ou oferecer um bem. Eu preciso entender também como se fará a divisão de tributação, nessa era digital. Preciso decidir se estou de acordo, ou não, em adotar arbitragem em caso de bitributação internacional. A *arbitragem* – palavra moderna – já existe na Convenção-Modelo da OCDE. O Brasil não celebrou nenhum acordo prevendo a arbitragem. Vamos adotar isso, ou não vamos? A OCDE hoje sugere que acordos de bitributação prevejam não só a troca de informações, mas assistência na própria cobrança de tributo. Eu quero entrar nesse caminho? Eu estou disposto a cobrar um crédito do meu parceiro aqui no Brasil? E se eu cobrar, como é que será? No caso da falência de uma empresa brasileira que tenha dívidas tributárias com um País, que pode ser um parceiro qualquer nosso, como a Holanda, se estivesse prevista no acordo a assistência na cobrança de tributos, o Governo Holandês, quando fosse cobrar o crédito do Brasil, cobraria o crédito tributário ou um crédito não-tributário? Seria privilegiado ou não seria privilegiado? São desafios que teremos que enfrentar, porque a nossa tendência será celebrar acordos de tributação com essas cláusulas: arbitragem e assistência na cobrança de tributos.

Ou seja, o que eu quero dizer, concluindo os meus 25 minutos, é que o cenário internacional nos obriga a repensar toda essa tributação. Essa posição de adolescente está muito estranha. Nós não somos mais crianças, nós temos que começar a nos comportar igual gente grande, entender o jogo, entender quem nós somos e entender que o sistema tributário pode viabilizar ou inviabilizar o País. Precisamos, agora, ter a coragem de dizer para o nosso Governo que não está certo desestimular a industrialização no País; que eu não posso ter uma lei de preços de transferência que me obrigue a adquirir produtos acabados, a instalar indústrias nos vizinhos e nunca no Brasil; que eu não posso ter uma legislação de tributação em bases globais que tributa lucro que não foi disponibilizado, que me obriga a exportar a carga tributária brasileira; que é preciso ter acordos de tributação que respeitem a realidade brasileira. Ou seja, a mensagem que eu passo num Congresso como este é a de que olhemos com carinho o que vem sendo feito na área tributária internacional. Precisamos enxergar que essa tal de soberania tributária deve ser exercida com inteligência, sob pena de nós pagarmos o preço no futuro.

Eu agradeço atenção de todos! [*Palmas*]

PRESIDENTE DA MESA (PROFA. ÂNGELA MARIA DA MOTTA PACHECO) – Prof. Schoueri, quem agradece somos nós, pela sua palestra muito oportuna neste momento, sobre a viabilização e continuação da viabilização dos negócios internacionais, que são tão afetados pela tributação do nosso País. Muito obrigada!

Recebemos duas perguntas para o Prof. Wagner Barela, mas eu tenho que dizer que, infelizmente, nós esgotamos o tempo. Pedimos desculpas, e eu peço ao Prof. Wagner Barela que depois responda a quem o procurar. Muito obrigada, e está encerrada esta Mesa! [*Palmas*]

CONFERÊNCIA

ASPECTOS DO PROCESSO ADMINISTRATIVO TRIBUTÁRIO

Prof. Paulo de Barros Carvalho

Presidente do Congresso (Profa. Elizabeth Nazar Carrazza) – Vamos ter, a partir de agora, a oportunidade de ouvir a conferência do Prof. Paulo de Barros Carvalho.

O Prof. Paulo de Barros Carvalho vai falar sobre os "Aspectos do Processo Administrativo Tributário", e é conhecido de todos. É Professor Titular da PUC/SP, onde coordena o Mestrado e o Doutorado; Professor Titular da USP e Professor Emérito das duas Faculdades.

Confesso a vocês que para mim é motivo de grande satisfação estar aqui apresentando o Prof. Paulo de Barros Carvalho, que tive a oportunidade de conhecer desde o início da Equipe de Direito Tributário do Prof. Geraldo Ataliba, na PUC.

O Prof. Paulo sempre foi um grande estudioso do direito tributário e da Teoria Geral do Direito. Não podia ser diferente, hoje ele é um Chefe de Escola, sem dúvida alguma uma Escola de Direito conhecida em todo o Brasil. E não só no Brasil, também no Exterior. Tive até a oportunidade de comparecer a dois lançamentos, pelo menos, de livros do Prof. Paulo fora do Brasil, na Itália, na França e na Argentina. Peço, então, ao Prof. Paulo, que faça uso, agora, da palavra.

Prof. Paulo de Barros Carvalho – Bom dia a todos! Ilustre Presidente desse Congresso, Profa. Elizabeth Nazar Carrazza; ilustre Presidente do Instituto Geraldo Ataliba, Prof. Aires Barreto, com sua obra clássica, recém-lançada, e que vem enriquecer ainda mais as letras jurídicas brasileiras.

Eu quero dizer que é uma grande satisfação estar aqui, no *XXIII Congresso Brasileiro de Direito Tributário*, presidido pela Profa. Beth. Saúdo o ilustre Prof. Robson Maia Lins, o Prof. Paulo Aires, e recordo – como não poderia deixar de ser – a imagem sempre presente do Prof. Geraldo Ataliba, que certamente já teria feito algumas reclamações a respeito da iluminação, do som etc., como era do seu feitio, e nós já sabíamos disso.

Mas o Prof. Geraldo Ataliba está sempre presente nas nossas atividades. E eu diria, no meu caso, em todas as minhas aulas. Em todas as minhas manifestações eu não deixo de fazer essa homenagem. Mas gostaria de salientar também que este Congresso lembra com grande, grande tristeza, por um lado, mas com grande satisfação, a convivência que teve com dois ilustres juristas, o Prof. Eugênio Doin Vieira e o Prof. Osíris de Azevedo Lopes Filho. Quero fazer aqui esse registro, porque a história desses professores e suas atividades sempre estiveram ligadas ao Congresso do Instituto Geraldo Ataliba.

Muito bem. O tema do Congresso é "Processo Administrativo Tributário – Garantias dos Contribuintes e Prerrogativas do Fisco – Avanços e Retrocessos". Esta minha participação não será uma participação expositiva, como tem ocorrido. Eu gosto de enfatizar isso porque me sinto mais à vontade, me parece mais cômodo, em termos de comunicação com os Srs., fazer reflexões, levantar aspectos e pensar livremente sobre esses aspectos, sem qualquer preocupação de sequência expositiva.

E é nesse sentido que eu gostaria de dizer que a evolução do direito tributário no Brasil sofre o influxo da evolução do Direito no mundo. Nós tivemos e ainda temos uma série de impulsos e movimentos, dentro da doutrina, com a preocupação voltada para a relação jurídica. São aqueles que dão ênfase, que focalizam o aspecto relacional do Direito. Nós tivemos a grande figura de Savigny, mas tivemos também Jaime Guasp, na Espanha, Alessandro Levi, na Itália, todos eles dizendo que a relação jurídica é fundamental: é um conceito jurídico fundamental. Nós vemos que há uma correspondência com a evolução da doutrina jurídico-tributária, pois em torno da noção de obrigação tributária foi sendo construído o edifício do direito tributário no Brasil, até um determinado momento, que ficou bem marcado pela publicação de um artigo de Gaston Jèze na *Revista de Direito Administrativo/RDA* 2, em que ele introduziu a expressão "fato gerador".

Como é uma expressão muito forte – nós já estamos acostumados, mas é uma expressão muito forte –, ela serviu para abrir novos rumos, novos caminhos de especulação, no direito tributário brasileiro. E aí nós entramos numa fase em que aparecem livros como *Fato Gerador da Obrigação Tributária*, de Amílcar de Araújo Falcão, *Hipótese de Incidência Tributária*, de Geraldo Ataliba, *El Hecho Imponible*, de Dino Jarach, na Argentina – mas vejo que todos sob a influência desses novos rumos que o artigo de Gaston Jèze provocou.

Na verdade, vamos retomar a visão do Direito como um fenômeno relacional para nela examinarmos alguns aspectos, como os aspectos de recepção da mensagem. Todavia, não querendo adiantar esse aspecto, posso dizer que, além dessa preocupação relacional que caracteriza o movimento do estudo do Direito como relação jurídica e que teve Savigny como o grande iniciador, encontrou aqueles outros dois nomes – na Espanha, Jaime Guasp; na Itália, Alessandro Levi –, o Brasil teve um grande tratadista, que foi Pontes de Miranda. Pontes de Miranda, grande entendedor da teoria das relações, em lógica, trouxe esses conhecimentos, e ali onde encontrava uma relação jurídica ele separava, isolava e analisava, decompondo essa entidade.

Bom, mas este é um aspecto do estudo do Direito. O Direito que toma como ponto de partida o vínculo relacional, a relação jurídica. Há a vertente institucional, que institucionaliza, que vê o Direito como uma instituição, composta pela integração de várias instituições menores. Esta vertente tem em Santi Romano, na Itália, um nome de grande dimensão.

O Direito como relação jurídica. O Direito como instituição. O Direito como norma. O Direito como norma é uma outra preocupação, é um outro caminho, e esse caminho ficou marcado aqui no Brasil, também. Retomando aquele paralelo, quando o direito tributário no Brasil começa a edificar-se sobre a noção de relação jurídica, eu diria que um autor significativo foi Rubens Gomes de Souza. Aí vem o artigo publicado por Gaston Jèze, e nós temos a "hipótese da norma tributária", mas sem muita preocupação com a norma. A preocupação com a norma veio num terceiro momento da evolução do direito tributário no Brasil, que corresponde a essa visão normativista do Direito. O Direito não é visto como uma relação, quer dizer, é visto também como relação, mas com acento menos na relação, menos na instituição, e mais, agora, na norma jurídica expressiva do núcleo semântico de que estamos nos ocupando.

Essa visão normativista é muito importante, porque representa a decomposição da visão institucional. Se nós fizermos a decomposição de uma instituição – por exemplo, a instituição do tributo, a instituição da República, a instituição da família etc. –, poderemos fazer uma análise mais fina dos componentes, dos elementos que integram essa instituição. A visão normativista apareceu por volta de 1970 aqui no Brasil. O próprio Alfredo Augusto Becker não havia chegado a essa visão normativista, e ela corresponde ao movimento de estudo do Direito, como nós já examinamos.

Bem, está chegando ao Brasil o Prof. Gregorio Robles, que é o fundador da teoria comunicacional no Direito. É um autor de grande expressão. É, no meu entender, quem sabe, a maior expressão da Filosofia do Direito na Espanha, e vem ao Brasil para fazer algumas palestras, entre elas num grupo de estudos, o IBET.

Ele é o fundador da teoria comunicacional do Direito, estudando o Direito como um fato comunicacional. Então, vamos fazer algumas meditações a respeito, exatamente neste ponto: a relação jurídica tributária à luz da teoria comunicacional do Direito.

Eu quero dizer que fiz essa pequena introdução, esses movimentos de estudo do Direito, essas vertentes de especulação sobre o objeto do Direito, exatamente para mostrar que a relação jurídica está sempre presente, seja na visão relacional propriamente dita, seja na visão institucional, porque as instituições são formadas pela integração de normas jurídicas. Se nós juntarmos as normas jurídicas sobre família, teremos aquele núcleo bem nítido e depois outras que vão formando, na periferia dessa região, aquela instituição.

Pois bem, a relação jurídica está presente, articulando as normas para formar a instituição, e também dentro das normas. Então, está presente na visão institucional. E a visão normativa está presente também, com muita força, com muito vigor, porque com a visão normativa nós temos a previsão de um fato, um antecedente. Se ocorrer, o fato é. E no conseqüente temos a prescrição de uma relação jurídica. Então, vejam, a relação jurídica está com todos esses movimentos, em todos esses instantes.

Na relação jurídica, aliás, é que aparece o lado prescritivo, o lado em que o Direito opera imperativamente, coordenando as condutas intersubjetivas e canalizando-as em direção aos valores que a sociedade quer ver implantados – a justiça, a segurança, a defesa da propriedade privada etc.

A teoria comunicacional do Direito vem dar apoio e vem dar recursos para a exploração mais pormenorizada de uma relação jurídica qualquer. Numa relação jurídica qualquer nós temos o emissor da mensagem e temos aqui o destinatário, o receptor da mensagem. Há um canal por onde flui essa mensagem, e a mensagem é um texto, é a comunicação, que pode ser uma informação, uma notícia, pode ser uma ordem, pode adquirir qualquer foro em termos de funções da linguagem. Mas, então, vamos reconstituir o vulto da relação. Um emissor da mensagem, que pratica um ato de fala e por um canal, um canal adequado, flui essa mensagem. Essa mensagem é composta por um texto, e chega aos ouvidos do receptor ou chega à vista do receptor. Mas não basta isto para compor o fenômeno da comunicação. O fato comunicacional pressupõe um código comum. Não adianta um estar falando numa língua e outro não entender esse idioma – eles têm que falar num código comum. Além disso, tem que haver uma comunidade naquilo que os teóricos da comunicação chamam de horizontes do conhecimento, ou enciclopédia. Isso é, a visão de vida de um, a visão de vida de outro, o assunto há de ser comum. Então, tudo isso está no código comum. Há de haver também uma conexão psicológica entre emissor e receptor, e essa conexão psicológica é fundamental, porque não adianta o emissor estar falando ou escrevendo e o outro estar pensando em outra coisa, em algo diferente, em outro momento da sua vida. Também de nada adianta receber um texto e olhar para o texto mas estar pensando e refletindo sobre outra coisa. Essa conexão psicológica é importante.

Se isso não bastasse, toda essa estrutura está envolta naquilo que nós chamamos de contexto. Toda comunicação se dá no âmbito do contexto. Fora desse contexto a comunicação muda, a mensagem muda, o texto adquire novas projeções, novas dimensões. A conexão psicológica se altera. Enfim, a comunicação se transforma. Por isso, o contexto é decisivo.

Mas, falando em papel relevante, eu diria que, em todo esse processo, decisiva, mesmo, é a recepção por parte do destinatário. O ato de recepção é fundamental. Se não houver a recepção da mensagem, não há o fato da comunicação. Se um sujeito liga para outro e o número está certo mas o telefone chama, chama, chama, e ninguém atende, então, não houve comunicação, não se instalou a comunicação, porque o receptor não estava lá onde deveria estar e, portanto, a mensagem não pôde ser passada. Não há comunicação se não houver recepção. E é nesse ponto que eu quero me demorar um pouco, porque é isso que vai se ligar diretamente aos objetivos, ao tema fundamental deste Congresso: "Processo Administrativo Tributário – Garantias do Contribuinte e Prerrogativas do Fisco – Avanços e Retrocessos".

Os teóricos da comunicação são unânimes em dizer que o ato semiótico fundamental é a recepção. O ato decisivo do processo de comunicação é a recepção. Por quê? Porque é o receptor, é o destinatário, que atribui sentido ao texto. O texto chega às suas mãos, aos seus ouvidos ou aos seus olhos, como um dado bruto. Ele vai interpretá-lo. Ele vai lê-lo. Digamos que é um texto escrito: ele vai ler, interpretar e compreender. São os três momentos da hermenêutica atual: leitura, interpretação (como processo, não como produto) e depois, em determinado instante – para alguns chega antes, para outros depois –, o nível da compreensão. Eu leio o *Diário Oficial*: saiu uma lei nova. Leio o *Diário Oficial*, começo a interpretar, a ligar, a associar significações etc., até que, em um determinado momento, eu não sei qual é e qual será, dá-se aquele estalo, e eu compreendi. Então, temos leitura, interpretação e compreensão.

Pois bem, esse momento é fundamental para a comunicação. Sem a recepção não há comunicação. E a recepção, no nosso caso, no caso do direito tributário, nos processos tributários, nos procedimentos administrativos tributários, nós sabemos que é um momento muito delicado. São necessários alguns atos praticados para que se torne possível a recepção. Temos a intimação, a notificação, a citação, o chamamento a juízo para compor a lide, e temos também outros atos de comunicação que não recebem esses nomes, mas cumprem o mesmo papel.

O Direito está sempre presumindo. Esse presumir no Direito é mais forte do que nós podemos imaginar, porque, por exemplo, todas as provas são presunções. Isso pode chocar no exame de um primeiro instante, decorre da circunstância de que o acontecimento que se deu é da ordem do inefável, isso é, quem viu, viu, quem não viu, não verá mais. Vai ver outro, mas aquele acontecimento não se repete, porque o real é infinito nos seus aspectos; é irrepetível.

Exemplifiquemos. Considerando que houve um delito, houve um crime, houve um homicídio. O crime em si é irrecuperável. O que eu posso é colher as marcas, as pistas, os sinais de que o delito ocorreu. No momento em que esses sinais, essas marcas, essas pistas, formarem a convicção do magistrado, ele poderá, então, dizer que houve o crime e que foi constituído o delito, e, portanto, aquele que era um mero acusado, que era um mero indiciado, agora é o autor do delito, é um delinqüente, é um criminoso, praticou o crime. Então, vejam que o crime se constitui juridicamente na sentença. Na sentença é que se dá o crime, tanto é que a linguagem do processo legal é bem significativa nesse aspecto, porque, até a sentença, o que se fala é em "acusado", "indiciado" etc. Somente depois da sentença tem-se o autor do delito, aquele que cometeu o delito. Um minuto antes não era, um minuto depois já é.

Bom, o que eu quero salientar a todos é o seguinte: há muito se estabeleceu essa distinção entre linguagem e metalinguagem. Linguagem-objeto ou, simplesmente, linguagem, é aquela de que se fala. Então, eu tenho aqui dois estratos de linguagem, dois corpos de linguagem, e este forma a linguagem-objeto. Este que fala dessa linguagem é uma metalinguagem. A teoria da metalinguagem diz que a metalinguagem é sempre possível. Ali onde houver um texto haverá sempre a possibilidade de alguém que fale sobre esse texto. Não há a palavra final. Mas as intimações, as notificações, a citação ou as citações e outros atos de comunicação processual chamados de atos de intercâmbio processual, esses atos são sempre atos de metalinguagem, são metassignos, são linguagens que falam de outra linguagem. Do que fala a intimação? Da sentença que foi prolatada pelo magistrado. A intimação tem que se ocupar de alguma coisa. Qual é o fato que ela está comunicando ter ocorrido? É exatamente a linguagem-objeto. Então, a metalinguagem fala da linguagem-objeto, e a intimação é uma metalinguagem, a notificação é uma metalinguagem, os outros atos de comunicação que ocorrem, sem nomes específicos, e que dão notícia às partes, às testemunhas, enfim, aos peritos, a todos, estas figuras também são figuras de metalinguagem. Nós temos, por exemplo, o "entrar em pauta": sai no *Diário Oficial* a pauta da próxima sessão. Isso significa dizer que foi marcada uma sessão para determinado dia e que os processos ali relacionados deverão ser julgados. É uma notícia que se está passando para os interessados.

O Direito usa, então, da presunção, de que eu falava. Não interessa se todos leram o *Diário Oficial*. Publicado, todos estão cientificados de que a sessão de julgamento será no dia especificado, e os processos que serão julgados são aqueles constantes da lista.

O Direito vai até um certo ponto, e depois presume. Daí a força muito expressiva da presunção no Direito, mais uma vez. O Direito está sempre presumindo. Ele presume no que concerne aos acontecimentos. O fato jurídico-tributário também é presumido. Na linguagem do agente que fiscaliza, ele vai colhendo os sinais, as marcas, de que o contribuinte teria sonegado, teria deixado simplesmente de pagar por outra razão etc., ou teria até usado de falsidade ideológica. Ele vai colhendo esses elementos. Mas o instante que o contribuinte praticou o evento, esse já foi, o tempo já cuidou dele, sendo irrecuperável. O que nós podemos é reunir essas marcas. Aí, o agente lavra um auto de infração, exigindo o imposto devido, aplicando a multa correspondente. Diante disso, diante do tributo exigido e da multa aplicada, no caso, o contribuinte fica intimado a recolher a importância correspondente ao crédito tributário, aqui no sentido amplo, representando o tributo mais a multa, em 30 dias, ou a impugnar a exigência, se quiser.

Então, vejam, é um ato de intimação, está intimando as partes, dizendo que foi lavrado um auto de infração, e esse ato de intercâmbio, que às vezes a legislação fiscal chama de ato de intimação, outras vezes de notificação, fala do auto lavrado, isto é, da exigência do tributo e da aplicação da multa.

O momento da recepção é o momento em que o contribuinte, autuado, assina ter recebido aquela intimação, ou, se for por AR ou se for por outro meio qualquer, a verdade é que esse momento da recepção é fundamental, que sem ele todo esse trabalho tem que ser recomeçado. Se assim não for em termos de comunicação, nada se fez, e estamos no marco zero, porque não houve recepção. E a importância que a teoria comunicacional dá à recepção nos remete a uma série de considerações que devemos fazer quando tratamos da recepção no Direito. Isto é, analisar com o máximo cuidado. E eu creio que isso pode ser um avanço para a legislação, especificando os atos de intercâmbio procedimental ou processual, como queiram, deixando que a prática desse ato seja algo bem claro, bem nítido, para que não haja dúvidas quanto à recepção do ato e, portanto, a comunicação estando certificada, instalada.

Eu gostaria de dizer que o processo tributário, o Direito, tem evoluído para esse momento. Há princípios fundamentais que já proclamam, por exemplo, a publicidade dos atos jurídicos. Se não houver publicidade, em termos de contrato, o contrato não vale perante terceiros. Esses princípios procuram tornar cada vez mais precisa a comunicação entre as partes. Mas, como o direito tributário mexe com dois valores fundamentais – que são o direito de propriedade, porque com tributo se procura sacar uma parte do patrimônio dos administrados, e também a liberdade –, enquanto não satisfizer a prestação, o particular, no caso tomado aqui como referência, fica ligado ao Poder Público, inclusive com seu patrimônio ameaçado. Como o direito tributário mexe com esses dois valores, muito caros para a sociedade atual, é importante que o legislador cuide desses aspectos delicados do processo comunicacional do Direito. E eu não diria que já avançamos o necessário, o suficiente, mas temos dado muitos passos nesse sentido.

Gostaria de ver esse ato bem caracterizado. Isso dá garantia ao contribuinte. Às vezes o Fisco, digamos assim, aflito para constituir o crédito tributário, pode deixar de intimar ou de notificar a parte fiscalizada ou autuada, e nesse momento fica trincada a comunicação. Eu não diria que a comunicação se perde totalmente. Ela pode ser recuperada, aquilo que se fez terá continuidade. Mas a comunicação não está correspondendo aos anseios de segurança jurídica que o Direito Brasileiro proclama.

Principalmente em outros campos do Direito se trata desse intercâmbio. A citação, de acordo com o art. 214, *caput*, do CPC, é indispensável para a validade do processo. Sem citação devidamente feita, devidamente efetivada, o processo não é válido, a relação processual triangular, em muitos casos, não se instala.

E esse dado tem caráter de metalinguagem, e todo o procedimento de intercâmbio entre as partes está regido pelos princípios inerentes à metalinguagem. Então, a metalinguagem se tem como uma linguagem que reduz a linguagem-objeto. É por isso que a intimação, quando vem, vem com uma referência pequena a respeito do auto: foi julgado improcedente ou foi mantido, e o contribuinte terá que pagar certa quantia.

Nesse caso, é uma notícia, mas é uma notificação, também, para que se faça algo. Toda notificação é uma notícia. Daí a confusão que muitas vezes a legislação faz e os documentos tributários registram, usando "notificação" por "intimação" e vice-versa. Na intimação se dá uma notícia de algo que ocorreu, e na notificação se pede um fazer ou não-fazer das partes interessadas: notifica-se o perito para fazer o laudo, para entregar o laudo; e intimam-se as partes de uma decisão definitiva ou interlocutória, de mérito ou interlocutória, que tenha ocorrido no processo.

Que o direito tributário se torne cada vez mais preciso nos aspectos da relação entre Fisco e contribuinte é o anseio de todos nós. É um anseio de quem espera pela segurança jurídica – segurança jurídica, aqui, como um valor e, portanto, como algo sobre o qual todos falam.

Eu acompanhei recentemente esses processos que dizem respeito ao campo tributário, em que muito se falou da segurança jurídica. Tanto os contribuintes reclamaram da segurança jurídica, falando da insegurança jurídica, como o Fisco se defendeu, dizendo que estava lidando no âmbito da segurança jurídica: todos falando em nome da segurança jurídica. Aliás, esses princípios que são valores se prestam muito a essa versatilidade, a essa maleabilidade. Todos falam em nome da democracia, todos falam em nome da moralidade pública, todos falam em nome do bem comum – de modo que nós precisamos tomar cuidado com relação a esses princípios. É a retórica que comanda o espetáculo.

A retórica está sempre presente. E, aqui, está mais. No campo dos princípios é quase tudo retórica. É a persuasão que vai prevalecer. Mas a retórica está sempre presente, tanto assim que a contra-retórica é retórica também. Se alguém quiser destruir uma construção retórica, tem que usar de retórica. É impossível afastarmos a retórica do discurso, qualquer discurso, até o discurso científico, até o discurso lógico. Quando Einstein propôs à comunidade científica, à elite da comunidade científica, a relatividade, propôs e expôs, ele deve ter usado de uma boa retórica, a retórica própria para convencer a comunidade científica. A retórica é indispensável, até em momentos em que poderia parecer dispensável.

Alguns princípios são valores. Outros princípios, porém, são limites objetivos, e esses podem ser discutidos, podem ser demonstrados e podem ser provados de uma forma concludente. Por exemplo, a anterioridade eu creio que é um limite objetivo. É um princípio, não há dúvida, mas um princípio que estabelece um limite objetivo. É fácil resolver um problema atinente à discussão sobre ter sido violado, ou não, o princípio da anterioridade, pois basta saber a data em que foi editado o diploma que instituiu o tributo e a data em que foi exigido o tributo. Comparando esses instantes, eu vejo se houve observância à anterioridade ou se não houve.

No campo do direito tributário esses princípios estão cercando exatamente o nosso tema, "Processo Administrativo Tributário – Garantias do Contribuinte e Prerrogativas do Fisco – Avanços e Retrocessos". Avanço será racionalizar essa legislação, juntar essa legislação toda. Isso a União pode fazer em relação aos seus tributos, os Estados e o Distrito Federal podem fazer com relação aos seus tributos, e os Municípios podem fazer em relação aos seus tributos.

Mas e por que não é feito? Aqui vem um juízo de política do Direito, é uma opção jurídica de valor a respeito do que tem ocorrido. Eu creio que essa racionalização, a iniciativa pela racionalização, não tenha ocorrido ainda porque o Poder Público não quer ter perda de receita. Na racionalização tributável, aquilo que se prevê é uma perda inicial de receita, depois uma estabilização e, a longo prazo, um aumento, um acréscimo de receita.

Nós sabemos que no serviço público há o princípio da responsabilidade. Em todos os setores há, mas no serviço público é mais delicado, e o funcionário fica com receio de tomar certas iniciativas e, amanhã, isso provocar uma queda, mesmo que momentânea, mas uma queda significativa, dos valores arrecadados. Ninguém quer correr esse risco. E sem esse risco não há racionalização dos tributos.

Eu gostaria de deixar bem claro que fico muito satisfeito quando o Prof. Robson Maia, que é muito informado sobre tudo o que se passa no Congresso Nacional, me dá notícias de que nós estamos com mais de mil emendas substitutivas ao Projeto de Reforma Tributária.

Então, vejam, uma emenda substitutiva já demanda esforço expressivo de reorganização do texto originário do projeto. Mil emendas substitutivas significam que não vai haver reforma tributária alguma. Eu tenho visto isso, vamos dizer assim, desde 1988, quando foi editado o texto. Eu vou marcar essa data apenas porque na Constituição foi previsto um tempo, um intervalo de tempo, para revisão. Mas desde logo já começaram os debates sobre como é que vai haver, como é que vai ser essa revisão, e as iniciativas de reforma. Quando eu falo em "reforma", aqui, estou me referindo a uma reforma radical, aquela que mexe realmente com as estruturas. Por exemplo, transformar o ICMS num imposto sobre o valor agregado de competência federal, valer para todo o território nacional, seria uma reforma radical, que mexe com as estruturas. E daquela época até aqui eu não só torci muito para que não houvesse reforma, como também estive convicto de que não haveria reforma radical alguma. Primeiro, não há ambiente para reforma radical no Brasil. No Brasil, a reforma tributária de fôlego, forte, teria que contar com a participação da União, é claro, sentada na cabeceira, dos Estados, nós temos 27 Estados computando, o tributo do Distrito Federal, e mais de 5.600 Municípios que não poderiam estar ausentes desta vez em negociações. Sabemos dos interesses contrapostos dos Estados, dos interesses contrapostos dos Municípios, e ficando só por aí já podemos perceber quantas e quantas dificuldades para se aprovar qualquer decisão em termos democráticos, em termos de participação de todos. Não como se fez nos idos da Ditadura, quando os generais reuniam técnicos do Ministério da Fazenda, da Secretaria da Fazenda, pediam e davam um tempo para que eles elaborassem um projeto, e depois aprovavam a lei, de modo que a modificação vinha de cima para baixo, e todos tinham que cumprir, autoritariamente.

Nos tempos da Ditadura eu poderia acreditar numa reforma radical. Nos tempos de hoje não acredito. E, por outro lado, duas razões me levam a torcer para que não haja reforma radical. Temos – isso, sim – reformas tópicas que mexem em setores, que adaptam o Direito à realidade social, para que não haja uma defasagem muito grande; porque defasagem sempre há, isso não há dúvida, nem poderia ser o contrário. Mas uma reforma radical implicaria jogar na cesta do lixo toda a experiência jurídico-tributária brasileira, cabendo lembrar aqui que o chamado fato gerador do ICM foi por 12 anos amplamente discutido na doutrina. São célebres as passagens de Rubens Gomes de Souza e Aliomar Baleeiro a respeito do momento em que se dava por ocorrido o fato gerador do ICM. Um dizia que era mera saída física, outro dizia que era a operação jurídica que provoca a saída física. Por 12 anos isso foi discutido.

Isso não podemos jogar fora. O ICM depois se tornou ICMS, mas tudo foi aproveitado, foi um acréscimo, e agora seria desprezado, como ocorreu com o imposto do selo. Quem é que compraria, hoje, um livro sobre imposto do selo? Eu tive a oportunidade de conhecer o Ministro Jarbas dos Santos Nobre, que é o maior entendedor do Brasil em imposto do selo. Era a última palavra em imposto do selo. Imagine a sua frustração, na manhã seguinte, quando foi revogada a lei do imposto do selo. Lá se foi toda a jurisprudência, toda a doutrina.

O Brasil está formando sua experiência jurídico-tributária, e eu quero dizer aqui, em alto e bom som, que o sistema tributário é um sistema que funciona bem. É um sistema bem conectado, tanto é que medidas tomadas surtem os efeitos desejados. Com destreza, com habilidade, é um sistema que funciona. Agora, não estou dizendo que funcione para o bem, quero sempre ressaltar esse aspecto. Uma coisa é funcionar bem, outra coisa é funcionar *para* o bem. Eu acho que o funcionar para o bem depende de nós exigirmos que os mesmos princípios sejam aplicados, fiscalizar, vigiar os procedimentos de administração tributária, cobrança de tributos, verificando se o ato de recepção está bem claro, está bem nítido, e, com isso, fazendo com que o sistema, que tem recursos, funcione. Principalmente o da Constituição vigente, que contém a proclamação de inúmeros direitos, garantias, do Fisco e do contribuinte. Então, vamos lutar para que esses princípios sejam efetivados. Eu tenho dito isso em outros congressos, aqui mesmo do IDEPE. Eu tenho dito que sou favorável à adaptação do sistema tributário brasileiro à realidade nacional, cada vez de uma forma mais racional, mais avançada.

Agora, sou inteiramente contrário a uma revisão radical, porque o sistema funciona bem. O sistema brasileiro não é como certos sistemas: nós vamos nos acostumando e muitas vezes ignoramos o que se passa em outros Países. Eu já contei aqui que, de certa feita, um equatoriano reclamava do seu sistema, dizendo: "No Brasil, o Presidente da República quer aumentar uma alíquota, toma uma medida hoje, amanhã a alíquota está aumentada. E aqui no Equador? Não. Aqui há uma série de entraves intra-sistemáticos que vão se levantando como obstáculos". Naquela ocasião o Governo do Equador queria aumentar uma alíquota, todos, a sociedade civil e os particulares, estavam de acordo, mas o sistema não favorecia o fluxo natural dessa providência, e não saía a medida. O sistema é emperrado. Pois bem, nosso sistema não tem nada disso. Nós podemos ver, os Srs. podem ver, que a arrecadação, federal, estadual, municipal, tirante esse momento de crise, que nós sabemos compreender o porquê, vinha em crescimento real para cada período de apuração, com o registro de recordes de arrecadação, porque o sistema funciona muito bem. Então, o problema não está no sistema, não temos que mudar o sistema. Temos que lutar para a implantação de princípios que estão previstos no sistema e que simplesmente não são aplicados.

Eu sempre lembro – e insisto nisso – a progressividade do imposto sobre a renda/IR. O IR no Brasil sempre foi progressivo. Até 1988 não havia qualquer determinação constitucional nesse sentido. Em 1988 resolveram inscrever o princípio da progressividade do IR. O IR até então estava estabelecido em nove alíquotas: na medida que se ampliava a base de cálculo, um novo patamar de alíquota, efetivando a progressividade do IR. Parece uma brincadeira, mas adveio a Constituição de 1988, e também é modo de dizer, no dia seguinte o imposto passou a ficar com duas alíquotas, só. Uma e duas. Duas alíquotas só – o que está longe de ser um imposto progressivo. Eu me lembro do Prof. Geraldo Ataliba, com toda aquela sua eloqüência, reclamando da reaplicação do princípio constitucional. Nós participamos várias vezes de Mesas de Debates, inclusive com um grande amigo nosso, uma pessoa competentíssima, um ilustre homem público, que é o Dr. Everardo Maciel. Mas ele era favorável, ele é favorável a uma alíquota só. Ele dizia: "Duas é muito; eu acho que seria mais prático, seria mais cômodo para o Fisco, mais cômodo para o contribuinte, se nós tivéssemos uma alíquota só". E fundamentava o seu ponto de vista. E nós condenávamos: "Mas a Constituição manda que seja progressivo!". Não era um problema de ser mais prático, ser mais cômodo, de arrecadar mais ou menos. Isso é um outro problema. Nós temos é que respeitar o texto constitucional.

À comunidade jurídica – no caso, a comunidade política tributária – cumpre esse trabalho de estar sempre vigilante, pois nós temos um sistema rico, um sistema que funciona, e estamos construindo uma experiência tributária. O Código Tributário Nacional, de 1966, já tem 43 anos. Então, isso é uma experiência. Nós todos elogiamos o povo americano do Norte porque eles completavam, já há alguns anos, 200 anos de Constituição, vivendo e construindo a experiência jurídica debaixo da mesma Constituição – claro, a Constituição se atualizando, guardada a distância adequada com o plano da verdade social –, mas a verdade é que a Constituição americana tem essa tradição. Nós temos que construir a nossa tradição. Aqui existe o hábito de editar-se uma lei e logo serem publicados os comentários, começando em seguida a fase de aplicação da lei. E surgem as dificuldades que naturalmente ocorrem. Não demora muito, alguém se levanta e acha que a lei deve ser substituída, que deve ser alterada ou até substituída por outra melhor, e assim vai indo... E nós não adquirimos a experiência daquilo que vem do chão do Direito, vamos dizer assim, que vem naturalmente, que vai aparecendo hoje uma decisão aqui, outra ali, sai um artigo de doutrina aqui, sai um livro acolá, e pronto, e com isso, 5 anos, 10 anos, 15 anos, 20 anos, nós vamos formando nossa experiência jurídica.

Agora, imaginem chegar uma reforma radical, e que vai tornar incompatível com ela o Código Tributário Nacional e outros diplomas, e nós teremos que começar do marco zero, discutindo as palavras, palavra por palavra. Eu sei que 12 anos foi um tempo muito elástico, mas naqueles idos isso se justificava por um volume menor de informações, que não eram tão rápidas. Daí a doutrina discutiu durante 12 anos sobre o fato gerador do ICM.

Se for criado um imposto novo, qualquer que seja, ou um imposto sobre valor agregado da União, por exemplo, nós vamos percorrer semanticamente palavra por palavra para compreender o que diz o texto, e isso vai levar quantos anos? Quanto tempo? Vamos começar do marco zero. Por isso nós fazemos um caminho e, felizmente, Deus faz outro, e o caminho que ele fez foi o de não-aprovação de reforma alguma – reforma alguma, a meu ver. Eu digo "reforma alguma" em termos radicais, em termos substanciais. É claro que sempre sai uma modificação, um imposto aqui, outro ali, etc., mas reforma substancial, nenhuma.

O sistema brasileiro continua fincado no texto constitucional. Quem quiser estudar direito tributário tem que entrar em contato com o direito constitucional tributário, como faz a Presidente deste Congresso, a Profa. Elizabeth Nazar Carrazza; como faz o ilustre Prof. Roque Carrazza, que tem um livro específico, *Curso de Direito Constitucional Tributário*.

Muito bem, eu não quero cansar os Srs. com estas reflexões. Eu avisei logo que não seria uma exposição com começo, meio e fim; seria um grupo, uma porção de reflexões que me vinham ao espírito, porque este é um Congresso, um Congresso de grande responsabilidade, que já tem 23 anos de tradição. No Brasil, algo com 23 anos, algo que se repete dessa maneira, é algo certamente importante, com responsabilidade. Há pessoas que vêm desde o primeiro e não faltaram a este, de modo que cumpriram todo esse intervalo. É um Congresso de grande responsabilidade, que pesa bem o que fala, que pesa bem as manifestações dos seus participantes, seleciona bem quem convida, e com isso mantém sua imagem, mantém sua tradição. Num País de poucas tradições, nosso Congresso é um Congresso de tradição, como o Instituto hoje brilhantemente presidido pelo Prof. Aires. Foi fundado pelo Prof. Geraldo Ataliba, e depois é o Prof. Aires quem vem conduzindo, sempre com mestria, durante esse tempo todo, e com grande determinação, e com grande rigor.

De modo que é uma grande satisfação, renovada, ter dirigido a palavra aos Srs., participar do nosso XXIII Congresso e reiterar as homenagens ao grande Prof. Geraldo Ataliba e aos grandes professores que nos deixaram, Prof. Osíris de Azevedo Lopes Filho e Prof. Eugênio Doin Vieira, que fazia aqueles discursos maravilhosos ao final de todos os Congressos.

Agradeço imensamente a atenção de todos. Muito obrigado! [*Palmas*]

MESA DE DEBATES "F"

TRIBUTOS FEDERAIS

PRESIDENTE DA MESA: PROF. CRISTIANO CARVALHO
MEMBROS DA MESA: PROF. ROBSON MAIA LINS, PROF. MIGUEL HILÚ,
PROFA. FABIANA DEL PADRE TOMÉ,
PROF. SIDNEY SARAIVA APOCALIPSE

PRESIDENTE DA MESA (PROF. CRISTIANO CARVALHO) – Estamos dando início à nossa última Mesa do Congresso. Haverá depois a conferência do Prof. José Souto Maior Borges, a de encerramento pelo Prof. Aires Barreto. Mas esta, então, é a nossa última Mesa de Debates, sobre o tema "Tributos Federais".

E vou aproveitar para apresentar os professores palestrantes de uma vez. Temos o Prof. Miguel Hilú, que é Mestre em Direito Tributário pela PUC/SP, advogado consultor na área tributária. Temos também o Prof. Robson Maia Lins, que é Mestre e Doutor em Direito Tributário pela PUC/SP, também advogado da área. A Profa. Fabiana Del Padre Tomé, também Mestre e Doutora pela PUC, professora do Mestrado e Doutorado da PUC/SP, advogada também em São Paulo. E o Dr. Sidney Saraiva Apocalipse, advogado e consultor atuante na área tributária aqui em São Paulo e membro do IDEPE.

O programa da Mesa originalmente colocou o Prof. Miguel Hilú como primeiro palestrante, mas vamos inverter e colocar o Prof. Robson Maia Lins, porque o Prof. Robson terá que sair um pouco mais cedo, porque estará representando o IBET na posse do Ministro Toffoli, em Brasília, hoje mesmo. Então, imediatamente passo a palavra ao Prof. Robson Maia Lins, que falará sobre o tema "IPI. Seletividade".

IPI. Seletividade

PROF. ROBSON MAIA LINS [*Texto sem revisão do autor*] – Sr. Presidente desta Mesa, Prof. Cristiano Carvalho, meu amigo, dileto companheiro das brigas tributárias já há pelo menos 10 anos, tempo que estou aqui em São Paulo. Miguel Hilú Neto, muita honra de vê-lo à Mesa. Profa. Fabiana Tomé e Prof. Sidney Saraiva Apocalipse. As minhas palavras iniciais são de agradecimento, hoje, neste *XXIII Congresso de Direito Tributário*, Congressos a que compareço de forma ininterrupta.

Lembro-me, há 10 anos, quando se encerrava, nesta mesma data, esse evento. E para mim é um motivo de honra 10 anos depois estar aqui, debatendo um tema que em princípio não deveria surtir grandes divergências, considerando que o IPI e a seletividade, pelo menos em termos de emendas constitucionais, não sofreu qualquer modificação na Constituição de 1988 até os dias atuais. Mas a jurisprudência é absolutamente louca, e esse vai ser o meu mote na exposição.

Mas eu não poderia iniciar sem antes agradecer à Profa. Elizabeth Nazar Carrazza, Presidente do Congresso, a quem também devo a honra de ser sido convidado. Ao Presidente do IDEPE, Prof. Aires Barreto, às Presidências das Comissões: Comissão Científica, Prof. Paulo de Barros Carvalho; Comissão Executiva, Maria Rita

Ferragut. E à Presidente da Comissão de Trabalhos, a Profa. Fabiana Tomé.

Portanto, começo a minha exposição sobre o IPI e a seletividade utilizando como mote, não querendo falar sobre o que é *seletividade*, o que é *IPI*, o que é *princípio*. Creio que não é o tema aqui, não é adequado para um Congresso como este ficar reproduzindo algumas lições da doutrina.

Começo com questão muito atual, que é o Decreto 6.687, de 11.12.2008, que, como vocês sabem, reduziu a alíquota de IPI dos carros, de alguns carros, e também da linha de eletrodomésticos, da chamada "linha branca". Por um decreto do Presidente da República foram reduzidas as alíquotas, e já prevendo esse decreto a forma de restabelecimento e o prazo de restabelecimento dessas alíquotas.

Nós estamos no Decreto 6.687. Eu peguei pelo menos 200 decretos de variação de alíquotas e consegui enxergar em todos eles um erro no art. 1º, um equívoco, em todos os decretos que regulamentam essa oscilação de alíquota. Um equívoco do Executivo, e um equívoco que foi reproduzido pela jurisprudência, que foi perpetrado pela jurisprudência do STJ e do STF.

E para explicar esses equívocos eu cito cinco equívocos. Eu fiz a seguinte pergunta: a redução do IPI dos carros novos e dos eletrodomésticos da chamada "linha branca" pelo decreto do Presidente da República é constitucional? E para responder eu destrinchei essa pergunta em outras CINCO questões. E vou procurar responder nos 25 minutos da exposição.

A primeira delas é a seguinte. Se vocês pegarem todos os decretos, vão notar que em todos eles no art. 1º a parte de introdução é redigida exatamente da mesma forma. Da Constituição de 1946 até hoje. Eu pergunto: vocês pegam uma cópia deste decreto aqui e vocês conseguem identificar qual a fundamentação que um Presidente da República utilizou para variar essas alíquotas? Então, a primeira questão é: que competência o Presidente da República está utilizando para abaixar o IPI dos carros novos e da chamada "linha branca"? É a prevista no art. 153, § 1º, que prevê a redução de alíquotas dos quatro impostos via decreto? Ou é a competência do art. 153, § 3º, I, que diz expressamente que o IPI será seletivo em função da essencialidade dos produtos? Se você pegar o decreto, não só este, uns 500 decretos anteriores, em todos eles no art. 1º, onde deveria, por técnica legislativa, estar fundamentada a competência que o Presidente da República utilizou para avaliar as alíquotas, só está assim: "O Presidente da República, no uso das atribuições que lhe confere o art. 84, inciso IV, da Constituição, e tendo em vista o disposto no Decreto n. 1.199, decreta": reduz a alíquota. Ao invés de se utilizar ou do art. 153, § 1º, ou do art. 153, § 3º, I. Seja lá – e aqui não vai um juiz de valor – qual for a competência utilizada pelo Presidente da República.

Essa dubiedade nesses decretos, nesses atos normativos, que reduzem e restabelecem alíquotas refletiu durante muito tempo uma jurisprudência equivocada do STJ e o STF na matéria. Mas essa é a primeira questão.

A segunda: seria a seletividade, em função da essencialidade dos produtos, um instrumento a ser utilizado, como prega a doutrina, apenas na última cadeia de circulação das mercadorias, onde as mercadorias e os produtos industrializados se transformam em bens de consumo? Porque pelo menos 100, 200 acórdãos do STJ e a maioria expressiva da doutrina nacional vão dizer que a seletividade constitucional, é da essencialidade do produto, tem que e deve necessariamente beneficiar o consumidor final. Mas nem sempre o consumidor final – aliás, quase nunca – é sujeito passivo do IPI. Vai ter que, via indireta, regulamentar a regra-matriz de incidência tributária e da sujeição passiva, é o industrial ou o comerciante, para, aí, sim, por via indireta, atingir o consumidor final. Mas todos os livros, a maioria pelo menos, que eu pesquisei, e a jurisprudência maciça do STJ caminham respondendo: "Oh! Essa seletividade é para beneficiar o consumidor final". E dão uma importância muito grande ao consumidor final em termos finalísticos, em termos pragmáticos, e esquecem que o Executivo, ao mexer nas alíquotas, ou o Legislativo, ao mexer em qualquer outro critério da regra-matriz de incidência tributária por meio de lei, vão mexer na incidência tributária, na regra-matriz de incidência tributária, e o consumidor final está fora dela. Então, esse é um equívoco que me parece que responde por boa parte dos problemas relacionados a esse tema.

A terceira questão, a seletividade em função da essencialidade dos produtos. É um instrumento que mexe apenas no critério quantitativo da regra-matriz, porque aparentemente o art. 153, § 3º, quando fala que o IPI será seletivo em função da essencialidade dos produtos, como o Executivo e o Legislativo durante a vida toda utilizaram a alíquota como instrumento para medir essa seletividade, a alíquota ficou de certa forma convencionada na jurisprudência e na doutrina como o instrumento único para realizar a seletividade em função da essencialidade. Quando, na verdade – e aqui digo eu, acrescento –, eu posso estabelecer a seletividade, que nada mais é que uma relação entre o mais essencial ou o menos essencial dos produtos, que têm circunstâncias de tempo e espaço absolutamente distintas, eu posso mexer na alíquota, eu posso mexer na base de cálculo, eu posso mexer na sujeição passiva, eu posso mexer na sujeição ativa, posso mexer no critério material, posso mexer no temporal e posso mexer no espacial. Não só na alíquota. Mas, realmente, em 92,99% das reduções, pelo menos, o Executivo ou o Legislativo dizem estar mexendo, em função da essencialidade dos produtos, na a alíquota. Mas não só necessariamente a alíquota é o único instrumento possível de realizar a seletividade do IPI. Estou falando do IPI, mas eu não posso aplicar isso para o ICMS, que é a base geral dessa discussão.

A quarta questão também estava prevista nas discussões, e pela imprecisão da jurisprudência do STJ. O art. 153, § 3º, I, da CF dispõe que o bem será seletivo em função da essencialidade dos produtos. Então, uma norma pragmática destinada ao Legislativo para que produza a lei e, aí, permita ao Executivo variar as alíquotas dentro daquele patamar, ou ela já é destinada não só ao Legislativo, mas também ao Executivo, diretamente, e também aos contribuintes, de uma forma direta.

Eu particularmente acredito que, hoje, quanto a essa distinção entre os destinatários das normas, seja o Executivo, o Legislativo, o Judiciário, são destinatários todos os que estão sob a jurisdição, sob o âmbito de vigência das normas. Essa é uma discussão – está aqui o Prof. Tácio Lacerda Gama, que escreveu muito sobre o tema –, que não geraria direitos subjetivos a uma seletividade diretamente para o contribuinte e não imputaria ao Executivo e muito menos ao Legislativo o dever direto de estabelecer a graduação das alíquotas ou – acrescento eu – qualquer outra graduação, em qualquer outro elemento da regra-matriz de incidência tributária.

É verdade que o Executivo mexe sempre nas alíquotas, mas penso eu que a seletividade não é só realizada por meio da mexida nas alíquotas do IPI.

O destaque, agora, é para a distinção entre normas programáticas e normas de eficácia imediata. E me parece uma discussão absolutamente superada, e o STF se deu conta disso ao dar efetividade maior ao mandato de injunção, autorizando o Legislativo, o Executivo, quando decidem, já disciplinar a questão específica, ao invés de notificar apenas o Poder Executivo para regulamentar uma norma específica.

E a quinta questão é: é possível, então, essa mexida nas alíquotas, esse ato normativo que disciplina as alíquotas, ele precisa ser fundamentado? Para que – aí vem a outra questão, decorrente dessa primeira – se exerça o controle pelo Poder Judiciário, poderia o Poder Judiciário exercer o controle? E aqui eu já respondo de antemão, pelo menos no meu ponto de vista: depende da competência que foi utilizada. Se foi a competência do art. 153, § 1º, respondo: *não*. Se for a competência do art. 153, § 3º, I, seletividade: *sim*. Porque a seletividade em função da essencialidade de produtos é uma relação onde se estabelece preferência pelo produto mais essencial, em detrimento do menos essencial. Em circunstâncias de espaço e tempo diversas.

Então, essas cinco questões postas, [*truncado na gravação*] e a jurisprudência vem respondendo há 21 anos de forma dissonante, embora os acórdãos do STF e do STJ sempre sejam unânimes, por incrível que pareça. E aqui eu recordo e trago para a primeira questão que vou procurar pontuar em 5 dos 12 minutos que me faltam.

Começo, então com a primeira: que competência o Presidente da República está utilizando para baixar o IPI dos carros? Eu entendo que é a competência do art. 153, § 1º, da CF, não é a competência do art. 153, § 3º, I. Ali, está mexendo diretamente na ordem econômica, em função da crise que aconteceu. Mas veio o Executivo, embora ele não fundamente o decreto. E fundamentação não é a exposição de motivos, ele precisava só dizer que o Ministro decreta, está se valendo da competência do art. 153, § 1º.

Aqui, o decreto, no art. 1º – não só esse, temos outros que mexem na matéria, mexem nas alíquotas, que são invocados. Qualquer lei, qualquer emenda constitucional aliás, pode ser objeto de controle pelo Poder Judiciário. E ela só pode, pelo menos na sua parte introdutória, ser objeto de controle se ela tiver o mínimo de fundamentação. Esses decretos todos estão equivocados. No meu modesto ponto de vista, deveriam apontar qual é a competência que está sendo utilizada aqui. A meu juízo, examinando os artigos que foram introduzidos, as mexidas que foram feitas nas alíquotas, olhando os bens, que são os carros e a "linha branca" de eletrodomésticos, parece-me – e penso que com quem eu conversei também, a maioria expressiva diz –, que realmente está mexendo, ali, na ordem econômica. E, aí, vocês perguntam: "Mas se eu mexi na ordem econômica utilizando esse decreto, e a seletividade?". Ora, se eu mexi na ordem econômica utilizando o art. 153, § 1º, mexi nas alíquotas, isso não quer dizer que eu não possa, a pretexto de utilizar essa competência, seria a competência do art. 153, § 3º, que é seletividade, não é? Eu tenho que mexer no art. 153, § 3º, I, para intervir na ordem econômica sem estabelecer uma inversão de valores na seletividade.

Veja só a delicadeza que envolve uma operação dessas. Sem mexer no art. 153, § 3º, e sem mexer no art. 170, sem mexer no art. 5º, sem mexer em todo o sistema, ou pelo menos mexendo mas não invertendo a ordem de valores estabelecida pelos princípios.

Então, quando a gente escolheu uma gradação, tipo de cilindrada, espécie de cilindrada, para a finalidade do carro e esse número estabelecendo a gradação das alíquotas e depois as formas de restabelecimento, se você pegar o decreto e for ler, há uma certa preferência demonstrada pelo Executivo em relação a carros de alíquota menor, diminuída, como seria o restabelecimento, utilizando como critério a finalidade do carro, melhor dizendo, estabelecendo como critério o valor do carro, as cilindradas, e ele vem disciplinando, me parece, de forma muito razoável. Mas isso não quer dizer que quando o Executivo mexeu nessa competência do art. 153, § 1º, ela não possa ser objeto de questionamento, utilizando, agora, sim, o art. 153, § 3º, a seletividade. Porque é muito delicado você mexer na ordem econômica e provocar um desequilíbrio em relação à seletividade. Não só em relação à seletividade, em relação a todo o sistema constitucional.

E foi isso que aconteceu. E aqui eu trago um precedente que me parece que é responsável por esse equívoco que eu, pelo menos, identifico, que é o REsp 704.917-

RS, do STJ. Vocês devem lembrar muito bem que em 1998 o Executivo mexeu nas alíquotas do açúcar produzido no Nordeste, reduzindo-as a zero. E os produtores de açúcar aqui de São Paulo, a Copersucar, por exemplo, questionaram, dizendo: "O açúcar é um produto essencial para todo o Brasil. Eu entendo, Executivo, que você não poderia mexer nessa alíquota só para o Nordeste".

E aí houve um equívoco do STJ na fundamentação, que é o acórdão-paradigma. Ele lá diz de um mandado de segurança tal e tal da ilegalidade do Decreto 2.501/1998, que estabelece alíquotas diferentes do IPI sobre o açúcar, de acordo com o Estado brasileiro. Essa sentença julgou procedente. Aí vêm os argumentos da sentença, que foram mantidos pelo STJ, e me parece que está aqui um grande equívoco. A sentença julgou improcedente o pedido sob o fundamento de que o Poder Executivo está autorizado a fazer uso do IPI com fins extrafiscais; eu concordo plenamente, com fins extrafiscais, eu posso exercer extrafiscalidade tanto no art. 153, § 1º, mexer nas alíquotas sem me importar com a seletividade, como eu posso também estabelecer uma extrafiscalidade utilizando a competência do art. 153, § 3º, I, sob o fundamento da seletividade. Agora, quando utiliza o fundamento da seletividade, o Executivo abre as portas para o controle do Judiciário, ele fica vinculado à sua fundamentação.

E essa necessidade de não ficar vinculado faz com que o Executivo nunca diga, nos seus decretos, qual é a competência que ele está utilizando.

Mexe, utilizando a seletividade – aliás, utilizando o art. 153, § 1º, mas mexendo diretamente na seletividade. Resultado: escapa ao controle do Poder Judiciário. E foi isso que o STJ chancelou e o STF também, dizendo que o Executivo está autorizado a fazer uso do IPI com fins extrafiscais, de acordo com a política econômica, [*truncado na gravação*] o fundamento que foi mantido. Negou-se o provimento por entender que a previsão de seletividade do IPI não é no art. 153, § 3º, I, é art. 153, § 1º. Ele mexeu na ordem econômica. Agora, ao mexer na ordem econômica, ele pode ter provocado um descompasso na seletividade, mas o STJ utilizou o fundamento da seletividade quando, na verdade, não estava em jogo, nem foi pedido na petição inicial, nem na resposta à apelação. E o STJ definiu que o STF decidiu sempre olhando pela lente da seletividade. Olhou pela lente da seletividade e mesmo assim chegou no final, que foi onde me parece que foi o maior equívoco disso.

Quer dizer, examinou a seletividade, porque a seletividade, como já falei, estabelece uma preferência em função da essencialidade dos produtos. Vem o STJ, com a chancela depois do STF, e diz: "Cabe ao Governo, de forma discricionária, escolher os rumos da política sucroalcoleira, utilizando-se, caso necessário, do IPI, tributo com função extrafiscal". Até aí, tudo bem, não sendo possível o Poder Judiciário imiscuir-se nessa seara sem a demonstração cabal de violação do princípio de legalidade.

Matou toda a controlabilidade que o Poder Judiciário poderia exercer sobre os atos do Poder Executivo que mexem nas alíquotas do IPI. O STJ simplesmente não conseguiu fazer a diferença básica entre o exercício da competência do art. 153, § 1º, onde a competência está mais aberta, onde se dá uma amplitude à discricionariedade do Poder Executivo. Lá não há qualquer baliza, não fala em seletividade, nada. Mas o STJ, para nossa surpresa, utilizou o art. 153, § 3º, I, dizendo não, ali o Executivo mexeu na alíquota do açúcar, eu sei que o produto, o açúcar, é tido desde 1978 na lista de produtos essenciais na cesta básica, mas ele foi lá e disse: "Olha, ele está mexendo na seletividade, como no Nordeste havia um problema sério na indústria sucro-alcoleira, mexeu na ordem econômica, e eu não posso – aí, esquivou-se da responsabilidade – examinar a conveniência, a oportunidade", porque, em relação à seletividade, misturou as duas competências e se esquivou de examinar a última.

E aqui eu relembro a palestra do Min. Moreira Alves em 1998. Moreira Alves, embora tenha sido um dos maiores Ministros do STF, em 1990 – deve ser em 11.12.1990 –, quando ele julgou um mandado de injunção, conduziu os votos e disse: "Foi unânime, Plenário, não cabe ao Judiciário decidir". Há uma norma – vocês lembram bem – do mandado de injunção, inciso LXXI do art. 5º da CF, dizendo que qualquer um pode ter acesso ao mandado de injunção quando a falta da norma regulamentadora venha a relegar o direito à cidadania e mais quatro tipos de direito. Então, nesse caso do art. 153, § 3º, I, da seletividade, do IPI que será seletivo em função da essencialidade dos produtos, como disseram que precisavam de uma norma regulamentar de essencialidade, eles disseram: "Não, eu acho que é programática, é uma norma destinada ao legislador apenas; se ele não utilizar essa competência, não tem o Judiciário como controlá-lo". E Moreira Alves foi o responsável, em 1990, por matar o mandado de injunção, dizendo que não cabia ao Judiciário intervir na situação específica, regulamentar a situação específica. Mas depois, já em 2007, vocês lembram da reviravolta do STF, quando eles revitalizaram o mandado de injunção. E eu falo aqui em mandado de injunção porque a questão é aplicada à seletividade.

Em um voto do Min. Eros Grau, voto-condutor que hoje comanda a jurisprudência do STF, no MI 712-PA, ele diz o seguinte: "Olha, acabou aquele voto do Min. Moreira Alves, passou aquela época". Eu entendo que foi seguido por todos os Ministros, e o Poder Judiciário pode, sim, intervir no caso concreto e regulamentar a situação específica, nada obstante deixe para o Poder Legislativo ou Poder Executivo, no caso de ser uma competência regulamentar, fazer a norma geral e abstrata. Eu não faço a norma geral e abstrata, mas eu regulamento o caso concreto de quem me trouxer o mandado de injunção e me provar que não teve o direito de garantia exercido porque faltava regulamentação.

Pois bem, no caso da seletividade o que acontece é isso, muitas vezes ela não é regulamentada em termos legislativos, ao contribuinte parece que falta o direito subjetivo porque ele não consegue construir o direito subjetivo a partir do art. 153, § 3º, I, e não se postula judicialmente o estabelecimento dessa seletividade em função da essencialidade dos produtos. Não é um hábito, não é uma demanda, se você pesquisar essa demanda na jurisprudência encontrará poucas decisões, pouquíssimas decisões.

Mas por trás dessas pouquíssimas decisões está essa falta de distinção entre o art. 153, § 1º, e o art. 153, § 3º, I, onde se fala especialmente da seletividade.

Portanto, é preciso fazer essa distinção entre essas duas competências para saber, primeiro, se o Executivo, ao mudar a alíquota, deve fundamentar; depois, se o Judiciário pode examinar e mudar o que o Executivo fez. Respondo eu, no meu ponto de vista. Se a competência exercida for do art. 153, § 1º – portanto, a extrafiscalidade ampla –, sem se pensar em seletividade, não precisa de fundamentação, há uma discricionariedade muito grande para o Executivo. A mim me parece que foi assim feito o sistema, e, portanto, não precisa de fundamentação e não cabe ao Poder Judiciário fazer o exame da necessidade e da conveniência.

Agora, se a competência utilizada for a do art. 153, § 3º, I, a pretexto de equacionar seletividade, aí, entendo que o ato normativo deve ser fundamentado. Não é uma exposição de motivos, é simplesmente colocar a competência aqui, art. 153, para que você possa verificar que competência o Executivo está utilizando para graduar aquelas alíquotas. E se essa competência for exercida, ela deve ser fundamentada; e, se fundamentada, assume seus motivos, que estão supostamente postos por escrito. Até há aquela entrevista do Presidente da República, mas ele não fundamenta nessa entrevista, foi por escrito, há uma ato, uma folha ou alguma coisa assim, dizendo expressamente [*truncado na gravação*].

Ele pode, sim, ser controlado pelo Poder Judiciário, porque ele fica vinculado às suas razões expostas naquele decreto. Essa seria a resposta da primeira questão.

A segunda questão. Pode-se mexer, então, o Executivo, apenas no meio da cadeia, aliás, na cadeia final, onde está o consumidor final? Já que disse que a seletividade é para beneficiar o consumidor, eu diria o contrário: ele nunca pode mexer nesse final da cadeia, ele só mexe no meio da cadeia, porque a sujeição passiva, simplesmente, é para o industrial ou o comerciante. Nunca para o consumidor final. Portanto, esse fundamento óbvio que vem sendo repetido pela doutrina de que ele só mexe, e há uma controlabilidade do benefício ao consumidor final, eu entendo que é balela, não corresponde à realidade; ele mexe, sim, na regra-matriz de incidência, e essa regra-matriz de incidência deveria repercutir para o consumidor final em termos econômicos – mas aí é uma outra controlabilidade, que foge à seletividade específica, aqui.

A terceira – meu tempo já está esgotado –, a seletividade em função da essencialidade do produto, é um instrumento que mexe apenas no critério quantitativo da regra-matriz, eu diria não, pode mexer em qualquer outro critério da regra-matriz, hoje se mexe mais na alíquota, porque utilizando o fundamento do art. 153, § 1º. Mas ele pode mexer em qualquer um dos critérios da regra-matriz. Nem sempre pode mexer por decreto, mas a seletividade em função da essencialidade de produtos não é uma norma só destinada ao Executivo, é também ao Legislativo e a todos os que vivem sob a jurisdição do País.

É possível a interferência do Poder Judiciário? Eu digo sim. Se a interferência é no sentido de controlar o ato normativo na sua estrutura interna. Eu entendo que sim, que é possível, se a competência for a do art. 153, § 3º, I. O exercício dessa competência, no caso concreto, é possível. Se for o art. 153, § 1º, é possível. Mas em termos bem mais elásticos creio que não dá para controlar [*truncado na gravação*]. Do art. 153, § 3º, I, sim, onde está a seletividade, eu posso estabelecer essa comparação dos produtos e o Judiciário pode inverter eventualmente a pauta fixada pelo Executivo.

Parece-ME que essas cinco questões são responsáveis pelo mal entendimento da questão no STJ e – pasmem – pelo silêncio sepulcral da jurisprudência que é tida como unânime. Não há um voto divergente. O que me assusta mais é que esses fundamentos óbvios, diria bem o Prof Becker, se segmentaram, e eu não tenho uma discussão séria, pelo menos nos últimos sete anos, em relação à matéria.

Eu fico por aqui. Agradeço a tolerância de todos, e bom final de Congresso a todos! [*Palmas*]

PRESIDENTE DA MESA (PROF. CRISTIANO CARVALHO) – Agradeço a excelente palestra do Prof. Robson e passo imediatamente a palavra ao Prof. Miguel Hilú, que falará sobre o tema "Tributos na Importação e sua Respectiva Incidência no Mercado Interno. Novo Regulamento Aduaneiro".

O Prof. Robson terá que sair agora da Mesa, porque, como já falei, ele estará representando o IBET na posse do Ministro Toffoli, que é hoje em Brasília. Boa viagem, Professor!

Tributos na Importação e sua Respectiva Incidência no Mercado Interno. Novo Regulamento Aduaneiro

PROF. MIGUEL HILÚ – Meu prezado amigo Cristiano Carvalho, Dr. Sidney Apocalipse, Dra. Fabiana Del Padre Tomé, Dr. Robson – já de saída, um abraço, boa viagem! Srs. Congressistas, boa tarde!

Antes de mais nada, para mim é um prazer indescritível, uma grande honra, estar aqui, participando desse Congresso de Direito Tributário. E devo agradecer imensamente a esse convite, o que eu faço na pessoa da Profa. Elizabeth Nazar Carrazza, minha professora de Mestrado. Muito obrigado, professora! E devo enaltecer, também, a escolha de um tema de tributação do comércio exterior para ser tratado num Congresso desta natureza.

Os temas de tributação de comércio exterior são normalmente relegados a segundo plano, normalmente tratados casuisticamente, mais por operadores do dia-a-dia do comércio exterior que profundamente por estudiosos do direito tributário. Então, essa iniciativa dos organizadores do Congresso de trazerem para esta discussão técnico-jurídica mais aprofundada questões atinentes à tributação do comércio exterior é realmente bastante interessante.

O tema que me foi sugerido é amplíssimo. "Tributos na Importação e sua Respectiva Incidência no Mercado Interno. Novo Regulamento Aduaneiro". Se eu fosse só listar, provavelmente, todos os tributos que incidem na importação, meu tempo já se esgotaria. Então, optei, com a permissão, solicitada e concedida do Prof. Paulo Ayres, por lhes falar um pouco a respeito do imposto sobre importações e de algumas questões jurídicas relevantes atinentes a esse imposto.

Confesso que quando comecei a preparar essa exposição eu tinha mais ou menos o dobro de número de *slides* dessa apresentação – como disse o Prof. Sidney, esse filminho, não é? Eu tinha mais ou menos o dobro de número de *slides*, mas tive que cortar, para poder caber nesses 20 minutos, 25 minutos, que nos são concedidos.

Então, questões muito interessantes ficaram de fora, exatamente pela falta de tempo. Questões como a base de cálculo no imposto sobre importações ("valoração aduaneira"), que, realmente, me parece ser, hoje, a questão mais palpitante sobre esse imposto, mas que não daria tempo de expor só essa questão no tempo concedido.

Outras questões relativas ao critério espacial da regra-matriz (zonas francas, Zona Franca de Manaus, zonas de processamentos de exportações), que são questões interessantíssimas, também, infelizmente, não vai dar tempo de falar. Nem de sujeição passiva.

Então, optei por falar de alguns problemas – quatro problemas específicos – sobre imposto sobre importações. E eu o farei – o que acho bastante interessante – a partir de uma análise deste novo regulamento aduaneiro, o Decreto 6.759, agora, de 2009.

Na exposição, então, começarei falando sobre legislação do imposto sobre importações, o novo Regulamento Aduaneiro. Depois tratarei de quatro questões específicas: duas do critério material; o critério temporal, que é o grande nó no imposto sobre importações; e, por fim, a questão de alíquotas, especialmente alíquotas fixas ou específicas.

Muito bem. Antes de começarmos, obviamente, devemos recordar ou ter em mente a legislação aplicável ao imposto sobre importações. Começo, obviamente, pela CF, art. 153, I, prevê que compete exclusivamente à União instituir imposto sobre a importação de produtos estrangeiros.

No art. 153, § 1º – o Prof. Robson mencionou há pouco, reiteradas vezes – é prevista a possibilidade de o Poder Executivo, atendidos os limites e as condições estabelecidos em lei, alterar as alíquotas de alguns impostos, entre eles o imposto sobre importações.

Aqui, também, há uma série de outras questões interessantes, além das levantadas pelo Prof. Robson. Por exemplo, a possibilidade de esta alteração de alíquotas, esse poder de alterar as alíquotas, ser delegado a terceiras pessoas ou a um grupo de pessoas, o que há no imposto de importações. Hoje, o poder de alterar as alíquotas do imposto sobre importações foi delegado à CAMEX, que é a Câmara de Comércio Exterior, composta por diversos Ministros e outras pessoas. Essa delegação me parece não condizer com o art. 84 da CF, mas é isso que hoje está previsto na legislação. Essa é uma questão interessante, que mereceria ou merece estudo mais aprofundado, àqueles que se interessarem.

Pode o Poder Executivo alterar as alíquotas do imposto sobre importações, nos limites e condições estabelecidos em lei. Além disso, o art. 150, § 1º, excepciona o imposto sobre importações, além de outros, do princípio da anterioridade. Então, não é necessário aguardar o primeiro dia de exercício subseqüente, nem 90 dias, para fazer valer alterações nesses impostos.

Esses dois artigos conjugados, ou esses dois §§ 1ºs dos arts. 150 e 153, já dão, desde a Constituição Federal, a conotação de extrafiscalidade do imposto sobre importações, que, além de trazer para a União uma arrecadação significativa, também é utilizado, ou pode ser utilizado, ou deve ser utilizado, como forma de intervenção no comércio exterior, para regular o mercado interno, balança de pagamentos e mercado cambial. Então, a função extrafiscal no imposto sobre importações vem desde a Constituição.

Depois da Constituição temos o CTN, arts. 19 a 22, que regulamenta, de uma forma geral, esse imposto. A partir daí, o Decreto-lei 37/1966, que trata do imposto sobre importações e de diversas outras matérias atinentes à atividade aduaneira, nós podemos dizer que é o texto legal em específico que regulamenta o imposto sobre importações. E chegamos, neste – vamos dizer – afunilamento da pirâmide normativa, ao decreto regulamentar que veiculou o Regulamento Aduaneiro, Decreto 6.759/2009.

Obviamente há diversos outros atos legais e infralegais que tratam do imposto sobre importações. Dentro dos atos infralegais eu gostaria de salientar a Portaria SECEX-25/2008, para aqueles que desejam ou precisam analisar questões relativas ao imposto sobre importações e matéria aduaneira: é uma compilação de diversas normas administrativas que facilita o nosso trabalho, significativamente.

Muito bem. O tema inclui o novo Regulamento Aduaneiro, e eu acho isso bastante interessante. Temos que analisar ou podemos analisar o imposto sobre importações a partir do novo Regulamento Aduaneiro. Mas antes disso temos que entender o que é o Regulamento Aduaneiro. A natureza jurídica dele.

O Regulamento Aduaneiro foi veiculado por meio de um decreto. Um decreto do Presidente da República, decreto regulamentar. Sobre a natureza desse decreto, o conteúdo desse decreto, é um regulamento executivo. Ensina o Prof. Roque Carrazza que no nosso sistema só há regulamentos executivos, que têm a função de operacionalizar as disposições legais não auto-aplicáveis. Então, serve o Regulamento Aduaneiro para essa função: operacionalizar disposições de textos de lei não auto-aplicáveis. Não pode, por outro lado, exceder o conteúdo da lei, criar Direito novo, inovar inauguralmente o sistema de direito positivo.

Esse é o conteúdo, a natureza jurídica, e esses são os limites. Não é possível extrapolar, por meio de regulamento executivo (e o Regulamento Aduaneiro é uma dessas formas, é um regulamento executivo), o que a lei não preveja. Então, serve o Regulamento Aduaneiro, fundamentalmente, para dar aplicabilidade às normas legais não auto-aplicáveis.

O Prof. Roque fala, também, que, em regra, os regulamentos que meramente repetem dispositivos legais são inúteis. No direito tributário eu creio que eles têm certa utilidade. Na minha opinião, eles têm certa utilidade dada a miríade de textos legais que existe sobre diversos tributos (imposto sobre importações não é diferente). É uma forma de organizar, destinada primordialmente aos administradores públicos, mas de que nós acabamos também nos valendo. Então, serve também para organizar esta miríade de textos legais que vigem sobre cada um dos tributos – no caso, o imposto sobre importações.

No que toca à parte tributária do Regulamento Aduaneiro, que nós veremos daqui a pouco (há várias outras matérias disciplinadas também), obviamente, o Regulamento Aduaneiro não pode criar obrigações novas, não pode estabelecer critérios da regra-matriz incidência do imposto sobre importações. Esse é um ponto fundamental, daqui a pouco nós vamos retomá-lo, para justificar uma posição.

Realmente, não pode criar, ser criado por regulamento, em homenagem ao princípio da estrita legalidade, qualquer dos critérios da regra-matriz de incidência tributária do imposto sobre importação, à exceção das alíquotas. Como lhes disse, o art. 153, § 1º, permite alteração de alíquotas por meio de atos do Poder Executivo. E, neste caso, na minha opinião, decreto do Presidente da República.

Só para citar os regulamentos anteriores, um de 1985, outro de 1992. Os Srs. vêem como vem sendo reduzido o prazo de expedição de novos Regulamentos Aduaneiros.

Muito bem. O Regulamento Aduaneiro trata de diversas matérias relacionadas ao comércio exterior, não apenas de matéria tributária. Ele começa tratando de jurisdição aduaneira e controle de veículos. Passa a tratar, no seu Livro II, dos impostos sobre importações e exportações. No que nos importa, os arts. 69 a 211 tratam só do imposto sobre importações. Para os Srs. verem a impossibilidade de nós discorrermos em 20 minutos sobre todos os seus aspectos, são 142 artigos – salvo cálculo errado – só sobre imposto sobre importações.

Depois trata de alguns dos outros tributos incidentes na importação. De PIS/COFINS-Importação, inclusive importação de cigarros, trata de IPI, trata da taxa do SISCOMEX, e trata da CIDE-Combustíveis, também.

Seguindo, trata o novo Regulamento Aduaneiro de regimes aduaneiros especiais, e aqui a sua função regulamentar me parece ser melhor, a mais próxima possível do que se entenda dela. Os regimes aduaneiros especiais e aplicados em áreas especiais em boa medida não são regulamentados em lei, não há textos legais que permitam aplicar regimes aduaneiros especiais, de áreas especiais, sem que haja uma regulamentação, e o Regulamento Aduaneiro veio para fazer isso.

Nos regimes especiais estamos tratando de *drawback*, de admissão temporária, de trânsito aduaneiro. Nos regimes aduaneiros aplicados em áreas especiais estamos tratando de Zona Franca de Manaus e das "zonas de processamento de exportação", que agora voltaram a ser objeto de preocupação do Poder Legislativo, principalmente porque são apadrinhadas pelo Presidente do Senado. E também aí gera-se a expectativa de serem criadas estas zonas, praticamente uma zona franca onde se industrializam produtos para exportação, utilizando produtos importados. Então, nesta matéria, o Regulamento, efetivamente, esclarece aquilo que a lei, especialmente no caso o Decreto-lei 37/1966, não esclareceu; permite, operacionaliza, cria os mecanismos que permitem serem aplicados esses regimes especiais.

No Livro V, "Controle de Mercadorias", como são controladas; "Infrações e Penalidades", "Créditos Tributários", "Disposições Finais". A idéia era passar para os Srs., primeiro, essa natureza jurídica de decreto regulamentar, de regulamento executivo, os limites, e esta compreensão do âmbito de regulamentação trazido pelo novo Regulamento Aduaneiro.

Duas questões eu gostaria de levantar com os Srs., uma que toca ao critério material. Art. 153, I – lembremos: compete exclusivamente à União instituir imposto sobre importação de produtos. De uma forma bastante sintética e simplista, para cumprir a previsão do tempo, podemos dizer que a conduta tributada pelo imposto sobre importações, a materialidade da hipótese de incidência, é importar produtos estrangeiros. "Importar" é fazer vir, trazer de um outro lugar para o território do importador, produtos que sejam estrangeiros. "Estrangeiros" são os produtos originariamente produzidos no Exterior ou os produtos brasileiros remetidos ao Exterior e retornados em determinadas situações que, infelizmente, a gente não consegue esmiuçar, aqui.

Eu gostaria de focalizar a questão dos produtos. "Importar produtos": o objeto deste verbo "importar". Sob dois pontos. O primeiro, o conceito do vocábulo "produtos" é diferente do conceito do vocábulo "mercadorias". Produtos não são mercadorias. A competência tributária outorgada pela Constituição, diferentemente do ICMS, foi de tributar o "fazer vir" do Exterior quaisquer produtos, sejam eles destinados – conforme o Prof. Roque Carrazza bem expôs anteontem – ao comércio, sejam eles objetos de atos de mercancia, ou não.

Então, "importar produtos" quer dizer importar quaisquer produtos, e não mercadorias. O Código Tributário Nacional segue nessa mesma linha, utilizando-se do vocábulo "produtos". E por que eu trago essa preocupação? Porque o Regulamento Aduaneiro e até o Decreto-lei 37/1966 utilizam, em vez do vocábulo "produtos", o vocábulo "mercadorias". Cito, aí, dois exemplos. "O imposto incide sobre mercadoria estrangeira" e "o fato gerador do imposto é a entrada de mercadoria estrangeira no território aduaneiro". Pode-se chegar a uma interpretação, ou alguns já chegaram à interpretação, de que o legislador infraconstitucional do decreto-lei teria utilizado apenas parte da sua competência tributária. A competência era para tributar a importação de quaisquer produtos, mas ele teria utilizado apenas sua competência no que toca à importação de mercadorias.

Não me parece ser o caso. E não me parece ser o caso por conta de uma interpretação sistemática do direito positivo infraconstitucional. O próprio Decreto-lei 37/1966 prevê a tributação de outros bens que não se enquadram na categoria dos produtos. Prevê a tributação de bens importados por pessoas físicas, não-comerciantes; bens importados por pessoas jurídicas mas destinados a seus ativos fixos; bens importados por pessoas jurídicas prestadoras de serviços. Então, não há no sistema infraconstitucional que prevê a incidência do imposto sobre importações esta restrição. Ao contrário, há previsões expressas de tributação de importação de quaisquer produtos, sejam eles destinados ao comércio ou não. Chega-se à conclusão de que mesmo no texto do Regulamento Aduaneiro – que é o nosso objeto, hoje –, mas já no texto do Decreto-lei 37/1966, o vocábulo "mercadorias" foi utilizado incorretamente: onde se lê "mercadorias" deve-se ler "produtos".

Entendo eu que o vocábulo "produtos", quando colocado no art. 153 pelo constituinte de 1988, foi utilizado numa acepção técnica, não numa acepção vulgar. Portanto, já se conhecia a definição do vocábulo "produtos" desde então. Nesse sentido, entendo que "produtos", para fins da competência tributária para a incidência do imposto sobre importações, são bens móveis e corpóreos. Bens incorpóreos, o que interessa agora, bens de Informática, na minha opinião, não são tributados pelo imposto sobre importações.

Quando as importações desses *softwares*, desses bens incorpóreos, é realizada por meio de suporte físico, um CD, um disquete ou *pen drive*, ou o que quer que seja, *softwares*, programas, jogos etc., a solução a que chegou o Regulamento Aduaneiro, fundamentado numa decisão do Comitê de Valoração Aduaneira da OMC – Decisão 4.1 –, foi a de segregar o valor do suporte físico e o valor do conteúdo informático desse suporte físico. Ou seja, tributa-se apenas o valor do suporte físico, deixa-se de tributar o valor do conteúdo material trazido nesse suporte físico.

Essa é a solução prevista no art. 81 do Regulamento Aduaneiro, a partir da Decisão 4.1 do Comitê de Valoração Aduaneira da OMC.

A questão é mais interessante ainda quando não há esse suporte físico. Quando o bem é um programa ou *software*, ou o que quer que seja, que venha por meio de *download*. Entendo eu que não há possibilidade de fazer incidir imposto sobre importações, porque não é um bem corpóreo trazido para o Brasil.

A Receita Federal acabou, agora recentemente, de emitir uma solução de consulta, pela sua 7ª Região Fiscal, concordando com essa posição, entendendo que "não há base legal". Por "não haver base legal", entendo eu, não há competência tributária para incidência do imposto sobre aquisição de *softwares* por *download*, mesmo que sejam "*softwares*-de-prateleira".

Essa questão de *softwares* está dessa forma resolvida no que toca imposto sobre importações. Bem resolvida, entendo, por enquanto, mas ainda gera, e gerará bastante, muitas discussões quanto a outros tributos. Por exemplo, no ICMS há uma ação direta de inconstitucionalidade em discussão sobre a incidência do ICMS sobre esses bens virtuais; imposto sobre a renda: incidem *royalties* quando da remessa ao Exterior pelo pagamento da importação desses programas de computador? Então, haverá, ainda, muitas discussões sobre esse ponto. Mas no que toca imposto sobre importações estamos relativamente tranqüilos, e me parece de uma forma adequada.

Critério temporal: esse sempre foi o nosso grande nó. Qual é o momento em que se considera ocorrido o evento tributado para fins, principalmente, de definição da legislação aplicável? É o momento do ingresso no território nacional ou é o momento do registro de uma declaração de importação? A importância desta definição, ainda, além de definir o critério temporal da regra-matriz de incidência do imposto (que, por si só, já seria suficiente), como o imposto sobre importações, pela regra do art. 150, § 1º, não precisa respeitar a anterioridade, como essas alíquotas, então, podem ser alteradas de um dia para outro, a exata definição do momento em que se considera ocorrido o fato tributado é absolutamente imprescindível para a plena aplicação da legislação do imposto sobre importações.

Muito bem. Qual é o problema? Da Constituição Federal apreendemos que o imposto incide sobre a conduta de "importar". E, na minha concepção, o único critério temporal possível é o momento em que o produto cruza a linha de fronteira do País. "Importar" significa trazer. Se significa "trazer", o único momento possível para se considerar ocorrido o fato é o momento do ingresso no território nacional.

Essa é a previsão do art. 19 do CTN e do art. 1º do Decreto-lei 37/1966. Aí vem o art. 23 do Decreto-lei 37/1966 e cria uma ficção. Diz o seguinte: "Tudo bem, o momento da ocorrência do fato gerador é o ingresso no território nacional, mas considera-se ingressado no território nacional no momento em que se faz o registro de uma declaração". Qual declaração? A declaração de que trata o art. 44.

Então, criou-se uma ficção: não é mais o momento físico de ingresso no território nacional, mas, sim, o momento formal de registro de uma declaração de importação. Seguindo as lições do Prof. Paulo de Barros Carvalho, diferenciam-se, aí, dois tempos: o tempo *do* fato, que é o tempo do registro da DI, o lançamento tributário do imposto sobre importações, desse diferenciado o tempo *no* fato: tempo no fato é uma coisa que já aconteceu, sempre passado, que foi o cruzamento da linha de fronteira.

Esta é a antinomia que existe. O Regulamento Aduaneiro mantém esta previsão de considerar ocorrido o "fato gerador" na data do registro da DI. A questão foi levada ao Judiciário, principalmente pelos exportadores de veículos, que tinham veículos nos portos, quando houve a majoração de alíquota; e esses importadores de veículos pleitearam junto ao Judiciário que não fosse aplicada a alíquota majorada, uma vez que os veículos já estavam em território nacional, claramente haviam sido ingressados no território nacional. E o STF, no RE 225.602, manteve uma posição que já havia sido manifestada antes da Constituição de 1988, de considerar inexistente incompatibilidade. Essa é a posição, asseverando que é "uma fórmula prática que põe a lei de acordo com os fatos". Parece-me que, na verdade, é uma fórmula que põe a lei em desacordo com o evento e em desacordo com a materialidade. Mas, de qualquer forma, realmente, esta é a posição, hoje, do STF. Podemos entender, então, hoje, o momento do registro da DI como critério temporal.

Um argumento não foi suficientemente explorado, na minha opinião, nesse ponto. Isso, eu creio que é questão fundamental, aqui, para nós lembrarmos. O art. 23 do Decreto-lei 37/1966, eu disse a vocês, remete ao art. 44, e diz que se considera a mercadoria ingressada no território nacional no momento do registro da declaração de que trata o art. 44. E o que diz o art. 44? "Toda mercadoria procedente do Exterior será sujeita a despacho aduaneiro e será processada com base em declaração, apresentada *no prazo prescrito em regulamento*".

Então, vejam os Srs.: o critério temporal da regra-matriz de incidência do imposto sobre importações acabou sendo transferido (sua definição) para o regulamento. E o Regulamento Aduaneiro efetivamente traz essa disposição no art. 546: quando deve ser registrada a DI. Parece-me de flagrante inconstitucionalidade, pela ofensa ao princípio da estrita legalidade, estabelecer critério temporal de regra-matriz de imposto por meio de regulamento. Esse é um outro argumento, além do argumento de ilogicidade com o critério material e, portanto, inconstitucionalidade direta, considerada a competência tributária, esse é um segundo argumento em homenagem ao princípio da estrita legalidade, que me parece não ter sido, ainda, adequadamente explorado.

Por fim, a questão das alíquotas. As alíquotas, hoje, no imposto sobre importações, estão previstas na TEC/Tarifa Externa Comum, documento do Mercosul, que buscou harmonizar a tributação dos Países-membros das importações de fora do bloco para dentro do bloco. Então, a TEC é onde hoje se encontram as alíquotas do imposto sobre importações.

Mas o problema que eu gostaria de tratar com os Srs. é outro: a questão das alíquotas fixas ou específicas ou *ad rem*. Alíquotas previstas, um valor em moeda, seja moeda nacional ou seja moeda estrangeira, em relação a uma unidade de medida, 10 Reais por quilo, 3 Reais por litro, 2 Dólares por unidade, ou o que quer que seja. Em minha opinião, alíquotas fixas ou específicas ou *ad rem* serão sempre inconstitucionais. Em minha opinião, não há interpretação possível do princípio da capacidade contributiva que permita estabelecer para o imposto (talvez para as taxas a gente pudesse pensar, ter um raciocínio diferente) uma forma de tributação, a criação de uma tributação fixa em relação a uma unidade de medida, que desconsidera, solenemente, a riqueza, a mensuração, a perspectiva mensurável – como dizia o Prof. Geraldo Ataliba – da materialidade da hipótese de incidência. Três Reais por unidade? Eu não sei, depende. Está certo? Depende. Se a alíquota for de 30% e a unidade custar 10, sim. Mas, se alíquota for de 30% e a unidade custar 60, não se pode, a capacidade contributiva restará frontalmente ferida.

No que toca ao imposto sobre importações ainda há um agravante. Nós somos signatários do GATT, membros da OMC, e nos valemos do Acordo sobre Valoração Aduaneira para chegar na base de cálculo do imposto sobre importações.

Todos esses textos – o GATT, os textos da OMC e o Acordo sobre Valoração Aduaneira – proíbem terminantemente (e isso, inclusive, foi o mote da sua constituição, um dos motes da constituição) proíbem terminantemente a criação em tributos de importação de bases de cálculo arbitrárias ou fictícias.

Então, realmente, além de ofender a capacidade contributiva imediatamente, isonomia tributária e igualdade, ainda ofendemos os textos legais internacionais aos quais nos comprometemos.

Essa previsão continua no Código Tributário Nacional e no Decreto-lei 37/1966 e continua no Regulamento Aduaneiro, que poderá ser calculado pela aplicação de alíquota específica.

A questão estava dormente há muito tempo. Não havia previsão de alíquotas específicas, até que esta Lei 11.727, agora do ano passado, conversão da Medida Provisória 413, reavivou a discussão, estabelecendo a possibilidade de o Poder Executivo criar, definir, alíquotas fixas – e já criou a alíquota: 15 Reais por unidade de medida, podendo o Poder Executivo reduzir. Na redação original da medida provisória já eram previstos, inclusive, os grupos de produtos que seriam tributados por alíquotas fixas. Aqui, felizmente, deixou a vigência para o momento em que for regulamentada essa lei.

Então, nós temos, hoje, essa previsão. Não houve ainda, que eu tenha notícia, a criação dessas alíquotas fixas, mas há setores da economia já se movimentando para tentar criar essas alíquotas fixas específicas, especialmente os vinicultores. Os produtores de vinho querem criar uma alíquota fixa de 3 Dólares por garrafa de vinho – o que é um belo exemplo para a gente concluir pela ofensa gritante à capacidade contributiva e à isonomia tributária. Imaginem uma garrafa de vinho que custa mil Dólares e uma garrafa de vinho que custa 100 Dólares – e essa discrepância, certamente, há: ambas pagariam 3 Dólares por garrafa na importação. Certamente, a capacidade contributiva estaria ofendida.

Peço desculpas se avancei um pouco no tempo, Sr. Presidente.

Mais uma vez agradeço ao convite muito honroso, que recebi com muito prazer, e agradeço a atenção dos Srs. Muito obrigado!

[*Palmas*]

Presidente da Mesa (Prof. Cristiano Carvalho) – A Profa. Fabiana Del Padre Tomé falará sobre o tema:

Compensação. Novas Limitações e Efeitos

Profa. Fabiana Del Padre Tomé – Obrigada, Prof. Cristiano! Cumprimento também os amigos, colegas da Mesa, Prof. Sidney Apocalipse e Prof. Miguel Hilú Neto.

Já tivemos a oportunidade de ouvir sobre algumas questões controvertidas, que é exatamente o propósito deste Congresso, o *XXIII Congresso Brasileiro de Direito Tributário*, do qual que eu tenho a honra de participar. O Prof. Robson Maia Lins fez questão de dizer que já participa há 10 anos, mas eu já estou ganhando, pois há 13 anos marco presença aqui, participando em todas as categorias ou assistindo, ou discutindo – e é sempre um grande prazer. Eu só tenho a agradecer à Presidente deste Congresso, Profa. Elizabeth Nazar Carrazza, assim como ao Presidente do IDEPE, Prof. Aires Barreto.

O tema que me foi atribuído, para fazer algumas reflexões, diz respeito à compensação tributária. Claro que também é um tema muito controvertido. Se pegarmos a legislação que disciplina o assunto e pinçarmos as problemáticas envolvidas, eu passaria mais de 20 minutos só para lê-las. Então, selecionei dois tópicos que, ao meu ver, envolvem problemas também profundos de Teoria Geral do Direito, de direito constitucional – e, por isso, a minha opção por essa linha de reflexão, aqui, com os Srs.

Primeiramente, alguns comentários a respeito da compensação, da importância desse instituto em um sistema jurídico como é o caso do sistema jurídico brasileiro. Porque, quando nós falamos de compensação, estamos nos referindo ao encontro de contas entre um valor que um sujeito pagou a maior – ou seja, um valor indevido que foi recolhido aos cofres públicas – e um outro, débito, a título de tributo que seria devido. Não vamos tratar, neste momento, daquela compensação referida na não-cumulatividade do IPI, na não-cumulatividade do ICMS, PIS, COFINS, nem impostos ou contribuições residuais. A compensação a que nos referimos corresponde àquele encontro de contas realizado entre algo que se recolheu de forma indevida, e por conseguinte, ilegal.

Na hipótese de recolhimento indevido, o contribuinte faz um dispêndio que não está de acordo com a lei, que não está na forma da Constituição. Logo, não pode o Poder Público ficar com esses valores em seus cofres. É preciso fazer uma devolução. Daí nós afirmarmos que o direito à restituição, à repetição de indébito tributário, é um direito constitucionalmente assegurado. Só que os mecanismos de restituição não concretizam, efetivamente, os princípios constitucionais da legalidade e – por que não dizer? – da própria moralidade administrativa, dada a demora na sua realização.

Daí a necessidade de um mecanismo célere para que esses valores ilegal e inconstitucionalmente recolhidos sejam devolvidos. Não em pecúnia necessariamente, mas por um crédito estrutural, um encontro de contas documental, que vai fazer extinguir o débito. Ao deixar de pagar algo a título de tributo, porque o contribuinte já recolheu a maior, ocorre forma de devolução de valores, apesar de não ser em espécie. Está aí a sua importância, a necessidade de a legislação que regulamenta a compensação tributária trazer mecanismos para que esses objetivos maiores sejam efetivamente concretizados, sem causar empecilhos.

Fazendo um retrocesso em termos legislativos, observamos que, com suporte no art. 170 do CTN, foi editada a Lei 8.383/1991, pela primeira vez estabelecendo e disciplinando o encontro de contas a ser feito na esfera tributária. Essa lei determinava que a compensação seria admissível entre tributos da mesma espécie – o que foi interpretado, à época, como "tributos federais que tivessem a mesma destinação". Evoluindo, e dando maior amplitude a essa esfera de compensação, a Lei 9.430/1996 passou a assegurar a compensação entre tributos administrados pela – até então – Secretaria da Receita Federal, hoje Receita Federal do Brasil.

E essa legislação foi sofrendo alterações. O mecanismo que antes dependia de um pedido de compensação, que seria examinado para ser deferido ou não, passou a ser feito pelo próprio contribuinte, numa espécie de "compensação por homologação". A redação atual da Lei 9.430/1996, inclusive, faz referência expressa a essa condição homologatória.

Isso nos remete a um outro ponto, também objetivando a celeridade e a facilidade para a Administração, que é o que alguns chamam – até o Prof. Estevão Horvath, com o seu livro sobre *Lançamento Tributário*, faz referência – de "privatização da gestão tributária". Quer dizer, se nós olharmos para os tributos hoje existentes, quantos nós identificamos que são tributos sujeitos ao chamado "lançamento de ofício", em que a própria Administração tem que verificar o fato de constituir o valor devido ao crédito tributário? Raríssimos. Podemos citar o IPTU, e talvez encontremos um ou outro a mais. Os demais são tributos sujeitos a "lançamento por homologação". Mesmo o ITR, que já foi sujeito ao "lançamento por declaração", em que o contribuinte apresentava as informações mas o Fisco era quem encaminhava o valor do tributo devido e constituía o crédito, hoje também se sujeita ao "lançamento por homologação". Isso facilita a atividade fiscalizatória, facilita a atividade arrecadatória, pois cabe ao próprio contribuinte relatar os fatos jurídico-tributários por ele praticados e quantificar o crédito correspondente, em seguida fazendo o pagamento. O Fisco apenas fiscaliza e verifica se está de acordo ou se não está de acordo com as providências do contribuinte. E assim também é, agora, na compensação tributária. Cabe, então, ao contribuinte indicar o fato jurídico-tributário que praticou e quantificar o crédito tributário, informando quanto é que ele deve a título de tributo. Aí, também o contribuinte, em uma outra norma individual e concreta – na terminologia do Prof. Paulo de Barros Carvalho –, identifica um outro fato, que é o fato do pagamento indevido, e constitui o débito do Fisco, decorrente daquele pagamento em desacordo com a Constituição, com a lei. Efetua, assim, aquele encontro de contas a que nos referimos. Exemplificando: se o contribuinte já pagou 100, que não deveria ter pago, e agora ele deve 100 em razão de fato jurídico praticado, então, o contribuinte nada tem que recolher. Assim faz sua compensação.

E a Administração? Cabe à Administração verificar se isso está correto ou se isso não está correto, e tomar as medidas cabíveis caso identifique algum equívoco. Quer dizer, é uma atividade, uma situação, em que ela não precisa tomar a iniciativa, porque cabe ao contribuinte efetuar todos esses procedimentos. Ao Fisco fica reservada essa função gerencial de zelar para que o contribuinte faça tudo corretamente, o que é um facilitador; e o Direito autoriza esses mecanismos facilitadores da arrecadação da Administração Tributária. Autoriza até mesmo algumas presunções relativas, como foi comentado pela Profa. Maria Rita Ferragut. Mas esses mecanismos facilitadores não podem ser contrários à Constituição da República. Se eu tenho direitos constitucionalmente assegurados, não pode a lei – e muito menos veículos infralegais – dispor de forma diversa.

Outra questão que merece registro é a da "compensação de ofício", em que o contribuinte não pede uma compensação tributária, mas sim uma restituição, solicitando devolução ou ressarcimento. A Instrução Normativa 900/2008 – que é um veículo infralegal e que não poderia criar obrigações ou condições impeditivas da compensação tributária, porque cabe à lei regular a compensação tributária – extrapola sua função e estipula que, feito o pedido de devolução dos valores indevidamente recolhidos, caso seja verificada a existência de algum débito daquele contribuinte no âmbito da Receita Federal do Brasil, da Procuradoria-Geral da Fazenda Nacional, o valor não será objeto de devolução.

Nesse caso, a própria Administração efetuará o encontro de contas. O Fisco não devolve ao contribuinte aquilo que foi recolhido a maior, ilegal e inconstitucionalmente, porque esse contribuinte tem um débito. Num primeiro momento pode parecer muito justo negar-se a devolução de indébitos tributários quando o contribuinte tenha outros débitos. Mas assim não é. A Constituição prescreve o devido processo legal: o devido processo legal administrativo e o devido processo legal judicial. Com isso, assegura e impõe à Administração os mecanismos próprios para a exigência do crédito tributário e, no bojo desses mecanismos, confere oportunidades de defesa, de recursos, de produção probatória – e assim por diante. Quer dizer que, se o contribuinte tem um débito tributário, esse débito deve ser cobrado, observado o procedimento específico, administrativo e judicial, para sua exigência, ambos previstos em lei. Não se pode, simplesmente, obstar ou negar um direito do contribuinte, interferindo no seu direito à devolução. E o absurdo da "compensação de ofício" fica ainda mais evidente se considerarmos que, no âmbito de discussão administrativa ou judicial, o débito pode não subsistir.

Mas os Srs. poderiam argumentar, em sentido contrário, que a Instrução Normativa 900 prevê oportunidade de manifestação do contribuinte, assegurando, assim, o devido processo legal. Se for negada a restituição, o contribuinte tem como contrapor-se a ela. Vejamos. Se o contribuinte concordar com a compensação de ofício, ela é realizada. Ótimo; perfeito. Mas, se ele discordar dessa compensação de ofício, o que acontece? O valor que havia sido pedido a título de devolução fica retido até a liquidação do débito. Nota-se, assim, que essa previsão de oportunidade para o contribuinte se manifestar confere apenas uma aparência de devido processo legal, de ampla defesa, de contraditório, porque, na realidade, enquanto o contribuinte não pagar seu débito a restituição do indébito não será feita. Não se tem por concretizada a compensação de ofício, só que o contribuinte também não consegue ver realizado seu direito de devolução daquele valor que foi pago indevidamente. Trata-se de sanção por via oblíqua – e, portanto, de uma violação constitucional ao direito de devolução daqueles valores indevidamente recolhidos a título de tributo.

E mais: essa existência de débito que impede a devolução e que leva à compensação de ofício não abrange apenas os débitos vencidos e exigíveis. Se os débitos tributários estiverem com a exigibilidade suspensa, inclusive se forem objeto de parcelamento. A Instrução Normativa SRF-900/2008 dispõe que, se o contribuinte tiver mais de um débito e pedir a devolução de valores indevidamente recolhidos, quando se efetuar a compensação de ofício a liquidação se dará numa ordem especificada: primeiro os débitos que não estiverem com a exigibilidade suspensa; depois aqueles que foram objeto de parcelamento, em relação às parcelas vencidas e vincendas. Ora, mas o parcelamento é uma espécie de moratória, em que se posterga a exigibilidade do tributo, com suporte em lei, que, por sua vez, tem suporte no Código Tributário Nacional! Então, a instrução normativa está prescrevendo que, se o contribuinte aderiu ao parcelamento, para fins de devolução de um indébito tributário, não vale mais essa moratória! Simplesmente é desfeita aquela moratória posta em lei e com suporte no Código Tributário Nacional, uma norma geral do direito tributário: não vale para nada.

Por todos esses motivo, a compensação de ofício, a meu ver, padece de ilegalidade, porque é posta em uma instrução normativa, e padece também de inconstitucionalidade, pelo fato de que ela impede o ressarcimento constitucionalmente assegurado.

Um outro ponto que eu gostaria de discutir com os Srs. refere-se à questão da não-homologação do procedimento de compensação. No primeiro momento fiz referência a um pedido de devolução negado pelo Fisco, o qual, por considerar que existe um débito tributário, efetua de ofício a compensação. Mas há a outra possibilidade, em que o próprio contribuinte pretende efetuar uma compensação por homologação. Nesse caso, o particular indica que fez o pagamento indevido e que, portanto, existe um débito do Fisco. Ainda, o contribuinte informa que praticou o fato jurídico-tributário, e, por isso, existe um crédito tributário. Então, como se têm débitos e créditos, quer dizer, obrigações com vetores opostos, abrangendo tributos administrados pela Receita Federal do Brasil, o contribuinte efetua o encontro de contas, com a conseqüente extinção do crédito tributário – pelo menos no montante em que eles efetivamente se encontrem.

Mas isso extingue o crédito tributário sob condição resolutória de ulterior homologação. Dito de outro modo, depende de uma concordância da Administração, que deve ser feita no prazo de cinco anos, conforme também disposto no Código Tributário Nacional.

Muitas vezes a Administração deixa para se manifestar a respeito do assunto exatamente ao final do quinto ano. Se permanecer silente, considera-se homologada a compensação. Agora, o problema está exatamente nas situações em que há discordância. É preciso lembrar que, quando o contribuinte constitui o fato do pagamento indevido e pretende compensá-lo, ele também constitui o fato jurídico-tributário do respectivo crédito tributário, devendo manter, como suporte desses créditos e desses débitos, sua escrita fiscal. Por quê? Porque a Administração, para verificar sua exatidão, deve ter condições de analisar se aquele crédito e aquele débito efetivamente estão de acordo com os fatos que foram praticados, se eles existem. Então, o contribuinte deve manter, durante o prazo prescricional, toda sua escrita fiscal, para apresentar ao Fisco, se solicitado.

Por outro lado, o que significa a não-homologação? Não-homologação significa: "Discordo do que o contribuinte fez; discordo desse fato que o contribuinte está alegando; o contribuinte relata que praticou um pagamento indevido e, portanto, tem um indébito de 'X', mas eu, autoridade administrativa, discordo". Ou: "O contribuinte relata que praticou um fato jurídico-tributário e que, portanto, deve um tributo de 50, mas eu, autoridade administrativa, discordo, pois considero que o débito seja no valor de 100". Nessa discordância, vejam, a Administração está dizendo que não aconteceu aquele fato.

Ora, o contribuinte, quando diz que aconteceu algo, que praticou algum fato, ele tem a obrigação de fazê-lo de forma documentada, por meio de sua escrita fiscal, que são provas. Se a Administração afirma que um fato não aconteceu, ela não pode, ao final dos cinco anos, para evitar a homologação tácita, simplesmente dizer "NÃO, eu não homologo porque há alguma irregularidade aqui", e, desse modo, desconsiderar a norma que constitui o indébito tributário mas manter a norma que constitui o débito do contribuinte, passando a exigi-lo como se uma confissão fosse. O contribuinte praticou um procedimento que, segundo a teoria dos atos administrativos, seria estimado como um ato complexo. Quer dizer, para o ato se completar, ele precisa de todas essas etapas. Mas a Administração muitas vezes concorda com metade (a que constitui o débito do contribuinte) e discorda da metade que constitui um débito seu. Não admitimos tal possibilidade. O ato do contribuinte há de ser considerado como um todo: ou se homologa a compensação ou nenhum dos termos postos pelo contribuinte constitui direitos e deveres.

Além disso, qualquer ato não-homologatório por parte da Administração também é um ato administrativo. E, como tal, precisa de motivação. Essa motivação é o relato da situação geradora da discordância por parte do Fisco. Se existe uma situação geradora dessa discordância, ela tem que ser indicada pormenorizadamente. Cabe à autoridade administrativa efetuar um procedimento de fiscalização, solicitando ao contribuinte os seus documentos, para, diante dessas discordâncias, diante da identificação de que há uma incorreção, aí, sim, efetuar a não-homologação, que significa a existência do crédito tributário e não do débito do Fisco. Quando isso não é feito tem-se violação ao devido processo legal, indo contra a própria estrutura do processo comunicacional do Direito, que foi mencionado aqui, hoje, também pelo Prof. Paulo de Barros Carvalho. Se eu, contribuinte, alego um fato, tenho que trazer os elementos para que esse fato se sustente no ordenamento. Então, se um outro sujeito, a Administração, alega um fato contraposto, que é o caso da não-homologação, então, ela tem que trazer também os elementos que fazem com que este fato contraposto se sustente e prevaleça sobre aquele fato que havia sido relatado pelo contribuinte.

São esses, Srs., os pontos que eu trouxe para nossa reflexão a respeito desse tão controvertido tema que é a figura da "compensação", agradecendo mais uma vez pelo convite para participar deste honroso Congresso, assim como pela presença e pela atenção dispensada por todos aqui. Muito obrigada! [*Palmas*]

Presidente da Mesa (Prof. Cristiano Carvalho) – Obrigado, Profa. Fabiana, pela interessantíssima palestra! E agora passaremos à nossa última exposição, que será proferida pelo Prof. Sidney Saraiva Apocalipse, sobre o espinhoso tema "Regime Tributário de Transição e Segurança Jurídica. Efeitos da Lei 11.638/ 2007".

Regime Tributário de Transição e Segurança Jurídica. Efeitos da Lei 11.638/2007

PROF. SIDNEY SARAIVA APOCALIPSE – Colegas congressistas, meus cumprimentos e uma reclamação que eu quero fazer de público à Presidente do Congresso, Dra. Elizabeth Nazar Carrazza. O IDEPE violou o direito dos idosos, pois eu teria o direito de preferência, mas fui colocado ao final da fila – e, mais que isso, acabo de me surpreender a cada apresentação, e vou falar de cada um. Primeiro, de quem esteve aqui pela primeira vez no X Congresso: nosso colega o Prof. Robson Maia Lins.

No XIII Congresso esteve o Prof. Cristiano Carvalho, que agora preside esta Mesa. Dr. Miguel Hilú se lembra de ter vindo ao XV Congresso. Eu vim ao I. Naqueles Congressos, XIII, XV, eles não eram casados, não tinham filhos, alguns eram estudantes, e nós já estávamos aqui. Elizabeth, nós estávamos aqui, olhando para eles, mas não estávamos vendo esse futuro, talvez! Nem essa perspectiva que foi passada por cada um deles que aqui integrou a Mesa. Isso nos coloca diante de uma responsabilidade adicional: a de garantir a cada Congressista que aqui vem, seja no XXIII, XXIV, um lugar nesta Mesa, que também me honra. Por conta disso é que eu agradeço ao IDEPE essa presença, fazendo apenas um registro de agradecimento, mas que abrange todos os professores, desde o Presidente Aires, do IDEPE, até todos os demais colaboradores que animam este Congresso.

Mas vamos ao tema, que não é só espinhoso, é impublicável. Bom, não tem perfeição alguma aqui. Quando vai se falar em Regime Tributário de Transição/RTT vêm, com esse termo, estranhas curiosidades. Eu imaginava a dificuldade que possa ser identificar a sigla, não é? RTT para muitos pode ser Rede Tabajara de Televisão, para outros pode identificar o Regime Tupiniquim de Tributação, mas tem esse nome estranho, Regime Tributário de Transição. O verbo "transitar" nos indica sair de um ponto para outro, de uma condição para outra... Mas pior, o tema me é dado para "abordar o Regime Tributário de Transição sob um enfoque" – lendo o crachá me surpreendi: "Como vou falar sobre Regime Tributário de Transição?". Tal como se fosse assim ditar um procedimento, o Congresso lança o desafio, e determina que eu fale dele sob o enfoque da segurança jurídica. Pois é, o próprio rótulo já nos remete a idéia da insegurança por conta do fato, do saber que em algum momento transitaremos de um ponto ou de uma condição de onde estamos para outra, em termos tributários. Por si, significativa insegurança, ou não?

Esta legislação – e eu vou falar no conjunto dela, para abordar ambas as leis que cuidam da questão – tem um nascedouro lá em 1997, num projeto de lei, mas surpreendeu a todos aqueles que gostam do Verão e do Carnaval, porque só em março foi descoberto que no dia 28, eu pelo menos, no dia 28 de dezembro já tinha uma nova regra que revolucionava a Lei das S/A!

E aí diziam, os que sabiam do projeto e tudo mais, que a finalidade era harmonizar os padrões internacionais de Contabilidade, que tem esse nome estranho nessa língua que não é estranha para as novas gerações. Mas, enfim – vejam que curioso –, se para descriminalizar a maconha o povo é ouvido, tem pressão da sociedade, legítima através do *lobby*, por que uma lei desta surge assim, no encerrar do ano, sem muito alarde? E surge por conta do mercado!

Diferentemente dos idos dos tempos, hoje em dia, penso eu – e sob o crivo e a censura dos Mestres – que a legislação, especialmente a tributária, é movida em função do mercado. Esse ser estranho que ninguém vê, que ninguém identifica, mas que modifica a ordem jurídica diuturnamente, haja vista agora o IOF, que me parece uma forma de arrecadar para devolver o imposto de renda na fonte que foi retido inconstitucionalmente, ou o empréstimo compulsório.

Mas, enfim, é o mercado. Há pouco o Prof. Robson falava da linha branca, dos automóveis, do porquê de se baixar alíquota aqui, acolá. Quem determinou, qual assalariado, aqui, obteve uma redução da alíquota de imposto de renda na fonte sobre a folha de salários? E assim nós vamos.

Muito bem. Essa legislação, assim criada, revoluciona a Lei das S/A por conta de mexer, de atingir preceitos de controle contábil. Ela se destina, quer dizer, ela tem como foco, como objetivo, atingir as sociedades por ações e as empresas de grande porte – e "de grande porte", diz a lei, são a sociedade ou o conjunto de sociedades sob controle comum, e não vou ler, porque está no nosso filminho. É uma regra, consta aí, mas não precisamos decorá-la. Vamos à lei. Eu não vou lançar o desafio, mas vou imaginar que em pouco tempo empresas de médio porte – ainda que não se saiba direito o que seja "médio", "grande" ou "pequeno", em tempos ditos em crise – vão utilizar esta legislação. A experiência pretérita, quando a Lei 6.404/1976 surgiu, fez com que as pessoas jurídicas, a legislação do imposto sobre a renda, também sofressem uma modificação substancial que veio no bojo do chamado Decreto-lei 1.598/1977 – atribui-se ao Prof. Luiz Bulhões Pedreira a inspiração desse decreto-lei –, para harmonizar aquilo que constava na Lei Societária e preceitos nitidamente de conteúdo contábil, mas que cabe ao advogado, que cabe ao jurista, interpretar. Não cabe a nós fazer lançamentos contábeis, entender da partida dobrada etc. Assim como não cabe ao juiz entender por que o DNA causa esta ou aquela conseqüência numa filiação ou coisa que o valha. Mas temos que nos valer disso para entender o Direito no qual nós estamos navegando.

O Decreto-lei 1.598/1977 veio para adaptar aquilo que estava na Lei Societária para a lei tributária, mas por quê? Porque na Lei Societária se apurava a base de cálculo do imposto sobre a renda. Em última análise, não é que o balanço da sociedade apurando um lucro dava a base de cálculo do imposto sobre a renda, precisava esta legislação ser acomodada de tal maneira a atingir a base imponível constitucionalmente possível.

Eu não creio que alguém possa imaginar que um preceito contábil, seja ele qual for, por qualquer que seja o fundamento, uma classificação, uma rotulação, que determine o efeito patrimonial da pessoa jurídica, possa modificar o conceito de "renda". Eu sei que alguém já disse, com estilo e com a beca, que renda é aquilo que o legislador disser que é. Eu faço de conta que eu não ouvi e nem li. Mas, enfim, quando da vigência do Decreto-lei 1.598/1977 a base de cálculo no imposto de renda recebeu um rótulo de "lucro real", e para se chegar a esse lucro real pegava-se o que se chama de "lucro líquido do exercício", faziam-se os ajustes de adição, de verbas que você paga, mas não são dedutíveis, mas que afetam o lucro comercial, e as adiciona. Você pode doar para partido político... Aliás, hoje tem lei para todo lado, e gastar com partido político você até pode, dentro de limites até para reduzir o IR. Gastar você pode, o que não se admite é que a sociedade financie seus gastos, mediante redução do IR. Ontem estavam discutindo se uma companhia pode pagar juros sobre o capital próprio; sobre o critério que deva observar para pagar. Mas todos entenderam que só se pode deduzir de acordo com o que determina a lei para fins tributários. E assim era o mundo. Nada desconhecido, nem estranho, e por muitos anos.

Muito bem. Surge a nova legislação, que começa a afetar a tal base de cálculo. Importantíssimo isso. Mas como é a base de cálculo da pessoa jurídica, do quê nós estamos falando? Na pessoa física a gente identifica o rendimento, nem tudo que represente transferência de dinheiro de uma pessoa para outra significa renda, estamos saciados de ouvir as lições a respeito. Mas na jurídica, como chegar ao mesmo conceito? Nós há pouco falamos muito em ação patrimonial, vejam os Srs., por exemplo, que na pessoa jurídica, para chegar ao lucro, não é um simples encontro de contas em que eu pego de um lado as despesas, do outro lado as receitas, faço a soma algébrica – ou, como os advogados preferem, pego as receitas, diminuo das despesas, vamos chegar ao lucro. Não. Para uma atividade empresarial que objetiva o lucro, outros fatores econômicos são considerados. E – vejam que estou querendo enfatizar a questão da mutação patrimonial – nem todo ingresso significa uma mutação patrimonial relevante para fins de apuração do imposto de renda, assim como alguns dispêndios também não. Exemplo: para o Direito Brasileiro a compra e venda de um bem imóvel só se perfaz com o registro do título no cartório próprio, registro imobiliário, não é isso? A gente ouve a palavra, contadores, advogados, todos nós, falamos uma expressão corriqueira. O sujeito promete a venda com instrumento particular, ou o faz com instrumento particular de venda e compra a prazo ou instrumento particular de venda e compra à vista, para esperar que a escritura venha lá na frente, ver que está faltando a CND e que as compensações estão atrapalhando a vida dele – enfim seja lá o que for, qualquer que seja a razão, assina-se um recibo, pagam-se arras, sinal e princípio de pagamento para venda de determinado imóvel. Mas a alienação imobiliária não teria ocorrido, não é?

O que ocorre na pessoa jurídica, todo mundo fala: baixa o imóvel, o imóvel foi alienado. Não é bem isso. Sob o enfoque jurídico – e nesta minha proposta faço um desafio para mim mesmo – o que ocorre juridicamente é o seguinte: o patrimônio, a qualidade do patrimônio daquela empresa, daquela pessoa jurídica, se alterou, até então podia ter a posse indireta, a posse direta do imóvel, a posse indireta em situações anômalas , ou a posse direta porque lá está instalado. Ser o proprietário do imóvel e exercer o direito de propriedade. Diz a Lei Societária – eu não gosto de rotular "societária" ou "tributária", mas não vou entrar no mérito –, mas diz a lei: "Ora, os imóveis são classificados quando você os mantém, por prazo que você não sabe qual é, no tal do ativo permanente, os direitos sobre o imóvel, vejam, os direitos sobre aquele bem imóvel, você faz assim". Mas quando ele compromete a venda e recebe dinheiro ou receberá dinheiro por conta da venda que fez, para quem vende e compra só pode existir uma alienação em que a contrapartida seja dinheiro ou sendo coisa diversa, permuta etc.

O patrimônio dele mudou, a qualidade do patrimônio mudou, ele passa a ter direito de crédito, ele tem que refletir um novo fato para seus sócios, seus acionistas – qual seja, eu não tenho mais no meu patrimônio propriamente imóvel, eu tenho uma conta a receber, eu tenho uma nota promissória ou várias notas promissórias, porque eu prometi a venda desse imóvel. Então, a expressão "baixar", que se usa vulgarmente, só significa mudar a qualidade do seu patrimônio e refletir isso de uma maneira clara – ou seja, eu não tenho mais, você vê isso no meu balanço, na minha escrita, direitos reais. Eu tenho o direito de crédito.

Sabem os Srs. que em direito civil, direito do qual todos nós extraímos outros ramos, seja administrativo, seja tributário, esta questão do direito real, do direito pessoal, ocorre todo dia, é o credor que tinha crédito fundado em direito real, pode de repente ter o mesmo crédito fundado em direito pessoal, obrigacional, o vínculo com o bem já se foi. Especialmente quando a gente faz a venda e o faz com cláusula *pro soluto*.

Enfim, a contabilidade, eu estou fazendo a contabilidade para dizer o que é contabilidade, mas o que na verdade ocorre é que o que a lei faz é: "Registre esse patrimônio desta maneira" – e aí entra a categoria profissional dos contadores, e o faz da maneira como a lei determina.

Muito bem, em algum momento esta lei que criou este cenário modifica os critérios contábeis, é isso que o faz, eu não vou entrar no detalhe. Ela faz isto, e de repente chega-se ao caos – "Gente, eu mudei a base de cálculo do imposto" –, e vem lá o art. 15, para dizer que "fica instituído o regime tributário *patatá* de transição e tudo mais". Porque no princípio dessa lei o que se preconizou, o que se preconiza no sistema, é que, apesar de todas as modificações, há uma neutralidade fiscal.

Nada do que se produziu de modificação na Lei 6.404/1976 haveria de criar efeitos fiscais, isso foi dito em mais de uma oportunidade, foi derrogado ou revogado com um perfil pela nova regra, e a nova regra, que dá um novo texto normativo, traz esse dispositivo.

Parasse aí, ou parasse no princípio da neutralidade, dizendo: "Tudo o que está aqui é apenas para mostrar para o investidor que para o Brasil ingressar na ordem econômica mundial, não pode causar efeitos tributários". Saber o que foi feito a PIS, COFINS e tudo o mais que vier pela frente. Mas o País é um País dos parágrafos, o Brasil é um parágrafo, vira e mexe a gente vê: artigo tal, "é proibido isso" ou "evasão de divisas", por exemplo, um artigo interessante. É evasão de divisas, e "evasão" dá aquela idéia de remessa, não é? Mas aí tem um parágrafo, muito importante, também é evasão de divisa manter patrimônio no Exterior sem declarar ao Fisco. E aí vem o elenco todo, o parágrafo é mais importante que a cabeça. E o parágrafo vem para dizer o quê? O RTT vigerá até a entrada em vigor de lei que disciplinará os eventos tributados, os métodos e critérios contábeis são da neutralidade tributária. Precisa? [*Risos na platéia*] Mas eu vou falar que o regime é de transição e vai vigorar até entrar em vigor uma lei e vocês pedem que eu fale sobre o informe da segurança jurídica?

O que se imagina é que uma nova lei vá repetir – espero – que há uma neutralidade fiscal, e que nenhum efeito tributário há de ser imputado em razão desta modificação feita para atender ao mercado. Não me lembro de nenhum empresário que seja filiado à FIESP, Federação do Comércio, ter se preocupado muito em alterar a Lei 6.404.

E aí há uma série de dados que eu registro – mas não quero estourar o tempo – que vão permear as discussões futuras. Há um dado que diz respeito à depreciação dos bens. Historicamente se depreciam os bens de acordo com o prazo de vida útil, o bem tem um prazo de vida útil "A", devemos depreciá-lo com medida que transforme este prazo. Eu, por exemplo, já fui totalmente depreciado, fui baixado para resultado. [*Risos na platéia*] Quando vocês não tinham nem filhos eu já estava casando pela segunda vez, [*risos na platéia*] hoje eu sou pai, avô de três e na iminência do quarto. Enfim, a depreciação baseada na vida útil, que se dava pelo prazo de vida do bem, agora é com a vida útil econômica; haverá uma avaliação para ver qual o prazo de vida útil daquele bem e, aí, estabelecer que taxa vai ser aplicada para sua depreciação.

Arrendamento, o que ocorreu? No meu modo de ver nada ocorreu, mas vou admitir que ocorreu o seguinte: os arrendadores fazem contrato de *leasing* – não tem jeito de falar "arrendamento", arrendamento é coisa de fazenda –, e aquele que toma o *leasing* paga – vou chamar de – aluguel, e aquilo era despesa, que leva o tratamento de despesa ou levava o tratamento de despesa, como sempre foi. Hoje a lei fala diferente: "Você, que é o arrendatário, tem que ativar o bem" – e aí tem gente que nos pergunta: "Ah! O bem, então, agora permanece como se fosse uma propriedade...". Não, no meu modo de ver é apenas para refletir a qualidade do seu patrimônio que quanto à VARIG ou a TAM, que são grandes tomadoras de *leasing* de aeronaves, as aeronaves não são adquiridas, você paga um aluguel, faz um bom seguro se elas se perderem.

Mas, enfim, esse direito sobre aquela aeronave não é um direito de propriedade, obviamente; o tratamento para fins de apuração do resultado é o que vale mudar. E nós vamos entrar em questões sobre se a despesa é dedutível e tudo o mais, que em 25 minutos em RTT não dá.

O patrimônio, contabilmente, historicamente, desde aquele famoso padre que sistematizou o que já existia, era escriturado pelo valor do custo, o custo histórico – eu paguei 100 mil Reais, vai valer aqueles 100 mil Reais, é o custo, não se valorava o patrimônio sob outro critério. O que esta lei faz é, do lado dos direitos e das obrigações, exigir que a valoração do patrimônio se dê pelo valor justo, ou pelo valor presente no caso das dívidas. Não dá para se alongar nisto.

O que mudou? Mudou o critério do contrato. Que efeito tributário haveria de ter? Não há de haver nenhum, pois o legislador desenhou a neutralidade fiscal. Pode um novo regime, por que se eu vou transitar deste para um outro, que outro será este? E qual é o limite dele? Vou pular esse. O limite dele vai retornar a este Congresso numa discussão sobre o conceito de "renda" em relação à pessoa jurídica. E quanto ao conceito de "renda" lembro o esforço do Prof. José Artur Lima Gonçalves para estipular qual o conceito de "renda" na Constituição brasileira, que tem um preceptivo tão singelo como "matar é crime". É assim: compete à União instituir o imposto sobre a renda, ponto. E daí os professores, aos quais eu escuto com maior reverência, se esforçam pra mostrar qual o conceito de "renda", para que nós nos tribunais nos defendamos com estas lições com tais fundamentos. Isto vai voltar.

Muito bem, o tempo é exíguo, mas ele é valioso. Quero agradecer a vocês! Voltaremos aqui no XXIV Congresso de Direito Tributário, ou ainda podemos nos ver virtualmente, no *twitter@sidneyapoca* ou por *e-mail* em *sidneyapoca@gmail.com*. Muito obrigado! [*Palmas*]

CONFERÊNCIA

PROCESSO TRIBUTÁRIO

PROF. JOSÉ SOUTO MAIOR BORGES

PRESIDENTE DO CONGRESSO (PROFA. ELIZABETH NAZAR CARRAZZA) – Boa tarde a todos! Vamos passar para a fase final do Congresso. Primeiro preciso cumprimentar os componentes da Mesa, um minutinho só. Dra. Malvina, Dra. Helga, Dr. Estevão Horvath, Prof. Souto, Prof. Aires Barreto, Prof. Bottallo, Prof. Roque Carrazza.

Nós vamos ter a grande satisfação de ouvir, hoje, o Prof. José Souto Maior Borges. Todos vocês ou quase todos o conhecem de longa data, o Prof. Souto tem nos prestigiado, prestigiado o IDEPE – aliás, ele é Membro do IDEPE, de há muito.

Eu me lembro bem quando ouvi falar pela primeira vez do Prof. Souto, através do Prof. Geraldo Ataliba. Tinha lido um artigo sobre ICM, publicado na *RDA*, e o Prof. Geraldo ficou muito impressionado, e a partir daí o Souto passou a ser nosso irmão – não é, Souto? –, morando no nosso coração. Além de ser o grande intelectual que é, o grande jurista, um homem culto. Enfim, as qualidades que ele tem nós todos aqui já sentimos e percebemos.

Vou, então, passar a palavra ao Prof. José Souto Maior Borges, que vai fazer a nossa conferência. Professor...

PROF. JOSÉ SOUTO MAIOR BORGES [*Texto sem revisão do autor*] – Exma. Sra. Profa. Elizabeth Nazar Carrazza, Presidente deste Congresso; Exmo. Sr. Prof. Aires Barreto, Presidente do IGA-IDEPE; demais membros da Mesa, cujos nomes e relevos dispensam menção específica; caros Congressistas e caras Congressistas, meus Amigos e minhas Amigas.

O tema da minha palestra – vou ver se consigo levá-la a termo – versará sobre o "Processo Tributário", que é um subitem dentro da temática geral deste Congresso. Para logo faço a observação de que em Instituto que atua, que tão bem atua, sob a égide do nome venerado de Geraldo Ataliba, não poderia ter o início de uma exposição como esta focado sobre outra pessoa, de outra perspectiva, que não a estritamente constitucional. Porque, por um dever de justiça, a mais elementar, devemos reconhecer que toda essa magnífica florescência de estudos sobre o direito tributário ao lume de um critério rigorosamente científico jamais seria possível queimando uma etapa essencial desse processo de acumulação de cultura, e essa etapa foi a intervenção que Geraldo Ataliba, como aquele que instalou a dignidade constitucional dos estudos de direito tributário entre nós. Seguiram-se outros eminentes estudiosos. Eu não posso mencioná-los todos, e apenas por um laço de afetividade e circunstâncias mais recentes de seu adormecimento, eu faria menção aos nomes de Osíris Lopes Filho, tão amigo nosso, e Eugênio Doin Vieira, que tanto abrilhantou, com sua exacerbada sensibilidade, as reuniões deste Instituto. [*truncado na gravação*] com a linguagem sintética, ausentes, presentes, aqueles que sempre têm direito a uma cadeira cativa nas reuniões do Instituto Geraldo Ataliba de Direito Tributário.

Seja, portanto, a nossa primeira preocupação pinçar no elenco dos problemas constitucionais – cuja complexidade me dispenso de acentuar – apenas um dispositivo, para efeito de concentração temática. Trata-se do art. 5º, LV, da CF, em cujos termos "aos litigantes, em processo judicial administrativo, e aos acusados em geral são assegurados o contraditório e ampla defesa, com os meios e recursos a ela inerentes". Vejam vocês o seguinte: a importância desse dispositivo é imensa, mas, se nós formos reconstituir as produções jurídico-literários de primeira fornada, vamos fazer um exercício de superficialidade, mera glosa desse texto legal, a reprodução desse texto, vocês chegam no livro tal ou qual e encontram o seguinte: segundo o inciso LV do art 5º, devem ser assegurados a defesa ampla e os meios necessários ao exercício desse direito que é garantido pela Constituição Federal – ou seja, mera repetição do texto constitucional.

Ora, vejam bem, nós não devemos, de saída, para que se entenda qual é a intencionalidade desta discussão, desconsiderar um dado que é essencial para a construção de uma ciência que é realmente rigorosa, como recomendado no pensamento fenomenológico, ou seja: tudo converge para a unidade do conhecimento. É preciso a gente distinguir para convir depois, mas tudo converge para a unidade.

Vejam, essa exemplificação que eu fiz, tópica, ela se refere apenas a uma repetição do texto constitucional. Agora, a gente podia fazer umas observações preambulares – *preambular* é andar antes de penetrar diretamente no assunto, como indica a sua bela etimologia.

Muito bem. Nós temos no art. 5º da CF um complexo de direitos e garantias constitucionais que fazem a honra e a glória desta Constituição atual. Dentro desse complexo, se nós procedermos a esse processo metodológico de constante adensamento, progressivo adensamento conceitual, para partir dos princípios menos importantes para os mais importantes, aqueles que são condicionantes do conteúdo de todo o resto, no art. 5º da CF, nós veremos que há um núcleo básico em todos eles. Esse núcleo é integrado pelo princípio do contraditório, art. 5º, LV, pelo princípio da universalidade da jurisdição, que assim prescreve – como todos sabem: "a lei não excluirá da apreciação do Poder Judiciário lesão ou ameaça a direito". Vejam o inter-relacionamento sintático e semântico entre esses princípios constitucionais.

De que adiantaria a Constituição assegurar o acesso irrestrito ao Poder Judiciário, no inciso LV do art. 5º, se a ele não estivessem consorciados o contraditório e o processo judicial, ou seja, a discussão dialética no âmbito desse processo, mediante regras procedimentais e processuais específicas, como o princípio da pertinência e outros princípios aos quais eu farei menção, se para tanto eu tiver disponibilidade de tempo ao longo do percurso?

Muito bem, então, o princípio da universalidade da jurisdição recebe um adensamento de conteúdo por meio do princípio do contraditório. Mas antes, por sua vez, eles vão se espalhar na região do altiplano do princípio da isonomia, o que é devido à condição desta isonomia. Primeira observação: esse princípio da isonomia está enunciado em dois preceitos constitucionais distintos, primeiro a isonomia vem no *caput* e vem no inciso I do art. 5º da CF, mostrando ações e denunciando topograficamente a proeminência, condicionando todos os outros princípios, inclusive em matéria tributária.

É como se a Constituição dissesse, dada sua imediata vinculação com o princípio da legalidade – inclusive legalidade tributária –, que a Constituição linguagem-objeto é uma coisa, como está lá na Constituição, metalinguagem doutrinária é como um doutrinador qualquer – por hipótese, Dr. Souto, ou outra pessoa qualquer – pretende descrever o conteúdo de significação normativa que está embutido no art. 3º, para então fazer a seguinte observação: legalidade e isonomia ou isonomia e legalidade, como se prefira, da Constituição Federal de 1988 dizem o mesmo, a mesma coisa, nós não somos iguais perante portarias administrativas e instruções normativas, ordem de serviço, recomendada pelo Ministério da Fazenda: *nós somos iguais perante a lei*, que é o ato inaugural de instalação de obrigações no âmbito brasileiro no nível infraconstitucional.

Então, legalidade e isonomia, enunciadas em dois dispositivos, passam a ser unificadas na metalinguagem doutrinária. Contraditório e acesso à jurisdição, dois princípios [*truncado na gravação*] linguagem-objeto na metalinguagem [*truncado na gravação*]. A base da dignidade da pessoa humana, muito bem, perfeito. Mas pode haver dignidade da pessoa humana, que é um conceito de altíssimo nível de determinação conceitual [*truncado na gravação*], e pode haver dignidade da pessoa humana sem isonomia. A isonomia permeia tudo na Constituição Federal. Isso tem mais de 60 ou, sei lá, há mais de 70 anos que se ensina isso em matéria tributária. Você pode tirar tudo que está ali naquele elenco de garantias e direitos individuais, pode tirar, emendar a Constituição, o que vocês quiserem. Agora, a Constituição persiste e assegura com a isonomia todos esses princípios constitucionais que estão dentro dos incisos I a LXXVIII do art. 5º do texto constitucional. Esse é que é o grande problema.

Muito bem, já que se interpôs que a metodologia é completamente diferente desta metodologia bem-comportada, que se limita a tratar de coisas absolutamente triviais e que em nada contribuem para levar a ciência do direito tributário aos níveis de excelência que todos nós desejamos – é impressionante –, a verdade é que quando nós aceitamos uma metodologia [*truncado na gravação*] como essa, nós abrimos mão de tesouros cujo valor não sabemos bem aquilatar. Vou dar um exemplo. Fala a lei dessas miudezas de aplicação tópica, eu não vou nem falar tópica, da aplicação em concreto de preceitos constitucionais.

Vejam o seguinte: para o fim da minha exposição vamos ponderar que a ciência jurídica contemporânea gravita em torno de duas grandes perspectivas, duas abordagens que são as mais amplas que o próprio conhecimento jurídico conseguiu até hoje enfrentar. A primeira delas é a *abordagem sistemática*. Falar em sistema da doutrina do direito tributário é a coisa mais confortável que existe, porque o sistema é o direito tributário, e de tal maneira o sistema assumiu o imperialismo objetal que tudo se resolve com a noção de sistema, tudo se resolve no direito tributário com a noção de sistema. *Sistema* expressa a congruência interna das suas partes constituintes e expressa uma totalidade de compreensão e de abordagem de modo a regular exaustivamente todos os aspectos da vida social [*truncado na gravação*]. Por isso é que há muitos anos atrás, há vários anos atrás, eu me lembro que fui espectador de uma tendência, aqui, para se examinar o problema dos chamados *incentivos fiscais* em contraposição aos incentivos extrafiscais – ou, se se preferir, mais especificamente, isenções fiscais e extrafiscais.

Vejam como o sistema cria o Leito de Procusto. No final das contas, embora haja muita coisa meritória a crédito do sistema e a débito nosso com relação a ele, a análise era meramente sistemática e estruturalista. Dizia-se o seguinte: o incentivo extrafiscal, com isenção extrafiscal, especificamente, não tem nenhuma autonomia conceitual, não tem nenhuma especificidade. Por quê? Porque na isenção extrafiscal você vai direto àquele ponto, no sujeito ativo, no sujeito passivo, na relação, no objeto, todas as características da isenção ou do incentivo estritamente fiscal. Portanto, não teria, dentro de uma visão sistemática, nenhuma, absolutamente nenhuma, autonomia com relação à isenção fiscal, comparada com ela isenção.

Muito bem, isso parece uma coisa muito abstrata – eu não tenho medo de abstração, porque na abstração [*truncado na gravação*], isso é que é o problema. Theodor Viehweg, o grande jurista alemão, escreveu uma obra deste tamanhinho assim, pequena obra-prima, grande homem, chamada *Tópica e Jurisprudência*, que todos nós conhecemos. Foi aí que ele lançou o chamado método tópico de análise da jurisprudência. O que ele pretendia com isso? Ele dizia uma coisa que, se vocês ouvirem agora, [*truncado na gravação*]. É que o sistema é o seletor de problemas. É exatamente o que acontecia com relação à visão sistemática que analisava esses incentivos fiscais. Como não havia, sob perspectiva estruturalista, nenhuma diversidade entre um e outro, o sistema afastava esse questionamento como um falso questionamento; não cabia discutir aquilo, era um falso problema.

Muito bem, ele diz o seguinte: o problema é o seletor do sistema. Se dentro do sistema não cabe uma análise de determinado problema, há que alçar a análise científica e teórica para um outro plano, um outro sistema, a fim de que se busque para o problema uma solução que o sistema não podia, por si só, ofertar. O problema é o seletor do sistema: ele seleciona o sistema e, se o sistema não consegue, vamos partir para outra solução. E foi exatamente isso que ocorreu, porque, por incrível que pareça, todos esses exemplos de incentivos fiscais foram coletados por mim numa obra de Norberto Bobbio chamada *Da Estrutura à Função* – cujo título é muito ruim, mas o conteúdo é de excelência plena. Foi lá que eu encontrei, surpreendentemente, esses exemplos. Dizia ele o seguinte – foi ele quem me ensinou, foi meu Mestre: não há especificidade do incentivo de estímulo fiscal numa visão estrutural, mas numa visão tecnológica ou finalística há toda pertinência da diversidade pretendida de uma coisa e outra – ou seja, na autonomia conceitual de serviço, é uma questão só de colocar [*truncado na gravação*] com o sistema pedido, diferente, exatamente como o nosso autor pretendia que se fizesse.

E foi a partir desses exemplos dele que eu me convenci de que realmente era isso o que nós trabalhamos com método, que as pessoas não se apercebem bem disso. Não é possível, você sendo pura e simplesmente jurista do direito tributário, pretender, ter aspiração de pretender, com uma certa grandeza de perspectiva. Não é possível. A gente fala, por exemplo – eu acho curioso, permitam-me essa divagação – que o Direito Romano não é um Direito novo, é um Direito imortal. E o que é que faz um direito ser imortal, como o Direito Romano? Não é a solução tópica que se dava, por exemplo, a um problema específico na sociedade humana daquele tempo; isso violaria a regra da hermenêutica histórica, pôr-se naquela época para poder explicar; mas o que acontece é o seguinte: é preciso que a gente entenda que não é a solução que o Direito Romano deu à situação de um escravo ou coisa desse tipo, problema de relação de posse, de domínio, isso não tem importância. Bobbio disse o que me faltava entender: o que torna imortal o direito romano, a grandeza dele, é que o direito romano descobriu a arte do Direito, como o jurista romano descobriu a arte do Direito, em contraposição à visão sistemática. Ou seja, o que vale realmente é o estilo de pensar romano. Quem quiser corroborar o que estou dizendo, ou contestar, procure o trabalho dele. O estilo de pensar romano era isso, para o jurista romano é como se caso concreto fosse o ponto de partida de todo o conhecimento científico; num método quase indutivo, de caso para caso, ele extraiu a regra. Diferente do que a gente faz hoje, essa inflação legislativa, que geralmente pretende que a lei – com todo o respeito que tenho pela legalidade – consiga resolver todos os problemas da vida social. Simplesmente não pode.

Muito bem. A arte do Direito. Não é uma tarefa pequena você dizer o que é, qual é o fim do Direito. Pelo contrário, até hoje é uma coisa que permanece insuperável. Nós vivemos numa sociedade moderna, em pleno ano de 2009, discutindo, por exemplo, as virtudes apregoadas pelos governos de um tributo como – eu tenho até um certo asco em fazer a referência a ele, porque desse eu tenho particular ojeriza – a contribuição provisória sobre a movimentação financeira. Disseram que esse tributo está extinto, que perdeu a vigência já, e eu digo que isso é como a espada de Dâmocles que cai em cima da cabeça dos contribuintes. Ninguém tenha dúvida de que quantas vezes o Governo puder recorrer a isso ele o fará. Isso não é teórico, não, é prático, é concreto.

Qual é a virtude desse tributo? A Justiça sabe de cor [*truncado na gravação*] do mesmo jeito que o das grandes fortunas. Não me falem em justiça numa hipótese dessas, é altamente regressivo [*truncado na gravação*]. Não há justiça sem segurança, nem segurança sem justiça. [*truncado na gravação*].

Como foi que se autonomizou a Ciência do Direito? Ninguém fez melhor do que eles fizeram [*truncado na gravação*] Primeiro, a célebre fórmula: "viver honestamente, não lesar ninguém e dar a cada um o que é seu", quer dizer, um mundo humanista de luz [*truncado na gravação*] unificou dentro daquele critério que eu venho tentando prestigiar com minhas parcas forças, mas [*truncado na gravação*] no meu conhecimento que é incorretíssimo, ele disse o seguinte: "Vamos modificar isso: só vive honestamente – vejam bem, só vive honestamente, primeiro termo – e não lesa ninguém quem dá a cada um o que é seu". Ao Fisco o que é seu, ao contribuinte o que é seu. Como dizia a figura venerável do Prof. Ruy Barbosa Nogueira, a interpretação não deve ser pró-Fisco nem contra o Fisco, deve ser *pro legis*. É o critério de que nós, juristas do setor tributário, dispomos.

Muito bem, unificou-se a arte do Direito. E, vejam bem, é incrível contar a história da saga dos povos, certas coisas, acontecimentos – como exemplo a definição da arte jurídica, no que consistia –, se perdem no tempo e passam a ser uma investigação esquecida. Ora, se eu pedir para vocês me darem exemplos de uma pessoa que se chama..., vocês irão dar centenas Agora, se eu pedir uma obra sobre a arte do Direito, na minha reconhecida ignorância, só conheço uma: é o livro de Francesco Carnelutti chamado *l'Arte del Diritto*, um pequeno livro, um pequeno grande livro.

Mas o que é para mim fundamental é que esquecida, mas não perdida – nada se perde no mundo da vida e do espírito, está tudo conservado – é que está lá que ele será contraditório, ou seja, ele consiste primeiro numa discussão dialética, e dialética no sentido mais original, é dizer, o sentido mais profundo. Dialética não tem aquele sentido que se empresta à dialética [*truncado na gravação*], altamente discutível, mas sentido amplo, é a arte do diálogo no processo, é a discussão [*truncado na gravação*]. O processo está submetido a regras, é um procedimento administrativo ou judicial presente a um *factum* ou um *actum*, que é o ato final do procedimento, é uma discussão regrada, submetida a regras de pertinência processual e outras regras, e uma regra que não leva o regresso ao infinito, porque há que pôr termo ao processo por um ato oficial qualquer.

Chega ao ponto em que o órgão autorizado pelo sistema – no nosso caso, na imensa maioria das hipóteses, o STF – é quem pratica a suprema discussão, sobre a qual não cabe mais recurso. Um Ministro do Supremo, certa ocasião conversando comigo, num gesto de humildade, disse que o Supremo tem o direito de errar [*truncado na gravação*]. Eu não sei se o Supremo acerta ou erra, porque na verdade o Supremo põe em normas [*truncado na gravação*].

Dá para a gente entender, então, é exatamente no plano constitucional, como nos ensinou Ataliba, e no plano do processo administrativo judicial, que está preservado na sua guarda o principio do contraditório, e o principio da preservação da arte do direito, arte que ele [*truncado na gravação*] exatamente da aplicação do direito aos casos concretos.

Como recomendava Ruy Barbosa, o que nos diz esse dispositivo do art. 5º, LV, da CF? Que aos acusados nos processos administrativo e judicial será assegurada a ampla defesa. Mas qual é o conteúdo da amplitude da defesa? O conteúdo da amplitude da defesa é uma categoria que o direito positivo [*truncado na gravação*] o que exclui de saída a unidade de jurisdição. [*truncado na gravação*] a unidade de jurisdição – eu sei que parece que estou falando como um ET, aqui, [*truncado na gravação*]. E mais, eu gostaria de ouvir – infelizmente, essa é uma das minhas frustrações –, mas eu não posso ouvir a opinião do Geraldo Ataliba sobre isso. Mas me delicio num experimento mental, que certamente ele levaria a sério, pelo menos.

Até que ponto a garantia de instância, a malfadada garantia da instância é compatível com a Constituição Federal? Se o Ataliba estivesse aqui eu diria, com a irreverência que ele gostava de ouvir, que exigir 15, 20, 30% da garantia da instância já é um grave empecilho para os contribuintes, mas vai ficar muito pior: 60, 70, 80, 100%, sei lá... quem tem imaginação criadora para o mal não tem limites.

De sorte que eu tenho minhas dúvidas. Pelo menos são dúvidas sinceras, e esse é um território irredutível da convicção de cada um: que seja a questão da garantia da instância compatível com a amplitude da defesa. Não vejo como, mas, enfim, cada cabeça uma sentença. Manda quem pode e obedece quem tem juízo. Eu procuro ter juízo.

Muito bem, uma questão que eu gostaria de frisar aqui... Quanto tempo eu tenho? Vou terminando. [*Risos na platéia*]. Não se pode ser ingênuo a ponto de pensar que a solução dos problemas nacionais há de ser encontrada pelos métodos reflexivos de aplicação de multas tributárias, repressividade, interferência estatal na vida dos contribuintes, e todos os despropósitos e propósitos com que a gente está acostumado a conviver, com certo desagrado. Se isso resolvesse os problemas da nacionalidade, o Brasil seria o País mais feliz do mundo. Mas a verdade é precisamente o contrário. Nós estamos vivendo, agora, uma luta brutal, encarnecida, entre as forças oficiais policiais, que não são culpadas de tudo que se lhes atribui mas também não são os "anjos de candura" que às vezes se quer fazer acreditar que sejam.

E eu tenho a desconfiança, um mero exercício de imaginação, que os traficantes dos morros do Rio de Janeiro, se esse problema recente tivesse surgido antes da escolha do Rio como sede dos Jogos Olímpicos, teria sido sustado o debate. Esse debate tem repercussão mundial, e a gente continua pensando que a solução está em trocar a violência da bandidagem pela violência oficial – o termo "bandidagem", para mim, é um muito asqueroso.

Na verdade, nessas tentativas de solução exclusivamente sistemática e legalista no sentido reflexivo do tempo, multa tributária, é uma maravilha. Vocês são jovens, mas houve tempo em que no Brasil não se aplicava uma multa tributária sem que houvesse um "sócio" privilegiado do Estado e por trás uma categoria funcional de pessoas ricas.... Era a fiscalização tributária – porque, em cada multa, o fiscal participava em 50% dela. Isso é sistema tributário? Se é, "me inclua fora disso", porque estou completamente à margem de um processo desses.

Na verdade cada um de nós tem que recuperar os direitos da sua cidadania, e essa envolve uma metodologia para que a gente viva numa sociedade à altura do que é o Brasil hoje, o Brasil do futuro, o Brasil dos nossos filhos e netos e dos netos dos nossos netos. É preciso que nós abandonemos definitivamente em tudo e por tudo, essa civilização repressiva, porque no fundo dos fundamentos o que ocorre, e que precisamente é o mais importante, e por isso fica em estado de ocultação, é que nada, absolutamente nada, substitui, nenhuma legalidade vai substituir a voz secreta da consciência individual de cada um: esse é que é o supremo juiz. A noção do dever a ser cumprido na vida social, que nos impõe o nosso próximo, a onipotência daquelas supremas leis éticas que regem a criação do homem e em comparação com as quais a onipotência pretensiosa do direito positivo não passa de uma miserável ilusão.

Muito obrigado! [*Palmas*]

ENCERRAMENTO

Prof. Aires Barreto

Presidente do Congresso (Profa. Elizabeth Nazar Carraza) – Passo, agora, a palavra ao Prof. Aires Barreto, Presidente do Instituto Geraldo Ataliba-IDEPE, que vai encerrar o Congresso.

Presidente do IDEPE (Prof. Aires Barreto) – Exma. Sra. Profa. Dra. Elizabeth Nazar Carrazza, digníssima Presidente deste *XXIII Congresso Brasileiro de Direito Tributário*. Exmo. Sr. Prof. Roque Carrazza, em cuja pessoa peço vênia para saudar os demais componentes da Mesa e as autoridades que se encontram no Auditório.

1. Enaltecido e mesquinho

Não sei como dar-lhes a ver – douta Mesa, Srs. Congressistas – quanto me sinto enaltecido com esta distinção grandiosa e, ao mesmo tempo, a que ponto me acho mesquinho para merecer a honra de vir a encerrar o *XXIII Congresso Brasileiro de Direito Tributário*, especialmente depois de por aqui terem passado não só o insuperável Eugênio Doin Vieira como os notáveis oradores Roque Carrazza e Eduardo Bottallo.

Diante disso, perdoem-me, nem sabia como começar.

2. Um momento de alegria

E, por não sabê-lo, aconselharam-me a que iniciasse com um panegírico à Presidente Elizabeth Nazar Carrazza. Vejamos se é o caso.

"Panegírico", ensinam os nossos léxicos – desde os atenienses com Isócrates –, como diria o nosso grande orador, mestre Roque Carrazza, é discurso laudatório, encomiástico, de enaltecimento. Quem o faz é aquele que louva, que gaba, que elogia. Se assim é, como de fato o é, a nossa Presidente – Dra., *stricto sensu*, Elizabeth Nazar Carrazza – não precisa de nenhum panegírico. Definitivamente, não. Precisa – e isto, sim, rapidamente o farei – que sobre ela sejam mencionados alguns dos seus reais méritos, já que todos, aqui, não caberiam.

Basta se diga que a Profa. Dra. Elizabeth Carrazza, além de ter sido respeitada Diretora da Faculdade de Direito da PUC/SP, por mais de um lustro, edificou suas atividades acadêmicas sobre o alicerce do trabalho, semeando idéias, propondo soluções aos problemas mais intrincados, sem se afastar dos seus ideais.

São esses os três aspectos do compêndio de bem que timbra o caráter da Profa. Elizabeth. Os três versículos de um evangelho de vida impecável.

Ao lado disso, a Profa. Elizabeth é um dos esteios do IDEPE. Foi sua fundadora e colabora ativamente com o Instituto, desde então.

O IGA-IDEPE, para ela, é mais que uma entidade. É também Geraldo Ataliba, seu preceptor. É, ainda, ciência, a universidade informal, o fim proclamado em seus estatutos, é cultura jurídica, é a consciência da cidadania, a defesa da Constituição e dos seus princípios. É onde vislumbra um futuro de esperança, de realização dos anseios nacionais.

Beth – como carinhosamente a chamamos –, humilde que é, não arrefeceu e fez-se esperar por este dia, colhendo os resultados auspiciosos desta nova missão triunfal.

Radiantes estamos todos por tê-la tido como Presidente. Foi o que nos disseram, também, na sua silenciosa e austera alegria, os umbrais desta Casa, sua Mesa, sua Tribuna, suas recordações e um auditório repleto de admiradores intelectuais.

Não foi sem razão a sua escolha como "garota-propaganda" da PUC. Essa opção da Escola Paulista de Direito envolve dois aspectos simbólicos, absolutamente distintos. Marca, de um lado, sua inegável competência de Professora e de Dirigente; timbra, de outro, a carinhosa atenção que lhe dedicam todos.

Receba, por tudo, Profa. Dra. Elizabeth Nazar Carrazza, o nosso mais profundo agradecimento!

3. Srs. Conferencistas, Palestrantes e Debatedores

Tivemos por conferencistas, palestrantes e debatedores figuras do porte de Paulo de Barros Carvalho, de Souto Borges, de Eduardo Bottallo e muitas outras, que formam um seleto grupo de juristas brasileiros, muitos conhecidos não só nacional, mas internacionalmente. Bottallo nos deu importantes lições sobre os quatro alicerces constitucionais do procedimento administrativo tributário; Paulo encantou-nos com sua análise, sempre profunda, de um dos mais relevantes temas entre aqueles que afligem os que se dedicam à matéria tributária.

Não há como referi-los todos. Por isso, peço licença para homenageá-los na figura maiúscula de Souto Maior Borges, nosso conferencista de há pouco.

Conta-nos o grande Vieira, nos seus *Sermões*, que, de um pedaço de tronco de árvore do qual se fizeram duas achas, uma teve por destino ir ao fogo e a outra a de servir de embrião de uma bela escultura. Pedaços da mesma árvore, cepos do mesmo tronco, com destinações tão diversas.

Assim também é com os homens. Uns não envolvem nenhum brilho, servem pouco mais que o cepo que vai ao fogo; outros, porém, rijos como o carvalho, sob a ação do buril e da goiva, transformam-se em traços fortes de vistosas esculturas, marcadas pela admiração e respeito.

O mestre Souto Borges é exemplo conspícuo deste último e seletíssimo grupo.

Num dos nossos Congressos, Souto disse que o princípio da igualdade não está na Constituição. *É* a Constituição. Permita-me, mestre Souto, parafraseá-lo.

Porque, ao lado de baluartes como Paulo de Barros Carvalho, Roque Carrazza, José Eduardo Soares de Melo, Leonor Leite Vieira, Estevão Horvath e tantos outros – cujo tempo me impede de nomear –, V. Exa. não está no Congresso: V. Exa. *é* o Congresso!

Obrigado, Prof. Souto, pelo privilégio que nos concedeu.

4. Dois preitos de saudade

4.1 A perda insuperável de Eugênio Doin Vieira

Um valente chefe, obedecendo à ordem do rei supremo, desarmou sua tenda nos arraiais da vida e acampou na Eternidade. Seus familiares, amigos e colaboradores, de ontem e de outrora, contemplaram, imersos em profunda mágoa, aqui perto, no *Sírio Libanês*, a sua última fisionomia: a de um semblante sereno e tranqüilo de quem, altaneiro, cumpriu com galhardia o seu dever. Eu, o menos expressivo deles, peço para ser, aqui, o representante dos meus e dos seus sentimentos, a palavra que brota dos nossos corações. Peço-lhes para, em nosso nome, dedicarem-lhe um hino de saudade.

O nosso gênio da eloqüência e da retórica sucumbiu, mas nem os mais duros rigores do fado adverso que enfrentou puderam dobrá-lo ou abatê-lo. Jamais despiu-se da sua dignidade, a despeito do sofrimento pelo qual passou. Resistiu aos mais devastadores vendavais, superou o desespero dos náufragos, emergindo cada vez mais forte. Nunca se dobrou; manteve-se sempre firme e altaneiro.

Eugênio, em todos os quadrantes em que atuou, colheu sucessivas vitórias. Destacou-se na Política e no Magistério; entre uma e outro, prosseguiu inebriando os auditórios mais exigentes, com a sua invejável oratória.

Já o havia dito:

"Seus discursos, todos excelentemente urdidos, conjugavam o rir, o encantar, o relembrar, o chorar. Voltar a rir, esperançar, renascer e amar. Era a palestra enobrecida pela eloqüência, de dialética persuasiva e extremamente penetrante.

"Na poesia era gênio criador, de ardente imaginação, de coloridas imagens, de estilo fluente e brilhante; por fim, de uma inspiração inatingível.

"No trecho de improviso era cáustico, mordaz, provocador do riso franco e expansivo, provindo da alma. Esmagava os descalabros com a força insuperável do argumento indestrutível, mas nunca com o argumento da força."

E concluí:

"Até o Sol se recusava a recolher o seu fulgor e pôr-se no horizonte, encerrando os fins de tarde, enquanto não discursava Eugênio."

4.2 A perda do insubstituível Osíris de Azevedo Lopes Filho

Temos que pagar a Osíris Lopes Filho um tributo de gratidão devido pelas suas nobres cinzas.

Para tanto, relembro, em rápido esboço, os gloriosos feitos da grande alma que outrora as animou, enquanto melhor pena não escreve com eles uma das mais brilhantes páginas da história do nosso País.

Osíris de Azevedo Lopes Filho nasceu em Cachoeiro do Itapemirim, no Estado do Espírito Santo, de pais honestos, ainda que não abastados. Os brasões da fidalguia não lhe enfeitaram o berço. A providência concedeu-lhe o privilégio de fundar a sua nobreza em vez de recebê-la como uma esmola dos pergaminhos de seus antepassados. A sua fé de ofício era a sua carta genealógica. Auditor Fiscal competente, inteligente e dedicado à causa pública, ascendeu, pelos próprios méritos, o posto de Secretário da Receita Federal. Mas, sobretudo, Osíris incorporou, com rigor, o maior patrimônio que seus ancestrais podiam lhe conferir: a honestidade.

Foi isso que impediu, em episódio marcante, que em 1994, na chegada ao País da seleção tetracampeã de futebol, jogadores e comissão técnica desembarcassem do "vôo da muamba" – como acabou conhecido –, com produtos adquiridos nos Estados Unidos, pesando nada mais nada menos que 17 toneladas, sem pagar os tributos devidos. Pressionado a liberá-los sem o pagamento, o Secretário da Receita Federal, Osíris, preferiu manter-se honrado e transmitir aos filhos a importância de um caráter firme, demitindo-se incontinenti, para não compactuar com escândalo de tal monta.

Suas condecorações foram os adornos de uma tumba. A Constituição, sua brilhante espada, está suspensa na sua estante d'armas, e debalde aguarda ansiosa pela mão vigorosa que tantas vezes a defendeu e explicitou.

Pela primeira vez o lutador vestiu-se para descansar, e saiu sem a Magna Carta, porque não ia digladiar com os que não queriam cumpri-la.

4.3 Uma prece

Deus de Misericórdia, Eugênio e Osíris ofereceram os seus trabalhos pela liberdade, pela democracia, sempre com respeito às leis e à Constituição. Desses comportamentos, sem dúvida, orgulhavam-se suas esposas, seus filhos, amigos e colegas.

Volta, pois, Pai Nosso, Teus olhos sublimes para os Teus filhos e dá ênfase ao carinho, do Cristo libertador. Embainha a espada da Tua justiça; dirige-lhes um olhar de misericórdia; abre-lhes as portas da Cidade Eterna, que esta é a única esperança que, em tão duras ausências, pode servir de lenitivo à nossa saudade.

5. Os seguidos abusos com os precatórios

Entre nós, o escândalo de hoje só não é maior que o de amanhã.

Avultam, entre tantos outros pontos, os odiosos privilégios do Fisco, pela sua iniqüidade e pela sua deformidade. Estranha vantagem, que, dos tempos coloniais aos imperiais, dos imperiais aos republicanos, atravessando os três regimes, prestigia, até hoje, esse desequilíbrio de que sempre se queixaram as partes, há mais de dois séculos. Hoje, ainda, macula a Constituição, que mantém injustificados e injustificáveis privilégios para os feitos das Fazendas.

Mais vergonhosa e indecorosa é a questão dos precatórios, uma das mais indecentes vergonhas nacionais.

Em seu brilhante discurso de encerramento aqui, há dois anos, o mestre Roque Carrazza denunciou:

"Como se sabe, o Brasil vive uma grave crise moral, política e social. Longe, de muito longe, vem o estribilho, que já enfastia.

"Algo vai mal quando a honra do Senado da República é 'desnudada' nas páginas de revista de grande circulação nacional."

Hoje – acrescento eu – a vergonha é mais ampla. Está em todos os jornais, no rádio, na televisão; mais que isso, está na boca do povo.

Coram de vergonha os que abraçaram as idéias e ideais preconizados no "Núcleo" presidido pelo Prof. Eurico de Santi junto à Fundação Getúlio Vargas.

Por isso, não posso furtar-me ao registro de uma palavra sobre a *débâcle*; não a financeira, mas das distorções do Direito, entre nós, como as denunciadas por Eurico de Santi sob o título de "O novo imposto sobre planejamento tributário", em que se tem que pagar tributo se o planejamento foi feito para pagar menos tributo.[1]

Nessa esteira de calamidades pinço exemplo que deslustra, macula, enxovalha mesmo, o nosso sistema jurídico.

1. Eurico Marcos Diniz de Santi, "O novo imposto sobre planejamento tributário", *Valor Econômico*, ed. de 4.9.2009, Caderno E2.

Traidores da Pátria e do Povo, já não satisfeitos com os parcelamentos de 10 anos – que, de regra, só se cumprem em mais de 20 –, querem, agora, elevá-los a 15 e que o pagamento alcance apenas parte do débito. Institucionalizam o "calote".

No pertinente à penhora *on-line* li afirmações, inclusive de magistrados, no sentido de que a penhora veio para fazer com que paguem os que devem, os que se julgavam acima disso. Creio que com essa idéia concordamos todos. Quem deve tem que pagar, rapidamente.

Mas só os contribuintes? Por que não a Fazenda? Por que não há para ela penhora *on-line*?

Que equilíbrio é esse que a Constituição promete?

5.1 A propósito, um pouco de ironia

Sobre os famigerados precatórios, o nosso trovador, Eduardo Bottallo, com estrofes certamente melhores que as minhas, versaria:

"O que perde, paga à vista.
"Consta do meu repertório.
"Pagar a perder de vista,
"é só se for precatório."

5.2 A nossa grande indignação

Deixando a trova de lado, recorro, novamente, ao Padre Vieira, que, em sermão, com o fulgor de sempre, admoestava:

"Duas coisas não podem andar juntas: a verdade e a mentira. A verdade que ora vos digo é que no Maranhão não há verdade. Se as letras do abecedário se repartissem pelas Colônias de Portugal, que letra tocaria ao nosso Maranhão? Não há dúvidas, que a letra 'M'.

"'M', de Maranhão; 'M', de murmurar; 'M', de motejar; 'M', de maldizer; 'M', de malsinar; 'M', de mexericar; e, sobretudo 'M', de mentir: mentir com as palavras, mentir com as obras, mentir com os pensamentos...

"No Maranhão até o Sol é mentiroso, porque amanhecendo muito claro (...) de repente (...) começa a chover como no mais entranhado Inverno."[2]

Se vivo fosse, o Padre Vieira diria que o "M" de "mentir" de ontem é, hoje, a letra "P" do País dos Precatórios. Sim, diria que é a letra "P". Que é a letra "P", de precatório, que deveria ser de pagador. "P", de precatório, que deveria ser de palpável. "P", de paridade, que deveria prever para as partes igual prazo para ser satisfeito. "P" de perceptível, como deveria ser o valor recebido pelos particulares. "P" de perseverança, esperando desapareçam tais distorções; "P" de persistente, para que possam alcançar e receber o que é justo; "P" de patrimônio, para que não vejam corroídos os seus, mercê de aviltamento dos valores a que têm jus.

"P" de patrióticos, desde que políticos desçam dos seus pedestais para, em solução perene e não paliativa, deixar patente a manutenção dos patrimônios dos particulares.

"P", que não seja o "P" de pedinte; "P", que não seja o "P" de pedaço; "P", que não seja o "P" de perda; do perecimento e do pânico, que paralisa suas vidas. Não com o "P" de penitência, a que submetidos os pensionistas, por pensões corroídas aguardando correções.

Que se persuada o Parlamento; que se o provoque, para que livre uns pobres coitados do pesadelo; para que tenha piedade desses pobres, que precisam muito de um prato; para que suas vidas não sejam nem de prantos nem de parciais paliativos. Que União, Estados, Distrito Federal e Municípios paguem as prestações no prazo. E que, em nome do prestígio, seus próceres sejam profissionais e não prorroguem, não protraiam, deixando de pagar o produto da luta de muitas proles.

Que provenham, prudentemente, o orçamento, sem desviar valores para a propaganda e a publicidade, ou para destinos outros, em que pululam a podridão e a putrefação, embora para estes nunca tenha faltado precedência, provisão ou pudor.

6. O veemente protesto dos congressistas

Ressalve-se, no epicentro desse terremoto, uma plêiade de servidores que nas três esferas tem dedicado todo seu esforço ao inegável aprimoramento das fiscalizações e da adoção de uma série de medidas compatíveis com uma Administração de Primeiro Mundo.

Reconheça-se, também, o avanço na área tributária. Os Fiscos estão cada vez mais aparelhados para detectar irregularidades fiscais praticadas pelos sujeitos passivos. A Receita Federal já usa tecnologia a mais avançada, mais que de ponta, com o T-REX, um supercomputador, aliado ao *software* "HARPIA" – dupla capaz de aterrorizar até o mais virtuoso contribuinte.

Não é nessa área que cabe o nosso protesto. Mas aos dirigentes que, deixando de lado o agudo sofrimento de muitos, massacram, mais e mais, a maioria do povo.

Contra estes, sim, cabem a este auditório – composto da melhor nata cultural e científica que há neste Brasil, vindos de todos os rincões, do Oiapoque ao Chuí, como diria Eugênio – a resistência, a insurreição, o protesto.

Concito-os, todos, pois, a que se dediquem, ferrenhamente, a reverter este quadro funesto. Afinal, nem mesmo o Sol – que pode fazer dias longos – pode construir dias grandes, que se reservam às ações corajosas. Vamos exigir se corrijam esses excessos em todas as esferas de governo.

É gravíssimo – e lamentavelmente conspurcador da lisura de atuação de outrora de certas repartições – que, com freqüência, se ameace o contribuinte com representação ao Ministério Público, a pretexto da existência de crime contra a ordem

2. Antônio Vieira, "Sermão da Quinta Dominga da Quaresma", in *Sermões*, vol. 4, p. 157.

tributária. Sujeito passivo que não acate as mais absurdas e odiosas cobranças é, por princípio, sonegador, criminoso, facínora.

Mas isto só ocorre porque jamais se aplicou um dispositivo do Código Penal, o relativo ao excesso de exação.

E vejam se não é essa a razão. Notem que, ao lado dessas ameaças, o mais sórdido bandido (como vários Fiscos consideram o contribuinte que deve e se defende), caso venha a ingressar num dos "REFIS" ou dos "PPIs" ou até dos cogitados "PQPs" ("Pague Quanto Puder"), para os quais – logo após a ameaça – é convidado a se incorporar, pagando o "pretenso débito", com largos descontos, quando então transformar-se-á, então, de criminoso hediondo, no mais angelical dos seres humanos.

Concito-os a rebater, com toda a força do Direito, essa força sem Direito, de agressões indevidas, marcadas por infâmias e vilezas, algumas caluniosas, desleais todas, cujo propósito é o de aniquilar os direitos dos contribuintes, pisoteando suas reputações e espezinhando suas dignidades.

Lastimavelmente, o Poder Judiciário ainda não se deu conta da imensidão desses descalabros. Estamos certos de que, ciente desses desmandos, cortará cerce essa conduta odiosa e atrabiliária.

Afinal, não é só na Alemanha que ainda há juízes.

É hora de mostrar que a Constituição está para a Pátria assim como a Pátria está para a Constituição.

Muito obrigado!

TESES APROVADAS NO XXIII CONGRESSO

SUBSTITUIÇÃO TRIBUTÁRIA NO ICMS. A APLICAÇÃO DO PRINCÍPIO DA ANTERIORIDADE TRIBUTÁRIA À SUBSTITUIÇÃO TRIBUTÁRIA DO ICMS. O PRINCÍPIO DA SEGURANÇA JURÍDICA EM SUA MANIFESTAÇÃO DE PREVISIBILIDADE E ORGANIZAÇÃO DO SUJEITO PASSIVO

ALDO DE PAULA JR.
Doutorando e Mestre em Direito Tributário pela PUC/SP

1. Descrição do cenário e delimitação do objeto. 2. A substituição tributária no ICMS como modalidade de sujeição passiva. 3. A extensão do princípio da anterioridade tributária e sua aplicação à substituição tributária no ICMS. 4. A substituição tributária no ICMS sobre aparelhos eletrônicos no Estado de São Paulo e o princípio da anterioridade: análise de caso. 5. Conclusões.

1. Descrição do cenário e delimitação do objeto

Desde 1.7.2009 o Estado de São Paulo exige o ICMS sob o regime de substituição tributária em relação aos fabricantes, importadores e arrematantes de aparelhos eletrônicos no Estado de São Paulo e em relação aos estabelecimentos paulistas, independentemente de sua atividade, que adquirem tais produtos de estabelecimentos localizados em outras unidades federativas.

Tal exigência baseia-se na Lei estadual 13.291/2008 (*DOE* 23.12.2008), no Decreto estadual 54.338/2009 (*DOE* 16.5.2009), que prescreve quais os produtos eletrônicos submetidos ao regime, e na Portaria CAT-95, de 22.5.2009, que define as margens de valor agregado/MVAs a serem aplicadas ao valor de venda do substituto.

Como a identificação dos produtos submetidos ao regime de substituição, e conseqüentemente dos sujeitos passivos, somente ocorreu em 16.5.2009, e a definição da MVA deu-se em 22.5.2009, o sujeito passivo teve menos de três semanas para preparar seus sistemas de Informática (controle de estoques, precificação, faturamento, apuração, Livro Registro de ICMS etc.), treinar pessoal e, quando substituído, principalmente, programar seu fluxo financeiro para o desembolso antecipado do ICMS, para se dizer o mínimo, já que se presume que a substituição tributária não implicaria aumento da carga fiscal suportada pelo sujeito passivo.

Este curto período de adaptação e a complexidade dos procedimentos a serem adotados pelos agentes envolvidos (substitutos e substituídos) levaram algumas empresas a buscar no Poder Judiciário proteção contra a aplicação imediata do regime de substituição tributária.

O Judiciário paulista de primeira[1] e segunda instâncias[2] reconheceu em deter-

1. Processos 053.09.021377-0 (12ª Vara da Fazenda Pública da Capital); 053.09.018806-6 (10ª Vara da Fazenda Pública da Capital); 053.09.018767-1 (13ª Vara da Fazenda Pública da Capital); 053.09.018797-3 (6ª Vara da Fazenda Pública da Capital);

minados casos individuais a necessidade de um prazo mínimo para adaptação dos sujeitos passivos, com fundamento na razoabilidade, ou aplicou a anterioridade tributária em sua versão nonagesimal aos casos concretos.

O Estado de São Paulo, por sua vez, manejou suspensão de segurança no TRF (SS 3.926-6-SP) e obteve, em 5.8.2009, medida liminar que cassou as liminares dos processos que compunham seu objeto, por entender que "a lei que ampliou a lista de mercadorias submetidas ao regime de substituição tributária foi editada há quase seis meses e que do processo de definição das mercadorias a serem submetidas à nova sistemática participaram entidades representativas de todos os setores afetados. Por conseguinte, em mero juízo de delibação, revela-se infundada a tese dos impetrantes de violação ao princípio da não-surpresa tributária" (pp. 5-6 da liminar).

Esta a moldura fática e normativa que nos interessa.

A partir deste quadro, analisaremos no presente trabalho: (i) a aplicação imediata da substituição tributária no ICMS; (ii) prazo mínimo de adaptação; (iii) aplicação do princípio da anterioridade tributária à substituição tributária no ICMS; e, (iv) e em caso positivo, se a substituição tributária do ICMS sobre aparelhos eletrônicos instituída pelo Estado de São Paulo atende aos prazos mínimos de adaptação.

Para solucionar estes problemas, partiremos da qualificação jurídica da substituição tributária como sujeição passiva, e como tal obrigação tributária principal, e analisaremos a extensão do princípio da anterioridade tributária (art. 150, III, "b" e "c", e art. 195, § 6º, da CF/1988) como desdobramento do postulado da segurança jurídica, para ao final apresentarmos como conclusões que tal postulado se aplica a esta modalidade de sujeição passiva e a substituição tributária sobre aparelhos eletrônicos no Estado de São Paulo não atende aos seus preceitos.

Vejamos.

2. *A substituição tributária no ICMS como modalidade de sujeição passiva*

Prescreve o art. 121 do CTN:

"Art. 121. Sujeito passivo da obrigação principal é a pessoa obrigada ao pagamento de tributo ou penalidade pecuniária.

"Parágrafo único. O sujeito passivo da obrigação principal diz-se: I – contribuinte, quando tenha relação pessoal e direta com a situação que constitua o respectivo fato gerador; II – responsável, quando, sem revestir a condição de contribuinte, sua obrigação decorra de disposição expressa de lei."

O art. 128 do CTN reforça os requisitos para instituição da responsabilidade tributária: (i) atribuição por meio de lei; (ii) ser terceiro vinculado ao fato gerador; (iii) exclusão da responsabilidade do contribuinte; (iv) ou atribuição de responsabilidade supletiva em relação ao contribuinte, *verbis*: "Art. 128. Sem prejuízo do disposto neste Capítulo, a lei pode atribuir de modo expresso a responsabilidade pelo crédito tributário a terceira pessoa, vinculada ao fato gerador da respectiva obrigação, excluindo a responsabilidade do contribuinte ou atribuindo-a a este em caráter supletivo do cumprimento total ou parcial da referida obrigação".

Estes dispositivos tiveram "como raiz o magistério de Rubens Gomes de Souza, que por muito tempo vingou na Dogmática brasileira. A teoria de que falamos vislumbrava no sujeito passivo aquela pessoa que estava em relação econômica com o fato jurídico-tributário, dele extraindo vantagens. Seus escritos esclarecem, entretanto, que, por vezes, tem o Estado interesse ou

053.09.019977-7 (8ª Vara da Fazenda Pública da Capital); 53.09.023263-4 (4ª Vara da Fazenda Pública da Capital); 053.09.019407-4 (11ª Vara da Fazenda Pública da Capital).

2. TJSP, 10ª Câmara de Direito Público, AI 932.071.5/2-00.

necessidade de cobrar o tributo de pessoa diferente: dá-se então a sujeição passiva indireta. A sujeição passiva indireta apresenta duas modalidades: transferência e substituição; por sua vez, a transferência comporta três hipóteses: solidariedade, sucessão e responsabilidade".[3]

Para Alfredo Augusto Becker: "Existe substituto legal tributário toda vez que o legislador escolher para sujeito passivo da relação jurídica tributária um outro qualquer indivíduo, em substituição daquele determinado indivíduo de cuja renda ou capital a hipótese de incidência é fato-signo presuntivo. Em síntese: se em lugar daquele determinado indivíduo (de cuja renda ou capital a hipótese de incidência é signo presuntivo) o legislador escolheu para sujeito passivo da relação jurídica tributária um outro qualquer indivíduo, este outro qualquer indivíduo é o substituto legal tributário".[4]

O substituto legal tributário desta feita é o sujeito passivo da relação jurídica tributária que não tem relação *econômica* pessoal e direta com o fato gerador mas tem relação (econômica ou não) indireta com este fato; ou seja, ele é colocado no pólo passivo da relação por motivos de conveniência do legislador (ao invés de criar a prescrição contra aquele que tem relação pessoal e direta com o fato gerador).

Como alertado por Paulo de Barros Carvalho, "a substituição de que falam os Mestres, ou que registram os textos prescritivos, dista de ser fenômeno jurídico em que um sujeito de direitos cede lugar a outro sujeito de direitos, sob o pálio de determinado regime, como sugere o termo. A modificação se produz antes que o texto seja editado, em tempo que antecede o aparecimento da disciplina jurídica sobre a matéria. Estamos diante de algo que se opera em intervalo meramente político, quando o legislador prepara sua decisão e a norma ainda não logrou entrar no sistema".[5]

O importante, neste ponto, é destacar que o substituto é sujeito passivo de obrigação tributária e "absorve totalmente o *debitum*, assumindo, na plenitude, os deveres do sujeito passivo, quer os pertinentes à prestação patrimonial, quer os que dizem respeito aos expedientes de caráter instrumental, que a lei costuma chamar de 'obrigações acessórias'. Paralelamente, os direitos porventura advindos do nascimento da obrigação ingressam no patrimônio jurídico do substituto, que poderá defender suas prerrogativas, administrativa ou judicialmente, formulando impugnações ou recursos, bem como deduzindo suas pretensões em juízo, para, sobre elas, obter a prestação jurisdicional do Estado".[6]

Tanto o substituto quanto o contribuinte são sujeitos passivos e devedores de obrigação tributária própria, não de terceiro. São eles que realizam os eventos previstos no antecedente da regra-matriz de substituição e da regra-matriz de incidência tributária.

Como expressamente disposto no art. 121 do CTN, esta obrigação tributária é principal porque tem por objeto o pagamento de tributo ou penalidade pecuniária, *verbis*:

"Art. 113. A obrigação tributária é principal ou acessória.

"§ 1º. A obrigação principal surge com a ocorrência do fato gerador, tem por objeto o pagamento de tributo ou penalidade pecuniária e extingue-se juntamente com o crédito dela decorrente.

"§ 2º. A obrigação acessória decorre da legislação tributária e tem por objeto as prestações, positivas ou negativas, nela previstas no interesse da arrecadação ou da fiscalização dos tributos.

3. Paulo de Barros Carvalho, *Curso de Direito Tributário*, São Paulo, Saraiva, 2002, pp. 300-301.
4. Alfredo Augusto Becker, *Teoria Geral do Direito Tributário*, São Paulo, Lejus, 1998, p. 552.
5. Paulo de Barros Carvalho, *Direito Tributário, Linguagem e Método*, São Paulo, Noeses, 2008, p. 576.
6. Idem, p. 577.

"§ 3º. A obrigação acessória, pelo simples fato da sua inobservância, converte-se em obrigação principal relativamente à penalidade pecuniária."

Portanto, quando se institui a substituição tributária em relação a determinada operação, se institui obrigação principal a determinado sujeito que passa a ser seu sujeito passivo, tendo que prestar, como objeto desta relação, o tributo e as respectivas obrigações acessórias dele decorrentes.

A circunstância de ser este *substituto* contribuinte do imposto também pela realização de operações próprias, na técnica de substituição tributária para frente, não desqualifica esta constatação; muito pelo contrário, é seu pré-requisito.

Para que o sujeito seja posto na condição de substituto tributário na substituição para frente no ICMS é imprescindível que ele esteja na cadeia produtiva para que possa atender ao princípio da capacidade contributiva (*lato sensu*) e promover a repercussão jurídica da incidência tributária.[7]

Desta forma, o substituto terá, além da obrigação tributária como contribuinte, a obrigação tributária como responsável por substituição, ambas com a respectiva obrigação de pagamento de tributo acompanhadas das obrigações acessórias (deveres instrumentais) para cada modalidade de sujeição passiva.

A substituição tributária também atinge a operação de planejamento do substituído, que a partir de determinada data terá que alterar, dentre outros procedimentos, seu controle de estoques e de apuração do ICMS, sistema de registros de notas fiscais, que já virão com o destaque do imposto que seria devido na operação seguinte, e, principalmente, o substituído terá que se programar financeiramente para a antecipação do recolhimento do imposto.

Este último ponto é de fundamental importância, porque, apesar de os Estados alegarem que não há aumento da carga tributária com a substituição tributária, há notório ônus financeiro, na medida em que o imposto é antecipado para momento anterior à venda (que pode nem se realizar), afetando diretamente a disponibilidade de caixa do substituído, que acaba pagando imposto sobre estoque.

Ademais, se não for garantida ao substituído a devolução *imediata e preferencial* do ICMS-ST relativo ao fato gerador não ocorrido (ADI 1.851-AL) e ao fato gerador efetivo inferior ao presumido (ADI 2.777-SP[8]), o substituído terá ônus tributário definitivo em decorrência da técnica de arrecadação por meio de substituição tributária.

Este conjunto de deveres e obrigações acarreta a necessidade de planejamento, programação e preparação das atividades e orçamento dos sujeitos passivos envolvidos, o que impõe a observância de um prazo mínimo de adaptação às novas regras, conforme trataremos no próximo item.

3. A extensão do princípio da anterioridade tributária e sua aplicação à substituição tributária no ICMS

O art. 150, III, "b" e "c", da CF/1988 veicula o princípio da anterioridade tributária: "Art. 150. Sem prejuízo de outras garantias asseguradas ao contribuinte, é vedado à União, aos Estados, ao Distrito Federal e aos Municípios: (...) III – cobrar tributos: (...) b) no mesmo exercício financeiro em que haja sido publicada a lei que os instituiu ou aumentou; c) antes de decorridos 90 (noventa) dias da data em que haja sido publicada a lei que os instituiu ou aumentou, observado o disposto na alínea 'b'; (...)".

7. Sobre *repercussão econômica e jurídica*, v. Alfredo Augusto Becker, *Teoria Geral do Direito Tributário*, cit., pp. 534 e ss.

8. Este ponto ainda está em aberto na jurisprudência do STF. A ADI 2.777, de relatoria do Min. Cézar Peluso, que discute o tema, encontra-se com julgamento suspenso por pedido de vista do Min. Carlos Britto, após o empate em cinco a cinco.

Este princípio tem um duplo aspecto. De um lado, é uma regra ou, na terminologia de Paulo de Barros Carvalho, um limite objetivo, porque traz comando de conteúdo delimitado diretamente voltado ao aplicador da lei tributária, impedindo-o de exigir (*cobrar*) o tributo dentro de prazo predeterminado. Visto por outro ângulo, é norma com forte conteúdo axiológico, verdadeira garantia constitucional que se irradia como vetor de interpretação e aplicação aos demais agentes normativos – ou seja, um princípio.

Esta complexidade foi identificada por Humberto Ávila:

"Na perspectiva da espécie normativa que a exterioriza, a anterioridade é bidimensional. Sua dimensão normativa preponderante é de regra, na medida em que descreve o comportamento a ser adotado pelo Poder Legislativo, proibindo a instituição ou majoração de tributos no mesmo exercício em que a lei que os instituiu ou aumentou foi publicada. Novamente é preciso realçar que a anterioridade possui sentido normativo indireto de *princípio*, na medida em que estabelece o dever de buscar um ideal de *previsibilidade*, de *controlabilidade*, de *inteligibilidade* e de *mensurabilidade* relativamente aos tributos que os entes federativos competentes irão instituir ou aumentar.

"Na perspectiva da sua dimensão enquanto limitação ao poder de tributar, a anterioridade qualifica-se preponderantemente do seguinte modo: quanto ao nível em que se situa, caracteriza-se como *limitação de primeiro grau*, porquanto se encontra no âmbito das normas que serão objeto de aplicação; quanto ao objeto, qualifica-se, na sua dimensão de regra, como uma *limitação negativa*, na medida em que exige, na atuação legislativa de instituição e aumento de qualquer tributo, a publicação da lei no exercício anterior àquele em que o tributo será exigido; e, na sua dimensão de princípio, como uma *limitação positiva*, porquanto impõe a adoção, pelo Poder Público, das condutas necessárias para garantia ou manutenção dos ideais de previsibilidade, de controlabilidade, de inteligibilidade e de mensurabilidade; quanto à forma, revela-se na dimensão de regra, como uma limitação expressa e formal, na medida em que, por ser expressamente prevista na Constituição Federal (art. 150, III, 'b'), estabelece procedimentos a serem observados pelo Poder Público.

"A anterioridade, da mesma forma que a proibição da retroatividade, deve ser interpretada de acordo com o *sobreprincípio da segurança jurídica*, que lhe é axiologicamente sobrejacente. A interpretação da regra da anterioridade deve ser feita tendo em vista a conexão substancial que deve ser coerentemente intensificada entre o comportamento a ser adotado pelo Poder Público (editar e publicar a lei no exercício anterior da cobrança do tributo) e os fins de previsibilidade e de mensurabilidade inerentes ao sobreprincípio da segurança jurídica numa concepção constitucionalmente adequada de Estado de Direito."[9]

A dimensão da anterioridade como princípio – vale a pena repetir – "estabelece o dever de buscar um ideal de previsibilidade, de controlabilidade, de inteligibilidade e de mensurabilidade relativamente aos tributos que os entes federativos competentes irão instituir ou aumentar".

Concordamos que a anterioridade ao lado da legalidade e irretroatividade são manifestações e desdobramentos do sobreprincípio da segurança jurídica.

Enquanto a *irretroatividade* e a *legalidade* garantem a proteção dos fatos passados (estabilidade), a anterioridade volta-se para os fatos futuros (previsibilidade) e para a real necessidade de adaptação do sujeito passivo às novas exigências tributárias.

A estabilidade das relações jurídicas e a previsibilidade das conseqüências das condutas praticadas pelos cidadãos são os vértices da *segurança jurídica*, cada qual

9. Humberto Ávila, *Sistema Constitucional Tributário*, São Paulo, Saraiva, 2008, pp. 153-154.

voltado para uma dimensão temporal: passado e futuro.

Humberto Ávila vai além na análise da *segurança jurídica* e lhe atribui o *dever de determinação*:

"[*A segurança jurídica*] pode ser descrita com base em duas perspectivas. Primeiro, o cidadão deve saber previamente quais são as normas válidas. Isso só é possível quando elas atingem fatos ocorridos após a sua edição (proibição da retroatividade) e quando o cidadão tiver condições de conhecer com antecedência o conteúdo das leis (regra da anterioridade). A diretriz que decorre desta norma (regra da anterioridade) pode ser definida como *aspecto formal-temporal da segurança jurídica*, sendo descrito sem referência ao conteúdo da lei objeto da aplicação. Na hipótese, a segurança jurídica diz respeito à previsibilidade, independentemente do conteúdo legal.

"Segundo, o dever de determinação (*Bestimmtheitsgebot*) exige uma certa medida de inteligibilidade, clareza, calculabilidade e controlabilidade para os destinatários da lei. A diretriz decorrente dessas prescrições pode ser definida como *aspecto material da segurança jurídica*, que mantém contato com o conteúdo da lei. Ele é também denominado *legalidade em sentido material*. Nessa perspectiva, a segurança jurídica diz respeito à possibilidade de calcular previamente *algo*."[10]

Neste sentido, as obrigações dos sujeitos passivos devem veiculadas em leis que permitam "inteligibilidade, clareza, calculabilidade e controlabilidade para os [*seus*] destinatários", e principalmente o sujeito passivo deve ter um prazo razoável para se programar para cumprir a norma.

Este prazo razoável de adaptação envolve a necessária *não-surpresa*, e conseqüente programação, do sujeito passivo.

Conforme observado por Misabel Derzi em nota à clássica obra de Aliomar Baleeiro, "a Carta Magna proíbe a surpresa tributária, aponta em direção ao planejamento, ao conhecimento antecipado, reforçando, de forma significativa, o princípio da segurança jurídica. Como lembra Sebástian Soler, 'o *homo faber* necessita calcular com objetividade eficaz. A segurança jurídica é essencialmente pronóia, saber antecipado e antecipatório' (v. *Las Palavras de la Ley*, México, Fondo de Cultura, 1969, p. 183)".[11]

A norma tributária afeta diretamente o planejamento orçamentário e financeiro dos contribuintes/empresas, seja no aspecto financeiro imediato (pagamento do tributo), seja pelo impacto na estrutura administrativa necessária à apuração, recolhimento e atendimento às obrigações acessórias decorrentes da nova instituição.

Essa estrutura administrativa compreende a alocação, e em alguns casos contratação, de pessoal técnico especializado, programação de sistemas informatizados (controle de custos, estoques, entradas e saídas, devoluções etc.) e alteração de procedimentos internos da empresa/sujeito passivo. E isso não se faz do dia para a noite!

A segurança jurídica em matéria tributária, desta feita, principalmente após a edição da Emenda Constitucional 42/2003, que adicionou a anterioridade mínima de 90 dias à regra geral da anterioridade, exige que qualquer obrigação tributária que implique pagamento de tributo somente possa ser exigida com antecedência razoável que permita ao cidadão/empresa se preparar e se programar adequadamente para assumir tal encargo.

E nem se alegue que os princípios da anterioridade e da irretroatividade somente se aplicam à cobrança, instituição e majoração de tributo e que, no caso, não se tem tal instituição ou majoração.

10. Humberto Ávila, *Sistema Constitucional Tributário*, cit., pp. 144-145.

11. Misabel Derzi, "Notas de Atualização" in Aliomar Baleeiro, *Limitações Constitucionais ao Poder de Tributar*, 7ª ed., Rio de Janeiro, Forense, 2006, p. 171.

Os enunciados da anterioridade e da irretroatividade (arts. 150, III, e 195, § 6º, da CF/1988) são manifestações da segurança jurídica, não-surpresa e previsibilidade em matéria tributária.

Tais textos servem de suporte à construção de garantias constitucionais, que como tais, devem receber interpretação extensiva, que lhes outorgue máxima eficácia constitucional, conforme reconhecido expressamente pelo STF: "O Plenário desta Corte, ao julgar o RE n. 213.396 (*DJU* 1.12.2000), assentou a constitucionalidade do sistema de substituição tributária 'para frente', mesmo antes da promulgação da Emenda Constitucional n. 3/1993 – Alegação de que a aplicação do sistema de substituição tributária no mês de março/1989 ofenderia o princípio da irretroatividade – Procedência. Embora a instituição deste sistema não represente a criação de um novo tributo, há substancial alteração no sujeito passivo da obrigação tributária" (RE 266.602, rela. Min. Ellen Gracie, j. 14.9.2006, *DJU* 2.2.2007).

Em nossa avaliação, a tônica na aplicação do princípio da anterioridade está na *cobrança de tributo*.

A delimitação do marco temporal que será tomado como parâmetro para contagem do prazo está intimamente ligada a este núcleo, ou seja, o importante é a data em que publicada a lei que *instituiu* esta *cobrança*, e não necessariamente a da lei que tenha instituído o *tributo*.

Explicamos.

Sob a perspectiva do sujeito passivo, titular da garantia individual, o princípio só se torna relevante na medida em que ele, sujeito passivo, passa a ser incluído, por meio de lei, no âmbito de exigência do tributo.

Antes disso a classe a que ele pertencia não poderia ser *cobrada* do tributo, porque, apesar de instituído, não alcançava os sujeitos desta mesma classe.

Admitir o contrário – que bastaria a instituição do tributo para atender à anterioridade – implicaria mitigação da garantia constitucional e aplicação apenas ao grupo ou classe de sujeitos previstos quando da instituição do tributo.

Todos os sujeitos passivos que ingressassem no âmbito de *cobrança* do tributo em momento subseqüente teriam que recolhê-lo de imediato, sem qualquer prazo de adaptação e programação – o que não entendemos adequado à interpretação de uma garantia constitucional.

Esta interpretação ofenderia ainda a *igualdade* (art. 150, II, da CF/1988), porque a classe de sujeitos prevista na lei que instituiu o tributo poderia preparar-se para se submeter à *cobrança* do tributo, enquanto os sujeitos passivos que ingressassem na estrutura normativa em momento subseqüente seriam surpreendidos com a exigência imediata do tributo.

Ademais, ainda que se considere que a segurança jurídica, a necessária previsibilidade e a não-surpresa da norma tributária não decorrem dos enunciados da anterioridade e da irretroatividade, é inegável que tais princípios estão implícitos em nosso sistema e decorrem de sua própria estrutura; ou seja, o cidadão/empresa deve ter um prazo mínimo razoável para se adequar às exigências da lei tributária, notadamente quando impactam diretamente em sua operação.

É imperativo lógico-jurídico que as normas prescrevam condutas possíveis, sob pena de ineficácia técnica e conseqüente vazio jurídico.

A possibilidade, neste aspecto, está diretamente relacionada à extensão das obrigações instituídas pelo regime de substituição tributária e à realidade da operação do sujeito passivo, que deverá adequar seus sistemas de Informática, treinar pessoal, recalcular seus custos e alterar seus procedimentos e processos internos para atender a elas.

Qual seria este prazo mínimo, então?

A nosso ver, se não se aplicasse a anterioridade do art. 150, III, "b" e "c", da

CF/1988, poderíamos aplicar, utilizando-se da analogia, a anterioridade mínima nonagesimal fixada para as contribuições sociais (art. 195, § 6º, da CF/1988).

Apoiada no *sobreprincípio da segurança jurídica*, a analogia se basearia na extensão valorativa do citado dispositivo, e não na sua extensão objetiva, porque é indiscutível que ele se aplica apenas a *contribuições sociais destinadas à seguridade social* (art. 195 da CF/1988).

O comando aplicável seria construído com o mínimo de previsibilidade, *não-surpresa* e prazo de adaptação para a cobrança de determinados tributos.

Se a cláusula mínima da anterioridade é de 90 dias, a *cobrança* do ICMS pelo regime de substituição tributária teria como patamar mínimo esse mesmo prazo.

Neste sentido, tomando-se a substituição tributária no ICMS como uma modalidade de sujeição passiva em matéria tributária (art. 121, parágrafo único, II, do CTN) e, como tal, criação de uma *cobrança de tributo*, entendemos que a esta cobrança se aplica o princípio da anterioridade previsto no art. 150, III, "b" e "c", da CF.

Quando menos, ainda que se entendesse inaplicável o art. 150, III, "b" e "c", porque não haveria *instituição* ou *majoração* de tributo, teríamos que observar um prazo mínimo de adaptação, que, por analogia, seria a anterioridade nonagesimal prevista no art. 195, § 6º, CF/1988.

4. A substituição tributária no ICMS sobre aparelhos eletrônicos no Estado de São Paulo e o princípio da anterioridade: análise de caso

Como vimos anteriormente, a substituição tributária é modalidade de sujeição passiva em matéria tributária que se apóia em lei que permite a exigência de tributo de um *terceiro* que tenha relação com a situação que constitua o fato gerador da respectiva obrigação (art. 121, parágrafo único, II, c/c o art. 128, ambos do CTN).

A necessária *legalidade* deve ser entendida em sua extensão material, ou seja, todo o conteúdo da exigência em relação ao terceiro deve ser previsto em veículo normativo de *status* legal que tenha força suficiente para criar direitos e obrigações em nosso Estado Democrático de Direito.

Neste sentido, também podemos identificar uma regra-matriz de substituição tributária/RMST que toma em seu antecedente a regra-matriz de incidência tributária/RMIT e uma relação entre o substituto e o substituído e em seu conseqüente a relação jurídica da substituição tributária.

O antecedente da RMIT é atômico:

$$D\ [\ F \rightarrow (S\ R\ S')]$$

O antecedente da norma jurídica da substituição tributária, por sua vez, é molecular, tomando o conseqüente da RMIT como um de seus elementos constitutivos:

$$D\ \{[(S'\ R4\ S'')\ .\ (RMIT)] \rightarrow (S\ R3\ S'')\}$$

Onde:

[(S' R4 S") . (RMIT)] = Antecedente da norma de substituição tributária

(S' R4 S") = Relação econômica ou jurídica existente entre o substituto e o substituído que permite a inclusão do substituto no pólo passivo da relação jurídica (permite ainda a repercussão jurídica)

"." = Conectivo lógico aditivo. A fórmula é verdadeira quando ambas relações estão presentes. Só há que se falar em substituição se houver a relação econômica ou jurídica que ligue o substituto ao fato jurídico tributado na regra-matriz

(S R S') = Relação jurídica tributária entre aquele que tem relação pessoal e direta com o fato gerador (S') e o Estado (S) – ainda no plano normativo.

(S R3 S") = Relação jurídica de substituição tributária

S' = Contribuinte (substituído)

R4 = Relação econômica ou jurídica que liga o substituto (S") ao substituído (S') (pressuposto lógico e econômico da repercussão jurídica)

S" = Substituto tributário

S = Sujeito ativo da relação jurídica tributária (Estado)

R = relação jurídica tributária prevista em abstrato na RMIT

R3 = Relação jurídica de substituição tributária.[12]

No que interessa ao presente trabalho, cumpre-nos observar que a RMST também tem em seu conseqüente os aspectos subjetivos (sujeitos ativo e passivo) e quantitativos (base de cálculo e alíquota).

A peculiaridade do conseqüente da RMST em relação ao da RMIT é que a *base de cálculo* será composta pelo valor de venda do substituto acrescido de despesas com frete, seguro e de uma margem de valor agregado/MVA.

Ou seja, sem a identificação do sujeito passivo (substituto) e sem a determinação completa da respectiva base de cálculo – e aí se inclui a MVA – não há RMST e, conseqüentemente, não pode ser exigido/cobrado o tributo.

Necessário, portanto, identificar, no caso concreto, quando houve a instituição da RMST, para a partir daí analisar a aplicação do prazo de não-surpresa tratado no item anterior.

A previsão de substituição tributária do ICMS incidente sobre aparelhos eletrônicos no Estado de São Paulo foi ventilada pela Lei estadual 13.291/2008 (*DOE* 23.12.2008) [*que acrescentou vários incisos à Lei 6.374/89*], *verbis*: "Art. 8º. São sujeitos passivos por substituição, no que

12. Em monografia de conclusão da disciplina "Direito Tributário I" no Mestrado da PUC/SP tratamos deste tema nos seguintes termos:

"No âmbito normativo, a norma jurídica de substituição tributária pressupõe a regra-matriz de incidência, sem a qual ela não existe, pois o seu antecedente depende inteiramente da estrutura lógica da regra-matriz.

"Vejamos.

"Dado o fato de o substituído (S') ter uma relação (R4) com o sujeito passivo por substituição (S") e haver uma relação jurídica tributária entre o Estado (S) e o substituído (S'), deve ser a instauração do conseqüente, a relação jurídica de substituição (R3), que tem por sujeito ativo o Estado (S) e por sujeito passivo o substituto (S").

"D {[(S' R4 S") . (S R S')] → (S R3 S")]

"A segunda fórmula do antecedente é a regra-matriz (RMIT) e a primeira fórmula ((S' R4 S")) envolve uma relação econômica ou jurídica com o aspecto material da RMIT.

"A norma de substituição só se legitima, desta feita, se observar os limites lógicos e normativos fixados pela regra-matriz de incidência.

"A regra-matriz independe da norma de substituição (existe sozinha), enquanto a norma de substituição somente se legitima se houver a respectiva regra-matriz (ainda que seus elementos estejam dispostos no antecedente da norma de substituição). Se a norma de substituição for instituída sem esta, será uma nova regra-matriz que instituirá um novo imposto, com aspecto material diferente daquele previsto constitucionalmente.

"As normas se complementam e por isso coexistem no sistema do direito positivo, criam relações jurídicas distintas (por envolver sujeitos diferentes), que não obstante têm o mesmo objeto, e esta característica acarreta duas conseqüências:

"(i) Como a relação jurídica tem o objeto comum, as normas (de substituição e regra-matriz) não podem ter aplicação em conjunto, ou seja, a incidência de uma exclui a incidência da outra (ainda que proporcional), sob pena de exigência do mesmo objeto de dois sujeitos diferentes pela realização de um mesmo evento.

"(ii) Também por essa característica o cumprimento por um dos sujeitos passivos extingue o objeto da outra relação, dando-a também por cumprida. Esta característica permite que aquele que sofreu a repercussão jurídica (substituído) utilize eventual crédito a seu favor.

"Além disso, existe uma terceira regra jurídica cuja hipótese de incidência é precisamente o fato jurídico consistente na satisfação da prestação jurídica tributária de qualquer uma daquelas duas relações jurídico-tributárias. Uma vez realizada a hipótese de incidência desta terceira regra jurídico-tributária, o seu efeito jurídico é (não a criação de uma terceira relação jurídica), precisamente, a extinção da relação jurídica remanescente, pois a outra extinguiu-se pela satisfação da prestação jurídico-tributária. Recorde-se que o efeito jurídico da regra jurídica não é exclusivamente a criação de relações jurídicas, mas também poderá ser a extinção de uma relação jurídica preexistente" (*Sujeição Passiva por Responsabilidade na Modalidade de Substituição Tributária – Aspectos Lógicos, Teóricos e Práticos* – trabalho inédito).

se refere ao imposto devido pelas operações ou prestações com mercadorias e serviços adiante nominados: (...) XLI – quanto a produtos eletrônicos, eletroeletrônicos e eletrodomésticos, relativamente ao imposto devido nas operações subseqüentes até o consumo final: [*inciso acrescentado pela Lei 13.291, de 22.12.2008, DOE 23.12.2008*] a) o fabricante, o importador ou o arrematante do produto importado do Exterior e apreendido; b) qualquer estabelecimento situado em outro Estado ou no Distrito Federal, que promova saída da mercadoria a estabelecimento paulista".

Como se pode verificar, este dispositivo *per se* não era apto e suficiente a instituir a substituição tributária, e a própria Lei 13.291/2008 reconheceu tal insuficiência ao inserir o § 16 no art. 8º da Lei 6.374/1989, *verbis*: "§ 16. A definição dos produtos sujeitos ao regime de substituição tributária será precedida de consultas à Federação das Indústrias do Estado de São Paulo – FIESP, à Federação do Comércio do Estado de São Paulo – FECOMERCIO, à Associação Comercial de São Paulo – ACSP, à Associação Paulista de Supermercados – APAS e a outras entidades representativas dos setores econômicos afetados, a critério da Secretaria da Fazenda, e levará em conta fatores como a concentração de produção, dispersão de comercialização, particularidades das cadeias de produção e distribuição e tratamento auferido em outras unidades da Federação (parágrafo acrescentado pela Lei n. 13.291, de 22.12.2008, *DOE* 23.12.2008)".

Ou seja, a Lei 13.291/2008 não tinha eficácia técnica quando editada, porque carente de *definição dos produtos sujeitos ao regime de substituição tributária* e, ainda, da definição da base de cálculo com a respectiva MVA.

Foi o Decreto 54.338/2009, publicado no *DOE* de 16.5.2009, com efeitos a partir de 1.6.2009 (art. 4º), que "definiu os produtos sujeitos ao regime de substituição tributária" ao inserir o art. 313-Z19 no Regulamento do ICMS/RICMS. Antes dele não havia substituição tributária para frente em relação a aparelhos eletrônicos e seus fabricantes, importadores ou vendedores, e somente há substituição tributária para frente em relação aos aparelhos eletrônicos previstos em seu dispositivo ("aplica-se exclusivamente"), *verbis*:

"Art. 313-Z19. Na saída das mercadorias arroladas no § 1º com destino a estabelecimento localizado em território paulista, fica atribuída a responsabilidade pela retenção e pelo pagamento do imposto incidente nas saídas subseqüentes (Lei n. 6.374/1989, arts. 8º, XLI, e 60, I): I – a estabelecimento de fabricante ou de importador ou a arrematante de mercadoria importada do Exterior e apreendida, localizado neste Estado; II – a qualquer estabelecimento localizado em território paulista que receber mercadoria referida neste artigo diretamente de outro Estado sem a retenção antecipada do imposto.

"§ 1º. O disposto neste artigo aplica-se exclusivamente às mercadorias adiante indicadas, classificadas nas seguintes posições, subposições ou códigos da Nomenclatura Brasileira de Mercadorias – Sistema Harmonizado/NBM/SH:

"(...)."

Ou seja, não se trata de mera regulamentação ou disciplina de forma de recolhimento do tributo, mas de definição do próprio sujeito passivo, elemento nuclear da norma jurídica de substituição tributária, que deve ser fixado por meio de lei, ou, no mínimo, com eficácia que permita a programação e preparação do sujeito passivo.

Nestes casos de "complementação" por norma posterior, o STF tem entendido que a anterioridade deve ser contada da norma que completou o sentido e instituiu a obrigação, sendo que esta não tem caráter retroativo, *verbis*:

"*Ementa:* Recurso extraordinário. 2. Tributário – ITR. 3. A nova configuração do ITR disciplinada pela Medida Provisória n. 399 somente se aperfeiçoou com sua reedição de 7.1.1994, a qual por meio de seu Anexo alterou as alíquotas do referido imposto. 4. A exigência do ITR sob esta nova disciplina antes de 1.1.1995 viola o princípio constitucional da anterioridade tributária (art. 150, III, 'b'). 5. Recurso extraordinário a que se nega provimento.

"(...).

"3. A Medida Provisória n. 399/2003 foi publicada em 30.12.2003. Contudo, na data originalmente publicada (...) não continha as alíquotas do ITR. (...) em 7.1.1994, [*foi publicada*] uma retificação da aludida medida provisória, contendo as novas tabelas de alíquotas.

"4. A retificadora não tem o condão de retroagir à data da publicação original, de forma a cumprir o disposto no art. 150, III, 'b', da CF/1988 e tornar possível a cobrança do ITR ainda no ano de 1994" (STF, RE 448.558-PR, rel. Min. Gilmar Mendes, *DJU* 16.12.2005).

Contudo, a RMST ainda estava incompleta, porque faltava a definição de sua base de cálculo, que só ocorreu em 22.5.2009, quando o Estado de São Paulo editou a Portaria CAT-95/2009, que fixou as respectivas MVAs a serem aplicadas aos preços dos substitutos, *verbis*:

"Art. 1º. A base de cálculo para fins de retenção e pagamento do imposto relativo às saídas subseqüentes das mercadorias arroladas no § 1º do art. 313-Z19 do RICMS, com destino a estabelecimento localizado em território paulista, será o preço praticado pelo sujeito passivo, incluídos os valores correspondentes a frete, carreto, seguro, impostos e outros encargos transferíveis ao adquirente, acrescido do valor adicionado calculado mediante a multiplicação do preço praticado pelo Índice de Valor Adicionado Setorial/IVA-ST relacionado no Anexo Único.

"§ 1º. Na hipótese de entrada de mercadoria proveniente de outra unidade da Federação cuja saída interna seja tributada com alíquota superior a 12% (doze por cento), o estabelecimento destinatário paulista deverá utilizar o 'IVA-ST ajustado', calculado pela seguinte fórmula:

"IVA-ST ajustado = [(1+IVA-ST original) x (1 - ALQ inter) / (1 - ALQ intra)] -1

"Onde:

"1 – IVA-ST original é o IVA-ST aplicável na operação interna, conforme previsto no *caput*;

"2 – ALQ inter é a alíquota interestadual aplicada pelo remetente localizado em outra unidade da Federação;

"3 – ALQ intra é a alíquota aplicável à mercadoria neste Estado.

"§ 2º. Quando não houver a indicação do IVA-ST específico para a mercadoria deverá ser aplicado o percentual estabelecido para o setor no Anexo Único da Portaria CAT n. 16/2009, de 23 de janeiro de 2009.

"(...).

"Anexo Único

"(...).

"40 – Telefones para redes celulares e para outras redes sem fio, exceto os de uso automotivo – NBM/SH 8517.12 – IVA-ST 38,58%."

A título de exemplo, podemos apontar que para os telefones celulares (NBM/SH 8517.12) o IVA-ST (MVA) foi de 38,58%, a ser aplicado sobre o preço de venda do substituído acrescido de "frete, carreto, seguro, impostos e outros encargos transferíveis ao adquirente".

Dessa forma, somente em 22.5.2009 a RMST do ICMS sobre aparelhos eletrônicos estava completa.

Independentemente da discussão sobre a necessidade de lei para fixação dos elementos da RMST, o fato é que, para o ponto que interessa ao presente trabalho, ela somente se completou em 22.5.2009 – o que implica, por aplicação dos princípios da não-surpresa e segurança jurídica na manifestação da anterioridade tributária, a sua exigência a partir de 1.1.2010 ou, no mínimo, em 22.8.2009, se considerarmos o prazo de anterioridade mínimo de 90 dias, conforme discutido no item anterior.

Nem se alegue, no caso, que a MVA é elemento que especifica em valores concretos a base de cálculo prevista em lei, tal qual a veiculação da tabela de valores dos veículos automotores por meio de ato infralegal especifica a base de cálculo definida em lei para o IPVA, ou a especificação por meio de decreto do que vem a ser o "grau de risco" para efeito de incidência do SAT – o que é plenamente admitido pelo STF.[13]

No caso concreto não há *especificação* ***in concreto*** *de base de cálculo abstrata* ou *elucidação de conceito utilizado na lei*, mas verdadeira fixação da base de cálculo por meio da definição da MVA que será aplicada ao preço de venda do substituto.

Por outro lado, mesmo que não se considere a definição da MVA como condição necessária à exigência do tributo, o marco temporal mínimo como *instituição da cobrança do tributo* em relação aos substitutos é a data da edição do decreto que definiu os sujeitos passivos da RMST, 16.5.2009.

Aliás, este foi o adotado pelo Poder Judiciário do Estado de São Paulo ao afastar a aplicação imediata da substituição tributária em relação a empresas revendedoras de aparelhos eletrônicos:

"É imperioso reconhecer que o Fisco não pode, em nome da celeridade e da urgência, fixar um diminuto prazo a que os contribuintes sujeitem-se a um novo regime de apuração tributária, sob pena de direta ofensa ao princípio da segurança jurídica, que, como observa a doutrina, é um direito em si mesmo, reconhecido por conseqüência como um direito fundamental do contribuinte. Importante adscrever nesse contexto que a discricionariedade do Poder Público no adotar um regime de tributação não pode, com efeito, constituir ofensa ao princípio da segurança jurídica, pois que se exige, como garantia ao direito do contribuinte, que lhe seja concedido um prazo razoável a que possa se adaptar a esse novo regime, sobretudo quando se trata de atividades materialmente complexas como as que as impetrantes realizam.

"(...).

"A modificação legislativa em questão, portanto, deveria ter, em respeito à segurança jurídica, garantido aos contribuintes um prazo razoável para que deles se pudesse exigir o cumprimento das obrigações tributárias inerentes ao regime da substituição tributária, o que, contudo, não ocorreu, colocando em situação de risco concreto a esfera jurídica das impetrantes, às quais a medida liminar é assim concedida para lhes assegurar o prazo de 90 dias (prazo aqui plicado por analogia do que prevê o art. 195, § 6º, da Constituição da República de 1988), contado esse prazo da data em que ocorreu a publicação do Decreto n. 54.338/2009 em periódico oficial, para que a partir daí se possa exigir das impetrantes o efetivo cumprimento das obrigações tributárias relacionadas ao regime da substituição tributária ora estabelecido pelo referido diploma.

"Medida liminar concedida para esse fim, seja a autoridade impetrada incontinenti intimada a fim de que cumpra o conteúdo desta decisão, sob as penas da lei. Com urgência, expeça-se mandado de intimação" (10ª Vara da Fazenda Pública do Foro Central da Fazenda Pública da Comarca de São Paulo/SP, Processo 053.09.018806-6).

"Ante os fatos narrados e a documentação juntada com a inicial, presentes os requisitos legais do *fumus boni iuris* e do

13. "As Leis ns. 7.787/1989, art. 3º, II, e 8.212/1991, art. 22, II, definem, satisfatoriamente, todos os elementos capazes de fazer nascer a obrigação tributária válida. O fato de a lei deixar para o regulamento a complementação dos conceitos de 'atividade preponderante' e 'grau de risco leve, médio e grave' não implica ofensa ao princípio da legalidade genérica, CF, art. 5º, II, e da legalidade tributária, CF, art. 150, I" (RE 343.446, rel. Min. Carlos Velloso, j. 20.3.2003, *DJU* 4.4.2003. No mesmo sentido: 1ª Turma, RE/AgR 567.544, rel. Min. Carlos Britto, j. 28.10.2008, *DJe* 27.2.2009).

periculum in mora, posto cuidar-se de exigência de recolhimento do ICMS, por via da substituição tributária, de forma retroativa, ou seja, incidente sobre bens constantes do estoque da impetrante, bem como por não se saber quais foram os critérios utilizados para fins de apuração e fixação do Valor Adicionado Setorial/IVA-ST (Margem de Valor Agregado) para fins de recolhimento do imposto, bem como em razão da necessidade de adequação da empresa, em prazo razoável, para fins de adaptação às novas regras, sem que isto gere grande impacto econômico em suas negociações, o que a obrigaria a paralisar a comercialização de aparelhos celulares, em claro prejuízo à sua imagem perante seus clientes.

"Assim, concedo a liminar para que a autoridade impetrada se abstenha de exigir o ICMS no sistema de substituição tributária para os aparelhos telefônicos e cartões SIM, mantendo-se o sistema anterior até o julgamento deste *writ*" (12ª Vara da Fazenda Pública do Foro Central da Fazenda Pública da Comarca de São Paulo/SP, Processo 053.09.021377-0).

Contudo, como entendemos necessária a previsão completa da RMST para exigência e cobrança do tributo dos sujeitos passivos por substituição, entendemos que o prazo deve ser contado de 22.5.2009, data da publicação da base de cálculo da RMST.

5. Conclusões

Após a análise do objeto acima descrito, construímos as seguintes conclusões:

5.1 O *substituto* é sujeito passivo de obrigação tributária principal que tem por objeto o pagamento de tributo e das respectivas obrigações acessórias.

5.2 A anterioridade tributária tem uma dimensão normativa como regra e outra como princípio (valor).

5.3 Anterioridade ao lado da legalidade e irretroatividade são manifestações e desdobramentos do sobreprincípio da segurança jurídica.

5.4 A tônica na aplicação do princípio da anterioridade está na *cobrança de tributo*, ou seja, a delimitação do marco temporal que será tomado como parâmetro para contagem do prazo está intimamente ligada a este núcleo. O importante é a data em que publicada a lei que *instituiu* esta *cobrança*, e não necessariamente a da lei que tenha instituído o *tributo*.

5.5 Sob a perspectiva do sujeito passivo, titular da garantia individual, o princípio só se torna relevante na medida em que ele, sujeito passivo, passa a ser incluído, por meio de lei, no âmbito de exigência do tributo.

5.6 Ainda que não aplicável o art. 150, III, "b" e "c", da CF/1988, é imperativo lógico-jurídico que as normas prescrevam condutas possíveis e fixem prazos de cumprimento viáveis, sob pena de ineficácia técnica e conseqüente vazio jurídico.

5.7 Se não se aplicasse a anterioridade do art. 150, III, "b" e "c", da CF/1988, poderíamos aplicar, utilizando-se da analogia, a anterioridade mínima nonagesimal fixada para as contribuições sociais (art. 195, § 6º, da CF/1988), porque o mínimo aplicável à exigência de tributo.

5.8 A RMST do ICMS sobre aparelhos eletrônicos no Estado de São Paulo adquiriu todos os seus elementos somente em 22.5.2009, quando o Estado de São Paulo editou a Portaria CAT-95/2009, que fixou as respectivas MVAs.

5.9 A RMST do ICMS sobre aparelhos eletrônicos no Estado de São Paulo somente pode ser exigida a partir de 1.1.2010 ou, no mínimo, em 22.8.2009, se considerarmos o prazo de anterioridade mínimo de 90 dias.

O EFEITO SUSPENSIVO AOS EMBARGOS À EXECUÇÃO FISCAL APÓS O ADVENTO DA LEI 11.382/2006

OLÍVIA TONELLO MENDES FERREIRA
Mestranda em Direito pela PUC/SP
– Pós-Graduada pelo Instituto Brasileiro de Estudos Tributários/IBET
– Advogada

1. Introdução. 2. O efeito suspensivo aos embargos à execução fiscal sob a ótica da Lei 6.830/1980. 3. O conflito entre a norma criada a partir do Código de Processo Civil e aquela criada a partir da Lei de Execução Fiscal: 3.1 Solução da antinomia de segunda ordem: critério cronológico versus *critério da especialidade: 3.1.1 Finalidade da Lei 11.382/2006 – 3.1.2 Particularidades da relação Estado-exeqüente versus particular-executado no âmbito do processo de execução fiscal: 3.1.2.1 A presunção de certeza e liquidez da Certidão de Dívida Ativa/CDA e sua implicação prática – 3.1.2.2 Efeitos da penhora na execução fiscal e a certidão de débito positiva com efeito de negativa – 3.1.2.3 Responsabilidade do Estado por perdas e danos: o ressarcimento – 3.1.2.4 O interesse público na execução fiscal – 3.1.3 Solução da antinomia entre as normas construídas. 4. Conclusões.*

1. Introdução

O presente artigo objetiva analisar se o efeito suspensivo automático aos embargos à execução fiscal subsiste após o advento da Lei 11.382/2006. Afinal, se antes da vigência desse diploma legal os embargos eram automaticamente recebidos com efeito suspensivo, qualquer que fosse o crédito objeto de execução, após as alterações por ele promovidas ao Código de Processo Civil, ao menos no que tange à execução cível, tal norma foi revogada. Isto porque alterou-se a antiga redação do art. 739 do CPC, que previa o recebimento dos embargos com efeito suspensivo, acrescentando-se o art. 739-A, de acordo com o qual "os embargos do executado não terão efeito suspensivo".

Ainda de acordo com o novo dispositivo legal, o efeito suspensivo poderá ser atribuído aos embargos quando, sendo relevantes seus fundamentos, o prosseguimento da execução manifestamente possa causar ao executado grave dano de difícil ou incerta reparação, e desde que a execução já esteja garantida por penhora, depósito ou caução suficientes. Ainda assim, esta decisão poderá, a requerimento da parte, ser modificada ou revogada a qualquer tempo, em decisão fundamentada, caso sejam cessadas as circunstâncias que a motivaram.

Se tratando-se de execução cível o emprego desta nova norma não encontra resistência, no campo da execução fiscal não podemos dizer o mesmo. Sua aplicação vem suscitando polêmica não só no âmbito doutrinário, mas também judicial, o que, em última instância, vem causando verdadeiro sentimento de insegurança aos jurisdicionados, em face da incerteza da norma a ser aplicada – motivo pelo qual torna-se importante o estudo da questão ora em exame.

Com efeito, são diversas as manifestações doutrinárias e jurisprudenciais tanto no sentido de que o novo art. 739-A incorporado ao CPC pela Lei 11.382/2006 é aplicável à execução fiscal quanto em sentido contrário, isto é, de que tal aplicação não se justifica.

No âmbito jurisprudencial, aqueles que condicionam a concessão do efeito suspensivo aos embargos à execução fiscal ao preenchimento dos requisitos previstos do art. 739-A do CPC, aduzem, principalmente, que a Lei 6.830/1980 seria omissa quanto à regulamentação desse efeito, de modo que, diante de tal lacuna, aplicar-se-iam, subsidiariamente, as regras previstas no Código de Processo Civil – *in casu*, o citado art. 739-A.[1] Outros vão além e argumentam que, além da omissão, diante desse novo contexto de incentivo à efetiva satisfação dos créditos públicos e privados, seria incongruente "afastar a incidência do art. 739-A do CPC no âmbito da execução fiscal, que tem no pólo ativo o Poder Público, detentor da privilegiada prerrogativa de autoconstituir seus títulos de crédito e partir para a execução forçada de seus devedores".[2]

Já, os julgadores que consideram inaplicável o art. 739-A do CPC às execuções fiscais baseiam-se no entendimento de que o efeito suspensivo dos embargos à execução decorre de uma leitura sistemática da própria Lei de Execução Fiscal, que em vários dispositivos (arts. 16 a 22 e 32, § 2º, por exemplo) menciona, implicitamente, a concessão de tal efeito.[3] Alguns chegam a pontuar, ainda, que, em virtude da peculiaridade do crédito tributário, sem a concessão do citado efeito suspensivo "não se viabiliza o contraditório, negando-se qualquer eficácia aos embargos à execução".[4]

Embora ainda seja muito cedo para afirmar que a jurisprudência já sedimentou posicionamento por uma ou outra orientação, já que a discussão é relativamente recente, a 2ª Turma do STJ já se manifestou pela aplicabilidade do art. 739-A do CPC às execuções fiscais, quando do julgamento do REsp 1.024.129-PR, por considerar omissa a Lei 6.830/1980 quanto a essa matéria. Naquela oportunidade, o Min. Herman Benjamim, relator do acórdão, posicionou-se no sentido de que a nova normatização do processo de execução visa à sua celeridade e eficácia, não podendo a Fazenda ser preterida em detrimento dos outros credores. Vejamos: "Não se trata de privilégios carecedores de razoabilidade, mas de prerrogativas que, sabidamente, foram conferidas com o propósito de dotar o Estado-Fisco (e não só ele) de meios mais céleres e eficazes para a recuperação de seus créditos. Percebe-se, em última instância, disfarçado desejo de inversão de valores: o legislador pretendeu conferir a todo e qualquer credor meios mais adequados para atingir o resultado efetivo do processo de execução. Seria paradoxal posicionar a Fazenda Pública, tão-somente por sua condição, em flagrante desvantagem em relação aos demais credores. Numa palavra, em pleno Estado Social, baseado na valorização do interesse público, colocar-se-ia o Erário em posição de desvantagem no confronto com o crédito privado".

Também a Procuradoria-Geral da Fazenda Nacional já se manifestou sobre o tema, por meio do Parecer PGFN/CRJ-

1. Citem-se, a título de exemplo, os acórdãos proferidos nos seguintes julgamentos: TRF-3ª Região, 2ª Turma, AI 2009.03.00.013441-8; TRF-3ª Região, 6ª Turma, AI 2008.03.00.047047-5; TJSP, 7ª Câmara de Direito Público, AI 932.260-5/5; TRF-1ª Região, 8ª Turma, AI/AgR 2008.38.00.021445-4; TRF-1ª Região, 7ª Turma, Ag 2008.01.00.040257-6; TRF-4ª Região, 1ª Turma, AI 2007.04.00.005220-1.

2. Trecho retirado do voto-condutor do acórdão proferido pela 1ª Turma do TRF-4ª Região nos autos do AI 2009.04.00.015956-9/SC, da relatoria do Juiz Federal Jorge Antônio Maurique.

3. Citem-se como exemplos as decisões proferidas nos seguintes julgados: TJSP, 15ª Câmara de Direito Público, AI 878.033.5/7-00 e AI 706.438-5/4-00; TRF-3ª Região, 6ª Turma, AI 2009.03.00.006737-5.

4. Trecho extraído do voto-condutor do acórdão proferido quando do julgamento do AI 2008.03.00.041871-4/SP pela 4ª Turma do TRF-3ª Região, rela. para o acórdão desembargadora Alda Basto.

1.732/2007, defendendo que "todas as regras do Código de Processo Civil que, não obstante tratamento expresso da Lei de Execução Fiscal, forem mais benéficas à efetivação do crédito da Fazenda Nacional devem ser aproveitadas pela execução fiscal".

Como bem se vê, a questão é controversa e – ao contrário do que possa parecer a uma primeira vista – de difícil resolução. Se, de um lado, há quem defenda a omissão da lei especial e, ainda, a necessidade de que seja concedida maior celeridade e efetividade ao processo executivo, de outro, há os defensores da tese de que a Lei 6.830/1980 implicitamente estabelece a obrigatoriedade de concessão do efeito suspensivo aos embargos à execução fiscal sempre que embargada a execução, sob pena de comprometimento à efetividade da decisão que posteriormente venha a ser proferida no processo de embargos e violação ao contraditório.

Essa polêmica que se instaurou demonstra a necessidade de um estudo aprofundado do tema, que nos permita contextualizar, dentro do sistema jurídico brasileiro, a norma que melhor se aplique ao caso, garantindo a efetividade da execução sem que isso implique limitação ao direito de defesa do executado.

Para tanto, partimos do pressuposto de que toda e qualquer interpretação do Direito deve ser realizada com base em uma interpretação sistemática do ordenamento jurídico – interpretação, esta, que não se restringe ao âmbito do veículo introdutor da norma cuja aplicação se analisa, mas abarca todos os subsistemas que porventura possam relacionar-se com o objeto de estudo.

Nesse sentido, tendo em vista que a matéria ora em exame diz respeito à aplicação de norma processual no âmbito da execução de crédito tributário, em que de um lado se encontra o Estado e de outro um particular, não podemos analisá-la unicamente sob a ótica da Lei de Execução Fiscal ou do Código de Processo Civil. Precisamos ir além. Devemos examinar a questão, portanto, ao menos sob a ótica do direito processual civil, do tributário e também do direito constitucional e administrativo, sem prejuízo de normas de outros ramos que porventura se mostrem aplicáveis.

Em decorrência da expressa previsão legal contida no art. 1º da Lei 6.830/1980 no sentido de que eventuais omissões serão regidas pelo Código de Processo Civil, o primeiro ponto que deve ser analisado diz respeito à existência, ou não, de regulamentação dos efeitos suspensivos pela Lei de Execução Fiscal. Constatada a supressão, então, devemos realizar uma interpretação sistemática, a fim de verificar se a aplicação do art. 739-A do CPC guarda ressonância com as demais normas contidas no ordenamento jurídico. De outra parte, sendo possível, com base na própria Lei 6.830/1980, a criação de norma regulando o efeito suspensivo aos embargos à execução fiscal, então, estaremos diante de um conflito de normas (norma especial anterior *versus* norma geral posterior), que como tal deverá ser observado.

Principiemos nosso estudo pela verificação dessa suposta omissão da Lei 6.830/1980 quanto à concessão dos efeitos suspensivos aos embargos à execução fiscal, o que só pode ser feito por meio de uma interpretação sistemática desse diploma legal – tarefa da qual nos ocuparemos a seguir.

2. O efeito suspensivo aos embargos à execução fiscal sob a ótica da Lei 6.830/1980

Uma simples leitura da Lei de Execução Fiscal nos permite concluir que, de fato, esse diploma legal não tem nenhum dispositivo que preveja, expressamente, a concessão de efeitos suspensivos aos embargos à execução fiscal. Partindo, entretanto, da concepção de norma como a significação construída a partir da junção de um ou mais enunciados, faz-se imperioso analisarmos a viabilidade, ou não, de se construir, a partir do exame da Lei 6.830/1980 e da conjuntura em que ela está inserida, uma norma que determine a recepção dos embargos à execução fiscal com efeito suspensivo. Esta tarefa, todavia, depende de um exame minucioso e contextualizado do mencionado diploma legal.

A Lei de Execução Fiscal rege a cobrança da Dívida Ativa da União, dos Estados, do Distrito Federal, dos Municípios e respectivas autarquias. Como já expusemos em capítulo anterior, a Certidão de Dívida Ativa/CDA apresenta a particularidade de ser constituída unilateralmente pela Administração Pública, gozando da presunção de certeza e liquidez. Neste ponto, cumpre salientar, todavia, que essa presunção é relativa, podendo ser ilidida por prova inequívoca a cargo do executado ou de terceiro, a quem aproveite, consoante resta previsto no art. 3º, parágrafo único,[5] da Lei 6.830/1980. Esse tema será objeto de análise mais aprofundada no tempo oportuno. Por ora, fiquemos com essas premissas.

Uma vez distribuída a execução, os autos serão encaminhados ao juiz, cujo despacho que deferir a inicial importará, inicialmente, ordem para citação do executado para que, no prazo de cinco dias, (i) pague a dívida, com juros, multa de mora e encargos indicados na CDA, ou (ii) garanta a execução. Verificando a possibilidade de que essa ordem não seja cumprida, o legislador cuidou de estabelecer outras providências a serem tomadas em caso de seu descumprimento. Assim, aquele despacho do juiz determina, sucessivamente, a penhora, no caso em que nem o pagamento nem a garantia sejam verificados; o arresto, caso o executado não tenha domicílio ou dele se oculte; o registro da penhora ou arresto; e a avaliação dos bens penhorados ou arrestados.

Em garantia da execução, determina o art. 9º do mencionado diploma legal que o executado poderá: I – efetuar depósito em dinheiro, à ordem do juízo, em estabelecimento oficial de crédito, que assegure atualização monetária; II – oferecer fiança bancária; III – nomear bens à penhora (observada a ordem prevista no art. 11); ou IV – indicar à penhora bens oferecidos por terceiros e aceitos pela Fazenda Pública. Ressalte-se que a garantia da execução, por meio de depósito em dinheiro ou fiança bancária, produz os mesmos efeitos da penhora.

Nesse sentido, impende observar uma outra particularidade da Lei de Execução Fiscal: conforme determina o § 2º do seu art. 11,[6] a penhora em dinheiro será convertida no depósito de que trata o inciso I do art. 9º. Também o art. 21[7] da Lei 6.830/80, tratando da possibilidade de alienação antecipada[8] dos bens penhorados, determina que o produto obtido será depositado em garantia da execução, nos termos previstos no art. 9º, I. Ou seja, nas hipóteses elencadas nos arts. 9º, I, 11, § 2º, e 21, todos da Lei de Execução Fiscal, e, ainda, sempre que a penhora recair em dinheiro, o valor em questão deverá ser depositado à ordem do juízo em estabelecimento oficial de crédito, que assegure a atualização monetária.

Regulamentando os depósitos judiciais, a Lei 6.830/1980, em seu art. 32, §

5. Lei 6.830:
"Art. 3º. A Dívida Ativa regularmente inscrita goza da presunção de certeza e liquidez.
"Parágrafo único. A presunção a que se refere este artigo é relativa e pode ser ilidida por prova inequívoca, a cargo do executado ou de terceiro, a quem aproveite."

6. Lei 6.830/1980, art. 11, § 2º: "§ 2º. A penhora efetuada em dinheiro será convertida no depósito de que trata o inciso I do art. 9º".

7. Lei 6.830/1980: "Art. 21. Na hipótese de alienação antecipada dos bens penhorados, o produto será depositado em garantia da execução, nos termos previstos no art. 9º, inciso I".

8. Frise-se, por oportuno, que a alienação antecipada de que trata o mencionado art. 21 é aquela mesma a que se refere o art. 670 do CPC, ou seja, restringe-se às hipóteses em que (i) os bens estão sujeitos a deterioração ou depreciação ou (ii) houver manifesta vantagem.

2º,[9] determina que tais importâncias só serão devolvidas ao depositante ou entregues à Fazenda Pública, mediante ordem do juízo competente, após o trânsito em julgado da decisão. Optou o legislador, neste ponto, por assegurar a satisfação do crédito tributário sem, contudo, comprometer eventual decisão que acolha os fundamentos apresentados nos embargos à execução, inexistindo dúvidas de que a Lei de Execução Fiscal veda, efetivamente, a realização de ato expropriatório que vise à conversão em renda da Fazenda Pública de valores depositados judicialmente.

A esse respeito, impende notar, ainda, que a jurisprudência do STJ – ao nosso ver, acertadamente – tem equiparado a fiança bancária ao depósito judicial para esses efeitos, conforme se percebe pela leitura do acórdão proferido quando do julgamento do REsp 1.033.545-RJ, da relatoria do Min. Luiz Fux.

Assim, afora as hipóteses de dinheiro depositado judicialmente, também quando se tratar de fiança bancária a sua efetivação deverá aguardar o trânsito em julgado da decisão proferida nos embargos. Neste ponto surge uma outra questão a ser abordada: na eventualidade de a Lei de Execução Fiscal não conter norma disciplinando o recebimento dos embargos e realizados atos de alienação do bem penhorado, pode a Fazenda Pública converter o valor obtido com essa alienação a seu favor?

A resposta a essa indagação é negativa. Com efeito, admitindo-se essa possibilidade, o produto dos bens alienados deverá ser depositado em juízo, de tal forma que também neste caso incide o regramento previsto no já mencionado art. 32, § 2º. Ou seja: toda e qualquer entrega de dinheiro depositado em juízo está condicionada ao trânsito em julgado da decisão proferida nos embargos – à exceção, é claro, dos valores destinados ao pagamento de auxiliares da Justiça.

E, ainda que assim não fosse, inexistem motivos para que ao depósito em dinheiro seja dado um tratamento diferenciado em detrimento às outras formas de garantia da execução, sob pena de vulneração do princípio da isonomia. Perfilha esse posicionamento Octávio Campos Fischer: "Por via de conseqüência, se o depósito somente pode ser convertido em renda para o Fisco ao final da demanda judicial, o mesmo tratamento deve ser dado às demais formas de garantia da execução, sob pena de restar ofendido o princípio da igualdade, pois o contribuinte que tem condições de garantir a execução com depósito será beneficiado em relação àquele que apenas possui bens para serem nomeados à penhora!".[10]

Conforme observa Celso Antônio Bandeira de Mello, "as discriminações são recebidas como compatíveis com a cláusula igualitária apenas e tão-somente quando existe um vínculo de correlação lógica entre a peculiaridade diferencial acolhida, por residente no objeto, e a desigualdade de tratamento em função dela conferida, desde que tal correlação não seja incompatível com interesses prestigiados na Constituição".[11]

A partir do momento em que a lei autoriza que a garantia da execução se dê por

9. Lei 6.830/1980: "Art. 32. Os depósitos judiciais em dinheiro serão obrigatoriamente feitos: I – na Caixa Econômica Federal, de acordo com o Decreto-lei n. 1.737, de 20 de dezembro de 1979, quando relacionados com a execução fiscal proposta pela União ou suas autarquias; II – na Caixa Econômica ou no banco oficial da unidade federativa ou, à sua falta, na Caixa Econômica Federal, quando relacionados com execução fiscal proposta pelo Estado, Distrito Federal, Municípios e suas autarquias.

"§ 1º. Os depósitos de que trata este artigo estão sujeitos à atualização monetária, segundo os índices estabelecidos para os débitos tributários federais.

"§ 2º. Após o trânsito em julgado da decisão, o depósito, monetariamente atualizado, será devolvido ao depositante ou entregue à Fazenda Pública, mediante ordem do juízo competente."

10. Octávio Campos Fischer, "Execução fiscal", *RF* 397/669, Ano 104, Rio de Janeiro, Forense, maio-junho/2008.

11. Celso Antônio Bandeira de Mello, *O Conteúdo Jurídico do Princípio da Igualdade*, 3ª ed., 17ª tir., São Paulo, Malheiros Editores, 2009, p. 17.

depósito em dinheiro, fiança bancária ou bens oferecidos à penhora, inexiste qualquer vínculo de correlação lógica a justificar a desigualdade de tratamento a contribuintes que se encontram em idêntica situação somente em razão do modo como a garantia foi realizada. Afinal, independentemente do modo como ela se deu, fato é que, uma vez seguro o juízo, não há motivos para justificar a suspensão da execução para aqueles que efetuaram o depósito em dinheiro e não o fazer para aqueles que nomearam bens à penhora. Frise-se, por oportuno, que a expropriação de bens nomeados à penhora é ainda mais grave que a de dinheiro, pois este é facilmente recomposto, ao passo que o bem, a depender de sua natureza, não o é.

Logo, diante da análise dos arts. 9º, I, 11, § 2º, 21 e 32, resta inconteste que a Lei de Execução Fiscal pressupõe, necessariamente, a paralisação da execução enquanto pendentes de julgamento os embargos opostos pelo executado. Admitir o contrário implica nítida violação ao princípio da isonomia, previsto no art. 5º da Constituição da República.

Estabelecidos tais pontos, retornemos ao exame da citada lei, em cujo art. 16 encontra-se previsto o prazo de 30 dias para oferecimento dos embargos, contados: I – do depósito; II – da juntada da prova da fiança bancária; III – da intimação da penhora. Citado dispositivo é expresso, ainda, quanto à impossibilidade de apresentação dos embargos antes de garantida a execução.

Aqui temos outras particularidade em relação às disposições previstas no Código de Processo Civil: o prazo para oferecimento dos embargos à execução fiscal é de 30 dias a contar da intimação da penhora, que continua sendo pressuposto de admissibilidade dos embargos, ao passo que o prazo para apresentação dos embargos à execução cível é de 15 dias, a contar da citação, não funcionando a penhora, neste caso, como condição para propositura dos embargos.

Recebidos os embargos, o juiz mandará intimar a Fazenda, para impugná-los também no prazo de 30 dias, designando, em seguida, audiência de instrução e julgamento, que poderá ser dispensada caso os embargos versem sobre matéria de direito ou, versando sobre matéria de direito e de fato, a prova seja exclusivamente documental.

"Caso não sejam oferecidos embargos, a Fazenda Pública manifestar-se-á sobre a garantia da execução." Esta é a dicção do art. 18 da já citada lei, cuja interpretação nos permite concluir que, apresentados os embargos, a Fazenda Pública não será intimada a se manifestar sobre a garantia. Ora, se ela não precisará se manifestar é porque nenhuma providência deve ser tomada até a apreciação dos embargos. Mais uma vez conseguimos extrair da Lei de Execução Fiscal um entendimento no sentido de que os embargos têm efeito suspensivo.

O mesmo raciocínio pode ser utilizado em relação ao art. 19,[12] que prevê, na hipótese de ausência de embargos ou improcedência destes, a intimação do terceiro garantidor da execução para, no prazo de 15 dias, remir o bem, se a garantia for real, ou pagar o valor da dívida, juros, multa de mora e demais encargos indicados na CDA, pelos quais se obrigou, se a garantia for fidejussória.

Conforme observa Humberto Theodoro Jr. em relação ao garantidor real, essa remissão de que trata o citado art. 19 consiste em resgatar o bem "mediante depósito em juízo de importância em dinheiro equivalente ao valor pelo qual se efetuou a

12. Lei 6.830/1980: "Art. 19. Não sendo embargada a execução ou sendo rejeitados os embargos, no caso de garantia prestada por terceiro, será este intimado, sob pena de contra ele prosseguir a execução nos próprios autos, para, no prazo de 15 (quinze) dias: I – remir o bem, se a garantia for real; ou II – pagar o valor da dívida, juros e multa de mora e demais encargos, indicados na Certidão de Dívida Ativa pelos quais se obrigou, se a garantia for fidejussória".

penhora, isto é, o valor do termo de penhora ou da avaliação judicial, se houver".[13] Se a intimação ao terceiro garantidor para remir os bens que ofereceu à penhora só se dá diante da inexistência de embargos ou da improcedência desses, é certo que o prosseguimento do ato de expropriação daquele bem só ocorrerá na verificação de alguma dessas hipóteses.

Igualmente aqui a lei é clara no sentido de que o prosseguimento da execução contra terceiros só se dá caso não sejam apresentados embargos ou estes restem indeferidos – o que realça a idéia do legislador de que os embargos à execução fiscal sejam sempre recebidos com efeito suspensivo. Não é outro o posicionamento de Hugo de Brito Machado: "A Lei 6.830/1980 não alberga dispositivo a dizer expressamente que os embargos produzem efeito suspensivo. Entretanto, em seus arts. 18, 19, 24, I, e 32, § 2º, deixa bastante clara a ocorrência desse importante efeito dos embargos, o que nos autoriza a dizer que no âmbito da execução fiscal a interposição de embargos do executado produz efeito suspensivo automático.[14]

Seguindo o exame da legislação em apreço, os arts. 22 a 24[15] cuidam da possibilidade de arrematação e leilão dos bens penhorados, sendo que este último dispositivo, em seu inciso I, é expresso ao restringir a possibilidade de adjudicação do bem pela Fazenda Pública, antes do leilão, às hipóteses em que a execução não for embargada ou que os embargos forem rejeitados. Ou seja, por um raciocínio às inversas se conclui que, apresentados embargos à execução fiscal, a Fazenda Pública só poderá adjudicar os bens penhorados após o julgamento de improcedência daqueles – julgamento, este, que se apresenta como condição para a própria realização do leilão. Nunca antes disso.

Diante da análise empreendida, podemos chegar a algumas conclusões:

(i) A penhora é pressuposto de admissibilidade dos embargos à execução fiscal.

(ii) O depósito ou penhora em dinheiro, ainda que fruto de alienação antecipada ou não, bem como a fiança bancária só poderão ser levantados pelo credor após o trânsito em julgado da decisão que indefere os embargos à execução fiscal.

(iii) A Fazenda Pública só deve se manifestar sobre a penhora, bem como adjudicar bens penhorados antes do leilão, caso não sejam oferecidos embargos ou na hipótese de rejeição destes.

(iv) Também o terceiro garantidor da execução só será intimado para remir os bens oferecidos diante da rejeição dos embargos ou na hipótese de estes não serem oferecidos.

(v) Ainda que os arts. 18, 19 e 22 a 24 nada dispusessem sobre a impossibilidade de expropriação dos bens penhorados antes do julgamento dos embargos, tal conduta estaria obstada em razão do princípio da isonomia.

Tendo em vistas as conclusões a que chegamos, não podemos compactuar com aqueles que consideram a Lei de Execução Fiscal omissa. Afinal, uma interpretação sistemática desse diploma legal não nos leva a outra conclusão se não que o efeito suspensivo aos embargos à execução fiscal é automático.

13. Humberto Theodoro Jr., *Lei de Execução Fiscal*, 11ª ed., São Paulo, Saraiva, 2009. p. 147.

14. Hugo de Brito Machado, "Embargos à execução fiscal: prazo para interposição e efeito suspensivo", *Revista Dialética de Direito Tributário* 151/53, São Paulo, Dialética.

15. Lei 6.830/1980:

"Art. 24. A Fazenda Pública poderá adjudicar os bens penhorados: I – antes do leilão, pelo preço da avaliação, se a execução não for embargada ou se rejeitados os embargos; II – findo o leilão: a) se não houver licitante, pelo preço da avaliação; b) havendo licitantes, com preferência, em igualdade de condições com a melhor oferta, no prazo de 30 (trinta) dias.

"Parágrafo único. Se o preço da avaliação ou o valor da melhor oferta for superior ao dos créditos da Fazenda Pública, a adjudicação somente será deferida pelo juiz se a diferença for depositada, pela exeqüente, à ordem do juízo, no prazo de 30 (trinta) dias."

3. *O conflito entre a norma criada a partir do Código de Processo Civil e aquela criada a partir da Lei de Execução Fiscal*

Dessa forma, a situação que ora nos é apresentada é outra, completamente distinta da que se verificaria caso concluíssemos pela efetiva omissão da Lei de Execução Fiscal. Se, de um lado, esse diploma normativo impede a realização de qualquer ato expropriatório após recebidos os embargos, o que implica a automática concessão de efeito suspensivo aos embargos opostos, por outro lado, o Código de Processo Civil, com as alterações promovidas pela Lei 11.382/2006, permite tal conduta, ao aceitar a possibilidade de recebimento dos embargos à execução sem efeito suspensivo. Saliente-se, ainda, que o recebimento, neste caso, não está condicionado ao oferecimento de garantia, ao passo que naquele esta exigência é inafastável.

Vislumbramos, então, a existência de duas normas distintas para regular o recebimento e processamento dos embargos à execução, conforme o tipo de execução em curso:

Norma	Norma construída a partir da leitura do Código de Processo Civil (Norma A)	Norma construída a partir da Lei 6.830/1980 (Norma B)
Classificação	*Norma Geral e Posterior*	*Norma Especial e Anterior*
Conteúdo da Norma D (f → q)	Dado o fato de que o executado foi citado em processo executivo para pagar em três dias a dívida consubstanciada no título executivo, então, é permitido o ajuizamento de embargos à execução, que devem ser recebidos sem efeito suspensivo, a menos que presentes, cumulativamente, a relevância do fundamento e o manifesto perigo de grave dano de difícil ou incerta reparação, conquanto que a execução esteja garantida.	Dado o fato de que a execução fiscal ajuizada contra o Executado está garantida (por penhora, depósito em dinheiro ou fiança bancária), é permitido o ajuizamento de embargos, que devem ser recebidos com efeito suspensivo.

Examinando as citadas normas, poderíamos dizer que, a uma primeira vista, nenhum conflito se faz presente, na medida em que tanto os antecedentes quanto os conseqüentes de ambas as normas são distintos. No entanto, não podemos deixar de verificar que elas regulam uma mesma conduta, qual seja, o recebimento dos embargos à execução, sendo uma norma geral posterior, e outra especial anterior.

Importante ressalvar, ainda, a impossibilidade de análise em separado dos enunciados que dispõem sobre a necessidade, ou não, de garantia para oferecimento dos embargos e aqueles que tratam dos efeitos a serem concedidos quando do recebimento dos embargos, pois somente a partir da junção de tais enunciados é que podemos construir a norma que disciplina o recebimento dos embargos à execução. Ademais, eles encontram-se inseridos dentro de um mesmo contexto, e como tais devem ser interpretados.

Desta forma, ou bem temos uma norma especial regulando o recebimento dos embargos à execução fiscal, ou a norma geral regula essa conduta. A opção pela aplicação de uma ou outra, é bem verdade, cabe ao intérprete, que deverá valer-se dos critérios para solucionar antinomias de segunda ordem.

3.1 Solução da antinomia de segunda ordem: critério cronológico versus *critério da especialidade*

Uma vez verificada a existência de uma antinomia de segunda ordem, *in casu*, entre uma norma geral posterior e outra, especial anterior, faz-se imprescindível o estabelecimento dos critérios a serem adotados para solucionar o conflito verificado.

Conforme bem observa Maria Helena Diniz, "a preferência entre um critério e outro não é evidente, pois se constata uma oscilação entre eles. Não há uma regra definida; conforme o caso, haverá supremacia ora de um, ora de outro critério".[16]

Concordamos com a ilustre doutrinadora no sentido de que a prevalência de uma ou outra norma varie conforme o caso. Entendemos, contudo, que tal opção não se encontra ao livre arbítrio do intérprete do Direito, que deve efetuar uma análise conjunta das duas normas a fim de verificar se, após o advento da nova, subsistem os motivos que levaram à criação da anterior. Afinal, o tratamento diferenciado só se justifica, como dissemos linhas atrás, se presente aquela correlação lógica entre a peculiaridade diferencial e a desigualdade de tratamento em função dela conferida.

Nesse sentido são as lições de Francesco Ferrara: "Se a uma lei geral se sucede uma especial, normalmente aquela fica de pé, visto que pode coexistir com a outra. Mas *se a uma lei especial se segue uma lei geral*, é duvidoso que a nova regra não tolera mais os desvios e exceções da primeira, ou quer mantê-las coordenando-as com o novo princípio. A solução dependerá, caso a caso, da indagação do nexo que existe entre as duas ordens de normas e do fundamento da nova disposição".[17]

Assim, para que possamos verificar se os embargos à execução fiscal devem ser recebidos com efeito suspensivo, torna-se imprescindível um exame sistemático da própria execução fiscal, a fim de se verificar a existência, ou não, de particularidades próprias ao processo de execução fiscal e de embargos à execução fiscal a justificar o tratamento diferenciado.

Para que procedamos a esse exame, todavia, impende analisar, inicialmente, a finalidade da norma geral posterior, para que, então, sejam analisadas as particularidades da relação jurídica entre o Estado e o particular no âmbito do processo executivo, após o quê verificaremos se a exceção prevista na norma especial se justifica em face da nova sistemática da lei geral.

3.1.1 *Finalidade da Lei 11.382/2006*

Da leitura da Lei 11.382/2006 vemos, com clareza, que seu principal objetivo é conferir maior efetividade e celeridade ao processo de execução, reprimindo as condutas que caracterizem mera protelação. Nesse sentido, foi incluída, no art. 739, a possibilidade de rejeição liminar dos embargos que forem considerados manifestamente protelatórios. Do mesmo modo, também o art. 740, em seu parágrafo único, prevê a imposição de multa de até 20% do valor em execução, a favor do exeqüente, caso configurado esse manifesto intuito protelatório dos embargos.

Seguindo esse mesmo objetivo, a teor do que determina o novo art. 739-A , os embargos não mais produzem o efeito de suspender a execução. Essa opção do legislador brasileiro, conforme salienta Cândido Rangel Dinamarco, "tem o declarado objetivo de propiciar a aceleração da tutela executiva, evitando as demoras decorrentes de oposições oferecidas com o único objetivo de retardá-la".[18]

Também Cássio Scarpinella Bueno atenta para a eficiência que se pretendeu atribuir ao processo executivo por meio das alterações legislativas: "Um dos pontos mais marcantes da Lei 11.382/2006 com relação a criar condições de uma execução mais *eficiente*, em que as atitudes do executado não signifiquem, invariavelmente, obstáculos à prática dos atos executivos, está no art. 739-A".[19]

16. Maria Helena Diniz, *Conflito de Normas*, 8ª ed., São Paulo, Saraiva, 2008, p. 50.

17. Francesco Ferrara, *Interpretação e Aplicação das Leis*, Coimbra, Arménio Amado Editor, 1963, p. 193.

18. Cândido Rangel Dinamarco, *Instituições de Direito Processual Civil*, 3ª ed., São Paulo, Malheiros Editores, 2009, p. 819.

19. Cássio Scarpinella Bueno, *Curso Sistematizado de Direito Processual Civil: Tutela Jurisdicional Executiva-3*, São Paulo, Saraiva, 2008, p. 522.

Com efeito, dúvidas não há de que a Lei 11.382/2006 objetiva conferir maior eficiência e celeridade ao processo executivo, afastando eventuais óbices apresentados pelos executados com o único intuito de protelar o feito. No entanto, ciente da possibilidade de o embargante ter seus embargos julgado procedentes, após ter seus bens expropriados de seu patrimônio, o legislador tratou de manter a redação do art. 574 do CPC, disposto nos seguintes termos: "Art. 574. O credor ressarcirá ao devedor os danos que este sofreu, quando a sentença, passada em julgado, declarar inexistente, no todo ou em parte, a obrigação, que deu lugar à execução".

Não obstante tal previsão, a Lei 11.382/2006, conferindo nova redação ao art. 694 do CPC, tratou de salvaguardar o direito do arrematante, ainda que os embargos venham a ser julgados procedentes, de forma que, uma vez assinado o auto de arrematação, esta considerar-se-á perfeita e acabada. No entanto, visando a resguardar também o direito do embargante, o legislador tratou de acrescentar o § 2º ao citado artigo, com o intuito de deixar claro o dever do exeqüente de restituir não só o valor recebido com o produto da arrematação como, ainda, eventual diferença apurada entre o valor do bem e o valor pelo qual este foi arrematado.

A nosso ver, diante da existência do art. 574, tal previsão nem mesmo se faria necessária, mas entendemos que sua inclusão se deve à intenção do legislador de deixar claro ao exeqüente que este deverá assumir todos os riscos de eventual expropriação dos bens do devedor antes de julgados os embargos. Daí por que observa Luiz Fux que essa não-suspensividade "permite ao exeqüente alcançar o ponto culminante da execução, sob o risco judiciário de, julgados procedentes os embargos sem efeito suspensivo, arcar o exeqüente com perdas e danos (art. 694, § 2º, do CPC)".[20]

20. Luiz Fux, *O Novo Processo de Execução (Cumprimento da Sentença e a Execução Extrajudicial)*, Rio de Janeiro, Forense, 2008, p. 419.

Bem se vê que, embora confira ao exeqüente a possibilidade de uma execução mais célere, o Código de Processo Civil prevê sua responsabilização no caso de a execução vir a ser considerada indevida, ou seja, sendo dado provimento aos embargos apresentados pelo suposto devedor, surgirá, automaticamente, o direito deste de ser ressarcido pelos danos, materiais e morais, porventura decorrentes da injusta execução.

3.1.2 *Particularidades da relação Estado-exeqüente* versus *particular-executado no âmbito do processo de execução fiscal*

Estabelecidos tais pontos, faz-se preciso o exame das particularidades da execução fiscal, relação jurídica que apresenta, de um lado, o Estado-credor e, de outro, o particular-devedor, a fim de que analisemos se os privilégios conferidos a este último no processo de embargos se justificam em face da nova sistemática processual civil – que, como visto, objetiva conferir maior celeridade e efetividade ao processo executivo.

3.1.2.1 A presunção de certeza e liquidez da CDA e sua implicação prática

Um primeiro ponto que deve ser observado quando se trata dessa relação entre o Estado-exeqüente e o particular-executado é a própria CDA, título executivo de que se vale a Fazenda para cobrança do crédito tributário. Como já dissemos anteriormente, ela goza de presunção de certeza e liquidez, o que implica dizer que o executado que pretender questionar o próprio título deve fazer prova inequívoca de suas alegações, o que muitas vezes demanda extensa dilação probatória.

Em função disso, via de regra, a relevância dos fundamentos deduzidos pelo executado em seus embargos não poderá ser auferida de plano – o que não quer dizer, todavia, que ela inexista. Essa possibilidade já foi apontada pelo TRF-3ª Região nos autos do AI 2007.03.00.034157-9, da relatoria do desembargador Lazarano Neto, que, em voto-condutor, assim se manifestou: "E não se alegue, ao reverso, com a aplicabilidade do novel art. 739-A, § 1º, do CPC, ao permitir que o juiz, a requerimento do embargante, atribua efeito suspensivo aos embargos quando estiverem presentes, simultaneamente, a relevância dos fundamentos (*fumus boni iuris*) e a possibilidade de dano ao executado (*periculum in mora*). É que o primeiro dos requisitos acima é virtualmente impossível de se verificar nos casos concretos, tendo em vista, justamente, a presunção de liquidez e certeza de que goza a CDA, a qual, note-se, tem o efeito de prova pré-constituída (CTN, art. 204, *caput*), só podendo ser afastada através de prova inequívoca (art. 3º, parágrafo único, da Lei n. 6.830/1980 e art. 204, parágrafo único, do CTN), própria da cognição exauriente".[21]

Um típico e recorrente caso em que essa situação se verifica diz respeito ao diretor, gerente ou sócio de empresa em débito com a Fazenda Pública que tem seu nome incluído na CDA como responsável tributário. Em que pese ao fato de o art. 135 do CTN determinar que a atribuição dessa responsabilidade só se justificaria na hipótese em que o suposto responsável tenha agido com excesso de poderes ou com infração de lei, contrato social ou estatuto, constantemente a Fazenda Pública inclui o nome destas pessoas na CDA sem restar caracterizado algum dos requisitos previstos no citado art. 135.

No entanto, dada a presunção *juris tantum* de liquidez e certeza de que goza a CDA, a jurisprudência[22] vem se manifestando no sentido de que cabe ao executado a prova negativa de que não agiu com excesso de poderes, infração de lei, contrato social ou estatuto. Não raro essa prova negativa só é possível por meio de extensa dilação probatória, de forma que ao tempo da propositura dos embargos a demonstração do "relevante fundamento", de que trata o § 1º do art. 739-A, fica prejudicada.

Diversamente da CDA, os outros títulos executivos extrajudiciais, afora serem constituídos pelos próprios devedores, não têm essa presunção de certeza e liquidez, de modo que a aferição, por parte do juiz, da relevante fundamentação se torna mais fácil. Como bem se vê, essa peculiaridade própria do título executivo que embasa a execução fiscal apresenta implicações significativas no âmbito do processo de execução, e que devem ser apreciadas quando da análise do conflito normativo.

3.1.2.2 Efeitos da penhora na execução fiscal e a certidão de débito positiva com efeito de negativa

Também a penhora, com já foi salientado anteriormente, apresenta peculiaridade quando se trata de execução fiscal, estando esta condicionada à efetivação daquela. Como observa Leandro Paulsen, "a presunção que milita em favor do título executivo justifica a exigência de garantia da execução como condição de admissibilidade dos embargos".[23] Ou seja, a exigência de garantia como pressuposto de admissibilidade dos embargos decorre da posição privilegiada do crédito público, o único que tem presunção de certeza e liquidez, posto que constituído unilateralmente.

A penhora assume, portanto, uma função primordial, na medida em que assegura a satisfação do crédito executado, por

21. TRF-3ª Região, 6ª Turma, Processo 2007.03.00.034157-9, AI 297.090, *DJF3* 16.2.2009, p. 553.

22. Nesse sentido: STJ, 2a Turma, REsp 1.103.679-SC e 978.854-MG, rel. Min. Mauro Campbell Marques; STJ, 1ª Seção, REsp 1.110.925-SP, rel. Min. Teori Albino Zavascki – dentre outros.

23. Leandro Paulsen, *Direito Processual Tributário: Processo Administrativo Fiscal e Execução Fiscal à Luz da Doutrina e da Jurisprudência*, 11ª ed., Porto Alegre, Livraria do Advogado Editora/ESMAFE, 2009, p. 333.

meio da constrição de bens do devedor, possibilitando a este sua defesa por meio da oposição de embargos. Note-se que, tratando-se de executivo fiscal, a satisfatividade do crédito exeqüendo é ainda maior, dado que a Fazenda Pública não está sujeita ao concurso de credores.

Integralmente garantida a execução, o devedor fica livre de sofrer restrição patrimonial indesejada, pois que deverão ser suspensos quaisquer mandados de penhora e avaliação. Afinal, diante da segurança do juízo, inexistem razões para que o executado sofra ainda mais restrições em seu patrimônio.

De igual modo, se o crédito – cuja legitimidade se discute em sede de embargos – já está garantido, não há por que o embargante ser tratado da mesma forma que um devedor omisso, que sequer ofereceu alguma garantia. Afinal, embora a segurança do juízo não equivalha ao pagamento, sua realização assegura a efetivação deste, ainda que em um momento posterior.

Reconhecendo a certeza da realização do crédito propiciada pela garantia da execução, o legislador tratou de conceder o direito à obtenção de certidão positiva de débito com efeito de negativa àqueles que se encontram em uma das hipóteses previstas no art. 206 do CTN,[24] equiparando-os, dessa forma, àquelas pessoas que fazem jus à Certidão Negativa de Débito/CND, prevista no art. 205 do CTN.[25]

Com efeito, a CND, como o próprio nome sugere, atesta que o requerente não tem débitos com o Poder Público. Nesse sentido, o art. 206 do CTN, ao permitir a concessão de certidão com os mesmos efeitos que aquela, equipara o contribuinte em mora àquele que está quite com suas obrigações tributárias. Tal equiparação possibilita ao executado, dentre outras coisas, participar de licitações do Governo (Lei 8.666/1993[26]), bem como, tratando-se de pessoa jurídica, contratar com o Poder Público, ou dele receber benefícios ou incentivos fiscais ou creditícios, a teor do que determina o art. 195, § 3º,[27] da Constituição da República. Ou seja, de posse de uma certidão positiva com efeito de negativa, o executado poderá até mesmo receber benefícios fiscais, como se a inadimplência não existisse.

Neste particular, cumpre ressaltar que a razão desse tratamento diferenciado decorre de uma percepção por parte do legislador de que, por mais que o título executivo apresente grande probabilidade do direito pleiteado, a certeza[28] só virá com a decisão proferida nos embargos, sendo que tanto o cumprimento do crédito estará resguardado como também eventual direito do embargante, em caso de provimento dos embargos.

Afinal, conforme já mencionava Pontes de Miranda, o título executivo extraju-

24. CTN, art. 206: "Tem os mesmos efeitos previstos no artigo anterior a certidão de que conste a existência de créditos não vencidos, em curso de cobrança executiva em que tenha sido efetivada a penhora, ou cuja exigibilidade esteja suspensa".

25. CTN, art. 205:

"A lei poderá exigir que a prova da quitação de determinado tributo, quando exigível, seja feita por certidão negativa, expedida à vista de requerimento do interessado, que contenha todas as informações necessárias à identificação de sua pessoa, domicílio fiscal e ramo de negócio ou atividade e indique o período a que se refere o pedido.

"Parágrafo único. A certidão negativa será sempre expedida nos termos em que tenha sido requerida e será fornecida dentro de 10 (dez) dias da data da entrada do requerimento na repartição."

26. A Lei 8.666/1993 condiciona a participação nas licitações à apresentação, por parte do interessado, de comprovante de regularidade fiscal, que, via de regra, é a Certidão Negativa de Débito/CND ou a positiva com efeito de negativa.

27. CF, art. 195, § 3º: "§ 3º. A pessoa jurídica em débito com o sistema da seguridade social, como estabelecido em lei, não poderá contratar com o Poder Público nem dele receber benefícios ou incentivos fiscais ou creditícios".

28. Essa certeza a que nos referimos também se aplica à Certidão de Dívida Ativa/CDA. Isso porque, embora ela goze de presunção de certeza e liquidez, essa presunção é relativa. À medida que o título extrajudicial passa a ser questionado por meio de embargos, caberão ao Estado-juiz a apreciação dos fundamentos colacionados e a confirmação, ou não, do crédito objeto de execução.

dicial é "aquele em que se elide ou em que se retarda a cognição completa".[29] Daí por que observa Araken de Assis[30] que esta postergação da função de conhecimento faz com que o grau de estabilidade deste tipo de título diminua de modo dramático. Percebemos, com isso, que o processo de conhecimento é eventual, na medida em que se verificará com a oposição de embargos pelo devedor; mas, uma vez instaurado, deve ter as garantias à ampla defesa, ao devido processo legal e ao direito de propriedade observadas.

Ciente disso, o legislador tratou de conferir ao executado que garante a execução o direito de obter certidão positiva com efeito de negativa. Afinal, o débito, se comprovado ao final do processo de conhecimento, restará resguardado. Por outro lado, verificada a inexistência do débito objeto de execução, o direito do executado à CND não terá sido violado.

Em função dessa peculiaridade, há quem defenda que a garantia provoca uma alteração no plano material do Direito que não pode ser ignorada processualmente, daí por que estaria ela apta a propiciar a suspensão da execução. Defende esse entendimento Bruno Batista da Costa Oliveira, para quem:

"O devedor terá o mesmo direito – ao menos no que diz respeito aos efeitos da inadimplência junto ao Fisco – que o contribuinte em dia com suas obrigações. Assim, até que se profira sentença a respeito da exeqüibilidade, ou não, daquele título, o procedimento de execução há de aguardar, de onde se confirma o pretendido efeito suspensivo da garantia na execução fiscal.

"(...).

"Ora, a construção jurisprudencial é bem clara no sentido de que o próprio devedor não precisa aguardar a ação executiva do Erário para oferecer a garantia, com vistas a conseguir a almejada Certidão; não faz sentido, ao admitir-se o raciocínio vertente, que a garantia prestada nesses moldes possa ser imediatamente expropriada em favor da exeqüente. A garantia mostra-se nitidamente nesse caso como instrumento do devedor (e não da credora fazendária), utilizado como protetor de seus direitos."[31]

Por outro lado, pondera Flávia Almeida Pita[32] que o prosseguimento da execução a que faltam os requisitos autorizadores de sua suspensão (de acordo com o § 1º do art. 739-A do CPC) não impede o executado de obter a certidão positiva com efeito de negativa, daí por que não seriam ela e tampouco a penhora suficientes para obstaculizar o prosseguimento da execução fiscal.

De fato, o prosseguimento da execução não tem o condão de impedir a emissão de certidão positiva com efeito de negativa, eis que o pressuposto dessa é a garantia do juízo. Por outro lado, todavia, não podemos desconsiderar a regra contida no art. 206 do CTN, que, inquestionavelmente, realizou, em uma certa medida, a equiparação do devedor que garantiu a execução ao contribuinte que se encontra com suas contas em dia. Consideramos, todavia, que esse efeito provocado pela segurança do juízo não tem o condão de, por si só, suspender a execução, eis que inexistente previsão legal para tanto. Aliás, caso oferecida a penhora e não embargada a execução, os atos expropriatórios terão seguimento normalmente – o que ressalta a impossibilidade de este ato suspender o processo executivo.

29. Pontes de Miranda, *Comentários ao Código de Processo Civil*, 2ª ed., t. IX, Rio de Janeiro, Forense, 2001, p. 6.

30. Araken de Assis, *Manual da Execução*, São Paulo, Ed. RT, 2008, p. 169.

31. Bruno Batista da Costa Oliveira, "Efeitos do oferecimento de garantia na execução fiscal: análise da questão à luz do disposto no art. 206 do CTN", *Revista Dialética de Direito Tributário* p. 23, São Paulo, Dialética.

32. Flávia Almeida Pita, "A execução fiscal diante da nova disciplina da execução cível", *RePro* 169/189, São Paulo, Ed. RT, março/2009.

Concluímos, portanto, que a penhora afigura-se como pressuposto de admissibilidade dos embargos à execução fiscal, tendo o condão de equiparar o devedor ao contribuinte em dia com suas obrigações, ao menos no que diz respeito aos efeitos da inadimplência junto ao Fisco, enquanto pendente de apreciação o processo de conhecimento instaurado com a oposição dos embargos à execução. Assim, embora não tenha aptidão para suspender a execução fiscal, podemos concluir, efetivamente, que a garantia da execução já assegura o recebimento do crédito pleiteado pela Fazenda Pública caso os embargos venham a ser julgados improcedentes.

3.1.2.3 Responsabilidade do Estado por perdas e danos: o ressarcimento

Outra peculiaridade que deve ser observada diz respeito aos efeitos decorrentes de eventual decisão que julgue procedentes os embargos. Com efeito, o art. 574 do CPC, de aplicação subsidiária à execução fiscal, determina que o credor deverá ressarcir ao devedor os danos que este sofreu quando a sentença passada em julgado declarar inexistente, no todo ou em parte, a obrigação que deu lugar à execução.

Admitindo-se a não-suspensividade dos embargos à execução fiscal na hipótese de o executado ter bens expropriados para satisfazer suposto crédito tributário, consubstanciado em CDA, e a sentença de embargos vir a ser julgada procedente após a efetivação desses atos de expropriação, o Estado deverá responder por perdas e danos, inclusive de ordem moral, conforme demonstramos em item anterior.

No entanto, se ao particular se aplica a norma prevista no art. 591 do CPC, no sentido de que "o devedor responde, para o cumprimento de suas obrigações, com todos os seus bens presentes e futuros, salvo as restrições estabelecidas em lei", o mesmo não se diga em relação à Fazenda Pública, cujos bens são revestidos dos atributos da inalienabilidade e impenhorabilidade.

Assim, a execução contra a Fazenda Pública será processada por um rito especial, previsto nos arts. 730 e 731 do CPC, no qual inexiste qualquer medida sub-rogatória do Estado-juiz e que culminará, ao final, na expedição de precatório, consoante prevê a Constituição da República, em seu art. 100. Nesse sentido, é de conhecimento público e notório que, na prática, os credores do Estado passam anos e anos à espera de receber seus direitos; muitos, inclusive, falecem antes de ter seu crédito efetivado.

Tendo em vista essa particularidade da execução contra a Fazenda Pública, Cândido Rangel Dinamarco a qualifica como uma demanda impossível, uma *execução aparente*. São suas as seguintes palavras: "Uma conhecidíssima impossibilidade executiva de fundo político-institucional é a da execução por quantia certa contra a Fazenda Pública (*infra*, n. 1.729). Essa 'execução' é tão pobre de meios executivos, que não passa de uma execução aparente, visto como em princípio não inclui medida alguma de sub-rogação (penhora, alienação forçada de bens), regendo-se pelo sistema dos precatórios segundo as disposições contidas na Constituição Federal (art. 100) e no Código de Processo Civil (art. 730). O seqüestro do valor devido é medida que a ordem jurídica só admite em caso de o credor ter sido preterido na ordem de preferência resultante dos precatórios (art. 731) – e só nisso consistem as atividades propriamente executivas em face da Fazenda Pública".[33]

Ora, resta inquestionável a diferença de tratamento que se dá à Fazenda Pública quando esta se encontra no pólo passivo da execução, de forma que admitir a efetivação de atos expropriatórios em sede de execução fiscal caracteriza, inegavelmente, iminente perigo de dano de difícil ou incerta reparação para o executado-embargante.

33. Cândido Rangel Dinamarco, *Instituições de Direito Processual Civil*, cit., 3ª ed., p. 95.

3.1.2.4 O interesse público na execução fiscal

Outro ponto que deve ser analisado ao se tratar de toda e qualquer relação que envolva o Estado diz respeito ao princípio da supremacia do interesse público sobre o particular, cuja defesa corresponde ao próprio fim do Estado. Conforme bem observa Celso Antônio Bandeira de Mello, "por exercerem função, os sujeitos da Administração Pública têm que buscar o atendimento do interesse alheio, qual seja, o da coletividade, e não o interesse de seu próprio organismo, *qua tale* considerado".[34]

Com efeito, o interesse público norteia todo e qualquer ato da Administração Pública, inclusive a cobrança judicial da dívida ativa. Assim, ao abordarmos o tema da execução fiscal não podemos pressupor que o interesse público seja simplesmente o interesse arrecadatório do Estado, de modo a justificar a busca da efetivação do crédito tributário a todo custo. A propósito, salienta Alexandre Rego que "o processo de execução fiscal não se resume a uma busca desenfreada e inconseqüente de satisfação do direito do credor sobre o devedor. O Estado, quando atua na recuperação judicial de seus créditos, deve levar em conta os reflexos sociais de seus atos e respeitar os princípios e regras que protegem os cidadãos".[35]

Aliás, pondera Marçal Justen Filho que "a tentativa de obter a maior vantagem possível é válida e lícita, observados os limites do Direito, apenas para os sujeitos privados. Essa conduta não é admissível para o Estado, que somente está legitimado a atuar para realizar o bem comum e a satisfação geral".[36] Percebemos, portanto, que a atuação do Estado no processo executivo deve ser pautada, sempre, no interesse da coletividade, ainda que esse interesse seja distinto do interesse patrimonial do ente exeqüente.

Diante do quanto exposto, cumpre-nos, neste momento, analisar se a não-suspensividade dos embargos à execução fiscal atende ao interesse público. Esta verificação, consoante observa Gustavo Binenbojm,[37] é obtida por meio do postulado da proporcionalidade, que se desenvolve em três subprincípios: (i) da adequação da medida que se pretenda adotar (recebimento dos embargos à execução fiscal sem concessão de efeito suspensivo); (ii) da necessidade da adoção da medida, que impõe a verificação da inexistência de meio menos gravoso para alcance dos fins visados; e (iii) da ponderação entre os benefícios trazidos e o ônus imposto.

O exame da adequação e necessidade de os embargos serem recebidos sem efeito suspensivo pode ser melhor apreciado por meio de uma comparação entre esta hipótese e aquela em que os embargos são recebidos com efeito suspensivo. Vejamos.

Partindo da idéia de prevalência da Lei 6.830/1980, efetivada a garantia e embargada a execução, nenhum outro ato de constrição do patrimônio do executado se fará possível enquanto pendentes de apreciação os embargos. Ao final, sendo estes julgados improcedentes, eventual garantia em dinheiro será convertida em renda da União. Caso tenham sido oferecidos bens à penhora, caberá à Fazenda adjudicá-los ou, então, os mesmos serão alienados, pagando-se em seguida a credora. Por outro lado,

34. Celso Antônio Bandeira de Mello, *Curso de Direito Administrativo*, 23ª ed., São Paulo, Malheiros Editores, 2008, p. 96.

35. Alexandre Rego, *Processo de Execução Fiscal*, São Paulo, Quartier Latin, 2006, p. 51.

36. Marçal Justen Filho, *Curso de Direito Administrativo*, 4ª ed., São Paulo, Saraiva, 2009, p. 61.

37. "Assim, o melhor interesse público só pode ser obtido a partir de um procedimento racional que envolve a disciplina constitucional de interesses individuais e coletivos específicos, bem como um juízo de ponderação que permita a realização de todos eles na maior extensão possível. O instrumento deste raciocínio ponderativo é o postulado da proporcionalidade" (Gustavo Binenbojm, *Da Supremacia do Interesse Público ao Dever de Proporcionalidade: um Novo Paradigma para o Direito Administrativo*, disponível em *www.mundojuridico.adv.br*, acesso em 10.1.2009, p. 40).

sendo os citados embargos considerados procedentes, a penhora será cancelada e o crédito extinto. Nenhum prejuízo, a princípio, seria suportado por qualquer das partes, à exceção de eventual dano que o simples ajuizamento da execução indevida tenha causado ao Executado – o que, todavia, não é a regra.

Por outro lado, se admitirmos a não-suspensividade dos embargos à execução fiscal, então, a situação será distinta. Afinal, os atos expropriatórios terão seguimento, podendo ocorrer de a execução ser satisfeita antes mesmo do julgamento dos embargos. Diante dessa possibilidade, caso seja proferida sentença por sua improcedência, nenhum prejuízo será suportado por qualquer das partes, uma vez que a execução já terá sido satisfeita.

No, entanto, na hipótese de estes embargos serem julgados procedentes, o prejuízo, tanto ao Estado quanto ao particular, é evidente. Afinal, este terá sido expropriado de seus bens para suportar crédito do qual não era devedor. Em alguns casos pode ocorrer de o bem penhorado ser infungível, de forma que a impossibilidade de o executado reavê-lo é reduzida. Alie-se a isto o fato de que, visando a proteger o interesse de terceiro de boa-fé, a arrematação é considerada perfeita e acabada mesmo que procedentes os embargos. Ou seja, o bem expropriado não retornará ao patrimônio do então devedor e agora credor.

Em função disso, surgirá o dever do Estado de ressarcir o particular pelos danos (materiais e morais) que este sofreu, o que implicará novo processo de conhecimento e, posteriormente, de execução. A celeridade na satisfação do crédito que serviria de fundamento para justificar o não-recebimento dos embargos com seu efeito suspensivo acabaria ocasionando o surgimento de um novo processo, de modo que nada teria adiantado a não-suspensividade. Para completar, o particular que teve seus bens expropriados seria ressarcido por meio de precatório – que, como é público e notório, apresenta uma longa fila de espera.

Aliás, cumpre observar que, por mais que o recebimento efetivo possa demorar um pouco mais do que se aos embargos não houvesse sido conferido efeito suspensivo, na hipótese em que este efeito é concedido o valor do débito continuará sofrendo a incidência de juros de mora e correção monetária, conforme determina o art. 9º, § 4º,[38] da Lei de Execução Fiscal. Ou seja, ao tempo da efetiva expropriação nenhum prejuízo será arcado pelo Estado.

Comparando as duas hipóteses (recebimento dos embargos com e sem efeito suspensivo), vemos que ambas são adequadas, na medida em que atingem o fim pretendido – satisfação do crédito. No que tange à exigibilidade da medida, vemos que a não-concessão de efeito suspensivo não se mostra necessária, visto que sua concessão representa meio menos gravoso para alcance dos fins almejados. Não obstante, percebe-se claramente que o benefício por ela trazido (maior celeridade na efetivação do crédito tributário) não supera os prejuízos que tal medida possa vir a causar ao direito ao devido processo legal, ampla defesa e direito de propriedade do embargante-executado, bem como ao próprio Estado, que deverá não só ressarcir a importância expropriada, atualizada com juros e correção monetária, como, ainda, suportar eventuais prejuízos que a expropriação causou ao embargante.

Nesse ponto, faz-se preciso não perder de vista que a celeridade, utilizada como fundamento para a não-concessão de efeito suspensivo aos embargos à execução fiscal, embora alçada à categoria de princípio constitucional, não pode servir como justificativa para deixar de lado outros princípios caros ao ordenamento jurídico, como o são o princípio do contraditório e o do devido processo legal, por exemplo. Nesse sentido são os ensinamentos de Flávio Luiz Yarshell: "Garantias como as

38. Lei de Execução Fiscal, art. 9º, § 4º: "§ 4º. Somente o depósito em dinheiro, na forma do art. 32, faz cessar a responsabilidade pela atualização monetária e juros de mora".

do contraditório e do devido processo legal (CF, art. 5º, LV e LIV) são pilares do Estado Democrático, e, a pretexto de se resolver o problema da morosidade (certo que gravíssimo), não se pode simplesmente criar outro (igualmente sério). Assim, tornar a prestação da justiça mais célere com o comprometimento das apontadas garantias constitucionais seria mais ou menos o mesmo que se pretender curar uma dor de cabeça pelo método da decapitação...".[39]

3.1.3 *Solução da antinomia entre as normas construídas*

Realizado um exame acerca da intenção da Lei 11.382/2006, bem como observadas as particularidades inerentes à relação Estado *versus* particular no processo de execução fiscal, cumpre-nos, agora, verificar se tais particularidades justificam a manutenção da norma especial anterior em detrimento da norma geral posterior.

Linhas gerais, podemos sintetizar as especificidades da relação jurídica entre o Estado e o particular nos seguintes termos:

(i) A presunção de certeza e liquidez da CDA dificulta, em muitos casos, a demonstração, pelo devedor, da "relevância do fundamento" de seus embargos, na medida em que a presunção só é elidida por meio de prova inequívoca – o que, não raramente, demanda extensa dilação probatória.

(ii) A penhora, não obstante garantir a satisfação do crédito tributário, equipara o devedor inadimplente ao contribuinte que se encontra em dia com suas obrigações tributárias.

(iii) O título executivo extrajudicial posterga o processo de conhecimento, mas, uma vez apresentados os embargos, os princípios constitucionais da ampla defesa, contraditório e devido processo legal devem ser observados.

39. Flávio Luiz Yarshell, *Efetividade do Processo de Execução e Remédios com Efeito Suspensivo*, Série Processo de Execução, São Paulo, Ed. RT, 2001, p. 383.

(iv) Eventual reparação, pelo Estado, dos danos causados ao executado em função de indevida execução dará origem a um novo processo, no qual os pólos serão invertidos, devendo-se observar, outrossim, a dificuldade que o executado terá de receber eventual indenização.

(v) O recebimento dos embargos à execução fiscal sem efeito suspensivo não atende ao interesse público.

Por outro lado, a norma obtida pela nova redação do Código de Processo Civil objetiva conferir maior celeridade ao processo de execução fiscal, ao mesmo tempo em que impede a protelação do feito por meio de embargos apresentados unicamente com esse intuito.

Resta-nos examinar, então, se as particularidades acima apresentadas justificam a manutenção da norma construída a partir da Lei 6.830/1980, por meio da qual resta determinada a obrigatoriedade de que, uma vez oferecido algum bem em garantia à execução fiscal, surge o direito do executado-embargante de ter seus embargos recebidos com efeito suspensivo.

Demonstramos em item anterior que tal norma é obtida a partir da contextualização de inúmeros enunciados contidos naquele diploma. No entanto, como nosso objetivo naquele momento se restringia à verificação de eventual omissão da Lei 6.830/1980, não adentramos o exame dos motivos que levam à criação desta norma. Ocorre que, a partir do momento em que examinamos as particularidades existentes na relação entre o Estado-exeqüente e o particular-executado, esta motivação fica evidente.

Claro está que a presunção de certeza e liquidez da CDA impede, em muitos casos, que o Estado-juiz, ao se deparar com embargos nos quais se contesta a própria Certidão, verifique a relevância dos fundamentos que embasam a ação, uma vez que se faz imperiosa a prova inequívoca do direito alegado. Dessa forma, condicionar a concessão de efeito suspensivo aos embargos à execução fiscal à presença desse requisito mostra-se atitude muito temerária, que poderá provocar uma avalanche de processos por perdas e danos, o que acabará congestionando ainda mais os nossos Tribunais.

Por outro lado, a mera possibilidade de um bem penhorado ser alienado, de forma irreversível, a terceiros já caracteriza grave dano de incerta ou difícil reparação, principalmente se levarmos em consideração as dificuldades que o particular enfrentará para efetivar a indenização devida pelo Estado.

Esta é uma das principais razões que motivaram o legislador a determinar a concessão automática de efeito suspensivo aos embargos à execução fiscal, impedindo, por exemplo, a conversão em renda dos valores depositados em juízo antes de transitada em julgado a decisão proferida nos embargos. Corrobora nosso entendimento Leonardo José Carneiro da Cunha: "Na verdade, há uma peculiaridade na relação entre o particular e a Fazenda Pública que impõe tal regime: convertido o dinheiro em renda para a Fazenda Pública, o particular somente poderia reavê-lo por demanda própria, submetida à sistemática do precatório. Tal situação revela-se bastante prejudicial ao particular. Então, até para protegê-lo, instituiu-se esse regime de a conversão em renda somente ser feita após o trânsito em julgado".[40]

Assim, em um primeiro momento, verificamos: (i) a impossibilidade legal de constatação, por parte do juízo competente, do requisito "relevância do fundamento", previsto no § 1º do art. 739-A do CPC, quando os embargos questionarem o próprio título executivo; e (ii) a ocorrência do perigo da demora sempre que houver a possibilidade de expropriação efetiva, a favor da Fazenda, de um bem do suposto devedor.

O § 1º do art. 739-A prevê a exigência de três requisitos para a concessão de efeito suspensivo aos embargos: relevância do fundamento, perigo de dano grave de difícil ou incerta reparação e garantia da execução. Os dois últimos, como visto, se verificação sempre, ao passo que o primeiro muitas vezes é de impossível constatação, em face da presunção de liquidez e certeza de que se reveste a CDA. Tal fato, por si só, já basta para afastar a aplicação da norma geral posterior em detrimento da norma especial anterior.

Não bastasse isso, cumpre observar que o próprio legislador pretendeu equiparar o devedor inadimplente ao contribuinte quite com suas obrigações tributárias, o que, se examinado isoladamente, nada diz quanto aos efeitos dos embargos, mas em uma análise sistemática demonstra a necessidade de se reconhecer que a garantia já atende ao interesse público, enquanto não apreciada a ação incidental de embargos à execução. Ou seja, não faz sentido que o Estado e o particular corram riscos desnecessários em prol de uma maior efetividade na satisfação de crédito exeqüendo quando, ao final da demanda, ambos sairão satisfeitos – dentro do possível, é óbvio. Ora, a pretexto de uma celeridade estéril, não é justo que cidadão uno suporte dano indevido, em favor momentâneo de arrecadação ilegítima, provocando inequívoco desequilíbrio entre iguais.

Com a concessão automática de efeito suspensivo minimiza-se a possibilidade de o Estado vir a responder por prejuízos causados a terceiros, movimentando, novamente, todo um aparato estatal, aumentado as ações propostas. O deferimento de tal efeito garante, outrossim, a efetividade da decisão a ser proferida nos embargos à execução fiscal. Afinal, como bem pondera Flávio Luiz Yarshell, "quando se suprime o efeito suspensivo dos remédios processuais e se libera a atuação dos meios executivos, o sistema passa – aliás, como

40. Leonardo José Carneiro da Cunha, "Novas reflexões sobre os embargos à execução fiscal: Desnecessidade de prévia garantia do juízo e casos de efeito suspensivo automático", *Revista Dialética de Direito Processual* 62/60, São Paulo, Dialética, maio/2008.

sempre – a trabalhar com probabilidades. Assim, enquanto se atua concretamente o direito reconhecido na decisão sujeita a um meio impugnativo desprovido de efeito suspensivo (dando-se andamento à execução dita 'provisória'), também se aguarda o desfecho da demanda de impugnação (recursal ou não). E esse confronto é inevitável, porque a prática de atos executivos – a depender de até onde se chegue – poderá comprometer a utilidade da decisão proferida ao ensejo da medida de impugnação, tornando-a inócua".[41]

O conflito que nos é apresentado não pode, pois, ser solucionado de outra forma que não pela manutenção da norma especial anterior em detrimento da norma geral posterior, justamente em razão das especificidades que regem a relação entre o Estado e o contribuinte. Entender de outra forma implica manifesta vulneração dos princípios da igualdade, da prevalência do interesse público sobre o particular e, inclusive, do princípio da razoável duração do processo, na medida em que a adoção da norma posterior acabaria por implicar maior demora para resolver o conflito decorrente da execução fiscal, no qual se inclui aquele referente ao próprio embargo à execução.

E nem se argumente que a inaplicabilidade do art. 739-A às execuções fiscais dará ensejo à oposição de embargos à execução com intuito protelatório. Afinal, o Código de Processo Civil, após o advento da Lei 11.382/2006, contém diversas normas – ressalte-se – acrescentadas em boa hora e em nada incompatíveis com o processo de execução fiscal, que reprimem a apresentação de tais embargos.

Nesse sentido, uma vez verificada a apresentação de embargos à execução fiscal com intuito meramente protelatório, o juiz pode rejeitá-los liminarmente e, ainda, aplicar multa de até 20% do valor da execução. Acresça-se a isso o fato de que tal multa pode ser cobrada no próprio processo de execução – o que lhe garante maior efetividade.

Assim, cuidou o legislador de estabelecer normas a fim de reprimir essa conduta indesejável de apresentação de embargos com propósito protelatório, não se podendo conceber a idéia, defendida por alguns, de que a não-suspensividade dos embargos visa a reprimir a apresentação de embargos protelatórios. Ora, para isso já existem várias normas, sendo inadmissível que o embargante de boa-fé seja penalizado por eventuais litigantes de má-fé.

Por fim, impende notar que a "Exposição de Motivos" da Lei 11.382/2006 acaba com qualquer dúvida porventura ainda existente quanto à aplicação do art. 739-A aos embargos à execução fiscal, ao consignar que, "*quanto à execução contra a Fazenda Pública, as propostas serão objeto, posteriormente, de outro projeto de lei*, e assim também será objeto de projeto em separado a execução fiscal, que igualmente merece atualização".

4. Conclusões

4.1 A Lei 6.830/1980 não é omissa quanto à concessão de efeito suspensivo aos embargos à execução fiscal, sendo que, a partir de uma interpretação sistemática de seus enunciados, construímos uma norma determinando o recebimento dos citados embargos sempre com efeito suspensivo.

4.2 À norma construída a partir da Lei de Execução Fiscal contrapõe-se aquela criada a partir da interpretação do Código de Processo Civil, que estabelece como requisitos para concessão do efeito suspensivo aos embargos à execução cível: (i) relevância do fundamento; (ii) perigo de manifesto dano grave ou de difícil reparação; (iii) garantia do juízo – restando caracterizada, portanto, verdadeiro antinomia de segunda ordem.

4.3 A partir de um exame das particularidades entre o Estado-exeqüente e o par-

41. Flávio Luiz Yarshell, *Efetividade do Processo de Execução e Remédios com Efeito Suspensivo*, cit., p. 385.

ticular-executado no âmbito da execução fiscal, constatam-se diversas especificidades suficientes a justificar a manutenção da norma especial anterior.

4.4 No conflito ora verificado prevalece a norma especial, que confere efeito suspensivo automático aos embargos à execução fiscal, em detrimento da norma geral posterior, que condiciona a concessão de tal efeito à presença de determinados requisitos, sob pena de violação aos princípios da igualdade, da prevalência do interesse público sobre o particular e, inclusive, do princípio da razoável duração do processo.

Bibliografia

ASSIS, Araken de. *Manual da Execução*. São Paulo, Ed. RT, 2008.

BANDEIRA DE MELLO, Celso Antônio. *Curso de Direito Administrativo*. 23ª ed. São Paulo, Malheiros Editores, 2008.

——————. *O Conteúdo Jurídico do Princípio da Igualdade*. 3ª ed., 17ª tir. São Paulo, Malheiros Editores, 2008.

BINNENBOJM, Gustavo. *Da Supremacia do Interesse Público ao Dever de Proporcionalidade: um Novo Paradigma para o Direito Administrativo*. Disponível em *www.mundojuridico.adv.br* (acesso em 10.1.2009).

BUENO, Cássio Scarpinella. *Curso Sistematizado de Direito Processual Civil: Tutela Jurisdicional Executiva-3*. São Paulo, Saraiva, 2008.

CUNHA, Leonardo José Carneiro. "Novas reflexões sobre os embargos à execução fiscal: desnecessidade de prévia garantia do juízo e casos de efeito suspensivo automático". *Revista Dialética de Direito Processual* 62/57-60. São Paulo, Dialética, maio/2008.

DINAMARCO, Cândido Rangel. *Instituições de Direito Processual Civil*. 3ª ed. São Paulo, Malheiros Editores, 2009.

DINIZ, Maria Helena. *Conflito de Normas*. 8ª ed. São Paulo, Saraiva, 2008.

FERRARA, Francesco. *Interpretação e Aplicação das Leis*. Coimbra, Arménio Amado Editor, 1963.

FISCHER, Octávio Campos. "Execução fiscal". *RF* 397/663-672. Ano 104. Rio de Janeiro, Forense, maio-junho/2008.

FUX, Luiz. *O Novo Processo de Execução (Cumprimento da Sentença e a Execução Extrajudicial)*. Rio de Janeiro, Forense, 2008.

JUSTEN FILHO, Marçal. *Curso de Direito Administrativo*. 4ª ed. São Paulo, Saraiva, 2009.

MACHADO, Hugo de Brito. "Embargos à execução fiscal: prazo para interposição e efeito suspensivo". *Revista Dialética de Direito Tributário* 151/49-58. São Paulo, Dialética.

OLIVEIRA, Bruno Batista da Costa. "Efeitos do oferecimento de garantia na execução fiscal: análise da questão à luz do disposto no art. 206 do CTN". *Revista Dialética de Direito Tributário*. São Paulo, Dialética.

PAULSEN. Leandro. *Direito Processual Tributário: Processo Administrativo Fiscal e Execução Fiscal à Luz da Doutrina e da Jurisprudência*. 11ª ed. Porto Alegre, Livraria do Advogado/ESMAFE, 2009.

PITA, Flávia Almeida. "A execução fiscal diante da nova disciplina da execução cível". *RePro* 169/189-190. São Paulo, Ed. RT, março/2009.

PONTES DE MIRANDA, F. C. *Comentários ao Código de Processo Civil*. 2ª ed., t. IX. Rio de Janeiro, Forense, 2001.

REGO, Alexandre. *Processo de Execução Fiscal*. São Paulo, Quartier Latin, 2006.

THEODORO JR., Humberto. *Lei de Execução Fiscal*. 11ª ed. São Paulo, Saraiva, 2009.

YARSHELL, Flávio Luiz. *Efetividade do Processo de Execução e Remédios com Efeito Suspensivo*. Série Processo de Execução. São Paulo, Ed. RT, 2001.

BASE DE CÁLCULO NA SUBSTITUIÇÃO TRIBUTÁRIA "PARA FRENTE": ESTUDOS SOBRE OS FATORES QUE COMPÕEM A BASE DE CÁLCULO NA SUBSTITUIÇÃO TRIBUTÁRIA "PARA FRENTE" E SUA ADMISSIBILIDADE EM FACE DOS MANDAMENTOS CONSTITUCIONAIS

FLORENCE HARET

Doutoranda pela Faculdade de Direito do Largo de S. Francisco/USP – Professora e Pesquisadora do IBET – Professora na COGEAE/SP, COGEAE/SS, ESPGE e EPD – Assistente de Paulo de Barros Carvalho na USP nas disciplinas "Direito Tributário-I" e "Direito Tributário-II"

1. Palavras introdutórias. 2. Histórico legislativo da substituição tributária "para frente". 3. Substituição tributária "para frente": esquematização geral da matéria. 4. Substituição tributária "para frente": os efeitos normativos da presunção do fato no critério quantitativo da regra-matriz de incidência do ICMS. 5. Presunção de base de cálculo de ICMS e pauta fiscal: 5.1 Dissociações entre os conceitos de "pauta fiscal" e "arbitramento". 6. Presunção de base de cálculo de ICMS e preços sugeridos por fabricantes e/ou industriais. 7. Presunção e estimativa. 8. Conclusões.

1. Palavras introdutórias

A substituição tributária "para frente" é regime jurídico até hoje discutido enquanto forma de exceção de se tributar uma cadeia produtiva. É meio eficaz e muito prático criado pelo sistema tributário atual em benefício da Administração Pública, pois num só tempo faz tributar, arrecadar e fiscalizar o tributo, amarrando todos os sujeitos da cadeia produtiva entre si, numa seqüência de presunções que garantem os ingressos de receitas tributárias nos cofres públicos e fazem cumprir, em regra, com as funções extrafiscais em Direito admitidas.

Na tributação do ICMS a substituição "para frente", enquanto regime introduzido por meio da Emenda Constitucional 3, em 17.3.1993, disposto no texto maior no § 7º ao art. 150, tem três grandes efeitos jurídicos na regra-matriz de incidência, modificando os critérios temporal (antecipando a ocorrência do fato jurídico do ICMS), subjetivo (fazendo ingressar na relação a figura do substituto) e quantitativo (convencionando em termos arbitrários a base de cálculo da exação).[1]

Em face das diferentes formas de fixação da base de cálculo autorizadas em lei é que, nesse trabalho, iremos voltar nossas atenções aos modos modificativos des-

1. Humberto Ávila, "Imposto sobre a circulação de mercadorias/ICMS. Substituição tributária. Base de cálculo. Pauta fiscal. Preço máximo ao consumidor. Diferença constante entre o preço usualmente praticado e o preço constante da pauta ou o preço máximo ao consumidor sugerido pelo fabricante. Exame de constitucionalidade", *Revista Dialética de Direito Tributário* 123/123, São Paulo, Dialética, 2005.

te último critério – quantitativo. Buscaremos identificar as diversas maneiras presuntivas previstas no texto legal e suas limitações *vis-à-vis* o texto constitucional.

2. *Histórico legislativo da substituição tributária "para frente"*

A substituição tributária em matéria de ICMS foi disciplina na CF de 1988 pelo art. 155, II, e § 2º, XII, "b", segundo o qual:

"Art. 155. Compete aos Estados e ao Distrito Federal instituir imposto sobre: (...) II – operações relativas à circulação de mercadorias e sobre prestações de serviço de transporte interestadual e intermunicipal e de comunicação, ainda que as operações e as prestações se iniciem no Exterior; (...).

"(...).

"§ 2º. O imposto previsto no inciso II atenderá ao seguinte: (...) XII – cabe à lei complementar: (...) b) dispor sobre substituição tributária; (...)."

No mesmo ano, promulgada a Carta Maior, em 16.12.1988, o Convênio ICMS-66/1988, no plano infraconstitucional, instituiu a *substituição tributária*, nos seguintes termos: "Art. 25. A lei poderá atribuir a condição de substituto tributário a: (...) II – produtor, extrator, gerador, inclusive de energia, industrial, distribuidor, comerciante ou transportador, pelo pagamento do imposto devido nas operações subseqüentes".

De fato, antes mesmo de qualquer permissivo constitucional, o enunciado do inciso II do art. 25 do Convênio ICMS-66/1988 previu a figura da substituição tributária "para frente", extrapolando suas competências legislativas. Autorizou a antecipação do recolhimento do ICMS em face de fato jurídico futuro presumido, estabelecendo valor estimado em tabela como base de cálculo do tributo, conforme se observa no art. 17 do referido convênio. Contudo, mesmo em face da inconstitucionalidade à época, o regime de substituição tributária instituído em 1988 manteve-se em vigor com a publicação dos sucessivos Convênios ICMS-105/1989, 107/1989, 132/1992 e 111 a 113/1993.

Somente em 17.3.1993 foi publicada Emenda Constitucional 3, introduzindo o § 7º ao art. 150 da CF de 1988, nos seguintes termos:

"Art. 150. Sem prejuízo de outras garantias asseguradas ao contribuinte, é vedado à União, aos Estados, ao Distrito Federal e aos Municípios: (...).

"(...).

"§ 7º. A lei poderá atribuir a sujeito passivo de obrigação tributária a condição de responsável pelo pagamento de imposto ou contribuição, cujo fato gerador deva ocorrer posteriormente, assegurada a imediata e preferencial restituição da quantia paga, caso não se realize o fato gerador presumido."

Com a referida alteração, o regime de substituição "para frente" passou a ser autorizado e disciplinado em sede constitucional. Contudo – já nos alertou o Min. Carlos Velloso –, "foi preciso que uma emenda constitucional, a Emenda Constitucional n. 3, de 1993, acrescentasse o § 7º ao art. 150 da CF, autorizando a substituição tributária 'para frente'".[2] Com efeito, firmemos que a substituição tributária para frente só foi admitida no sistema nacional após promulgação da Emenda Constitucional 3/1993.

Em 1.11.1996, observando as imposições do art. 155, § 2º, XII, "b", entrou em vigor a Lei Complementar 87/1996, editada sob a égide da Constituição Federal de 1988, já alterada pela nova redação que lhe deu a Emenda Constitucional 3/1993. Os arts. 5º a 10 da referida lei complementar disciplinaram o regime da substituição tributária, prescrevendo o art. 10 sobre a restituição devida pelo Fisco ao contribuinte do valor do tributo pago a maior ou o *quan-*

2. STF, Tribunal Pleno, RE 213.396-5-SP, *DJU* 29.4.1998, voto-vista do Min. Carlos Velloso, fls. 415.

tum pago com base em fato gerador presumido que não se realizou:

"Art. 10. É assegurado ao contribuinte substituído o direito à restituição do valor do imposto pago por força da substituição tributária, correspondente ao fato gerador presumido que não se realizar.

"§ 1º. Formulado o pedido de restituição e não havendo deliberação no prazo de 90 (noventa) dias, o contribuinte substituído poderá se creditar, em sua escrita fiscal, do valor do objeto do pedido, devidamente atualizado segundo os mesmos critérios aplicáveis ao tributo.

"§ 2º. Na hipótese do parágrafo anterior, sobrevindo decisão contrária irrecorrível, o contribuinte substituído, no prazo de 15 (quinze) dias da respectiva notificação, procederá ao estorno dos créditos lançados, também devidamente atualizados, com o pagamento dos acréscimos legais cabíveis."

Em 21.3.1997 foi editado o Convênio ICMS-13, que, ao harmonizar o "procedimento referente à aplicação do § 7º do art. 150 da Constituição Federal e do art. 10 da Lei Complementar n. 87/1996, de 13 de setembro de 1996", estabeleceu:

"Cláusula Primeira. A restituição do ICMS, quando cobrado sob a modalidade da substituição tributária, se efetivará quando não ocorrer operação ou prestação subseqüente à cobrança do mencionado imposto, ou forem as mesmas não tributadas ou não alcançadas pela substituição tributária.

"Cláusula Segunda. Não caberá a restituição ou cobrança complementar do ICMS quando a operação ou prestação subseqüente à cobrança do imposto, sob a modalidade da substituição tributária, se realizar com valor inferior ou superior àquele estabelecido com base no art. 8º da Lei Complementar n. 87, de 13 de setembro de 1996.

"Cláusula Terceira. Este Convênio entra em vigor na data de sua publicação no *Diário Oficial da União*."

Ora, com o advento da Emenda Constitucional 3/1993, acrescentando o § 7º ao art. 150 da CF, ficou autorizado ao Fisco em planos constitucionais instituir regime de substituição tributária "para frente" (progressiva). Antes de 1993, contudo, a figura era rejeitada pela maioria da doutrina, tendo em vista algumas incompatibilidades entre o aludido regime jurídico e as garantias constitucionais do sistema nacional tributário. Citemos, por exemplo, Geraldo Ataliba e Aires F. Barreto,[3] Eduardo Marcial Ferreira Jardim,[4] José Eduardo Soares de Melo[5] – entre tantos outros. Com a

3. "[*Inaceitável*] presumir a ocorrência de fatos futuros no campo estrito do direito tributário. Se o fato tributável ainda não sucedeu, a exigência do tributo, sob fundamento de mera probabilidade de seu acontecimento, importa violação da Constituição" (Geraldo Ataliba e Aires F. Barreto, "Substituição e responsabilidade tributária", *RDTributário* 49/73, "Cadernos de Direito Tributário", São Paulo, Ed. RT, julho-setembro/1989).

4. "Instituto empregado na legislação do ICMS, dentre outras, na qual o legislador estabelece a antecipação da incidência do imposto com relação a operações sucessivas, cada qual objeto de tributação em tese, e, para tanto, elege como sujeito passivo o substituto tributário. Exemplo frisante ocorre com os fabricantes de cervejas e refrigerantes, que, por força da lei, assumem a condição de contribuintes não só com referência às operações por eles promovidas, mas também com relação às operações a serem efetivadas ulteriormente. Em nosso sentir, trata-se de mais um desapreço pelos primados cardeais que informam o sistema constitucional tributário, a teor da estrita legalidade, da tipicidade da tributação, da vinculabilidade da tributação e outros, porquanto a incompatibilidade entre os aludidos postulados e a denominada substituição afigura-se de clareza solar, e a absurdez se depara inadmissível num Estado de Direito Democrático. Como se vê, no caso em tela, os governantes optaram pela comodidade do atalho, em detrimento da ordem jurídica" (Eduardo Marcial Ferreira Jardim, *Dicionário Jurídico Tributário*, 5ª ed., São Paulo, Dialética, 2005, p. 272).

5. "(...) o sujeito passivo deve decorrer naturalmente do fato imponível, da materialidade descrita (hipoteticamente) na norma jurídica. A referida 'ficção' só pode estar situada pelo legislador dentro de uma realidade do sistema jurídico, permeada pelos princípios da segurança, certeza e do direito de propriedade, uma vez que o patrimônio das pessoas só pode ser agredido ou desfalcado por fatos efetivamente realizados, e que contenham insita a capacidade contributiva" (José Eduardo Soares de Melo,

Emenda Constitucional 3/1993 o alvoroço foi maior, discutindo-se se a referida Emenda ou, melhor, o constituinte derivado está apto a instituir, em face dos princípios constitucionais, a substituição tributária "para frente", presumindo-se ou supondo-se a ocorrência de fato típico futuro e incerto e, na seqüência, a base de cálculo a ser tributada. Dito de outro modo, em um ordenamento que preserva a segurança jurídica, a capacidade contributiva, a tipicidade tributária, como admitir ou adequar a antecipação do pagamento e a base de cálculo estimada? É isso que veremos em seguida.

3. Substituição tributária "para frente": esquematização geral da matéria

Substituto tributário é a pessoa escolhida pelo legislador para figurar desde já na relação jurídica tributária, mesmo sem que tenha vínculo direto com o contribuinte, conquanto o tenha com o fato tributado. A relação entre substituído e substituto justifica-se pois pela união de ambos os sujeitos com o fato tributado, ainda que não diretamente, tal como já firmou o Min. Carlos Velloso em 1998: "Essa terceira pessoa, que é posta, pela lei, no lugar do contribuinte, deve estar, entretanto, vinculada ao fato gerador da respectiva obrigação (CTN, art. 128)".[6]

Para Rubens Gomes de Souza esse tipo de responsabilidade indireta "ocorre quando em virtude de uma disposição expressa de lei a obrigação tributária surge desde logo contra uma pessoa diferente daquela que esteja em relação econômica com o ato, o fato ou negócio tributado. Neste caso é a própria lei que substitui o sujeito passivo direto por outro indireto".[7]

ICMS – Teoria e Prática, 2ª ed., São Paulo, Dialética, 1996, pp. 109-110).

6. STF, Tribunal Pleno, RE 213.396-5-SP, *DJU* 29.4.1998, voto-vista do Min. Carlos Velloso, fls. 413.

7. Rubens Gomes de Souza, *Compêndio de Legislação Tributária*, 3ª ed., Rio de Janeiro, Financeiras, 1960, pp. 71-72.

Pois bem, em face de um preceito normativo legal, acontecido e relatado em linguagem competente o fato jurídico-tributário e instituída a regra-matriz cujo conseqüente estabelece relação entre Fisco e "contribuinte", surge, no mesmo instante, relação entre o Fisco e um terceiro, não titular da situação tributada mas que, em face de estar associado à situação factual prevista pela lei, assume o papel de sujeito passivo ou devedor, por força do dispositivo legal. A partir daí dá-se o cálculo proposicional entre a regra-matriz e a norma da responsabilidade substitutiva, cujo resultado é a colocação do terceiro no lugar do substituído na obrigação principal. Ou seja, a regra-matriz já nasce alterada pela força prescritiva da norma da substituição, inexistindo propriamente permuta de sujeitos no pólo passivo da relação tributária, mas cálculo entre proposições jurídicas.

Com esses torneios pretendo deixar evidente que é vedado ao legislador infraconstitucional fazer assumir a figura de sujeito passivo de obrigação tributária em sentido estrito alguém não vinculado ao fato jurídico-tributário, em qualquer uma das hipóteses de responsabilidade – aquelas, nas palavras de Rubens Gomes, por *transferência* e aqueloutra, ora estudada, entendida por *substituição*. Em verdade, está no fato jurídico o índice ou signo de riqueza objeto da tributação, sem o quê não se poderia medir a capacidade contributiva do sujeito passivo – imposição, esta, da Carta Maior no plano exacional. Logo, a responsabilidade pelo crédito tributário depositada numa terceira pessoa só se faz constitucional quando o terceiro for vinculado ao fato típico tão-somente – substituição – ou a este e ao contribuinte também – responsável em sentido estrito. Sendo sujeito estranho ao fato típico, a regra, tanto na forma de substituição quanto na de transferência, é inconstitucional, não podendo prevalecer, em face da exigência do § 1º do art. 145.

Feitas estas considerações iniciais, voltemos nossas atenções às especificidades do regime da substituição tributária "para frente". Observou-se que, com as alterações produzidas pela Emenda Constitucional 3/1993, ficou autorizada a sistemática de supor a ocorrência de determinado evento, que haverá de realizar-se no futuro, justificando uma exigência presente com base nesse fato presumido. O substituto responsável, na forma prevista pelo inciso II do art. 121 do CTN, não é vinculado diretamente ao fato-tipo que deu nascimento à relação jurídica tributária ou àqueloutra de dever instrumental. É, sim, ao substituído, e o fator que os une é a própria *mercadoria*, complemento do verbo que compõe o critério material da regra-matriz do ICMS ou, em outros termos, a cadeia produtiva do produto.

Inegável que a substituição tributária "para frente" é mecanismo eficiente da Administração Pública para arrecadar, fazendo integrar na relação tributária outro sujeito mais apto a efetivar a norma exacional. Ora, o substituto, em face da probabilidade da ocorrência futura da situação fática que dá ensejo ao ICMS, fica obrigado desde logo a reter o valor do tributo. Cobra-se daquele pelo valor presumido do ICMS em operação seguinte, instituindo aquilo que se entende por *base de cálculo presumida*, objeto de nosso presente estudo.

Para esquematizar a matéria, tomemos o exemplo identificando suas peculiaridades. Imaginemos que um fabricante de automóvel ("montadora") – "A" – recolha o ICMS. A lei determina que o sujeito "A" recolha não só pela venda ao distribuidor ("concessionária") – "B" –, mas também pela comercialização do carro do distribuidor ao consumidor – "C". Na relação entre "A" e "B" não há substituição; dá-se a incidência nos padrões normais. É na relação entre "B" e "C" que ocorre a substituição, "A" instituído para figurar no lugar de "B" no vínculo entre "B" e "C". Encontraremos o problema na medida em que o evento ainda não tenha ocorrido, sendo possível que até mesmo nem venha a ocorrer. Em representação gráfica, se apresentaria da seguinte forma:

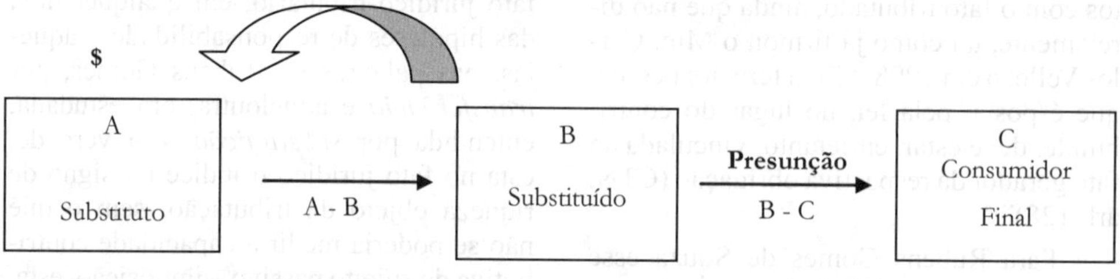

Ou seja, exige-se o recolhimento do ICMS pelo fabricante "A" do valor devido na relação "A" e "B" e, em substituição ao distribuidor "B", na relação "B" e "C", antes mesmo da efetiva ocorrência da situação fática, enquanto evento (i), antecipando-se o momento da incidência tributária de "B" para "C" (ii); e, com isso, sem saber o *quantum* exato (preço) da venda da própria mercadoria da concessionária ao consumidor final (iii). Assim sendo, modificam-se três critérios da regra-matriz de incidência tributária "B-C": material, temporal e quantitativo. Esta prática foi consolidada, e declarada constitucional, no RE 213.396-5-SP (*DJU* 29.4.1998), tendo como fundamento de validade o enunciado do § 7º do art. 150 da CF de 1988.

4. *Substituição tributária "para frente": os efeitos normativos da presunção do fato no critério quantitativo da regra-matriz de incidência do ICMS*

Partindo da premissa segundo a qual toda norma encerra uma mesma composição sintática, é pelo ângulo lógico ou do ponto de vista da sintaxe que buscaremos fundamentos para explicar o que seja a *base de cálculo presumida* e como ela acontece nas hipóteses de tributação pelo regime da substituição para frente.

Na amplitude dessa providência, firmemos que, em sua perspectiva sintática, *norma jurídica* é estrutura lógico-sintática de significação. É composição frásica do deôntico mínima e irredutível na qual se enlaça um antecedente, que prevê fato de ocorrência possível, a um conseqüente, que traz as notas e os valores para regular determinada conduta humana. Do ponto de vista semântico, é o enunciado que o intérprete constrói a partir da leitura dos textos normativos (marcas de tinta), atribuindo valores aos signos pela sua interpretação. São proposições jurídicas que mantêm homogeneidade no plano formal e heterogeneidade no domínio semântico. A propósito o depoimento de Paulo de Barros Carvalho: "(...) todas elas exibem idêntica arquitetura formal. Há homogeneidade, mas homogeneidade sob o ângulo puramente sintático, uma vez que nos planos semântico e pragmático o que se dá é um forte grau de heterogeneidade, único meio de que dispõe o legislador para cobrir a imensa e variável gama de situações sobre que deve incidir a regulação do Direito, na pluralidade extensiva e intensiva do real-social.[8]

Como toda proposição deôntica, a regra-matriz de incidência tributária aparecerá também composta por um antecedente, descritor de fato de possível ocorrência, e por um conseqüente, prescritor da relação jurídica tributária. É a homogeneidade que porta toda estrutura de sentido jurídico, a regra-matriz inclusive. Funciona como verdadeiro modelo metodológico que, através do reducionismo de Husserl, seleciona as notas fundamentais para a construção do enunciado tributário completo. É norma de comportamento, voltada diretamente para a conduta das pessoas. Com o fim de regular conduta sígnica de riqueza e cobrar tributo, a hipótese tributária da regra-matriz é formada pelos critérios material (verbo e complemento), temporal e espacial, já que é no enunciado antecedente que iremos localizar uma ação no tempo e no espaço. Determinando a conseqüência da norma estão os critérios subjetivos e quantitativos, estabelecendo relação pecuniária em que cabe ao sujeito credor (ativo) receber um *quantum* do sujeito devedor (passivo) a título de tributo. Eis que o Direito é essencialmente interpessoal, é relação entre sujeitos – o que pressupõe, portanto, dois pólos subjetivos no mínimo, e sempre. Sendo norma exacional em sentido estrito, o vínculo entre os sujeitos dá-se em função de um valor – base de cálculo *versus* alíquota –, uma vez que tributo é obrigação pecuniária, isto é, facilmente estimada em pecúnia.

Com estas modulações, observemos que o enfoque deste trabalho pede seja dado maior cuidado às estruturas quantitativas da relação tributária – o que, contudo, não quer dizer que deixemos de lado a conjuntura completa da regra-matriz de incidência. Afinal, os critérios servem tão-somente como métodos, como cisões que buscam priorizar este ou aquele aspecto da proposição exacional. Contudo, os cortes são da ordem epistemológica, artificiais, que, na dinâmica do Direito, não podem ser considerados isoladamente. Os sentidos desses elementos são reciprocamente atribuídos e complementados uns pelo outros. Esta é a concepção estrutural da norma, que requer, na busca do significado do enunciado, a percepção recortada do objeto mas também, e principalmente, ponto de vista que leva em nota o contexto jurídico em que se insere como um todo, isto é, os sentidos atribuídos aos critérios entre si. Enganam-se aqueles que admitem a substituição tributária para frente apenas como expediente analítico do critério subjetivo. Seus efeitos são sentidos não somente no campo subjetivo, mas, como veremos, nos critérios temporais e quantitativos e na

8. Paulo de Barros Carvalho, "O direito positivo como sistema homogêneo de enunciados deônticos", *RDTributário* 45/36, 1988.

norma como um todo. E é a este último que pretendemos voltar nossas atenções na presente análise, demonstrando as modulações da matéria na tributação do ICMS e as imposições constitucionais que envolvem a fixação da base de cálculo por métodos arbitrários.

No quadro conceptual da relação jurídica, sobreleva observar que a base de cálculo é elemento indispensável da norma tributária em sentido estrito, cumprindo três funções imprescindíveis, como bem o explicou Paulo de Barros Carvalho: "Partindo de tais considerações, concluo serem três as funções da base de cálculo: (a) função mensuradora, por competir-lhe medir as proporções reais do fato; (b) função objetiva, em virtude de compor a específica determinação do débito; e (c) função comparativa, por confirmar, infirmar ou afirmar o correto elemento material do antecedente normativo".[9]

Aliás, não seria demasia asseverar que no direito tributário o tributo é definido pela confluência entre o critério material do fato – verbo e predicado – e a base de cálculo do conseqüente, o que se depreende do texto do § 2º do art. 145 da CF de 1988. Ou seja, a base de cálculo confirma, afirma ou infirma o critério material, sendo preponderante para a definição do tributo. No caso de conflito entre estes dois critérios componentes da regra-matriz de incidência, prevalecerá aquela em detrimento deste.

Ora, no presente estudo, é na base de cálculo que iremos sentir com maior força os efeitos da substituição tributária "para frente", desde o fato presumido até a antecipação da incidência normativa. De fato, sem que se tenha algo para mensurar, a base de cálculo perde essas imposições constitucionais do § 2º do art. 145 da CF de 1988 e se vê na ingerência de constituir-se das mais variadas formas. E é isso que veremos abaixo, observando as três principais formas de base de cálculo presumida na sistemática do ICMS: (i) pauta fiscal; (ii) preços sugeridos por fabricantes e/ou industriais; e (iii) bases estimadas. Vamos a elas.

5. Presunção de base de cálculo de ICMS e pauta fiscal

Não há como falar em base de cálculo presumida na substituição tributária para frente sem tecer algum comentário a respeito de sua relação com a expressão "pauta fiscal", forma muito usada no meio tributário para fins de fixar por órgão competente a base de cálculo do vários tributos, dentre outros IR, ICMS, IPI etc. É definida como uma forma de "fixação, pelo sujeito ativo da obrigação tributária, de um valor prefixado da operação, tomado como teto, independentemente do efetivo valor da operação, divergindo, de um para outro desses sujeitos, o rol das mercadorias às quais este valor é atribuído".[10]

No plano infraconstitucional a apuração da base de cálculo vem prescrita no art. 8º, § 2º, da Lei Complementar 87/1996[11] como modo necessário para dar efetivida-

9. Paulo de Barros Carvalho, *Direito Tributário, Linguagem e Método*, 3ª ed., São Paulo, Noeses, 2009, p. 399. V. também *Direito Tributário: Fundamentos Jurídicos da Incidência*, 3ª ed., São Paulo, Saraiva, 2004, p. 175.

10. Por oportuno, cite-se: "A substituição tributária para frente modifica o momento e o montante da operação normal: o momento porque substitui uma base conhecida (valor de venda real) por uma desconhecida, mas presumida (valor de venda futura); o montante porque substitui uma pluralidade de valores (cada valor concreto de venda) por uma unidade de valor (o valor de pauta). A pauta nada mais é, portanto, que uma prévia unidade de valor das operações futuras. Como unidade na diversidade real de valores, necessariamente abrangerá casos em que o valor real é maior que o da média" (VV.AA., *Grandes Questões Atuais do Direito Tributário*, 9º vol., São Paulo, Dialética, 2005, p. 106).

11. Lei Complementar 87/1996:

"Art. 8º. A base de cálculo, para fins de substituição tributária, será: (...).

"§ 2º. Tratando-se de mercadoria ou serviço cujo preço final a consumidor, único ou máximo, seja fixado por órgão público competente, a base de cálculo do imposto, para fins de substituição tributária, é o referido preço por ele estabelecido."

de à tributação e fazer funcionar a cadeia não-cumulativa do tributo. Isto não quer dizer, por outro lado, que tais valores se sobrepõem a outros tais como a segurança jurídica, legalidade, não-confisco, igualdade etc. É em nome desses fins axiologizados que a pauta é tida por procedimento excepcional, e não regra, admitida somente na impossibilidade de produção de prova "direta" do fato jurídico (em sentido estrito) e sua conseqüente delimitação em termos quantitativos.[12]

Quando o preço é fixado pela autoridade competente, sem que tenha caráter sancionatório, temos o que se entende por *pauta fiscal*. É o próprio texto de lei que estipula uma prévia unidade de valor das operações. Procede-se a verdadeira padronização de preços, padrão arbitrariamente estabelecido em lei. Busca-se, todavia, reproduzir os valores médios de mercado. A expressão "valor médio" não significa o preço da venda efetiva, mesmo que coincidentes. Uma coisa é o preço praticado na operação; outra é a média de valor que se estipula em face de equações matemáticas que demonstrem um *quantum* estatístico. Entre si, contudo, deverá haver relação essencial e necessária, de modo que, para fins fiscais, há de se ter valor médio que reflita de fato o valor praticado ou alcance soma aproximada, igual ou menor, nunca maior, ao preço efetivo da operação.

Lembremos que é vedado à lei estipular técnica que supere o valor efetivo da operação do ICMS ou de mercado em situação semelhante, como imposição dos princípios do não-confisco, da legalidade e do enriquecimento sem causa. Assim também ao aplicador, ao apurar o *quantum*, é proibido determinar cumprimento de obrigação excedente aos valores realizados na situação fática. Sendo assim, ao sujeito passivo cabe impugnar o lançamento da autoridade por inconstitucionalidade toda vez que esta levar em conta base de cálculo que ultrapasse valor efetivo do negócio ou preço de mercado. Ouçamos Humberto Ávila:

"Não é por outro motivo que a doutrina aponta como requisito indispensável da padronização tributária, de que é exemplo a substituição tributária com base na pauta fiscal, o uso de pautas verdadeiramente médias:

"(...).

"Essas considerações significam, para o caso em pauta, que a padronização só é justificada quando mantém relação de razoabilidade com a média dos casos alcançados pela tributação. Não o fazendo, a padronização perde sua justificação constitucional, que é servir de instrumento para a realização da igualdade geral por meio da correspondência com os elementos concretos manifestados pela média das operações efetivamente praticadas".[13]

Os valores tomados na pesquisa estatística para se alcançar o preço médio ou em proporção devem, necessariamente, refletir os valores de mercado, isto é, aquilo de praxe praticado, nunca indo além destes. Para tanto, a lei imputa à autoridade administrativa a incumbência de se averiguar o preço usualmente praticado no mercado, ou, melhor, a média ponderada dos preços geralmente assumidos em mercado, estando nesta o limite ou o teto da própria pauta fiscal. Assim sendo, volta-se para a autoridade administrativa "o ônus de comprovar a compatibilidade dos valores de pauta com média ponderada dos preços usualmente praticados no mercado. Em outras palavras, isso significa que não é o contribuinte que

12. "A utilização das pautas, portanto, só pode ocorrer se a prova direta não puder ser produzida, quando, então, transformar-se-á em *regra que contempla valores para o arbitramento da base de cálculo*" (Maria Rita Ferragut, *Presunções no Direito Tributário*, São Paulo, Dialética, 2001, p. 135).

13. Humberto Ávila, "Imposto sobre a circulação de mercadorias/ICMS. Substituição tributária. Base de cálculo. Pauta fiscal. Preço máximo ao consumidor. Diferença constante entre o preço usualmente praticado e o preço constante da pauta ou o preço máximo ao consumidor sugerido pelo fabricante. Exame de constitucionalidade", cit., *Revista Dialética de Direito Tributário* 123/125.

deve provar que os valores de pauta não correspondem à média dos preços usualmente praticados no mercado; é a autoridade fiscal que deve fazê-lo, inclusive colocando à disposição do contribuinte e do Poder Judiciário todos os elementos que comprovem o levantamento de preços e a obtenção da média ponderada, conforme critérios estabelecidos em lei".[14]

Por todo o exposto, repisemos: ultrapassando o limite do preço de mercado, a imposição tributária – esteja ela na lei ou no ato do Fisco – é ilegítima e deve ser revogada, como norma inconstitucional, por violar os princípios da legalidade, não-confisco e segurança jurídica. É constitucionalmente vedado à autoridade administrativa cobrar do sujeito passivo, a título de tributo, valor que ultrapasse o *quantum* devido, e deve-se apenas e na proporção do fato. Afinal de contas, está na base de cálculo a função de medir o fato e determinar o valor devido. Se esta deixa de refletir a devida proporcionalidade da situação fática tributada, aumentado-a para fins fiscais, cobra-se no excedente algo indevido, e tributo inexistente. Além disso – repise-se –, a incumbência de "levantar esses valores por amostragem ou através de informações e outros elementos fornecidos por entidades representativas dos respectivos setores"[15] é sempre do ente fiscal que deverá, em todas as hipóteses, revelar seus modos e critérios de apuração, publicando-os para conhecimento e controle do contribuinte. Inocorrendo tal atividade, a referida tabela valorativa também deve ser considerada válida mas juridicamente viciada, e, portanto, inapta a fornecer a correta base de cálculo para se cobrar ICMS.

De fato, a pluralidade de valores, isto é, o conjunto ou o somatório de cada valor concreto de venda tomado em consideração na estatística, cumpre com a função de fatos presuntivos, enquanto o valor médio da operação é ele mesmo fato presumido. É a partir deste último que o valor médio da operação, agora fixado em texto positivo de lei – *pauta fiscal* –, é ele mesmo o valor que figurará como fato jurídico em sentido amplo ou mesmo enunciado factual da presunção; ao passo que a base de cálculo concreta, ou, melhor, preço atribuído à mercadoria na operação, é fato jurídico em sentido estrito.

As qualidades da média são assemelhadas às do preço "efetivo", admitindo-se, em termos de associação, vínculo de similitude ou semelhança entre eles. Ora, o valor médio em pauta fiscal nada mais é que um enunciado que tem por objetivo reproduzir seu objeto: o preço da mercadoria praticado na operação. O valor de pauta é, pois, denotação genérica que busca representar, ainda que genericamente, as características quantitativas do mercado em mesma situação fática.

Agora, esta relação entre valores em pauta e fato jurídico em sentido estrito haverá de manter sempre liame essencial ou necessário, caso contrário não poderá prevalecer o preço médio em detrimento do valor efetivo comprovado pelo contribuinte. De fato, a pauta fiscal é procedimento de exceção. Não se lhe aplica o art. 148 do CTN, não se confundindo, pois, com o arbitramento. Enquanto este pressupõe conduta ilícita, na pauta fiscal há, sim, instituição de regime jurídico especial. Agora, comprovada pelo contribuinte a diferença efetiva entre valor real e o valor presumido, a pauta não poderá prevalecer em detrimento da realidade dos acontecimentos. Os aspectos essenciais e necessários estão justamente na semelhança obrigatória que deverão manter o *valor médio* da operação "Y" que compõe a classe "X" indicada em pauta fiscal, de um lado, e o *preço atribuído* à mercadoria na operação entre si. Isso reforça a idéia de que não é sanção e muito menos imputação apta a refutar juridicamente o valor real da operação, como já positivou o STF no RE 78.577-SP:

"Não se contesta a sinceridade da recorrente quanto ao valor dos bens dados a

14. Idem, p. 132.
15. Idem, ibidem.

tributação, o que se pretende é fazer prevalecer o valor presumido de pauta fiscal sobre o valor real dos bens consumidos pelos empregados da empresa, isto é, sobre o valor real da venda tributada.

"Tal entendimento conflita com o art. 148 do CTN, que só admite a impugnação mediante processo regular.

"Demonstrada a realidade do preço de venda, não pode sobre ele prevalecer a presunção de pauta fiscal, que será, no entanto, legítima quando, de algum modo, resultar não comprovado o preço real da operação de venda – o que inocorre na espécie."[16]

De ver que pauta fiscal não é sanção. É, sim, mecanismo excepcional de apuração da base de cálculo do ICMS. Não pressupõe conduta ilícita ou omissiva do contribuinte, motivo pelo qual também não se lhe aplica o art. 148 do CTN, exegese também já consolidada pelo STF na mesma decisão:

"Não se justifica o art. 148 do CTN. É inaplicável essa disposição, que pressupõe necessariamente omissões ou informações inverídicas nas declarações, esclarecimentos ou documentos expedidos pelo sujeito passivo, para que a autoridade lançadora, em cada caso, mediante processo regular, possa arbitrar o valor ou preço.

"O egrégio STF já decidiu que para autoridade administrativa arbitrar o valor ou preço do produto é exigível o exame de cada caso específico, não podendo resultar de portaria de efeito normativo."[17]

Em resumo, a pauta fiscal não está no sistema para fins de subverter os valores reais da operação. Funciona como mecanismo que se propõe a facilitar a atividade de arrecadação e fiscalização tributária. Contudo, tem limite quantitativo tanto pela Constituição, genericamente, quanto pela lei específica que institui a regulação do regime – Lei Complementar 87/1996. Desse modo, a base de cálculo da pauta fiscal jamais pode ultrapassar o valor do mercado,[18] nem tampouco ignorar o valor real da operação, quando este lhe for apresentado.

5.1 Dissociações entre os conceitos de "pauta fiscal" e "arbitramento"

Bem, se pauta fiscal não é arbitramento, faz-se relevante, agora, demonstrar o que seja aquele para fins de caracterizar a diferença. "Arbitrar", no sentido jurídico comum, é prescrever, decidir ou julgar na qualidade de árbitro. No Direito, a todo momento se arbitra. A regra-matriz de incidência tributária é um belo exemplo da forma arbitrária de positivar a norma. Lembremos que toda hipótese de fato busca localizar num tempo e espaço sua ação. Em algumas situações, pela própria natureza do fazer do Homem, vê-se a dificuldade de determinar um ponto de fácil cognição no tempo. Em nome de dar eficácia aos seus comandos, o Direito modifica as imposições da realidade, de maneira a arbitrariamente fixar outros marcos, espaciais e/ou temporais, que nem sempre correspondem ao mundo percebido pelos nossos sentidos. Quando assim procede, a ordem normativa prescreve verdadeiras ficções jurídicas. Assim ocorre ao se determinar as datas da incidência do IPTU e do IPVA. Havendo *fato gerador* – proprieda-

16. STF, 6ª Seção, RE 78.577-SP, rel. Min. Cordeiro Guerra, *DJU* 2.4.1975, fls. 144.

17. Idem, citando o parecer da Procuradoria-Geral da República, de autoria do Procurador Moacir Antônio Machado da Silva, que, na opinião do Min. Cordeiro Guerra, resume a controvérsia.

18. "*Ementa:* ICM. Pauta fiscal. A base de cálculo do ICM é o valor da operação de que decorrer a saída da mercadoria (art. 2º, I, do Decreto-lei n. 406, de 1968). Não é lícito ao legislador estadual inovar quanto a esse aspecto (art. 18, § 1º, da EC n. 1, de 1969). A predeterminação do valor para as operações pode contrariar essa disposição, implicando, por outro lado, majoração do imposto (art. 97, § 10, do CTN).

"Aplicação do art. 148 do CTN.

"*A pauta fiscal só se legitima quando, em processo regular, não ficar demonstrado o valor real da operação de que decorrer a saída da mercadoria*" (STF, 6ª Seção, RE 78.577-SP, cit. – grifos meus).

de de bem imóvel ou de veículo automotor, respectivamente – que se prolonga no tempo, o Direito arbitra uma data qualquer, apontando que neste marco sucede a incidência dos referidos tributos.

O arbitramento do tempo dá-se em função da necessidade de ter um ponto fixo no ano e possibilitar a positivação da regra tributária. Em outros casos o critério temporal leva em consideração o tempo da realidade fática tributária, tal como no ISS (momento da conclusão do serviço) ou mesmo no ITBI (instante da transmissão do bem imóvel, mesmo em face do pagamento antecipado no ato de formalização da transferência). Agora, este é o sentido – digamos – mais "vulgar" de *arbitramento*, muito diferente do significado específico que assume em certos domínios do direito tributário, como o aqui estudado. Deixando de lado essa acepção abrangente da palavra, voltemos nossas atenções ao seu significado restritivo.

Em sentido estrito, e em oposição à pauta fiscal explicitada acima, o arbitramento surge no enunciado do art. 148 do CTN.[19] Sempre que sejam omissos ou não mereçam fé as declarações, os esclarecimentos prestados ou os documentos expedidos pelo sujeito passivo, ou pelo terceiro legalmente obrigado, a autoridade fiscal poderá arbitrar, mediante processo regular, valor ou preço de bens, direitos, serviços ou atos jurídicos. Ora, omissão ou não merecimento de fé são causas juridicizadas que dão ensejo ao arbitramento. Sem elas é vedado arbitrar.

De acordo com o referido dispositivo do Código Tributário Nacional, a substituição de um *fato* pelo outro, conforme o enunciado do referido preceito, dá-se no critério quantitativo, no valor ou preço de bens, direitos, serviços ou atos jurídicos. Sendo assim, é a base de cálculo do tributo que está sendo arbitrada, e não o fato jurídico-tributário que dá ensejo à tributação.[20] Reforcemos a idéia. O arbitramento, em verdade, é conseqüência de uma presunção anterior: da ocorrência do fato antecedente da regra-matriz. Mediante procedimento fiscalizatório, descoberta a ausência de declaração ou a menor, primeiro, o Fisco presume ocorrência, em face das documentações encontradas, para depois, em face do caráter pecuniário de toda prestação tributária, proceder à quantificação do valor do tributo, mediante técnica de apuração chamada *arbitramento*. Logo, *arbitramento* é forma de apuração do valor a título de tributo que tem por causa conduta ilícita. Exemplo de causas que dão ensejo ao arbitramento: (i) não-exibição, ao Fisco, dos elementos necessários à comprovação do valor da operação, inclusive nos casos de perda ou extravio dos livros ou documentos fiscais ou de embaraço à fiscalização; (ii) fundada suspeita de que os documentos fiscais não refletem o valor real da operação; (iii) declaração, nos documentos fiscais, de valores notoriamente inferiores ao preço corrente das mercadorias; (iv) entrega, remessa, recebimento, estocagem, depósito, transporte, posse ou propriedade de mercadorias desacompanhadas de documentos fiscais; (v) utilização irregular de máquina registradora, terminal, ponto de venda ou equipamento emis-

19. CTN: "Art. 148. Quando o cálculo do tributo tenha por base, ou tome em consideração, o valor ou preço de bens, direitos, serviços ou atos jurídicos, a autoridade lançadora, *mediante processo regular*, arbitrará aquele valor ou preço, *sempre que sejam omissos ou não mereçam fé as declarações ou os esclarecimentos prestados, ou os documentos expedidos pelo sujeito passivo ou pelo terceiro legalmente obrigado*, ressalvada, em caso de contestação, avaliação contraditória, administrativa ou judicial".

20. Sobre o assunto, di-lo Maria Rita Ferragut: "Apenas a base de cálculo (valoração quantitativa) pode ser arbitrada, já que a ocorrência do evento descrito no fato jurídico (valoração qualitativa) é passível, no máximo, de ser presumida, tendo em vista que o evento deve ser provado direta e indiretamente; esta última hipótese apenas diante da impossibilidade de produção de provas diretas e da constatação de graves e concordantes indícios, assegurando-se sempre o direito do contribuinte de se defender da imputação que lhe está sendo feita" (*Presunções no Direito Tributário*, cit., p. 137).

sor de cupom fiscal/ECF ou de qualquer outro equipamento cujo uso esteja previsto na legislação para controle de operações de saída ou de prestações de serviço; (vi) falta de utilização ou utilização irregular de equipamento emissor de cupom fiscal/ ECF ou de qualquer outro equipamento cujo uso esteja previsto na legislação para controle de operações de saída ou de prestações de serviço; (vii) manutenção no recinto de atendimento ao público, sem autorização do Fisco, de equipamentos para controle de operações mercantis ou prestações de serviço ou que emitam cupom ou documento que possam se confundir com cupom fiscal.[21] Todos, de algum modo, resumem as causas do art. 148 do CTN: omissão ou ausência de fé nas declarações prestadas ou nos documentos conferidos pelo contribuinte à Administração Pública.

Pondere-se, por oportuno, que o fato de o arbitramento ter por causa atitude ilícita não quer dizer que seja ele mesmo sanção. A norma que autoriza esta técnica de determinação da base de cálculo compõe-se, em seu antecedente, por conduta omissiva ou que não mereça fé e, no seu conseqüente, pela própria competência atribuída à autoridade administrativa nestes casos especificados pelo art. 148 do CTN para proceder à apuração de forma arbitrada. Uma vez competente para tanto (suposto), o ente fiscal deve arbitrar o *quantum* na forma da lei – ou, melhor, deve ser a base de cálculo arbitrada (conseqüência). Logo, a norma do arbitramento tem por enunciado antecedente a competência, e no prescritor o arbitramento, ele mesmo. Em nenhum lugar está a sanção, que dela não faz parte, portanto. Este é também o entendimento da 7ª Câmara do 1º Conselho de Contribuintes: "(...) a base de cálculo do lucro arbitrado, como é cediço, não constitui penalidade, sendo mero regime de tributação, posto ordinariamente à disposição da Fiscalização se e quando a escrita e/ou os livros do contribuinte se mostrarem imprestáveis para a verificação do regime de tributação a que havia se submetido".[22]

O arbitramento, em outras palavras, é a única forma que resta à Administração para averiguar a verdadeira dimensão do fato imponível. Sem esta técnica alternativa no direito tributário seria impossível obter o *quantum* fiscal. Tendo em vista que, se os documentos apresentados pelo contribuinte não mereciam fé anteriormente, muito menos depois de percebê-los desta forma obteriam fé por si sós ou inverteriam a situação de desconfiança já instaurada. Da mesma maneira com aqueles omitidos à autoridade: revelada a omissão, como poderia o ente fiscal proceder à apuração, uma vez que não tem qualquer outro documento em mãos? Ora, por conta da própria imposição das ocorrências, resta à Administração tão-só arbitrar o valor. Por estes e outros motivos é que não é sanção, e sim técnica alternativa de apuração de tributo, tendo em vista as situações predeterminadas pelo art. 148 do CTN.

No corpo dessa temática, Maria Rita Ferragut já se pronunciara a respeito, dizendo, sobre a variedade de sentido da palavra: "A legislação fiscal emprega o vocábulo 'arbitramento' em basicamente três acepções: ato administrativo de apuração de base de cálculo concretizado *por meio de métodos indiciários*; definição legal de *base de cálculo substitutiva*; e ato administrativo decorrente da *impossibilidade de adoção da base de cálculo substitutiva*. Em todas elas, a presença do ilícito é fundamental para a investigação ora proposta, o que afasta os demais 'arbitramentos' de base de cálculo, relativos às presunções criadas com fundamento no princípio da praticabilidade (lucro presumido, plantas fiscais de valores etc.)".[23]

21. Exemplos obtidos do texto da Lei 1.810/ 1997 do Estado de Mato Grosso do Sul.

22. Ministério da Fazenda, 1º Conselho de Contribuintes, 7ª Câmara, Acórdão 107-07.607, voto do Cons. Natanael Martins, sessão de 15.4.2004, fls. 10.

23. Maria Rita Ferragut, *Presunções no Direito Tributário*, cit., p. 137.

As três acepções acima aludidas vêem a calhar para fins de explicar a sistemática do arbitramento na forma como proposta neste trabalho. No primeiro sentido, como técnica de apuração de base de cálculo concretizada por meio de métodos indiciários, tomemos em nota as imposições do art. 34, I, "c", da Lei 10.908, de 30.12.1996, do Estado do Rio Grande do Sul (RICMS/RS): "Art. 34. O débito da responsabilidade por substituição tributária prevista nesta Seção será calculado: I – nas saídas das mercadorias referidas nos itens II a IV e VI da Seção II do Apêndice II, pela aplicação da alíquota interna respectiva sobre a base de cálculo a seguir indicada, deduzindo-se, do valor resultante, o débito fiscal próprio: (...) c) não havendo os preços referidos nas alíneas anteriores, a base de cálculo será o valor obtido pelo somatório das parcelas a seguir indicadas: (...) 3 – a margem de valor agregado, inclusive lucro, relativo às operações subseqüentes".

Aqui, como todo arbitramento, não havendo os preços prescritos em lei, este será fixado pelos órgãos competentes, mas é a lei que diz como será calculada a base de cálculo, no exemplo: valor obtido pelo somatório das parcelas da margem de valor agregado, inclusive lucro, relativo às operações subseqüentes. Dispõe o texto da lei forma indiciária de averiguação do valor da operação. Indica, levando em consideração a própria contabilidade das empresas envolvidas, os valores relevantes a serem usados no cálculo da base do ICMS. É método indiciário, pois, como todo índice, os valores no cálculo do arbitramento estão diretamente vinculados ao valor da operação, ou, melhor, o preço da mercadoria está contido na contabilidade das empresas envolvidas, razão pela qual entre o todo – contabilidade juridicizada – e a parte – preço da mercadoria – já há relação de contigüidade, própria das espécies sígnicas indiciárias. Há, pois, uma conexão dinâmica ou existencial entre os critérios da lei (signo presuntivo indiciário) e o valor arbitrado ou da operação (objeto a que o índice se refere), de modo que, por associação lógica entre ambos, este pode ser deduzido daquele.

O legislador, ao positivar a forma indiciária de se arbitrar, verifica antes, como político do Direito, tudo aquilo que se mostra em conexão dinâmica ou existencial com a operação de compra e venda. Feita essa consideração, por meio indutivo, cria a regra geral para a apuração arbitrada das bases de cálculo quando não for possível obtê-las pelos meios próprios. Estipulados os critérios pelo método indiciário, o aplicador, quando diante de ocorrência fática permissiva de arbitramento na forma indiciária, apurará de acordo com as bases fixadas em lei o preço a ser arbitrado na situação concreta, procedendo ao cálculo com alicerce na documentação contábil da sociedade. Assim procedendo, chega por dedução a um *quantum* que, mediante vínculo implicacional, dará ensejo ao valor de venda arbitrada da mercadoria. Enquanto aquele figura como fato jurídico em sentido amplo, este último será o próprio fato jurídico-tributário em sentido estrito, antecedente ele mesmo da norma exacional do ICMS-Mercadoria.

Neste caso, é o legislador ele mesmo é que, como político do Direito, buscará os índices que se encontram em relação direta com a operação de compra e venda. Por indução, a partir desses indícios concretos fará irromper uma regra geral, mas que, ainda não positivada, é um nada jurídico. Quando se colocar no papel de legislador, positivando a norma, introduzirá no Direito as bases de apuração arbitradas do ICMS-Mercadoria na lei, instituindo o arbitramento da base de cálculo do ICMS segundo método indiciário. A formação indiciária da técnica está, pois, em momento pré-jurídico, mas que se apresenta no Direito em face dos próprios elementos escolhidos pelo legislador na regra.

Ora, relevemos que em toda presunção jurídica haverá sempre um *quantum* de pensamento indutivo, pois, mesmo que fora do Direito, a indução se faz presente no universo da ordem posta nas marcas da enunciação-enunciada que o legislador vai depositando na lei. Agora, a passagem do primeiro para o segundo nível presuntivo é feita pelo aplicador que age subsumindo nos critérios prescritos em lei as imposições da situação fática. Faz incidir a norma geral e abstrata positivada pelo legislador mediante processo de positivação da norma. Aqui, a inferência normativa se dá como em qualquer outro caso, obtendo necessariamente caráter dedutivo.

A forma de arbitramento como base de cálculo substitutiva pode ser observada no exemplo da Lei 3.470, de 28.11.1958, que altera a legislação do IR. De acordo com o art. 6º dessa Lei:

"Art. 6º. É facultado ao Fisco arbitrar o valor de venda do imóvel, para o efeito da taxação prevista no art. 92 do Regulamento aprovado pelo Decreto n. 40.702, de 31 de dezembro de 1956, quando o preço da operação constante do respectivo instrumento for notoriamente inferior ao real.

"§ 1º. Para os efeitos deste artigo o arbitramento será baseado no valor definitivo de incidência do imposto de transmissão de propriedade nos casos de pagamento à vista, ou valor equivalente na data da cessão ou promessa de venda.

"§ 2º. O arbitramento de que trata o parágrafo anterior não poderá, salvo prova em contrário, exceder a 80% (oitenta por cento) do valor sobre o qual incidir o imposto de transmissão de propriedade."

Esse sentido de substituição ocorre tendo em vista que o fato presumido não mais é uma média, e sim, já, um valor determinado e fixo que corresponderá, ele mesmo, ao objeto imediato ou fato jurídico em sentido amplo do segundo nível presuntivo. Este, estando em relação direta com o objeto dinâmico ou fato jurídico em sentido estrito, coloca-se no lugar da base de cálculo concretamente estipulada, figurando como valor (arbitrado) de venda do imóvel, proporção que se pretende dimensível do fato jurídico da exação. Em outros termos, o valor definitivo de incidência do imposto de transmissão de propriedade nos casos de pagamento à vista ou o valor equivalente na data da cessão ou promessa de venda, "até 80% (oitenta por cento) do valor sobre o qual incide o imposto de transmissão de propriedade", fazem correspondência em termos prescritivos ao valor de venda do bem imóvel, substituindo-o para fins de tributação. Portanto, a Lei 3.470/1958 é um verdadeiro caso de arbitramento por *definição legal de base de cálculo substitutiva*.

Por fim, o arbitramento como ato administrativo decorrente da impossibilidade de adoção da base de cálculo substitutiva estaria como forma "alternativa da alternativa". Isto é, a lei aponta critérios de apuração do valor para arbitramento com base em alguns documentos da empresa: por exemplo, balanço patrimonial ou Livro Caixa. Se a autoridade administrativa não tiver como obter tais documentos, cabe a ela arbitrar sob outra técnica que não dependa destes, e o fará por métodos outros, também dispostos em lei, mas que não guardam vínculo direto com o fato em si mesmo.

Por tudo isso, vê-se que em nenhuma de suas três formas o arbitramento pode ser considerado equivalente à pauta fiscal. Ambos constituem métodos de presunção de base de cálculo na sistemática do ICMS, e, mais especificamente aqui neste estudo, no regime da substituição tributária para frente; mas, a despeito dessa similitude secundária, têm diferenças essenciais entre si, razão pela qual não podem ser assumidos em paridade.

6. Presunção de base de cálculo de ICMS e preços sugeridos por fabricantes e/ou industriais

Feitas as considerações necessárias do arbitramento para distingui-lo da pauta fiscal, voltemos, agora, à Lei Complementar 87/1996, observando a segunda hipótese de fixação da base de cálculo em substituição tributária para frente no ICMS, prescrita pelo enunciado do § 3º do art. 8º. De acordo com o referido preceito, o aludido diploma pretende formular presunção do *quantum* com base em preço indicado pelo fabricante ou industrial, ou, melhor, "preço final a consumidor sugerido pelo fabricante ou importador, desde que ele seja [*estas as felizes palavras da lei*] compatível com o mercado". Em verdade, a lei requer que seja cumprido acima de tudo o *preço usualmente praticado no mercado*. E, sendo assim, admite a indicação de valor pelo fabricante e/ou industrial justamente para se aproximar do que realmente acontece nas ocorrências mercadológicas.

Quando o § 3º do art. 8º da Lei Complementar 87/1996 admite que, "existindo preço final a consumidor sugerido pelo fabricante ou importador, poderá a lei estabelecer como base de cálculo este preço", quer dizer, em outras palavras, que o sistema prescritivo quer fazer ingressar, em planos prescritivos, contornos jurídico-quantitativos mais próximos de como a operação aparece na realidade econômico-comercial (social). Tanto é assim que, se, de um lado, permite o uso de preço sugerido para refletir melhor a situação real, de outro, impede a má utilização dessa sistemática, isto é, inviabiliza a atitude do sujeito passivo que vise a alterar falsamente os preços sugeridos, subvertendo, pois, a regra e, por meio disso, ganhando vantagens fiscais. O propósito evasivo é revidado em lei pela imposição de, quando ocorrido, retornar à regra geral: valores médios indicados em pauta. Sobre o assunto, Humberto Ávila é incisivo: "Demonstrada a incompatibilidade do preço sugerido pelo fabricante com a regra geral – preço usualmente praticado considerado –, a regra aplicável, segundo a lei, só pode ser a geral".[24]

Ora, em termos epistemológicos, diremos que os preços usados em momentos anteriores pelo fabricante ou importador ou os de mercado, utilizados em termos comparativos por eles, ambos compondo critérios para organizar a referida tabela indicativa, funcionam na operação como signo referente perante o valor médio sugerido em cada situação indicada na tabela, este buscando refletir aqueles. Os valores médios com base no mercado são um índice sob o ponto de vista do legislador, para quem, diante da relação de semelhança ou de similitude entre ambos e por meio de raciocínio indutivo, presume-se o valor médio aplicável à situação fática que lhe é aproximada. Os fatos presuntivos funcionam como verdadeiros signos referenciais para o fato presumido, uma vez que procuram reproduzir o preço da operação daquele objeto, oferecendo traços assemelhados ou mesmo refletindo os atributos mais aproximados do valor efetivo da compra e venda ocorrida: preços de produtos semelhantes no mercado, valores da matéria-prima adicionada à estimativa de custo etc.

A relação necessária e essencial entre fato presumido – valor médio fixado em tabela pelo fabricante – e fato jurídico em sentido estrito – valor aplicado à operação – é reforçada por algumas condicionantes: (i) mesmo produto; (ii) mesmas empresas; (iii) mesma cadeia fiscal. Ouçamos a abordagem do Min. Ilmar Galvão no RE 213.396-5, julgado em 29.4.1998:

"Com efeito, trata-se de fato econômico que constitui verdadeira *etapa preliminar do fato tributável (a venda de veiculo ao consumidor), que o tem por pressuposto necessário*; o qual, por sua vez, é possível prever, com quase *absoluta margem de segurança*, uma vez que nenhum outro destino, a rigor, pode estar reservado aos veículos que saem dos pátios das montadoras senão a revenda aos adquirentes

24. Humberto Ávila, "Imposto sobre a circulação de mercadorias/ICMS. Substituição tributária. Base de cálculo. Pauta fiscal. Preço máximo ao consumidor. Diferença constante entre o preço usualmente praticado e o preço constante da pauta ou o preço máximo ao consumidor sugerido pelo fabricante. Exame de constitucionalidade", cit., *Revista Dialética de Direito Tributário* 123/133.

finais; *sendo, por fim, perfeitamente previsível, porque objeto de tabela fornecida pelo fabricante, o preço a ser exigido na operação final, circunstância que praticamente elimina a hipótese de excessos tributários*.

"(...).

"Não é difícil perceber que a substituição tributária, em operações subseqüentes, como é o caso dos autos, convém às partes envolvidas na operação tributada: ao Fisco, por simplificar o trabalho de fiscalização, reduzido que fica ao pequeno número de empresas montadoras de veículos existentes no Pais; à montadora, por *permitir um controle de preço final pelo qual os seus produtos são entregues ao consumidor final, preço, esse, de ordinário sugerido ao revendedor pelo fabricante*; ao concessionário revendedor, por exonerá-lo de toda preocupação de ordem tributária, desobrigado que fica do recolhimento do ICMS sobre os veículos comercializados; e, por fim, ao consumidor, por *darlhe a certeza de que o preço pago corresponde ao recomendado pelo fabricante*.

"*Trata-se de regime a que, na prática, somente são submetidos produtos com preço de revenda final previamente fixado pelo fabricante ou importador*, como é o caso dos veículos, cigarros; ou tabelados pelo Governo, como acontecia até recentemente com os combustíveis; e como acontece com a energia elétrica etc.; razão pela qual só eventualmente poderão ocorrer excessos de tributação" (grifos meus).

Ora, de fato, entre o valor sugerido pelo fabricante ou importador e o valor atribuído à operação futura há de haver verdadeira relação de existencialidade necessária, isto é, uma condição que *leva a crer* de forma precisa e *quase* certa sobre a existência do fato futuro do modo como preceituado. Associa-se o valor médio da operação, indicado em tabela pelo fabricante ou importador, ao preço atribuído à mercadoria na operação: aquele enquanto signo deste; este, seu objeto referente.

*7. **Presunção e estimativa***

Por fim, nas hipóteses de apuração por estimativa, da mesma forma que na pauta fiscal, incumbe ao Poder Público realizar uma série de averiguações quanto ao valor praticado. Aqui, a Administração Pública também procede a espécie de *pauta fiscal*, mas o faz "com base em preços usualmente praticados no mercado", necessariamente, e considerando a forma prevista em lei para a determinação desses valores médios estimados. Ora, na estimativa é a própria lei que estabelece a forma de investigação valorativa. Os preceitos jurídicos instituem um *modus ponens*, fundando por conseqüência o próprio *valor de mercado* segundo a percepção jurídica, ou, melhor, de acordo com o corte dado pela realidade normatizada. Os critérios legais admitidos para alcançar a média ponderada são por si sós prescritivos, não podendo a autoridade fiscal proceder de outra forma. É isso que diferencia o método estimativo da pauta fiscal.

Entre outras hipóteses, tomemos a título exemplificativo a forma estimativa fixadas pelo RICMS em seu art. 35, § 1º, para a individualização dos preços pelo Estado: (i) levantamento de preços em estabelecimentos situados, no mínimo, nos 10 Municípios do Estado que apresentem maior índice de participação na receita do imposto; (ii) pesquisados, em cada Município, no mínimo, 10% dos estabelecimentos do setor, desde que para obter esse percentual não tenham que ser pesquisados mais que 10 estabelecimentos. Neste caso, é imprescindível ao Estado determinar a média ponderada dos valores coletados de acordo com a maneira exposta pelo § 1º do referido artigo. Assim não fazendo, trará figura jurídica ilegítima para o Direito; inapta juridicamente para prescrever a base de cálculo, em função da falta de observância pelo Fisco Estadual de método indicado pelo RICMS. Desse modo, pela estimativa, a lei "atribui à autoridade fiscal a incumbência de levantar esses valores por amostragem ou através de informações e outros elementos fornecidos por entidades representativas dos respectivos setores (...) colocando à disposição do contribuinte e do Poder Judiciário todos os elementos que comprovem o levantamento de preços e a obtenção da média ponderada, conforme critérios estabelecidos em lei".[25]

Vale repisar que aqui também não há sanção. Há, sim, forma de apurar a base de cálculo segundo técnica instituída em determinado regime jurídico de exceção. E é excepcional, tendo em vista que todo regime de estimativa requer motivação fática que faça exigência desta forma de apuração. Só é admitida quando, por decorrência da hipótese jurídica escolhida pelo legislador e por conta de imposições pragmáticas, não seja viável fazer apuração das informações necessárias para a determinação da base de cálculo do tributo. Consultemos o posicionamento jurisprudencial sobre o tema, em decisão que trata sobre o regime de estimativa do ISS: "O regime de estimativa é *regime de exceção, e para adotá-lo há necessidade de justificação*, devendo ser fixado após regular procedimento administrativo que possibilite, inclusive, que em determinado período *seja avaliado o valor pago com o serviço executado, constituindo-se em crédito para o contribuinte se recolhido em importância superior ou pagando-se a diferença se recolhido em valor menor*"[26] (grifos meus).

Vale, ainda, um último comentário: aqui também não pode a base de cálculo estimada ultrapassar o valor real da operação ou, mesmo, o preço de mercado, *quantum* que funciona como teto máximo à média estimada. Não sendo sanção, e admitindo-se os princípios constitucionais do direito tributário, a base estimada há de preservar este limite como expressão das garantias constitucionalmente atribuídas ao contribuinte. Ademais, havendo valores pagos a maior, ao Fisco cabe restituir ao contribuinte a diferença entre o valor estimado e o preço efetivo, como bem afirmou a jurisprudência na decisão supracitada. A base de cálculo estimada deverá ser sempre igual ou inferior àquele, nunca o contrário. E quando o Fisco, mesmo assim, cobrar a maior, deverá restituir a diferença, como abaixo transcrito:

"O regime de estimativa de receita, para os fins de que seja calculado o ISS por determinados prestadores de serviços, difere do arbitramento do preço dos serviços, este, instituto regulado pelo art. 148 do CTN com requisitos legais diversos daquele.

"(...).

"*Ao garantir ao contribuinte a possibilidade de se ressarcir dos valores recolhidos em montantes superiores aos devidos pelo movimento real, a legislação municipal criou mecanismo a ser obrigatoriamente atendido, o qual é condição* sine qua non *para que seja compensada ou repetida a importância eventualmente favorável àquele*"[27] (grifos meus).

Em verdade, os preços alcançados pela autoridade fiscal por amostragem ou por informações de entidades representativas dos setores funcionam como referenciais ao fato jurídico em sentido estrito, médias ponderadas dos preços estimados. No segundo momento, o preço atribuído à mercadoria na operação e o valor médio da operação indicado por estimativa relacionam-se, respectivamente, na forma de objeto (referente) e signo.

25. Humberto Ávila, "Imposto sobre a circulação de mercadorias/ICMS. Substituição tributária. Base de cálculo. Pauta fiscal. Preço máximo ao consumidor. Diferença constante entre o preço usualmente praticado e o preço constante da pauta ou o preço máximo ao consumidor sugerido pelo fabricante. Exame de constitucionalidade", cit., *Revista Dialética de Direito Tributário* 123/132.

26. TJSP, 15ª Câmara de Direito Público, ACi 9.518.894-5/9-00; Dec. 1.000.714, Des.-Pres. Arthur Del Guercio, *DJE* 14.2.2008.

27. Prefeitura do Município de São Paulo/Secretaria Municipal de Finanças/Conselho Municipal de Tributos, 3ª Câmara Julgadora, Cons. Relator Fernando Dias Fleury Curado, Decisão Paradigmática 1.000.460, sem data no documento.

Por último, vale ainda lembrar que não é dada ao contribuinte a faculdade de se enquadrar ou não no regime de estimativa. É ato do Fisco que deverá fazê-lo, na forma como previsto legalmente. Exemplo disso está nos arts. 55, 74 e 75 da Lei 6.989/ 1966, com alterações da Lei 9.804/ 1984.[28] Com isso, quedam explanadas de forma detida e com apoio no instrumental que nos dá a teoria da linguagem as principais formas presuntivas da base de cálculo, levando em conta o regime de substituição tributária para frente do ICMS.

8. *Conclusões*

8.1 Em face do sistema constitucional, o regime da substituição para frente deve ser tido por metodologia excepcional, e não assumido enquanto regra. Com efeito, a presunção do fato e, em especial, a base de cálculo presumida, se tomadas como expedientes comuns, justificados por todas as conveniências que trazem à Fazenda Pública, arruínam o trabalho minucioso do constituinte de 1988 (nele incluindo-se os atos do poder derivados) tanto no que diz respeito à discriminação das competências tributárias quanto na determinação dos princípios constitucionais admitidos neste subdomínio do Direito. Logo, substituição para frente ou presunção de fato imponível futuro são expedientes que só se justificam em nossa ordem nacional em face de finalidades outras que não só as arrecadatórias, mas que cumprem com funções extrafiscais admitidas na Constituição.

8.2 Na base de cálculo presumida, em todos os casos admitidos pelo sistema, entre valor médio e valor efetivo da operação do ICMS deverá haver relação essencial e necessária, de modo que, para fins fiscais, há de se ter valor médio que reflita de fato o valor praticado ou alcance soma aproximada, igual ou menor, nunca maior, ao preço efetivo da operação. Em outras palavras, os valores tomados na pauta fiscal, na base estimada ou nos preços sugeridos pelo industrial ou fabricante para se alcançar o preço presumido devem, necessariamente, refletir os valores de mercado, isto é, aquilo de praxe praticado, nunca indo além deste.

28. Seguem os textos dos artigos mencionados da Lei 6.989/1966, com alterações da Lei 9.804/ 1984:

"Art. 55. Quando o volume ou a modalidade da prestação de serviços aconselhar, a critério da Prefeitura, tratamento fiscal mais adequado, o imposto poderá ser calculado por estimativa, observadas as seguintes condições: I – com base em dados declarados pelo contribuinte ou em outros elementos informativos, parcelando-se mensalmente o respectivo montante, para recolhimento no prazo e forma previstos em regulamento; II – findo o exercício civil ou o período para o qual se fez a estimativa ou, ainda, suspensa, por qualquer motivo, a aplicação do sistema de que trata este artigo, serão apurados o preço efetivo dos serviços e o montante do tributo efetivamente devido pelo contribuinte.

"§ 1º. Findos os períodos aludidos no inciso II deste artigo, o imposto devido sobre a diferença, acaso verificada entre a receita efetiva dos serviços e a estimada, deverá ser recolhido pelo contribuinte, podendo o Fisco proceder ao seu lançamento de ofício, tudo na forma e prazo regulamentares.

"§ 2º. Quando a diferença mencionada no § 1º for favorável ao contribuinte, a Administração Tributária poderá efetuar sua restituição, conforme dispuser o regulamento. (...).

"Art. 74. O sujeito passivo deverá recolher, por guia, nos prazos regulamentares, o imposto correspondente aos serviços prestados em cada mês.

"§ 1º. O recolhimento só se fará à vista do cartão a que se refere o art. 65.

"§ 2º. A repartição arrecadadora declarará, na guia, a importância recolhida, fará a necessária autenticação e devolverá uma das vias ao sujeito passivo, para que a conserve em seu estabelecimento, pelo prazo regulamentar.

"§ 3º. A guia obedecerá a modelo aprovado pela Prefeitura.

"§ 4º. Os recolhimentos serão escriturados pelo sujeito passivo, na forma e condições regulamentares.

"Art. 75. É facultado ao Executivo, tendo em vista as peculiaridades de cada atividade, adotar outra forma de recolhimento, determinando que este se faça antecipadamente, operação por operação, ou por estimativa em relação aos serviços de cada mês.

"§ 1º. No regime de recolhimento por antecipação, nenhuma nota, fatura ou documento poderá ser emitido sem que haja suficiente provisão de verba.

"§ 2º. A norma estatuída no parágrafo anterior aplica-se à emissão de bilhetes de ingresso para diversões públicas.

"Art. 76. Os profissionais e as sociedades referidos, respectivamente, nos arts. 56 e 57 deverão recolher o imposto, anualmente, em prestações, na forma, local e prazos regulamentares."

8.3 É vedado ao legislador estipular técnica de apuração que determine resultado superior ao valor efetivo da operação do ICMS ou de mercado em situação semelhante, como imposição dos princípios do não-confisco, da legalidade e do enriquecimento sem causa. Assim também ao aplicador, ao apurar o *quantum*, é-lhe proibido determinar cumprimento de obrigação excedente aos valores realizados na situação fática.

8.4 Ultrapassando o limite do preço de mercado, a imposição tributária – esteja ela na lei ou no ato do Fisco – é ilegítima e deve ser revogada enquanto norma inconstitucional, por violar os princípios da legalidade, não-confisco e segurança jurídica. Ao sujeito passivo cabe impugnar pelos meios processuais cabíveis o lançamento da autoridade, por inconstitucionalidade, toda vez que esta levar em conta base de cálculo que ultrapasse valor efetivo do negócio ou preço de mercado.

8.5 Na *pauta fiscal* na relação entre valores em pauta e fato jurídico em sentido estrito haverá de se manter sempre liame essencial ou necessário, caso contrário não poderá prevalecer o preço médio em detrimento do valor efetivo comprovado pelo contribuinte. Os aspectos essenciais e necessários estão justamente na semelhança obrigatória que deverá manter o *valor médio* da operação "Y" que compõe a classe "X" indicada em pauta fiscal, de um lado, e o *preço atribuído* à mercadoria na operação entre si. A incumbência de levantar esses preços por amostragem ou através de informações e outros elementos fornecidos por entidades representativas dos respectivos setores é sempre do ente fiscal, que deverá, em todas as hipóteses, revelar seus modos e critérios de apuração, publicando-os para conhecimento e controle do contribuinte. Inocorrendo tal atividade, a referida tabela valorativa também deve ser tida por válida mas juridicamente viciada – e, portanto, inapta a fornecer a correta base de cálculo para se cobrar ICMS.

8.6 Na técnica do *preço sugerido* pelo industrial ou fabricante, o sistema prescritivo quer fazer ingressar, em planos prescritivos, contornos jurídico-quantitativos mais próximos da forma como a operação aparece na realidade econômico-comercial (social). Tanto é assim que, se, de um lado, permite o uso de preço sugerido para refletir melhor a situação real, de outro, impede a má utilização dessa sistemática, isto é, inviabiliza a atitude do sujeito passivo que vise a alterar falsamente os preços sugeridos, subvertendo, pois, a regra e, por meio disso, ganhando vantagens fiscais. O propósito evasivo é revidado em lei pela imposição, quando ocorrido, de se retornar à regra geral: valores médios indicados em pauta. Frise-se que entre o valor sugerido pelo fabricante ou importador e o valor atribuído à operação futura há de haver verdadeira relação de existencialidade necessária, isto é, uma condição que *leva a crer* de forma precisa e *quase* certa sobre a existência do fato futuro do modo como preceituado.

8.7 Na técnica *base estimada em lei*, da mesma forma que na pauta fiscal, incumbe ao Poder Público fazer uma série de averiguações quanto ao valor praticado. Aqui, a Administração Pública também procede a uma espécie de *pauta fiscal*, mas o faz "com base em preços usualmente praticados no mercado" necessariamente, e considerando a forma prevista em lei para a determinação destes valores médios estimados. Quando a autoridade administrativa não fizer a estimativa da base de cálculo na *forma da lei*, trará figura jurídica ilegítima para o Direito; inapta juridicamente para prescrever a base de cálculo, em função da falta de observância pelo Fisco de método indicado em lei específica. Por outro lado, não pode a base de cálculo estimada ultrapassar o valor real da operação ou, mesmo, o preço de mercado, *quantum* que funciona como teto máximo à média estimada. Não sendo sanção e admitindo-se os princípios constitucionais do direito tributário, a base estimada há de preservar este limite como expressão das garantias do contribuinte. A base de cálculo estimada deverá ser sempre igual ou inferior àquele, nunca o contrário.

INSTITUTO GERALDO ATALIBA – IDEPE

Instituto Internacional de Direito Público e Empresarial

Presidente: Prof. Aires Barreto

XXIV CONGRESSO BRASILEIRO DE DIREITO TRIBUTÁRIO

Tema: **TRIBUTAÇÃO E (IN)SEGURANÇA JURÍDICA**

"O Estado serve ao cidadão e assim deve ser-lhe leal"

(Geraldo Ataliba, in *República e Constituição*)

20, 21 e 22 de outubro de 2010

PRESIDENTE DO CONGRESSO

MIN. EROS GRAU

Palestrantes e Conferencistas convidados

Ministros do STF
Ministros do CNJ
Desembargadores federais
Desembargadores estaduais
Aires F. Barreto
Alcides Jorge Costa
Betina Treiger Grupenmacher
Carlos Mário Velloso
Eduardo Domingos Bottallo
Elizabeth Nazar Carrazza
Eurico Marcos Diniz de Santi
Estevão Horvath
Fabiana Del Padre Tomé
Fábio Soares de Melo
José Artur Lima Gonçalves
José Eduardo Soares de Melo
José Souto Maior Borges
Maria Leonor Leite Vieira
Maria Rita Ferragut
Misabel de Abreu Machado Derzi
Paulo Ayres Barreto
Paulo de Barros Carvalho
Regina Helena Costa
Roque Antonio Carrazza
Sacha Calmon Navarro Coelho
Valdir de Oliveira Rocha

(e outros convidados)

CONFERÊNCIAS

TEMÁRIO

- **Planejamento Tributário e Normas Antielisivas**
- **Responsabilidade do Sócio e do Administrador (Passado, Presente e Futuro)**
- **ICMS – Guerra Fiscal. Riscos e Cautelar**
- **Importação – Superposição de Cargas Tributárias**
- **Pena de Perdimento de Mercadorias: Sanção Antijurídica**
- **ISS – *Leasing* e outras Questões Atuais**
- **Imposto sobre a Renda – Restrições à Dedutibilidade**
- **SAT – Fator Acidentário Preventivo**
- **Substituição Tributária no ICMS – Operações Interestaduais**
- **Contribuições sobre a Folha de Salários – Oneração Tributária**
- **Crimes Tributários – Efeitos Patrimoniais e Pessoais**
- **Decisões do STF – Modulação, Eficácia e Segurança Jurídica**
- **Súmulas Administrativas e Judiciais – Avanço e Retrocesso**
- **Desconsideração da Empresa e do Negócio Jurídico – Interposição Fraudulenta?**
- **Inovações Tributárias: Transação, Execução Administrativa, Protesto e Segurança Jurídica**
- **Tributação das Telecomunicações, Agronegócio e Comércio Eletrônico**
- **Processo Eletrônico – Deveres Instrumentais Eletrônicos**
- **Preço do Serviço e Base de Cálculo do ISS**

TEMAS PARA MONOGRAFIA

- **Responsabilidade do Sócio e do Administrador**
- **ICMS – Guerra Fiscal**
- **Crimes Tributários**
- **Inovações Tributárias: Transação, Execução Administrativa, Protesto e Segurança Jurídica**
- **Preço do Serviço e ISS**
- **Sanções Tributárias**

* * *

GRÁFICA PAYM
Tel. (011) 4392-3344
paym@terra.com.br

RDT 111

XXIII CONGRESSO BRASILEIRO DE DIREITO TRIBUTÁRIO

Conferências: **Processo Administrativo Tributário – Garantias do Contribuinte e Prerrogativas do Fisco. Avanços e Retrocessos** – Eduardo Domingos Bottallo. **Aspectos do Processo Administrativo Tributário** – Paulo de Barros Carvalho. **Processo Tributário** – José Souto Maior Borges. ***Mesas de Debates: a)*** **Sistema Tributário**: Princípios da Moralidade, Razoabilidade, Proporcionalidade e Eficiência: Aspectos Práticos; Planejamento Tributário na Jurisprudência Administrativa; Condições e Limites para Utilização das Presunções e Ficções Tributárias; Substituição Tributária nos Impostos e Contribuições. Peculiaridades. ***b)*** **Processo Judicial**: Repetição de Indébito em Face da Repercussão do Ônus Financeiro (Art. 166/CTN): Limitações e Sujeições Ativas à Postulação; Execução de Sentença Declaratória em Matéria Tributária; Repercussão Geral e Recurso Extraordinário; Modulação de Efeitos das Decisões Judiciais. ***c)*** **Operações Mercantis e Tributos Estaduais**: Guerra Fiscal e Medidas Judiciais; A Tributação nas Operações Mercantis que Envolvem Financiamento; A Tributação da Energia Elétrica em suas Diversas Fases. ***d)*** **Tributos Municipais**: Construção Civil. Empreitada Civil e Industrial. *Turn Key*. Limites da Incidência do ISS, ICMS e IPI; ITBI: Base de Cálculo e Limites com o ITCMD; ISS e Base de Cálculo. Inclusões e Exclusões em Face da Omissão Contemplada na LC 116. ***e)*** **Tributação Setorial**: Tributação do Setor Imobiliário; Tributação do Setor Financeiro; Terceiro Setor. Entidades Filantrópicas, Ongs, OCIPs; Tributação Internacional. ***f)*** **Tributos Federais**: IPI. Seletividade; Tributos na Importação e sua Respectiva Incidência no Mercado Interno. Novo Regulamento Aduaneiro; Compensação. Novas Limitações e Efeitos; Regime Tributário de Transição e Segurança Jurídica. Efeitos da Lei 11.638. ***Mesas Temáticas***: **I – Temas Relevantes do Processo Administrativo Federal**: Processo Administrativo; Reforma do Contencioso Fiscal Federal. **II – Processo Tributário Estadual – Lei 13.457 – Nova Sistemática Processual**: Processo Judicial Tributário. ***Encerramento*** – Aires Barreto. ***Teses Aprovadas no XXIII Congresso.***

MALHEIROS EDITORES